JN164791

札幌学院大学選書

住宅扶助と最低生活保障

住宅保障法理の展開とドイツ・ハルツ改革

嶋田佳広

法律文化社

はしがき

〜木下先生の、蓋し至言「アセらずサボらず」を心して

本を書くなど、ぶっとい歴史研究をしてから、と悠長に構えていた（というか何も考えていなかった）ところ、人間万事塞翁が馬、このタイミングでいったん、これまでの拙い研究成果をまとめることになった。まったくもって習作の域を出ないものを衆目にさらすことには躊躇もあるが、書いていることに何らかの意味が含まれているかもしれず、そしてそれを「発見」してもらえるならば、我が国の研究に何某かの刺激は付け加えられるかもしれない。いやむしろ、生活保護がたいへんなことになっている昨今、本書がほんの少しでも議論に寄与できるならば、ボンヤリ立ち止まっている場合ではない。

1999年に大阪市立大学大学院法学研究科に入ってから、社会保障やドイツをキーワードに、神は細部に宿るをモットーに、住宅って大事だろ！をスローガンに、思うがまま、日本の生活保護やらドイツの社会扶助やらを研究してきた。2005年に札幌学院大学に職をたまわってのち、授業と学内行政の傍ら細々と研究を続けてきた折、幸運にも2013年から2014年にかけて１年間の在外研究（ドイツ・バイロイト大学、指導教授シュテファン・リクセン法学博士（Prof. Dr. Stephan Rixen, Universität Bayreuth））を許してもらったことが弾みになって少しばかりエンジンがかかってきた成果が、本書には多く反映されている。

とはいえ、いかにも法学らしいタッチで記述しているわけではないことを含め、多くの思い込みや勘違い、誤謬があると思う。諸賢の批判を真摯に乞う。

関西を離れて北海道で果たしてサバイブできるか、我ながら心配であったが、過去および現在を含む札幌学院大学の同僚教職員ならびに学生諸君、北海道大学社会法研究会の諸兄姉はじめ、弁護士、実務家、行政関係者、ワーカー、支援団体なかんずく北海道の労働と福祉を考える会など、気温は寒い北海道のハート暖かな人々に支えられてやってこられたことにあらためて心から感謝したい。また、関西にも何のかんの研究会等で通っており、その主たるフィールドでありドイツ現地調査でも帯同させてもらっている日独社会福祉研究会のメンバーおよび通訳の諸姉、大学院時代の先輩同輩後輩、全国生活保護裁判連絡会、そして愛すべき家族に感謝の誠を捧げたい。

そのうえで、次の３氏に対して最大限の謝意を表することを許されたい。

西谷敏大阪市立大学名誉教授には、大学院時代にとりわけ判例報告を厳しく指導いただいた。社会保障法の院生は労働法の演習に必ず出る習わしだったが、容赦なくビシバシと鍛えられ（毎回ヒーコラ！）、しかしゼミ合宿では温泉や島巡りをさせてもらったのが現在の支えになっている。比類なき賢人であり、大学の、大学教員の、大学教育の備えるべき質を体現されている巨人である。

脇田滋龍谷大学名誉教授には、入院当時ぬゎんと当方しか！院生がおらず、木下先生の「連合大学院で育てる」なる方針の下、龍大に遠征して関西のみんなで研究会をしたとき以来、常日頃より厳しくも暖かい指導を頂戴している。自らサイトを立ち上げて派遣労働者のメール相談に応ずる権利実現と先端技術の達人にとどまらない、労働法と社会保障法と韓国を同時に修める超人である。

木下秀雄龍谷大学教授がなぜ最初じゃないのかと自分でも思うが(^^;)、片岡門下の序列！？に拠ることとした。学部ゼミ生時代から大学院に進学しますといって目をまん丸にされたときを経て現在に至るまで、足かけ20年以上、何時も暖かく見守ってくださっている。恩師・木下先生のご自身に対する自覚は凡人かもしれないが、鉄血宰相ビスマルクの筋金が入っている鉄人である。

本書の刊行において、法律文化社の小西英央氏には、破格のお骨折りをいただいた。とても重版出来とはいかないこのような研究書を世に送ることへの同氏の粉骨砕身に、敬意を込めつつ感謝を申し上げたい。

本書をパートナー丸山亜子に捧げる

2018年３月

嶋田 佳広

目　次

序章　我が国における住宅保障の議論状況

1　住宅保障をめぐる社会保障法学会等の議論状況

1　社会保障法学会の議論状況

震災を機に、日本社会保障法学会でも、住宅・住居・居住の保障にかかる報告が統一テーマのもとに組まれてきた。阪神大震災に関連して第32回大会(1997年10月)、東日本大震災に関連して第62回大会（2012年10月）といった具合である。大規模災害の前に既存の社会保障制度が果たして、どこまで、どのように機能しうるのか、という意味で極めて重要なテーマ設定であり、そしてそれぞれに住居に関する報告[1)]がなされていることも見逃せない。とりわけ仮設住宅の問題は生存権に直結するだけに、本来であれば平時から議論されてしかるべきであるが、ことの性質上、震災が契機になってから問題が取り扱われているのだといえる。

しかし残念ながらというべきか、平時には住宅の問題は後景に退いている。もちろん、平時からまさに住居を喪失しているいわゆるホームレスについての学会の関心はそれなりには持続している。実際、第47回大会（2005年５月）ではホームレス施策が諸側面から検討されている。これらのことを裏から見れば、家賃滞納で家をたたき出されたり、あるいは派遣切りで住み込み先を追い出されたり、津波や洪水・土砂災害で家が流されたり、確かにどうにかしなければならない状況が現出して、さてどうするか、という喫緊の課題に対応した議論がこれまでは主軸であったということができよう。

そうはいいつつ、一般論としての住宅の問題は、講座社会保障法第５巻『住居保障法・公的扶助法』で１部が住居保障法に割かれるなど、一定の関心が向けられてもきた。そこに収められた諸論考では、法体系の大枠提示[2)]、住宅政策との関係整理[3]、高齢者福祉等々との絡みでの問題把握[4]、そして災害と住居の問題関係[5]について考察が加えられている。ただし新講座になると、巻数が半減した影響か、論文数が総論的な考察１本に抑えられている[6]。

学会報告や学会講座に視野を限定しなければ、社会保障法学の泰斗たちから、社会保障法総論の立場表明として、住宅保障への言及はかねてより存在する[7]。しかし、全体として総論的関心がそもそもあまり高くないこともあってか、「そうだそうだ」という表明も「そうではない」という反論も含めて、議論自体が長続きしない、というのが正直なところであろう。こうした低空飛行の理由を解明することは現時点では不可能だが、「住宅保障法がある」→「そしてこれとこれがそれにあたる」という総論的思考パターンと、各回の学会における個別的問題関心に基づく具体の状況を前提とした各論的検討とには、いずれにせよ大きな距離があり、それこそが我が国における議論の構造的特徴でもあるということができる。

2　居住福祉学会など

一方、法学に限らず、住宅に関連しそうな他の学会では、ある程度活発な議論の存在を指摘できる。その代表格が日本居住福祉学会である。居住福祉学会は21世紀になってから設立された極めて若い学会であり（2001年活動開始）、住居に関する従来の理系的なアプローチ（建築学、家政学など）に社会科学的な所見を重ね合わせた学際的議論が展開されている。当たり前だが住宅に関するあらゆることが報告されるので、議論の大きな方向性を再現することはできないが、憲法や生存権、社会保障制度についても一定の関心は払われ続けている。

同じく学際的組織として、日本住宅会議の存在も重要である（1982年活動開始）。市民の立場から住宅問題に迫り、隔年ないし３年おきに『住宅白書』[8]を刊行している（というより政府が住宅白書を発行しない理由が未だによく分からないのだけれども）。

こうした学際的枠組みを除けば、しかし、おそらく住宅問題は伝統的な社会科学系の学問体系（政治学、法学、経済学、社会政策など—住宅政策のそう多くない枠組み提示[9]を除けば）においてはいずれも縁辺・少数の位置づけしか与えられていないのが実情であろう。社会保障法学（会）における低調さも、半分はこれと地続きの現象である。しかしもう半分は、住宅は確かに大事だと心の中では理解しつつも、政府における所管の違い（厚生労働行政か国土交通行政か）、具体の制度の不存在（例えば家賃補助としての住宅手当）や法領域への組み入れ・包摂のためらい（確かに、公営住宅法ならばともかくも都市計画法が住宅（社会）保障法かといわれれば、多くは躊躇するであろう）ゆえに、社会保障の問題に住宅をリンクさせる視角の脆弱さがあるように思われる。

2　住宅保障と生活保護、住宅保障と住宅扶助

ホームレスに典型であるように、まともに住宅を確保しようとすれば、現状では生活保護以外に頼れる仕組みはない。ただし保護行政の特に運用上の問題との関係で、住所・住民票が事実上の開始要件として取り扱われたり、施設入所が暗黙の前提とされたり、そしてそれに対して窓口での押し問答が展開されたり、というように、生活保護における一種の典型論点としての、すなわち最低生活保障の一場面としての言及がかねてよりありつつ、それを超えて、つまりホームレス「でない」おそらく大多数の要保護者における住宅問題については、生活保護の典型論点とは一般には見なされてきてはいない。大多数の要保護者・被保護者に（すなわち最低生活保障のシステム全般に）広くあてはまるような議論が住宅についてなされているわけでは必ずしもないのである。住宅保障にかかる学際的議論においても、「最後は生活保護」との認識は見られても、その意味や限界について、生活保護の具体的仕組みにまで踏み込んだ分析がなされているわけではない。

最低生活保障と住宅保障の結節点にあたる住宅扶助についても、基準の低位さ[10]や住宅扶助単給[11]についての言及はあれど、正直なところ、学説的にはほとんど議論されていない（法律に則していえば、4原理4原則にかかるいわば公的扶助総論（資産や稼働能力の活用が典型）はかなり発達してきたが、公的扶助各論はまだまだこれからの段階である）。こうした状況の背景として、小山進次郎のときから止まったままとまではいわないが、マンパワーの問題もあって法律論としての生活保護プロパーの議論がそこまで盛んでなく、あるいはなされている議論自体の整理が弱いことが挙げられる。数少ない議論の場も、ようやく裁判になって

いるケースについてのものが大半で、そもそも権利救済が表面化していない場面では議論自体が手つかずの状態である。

住宅保障（法理論）をどう構想するかは研究者の宿題だとしても、しかし、生活保護の現実的重要性と、そこにおける住宅扶助の位置づけについては、それ自体として（訴訟の有無にかかわらず）本来は注目されてしかるべきである。言い方を変えれば、住宅保障法が構想できないから生活保護（住宅扶助）が議論できないのではなく、生活保護（住宅扶助）がきちんと議論できていないから、住宅保障一般へと昇華していかないのである。

生活保護全体をどう見るか、そしてその給付面での表れである（法11条における扶助の列挙は限定だというのが現在の判例の立場であることからすると余計にそうである）各種扶助の持つ意味をどう考えるか、非常に基本的な論点に思われるが、そこの取り組みはまだまだ遅れている。例えば中嶋訴訟[12)]は一般には法４条の解釈問題（資産活用、保険・預貯金の保有容認）として理解されているが、事案との関係ではむしろ教育扶助の範囲をどう考えるかが問われるべきであって、しかして教育扶助に関する理論的蓄積が乏しいがゆえに、教育保障・発達保障一般の問題にうまくなっていかない点が極めて示唆的である。まして医療扶助、生活扶助とならび保護費支出の大半を占める住宅扶助にあっては、それ単独としての存在意義を法的にどう突き詰めていくのかは、理論的にも実務的にも実は相当に重要な作業であるはずである。

なおここ10年前後の保護受給者増加に対する政策の反応は、一方では生活困窮者と連動した自立支援を掲げながら、他方では全体としての費用抑制を進めるというものである。加算の廃止・縮減、生活扶助基準の切り下げに続いて、いよいよ住宅扶助も「見直し」の対象となっている。憲法で保障される最低限度の生活を体現する保護基準の切り下げは何扶助であれそれ自体慎重に慎重を期すべきだが、ただし議論の方向が金額の問題（そして厚生労働大臣の行政裁量行使）に収斂しているきらいがないわけではない。保護基準にはもっと多様な機能があるのではないか。例えば生活扶助基準と住宅扶助基準には、どのような異同があるのか。同じように切り下げたとして、その法的評価はパラレルでよいか。こういった基本的・基礎的な理論は日本ではあまり深められていない。

3　参照例としてのドイツ？

1　住宅保障と憲法

実体的施策とはひとまず離れて考えた場合、例えばドイツでは、第一次世界大戦に敗れて再出発の場となったワイマール共和国において、夙に著名な社会権条項を憲法上有することとなった。日本でもプログラム規定との関係でしばしば参照されるワイマール憲法第151条に続いて、「土地の分割および利用は、その濫用を防止し、すべてのドイツ人に健康な住宅を保障し、すべてのドイツ人家庭とりわけ多子家庭にその必要に応じた居住用および自営用住居を保障すべく、国家による監督を受ける。」（第155条第１項）、あるいは「土地は、住居需要を満足するため、入植もしくは開墾を促進するため、または農業を増進するため、その取得が必要な場合、収用することができる。」（第155条第２項第１文）という条項が設けられたのもその一例である。翻って第二次世界大戦の敗戦後は、直接占領を経て国家自体が分断される憂き目に遭う中、西ドイツでは基本法における（社会権的な意味での）住宅保障への直接的な言及はなされなくなった。これは別段住宅や土地に限った話しではなく、社会保障・社会福祉一般においても同様であり、現存の諸制度は、人間の尊厳の不可侵（第１条）や社会国家規定（第20条）といった総則的・抽象的な規定といわば観念的に関連付けられている状況である。

我が国では、明治憲法が生存権に無関心であったのに比して、新憲法が第25条以下に社会権規定を置くようになり、とりわけ「国は、すべての生活部面について、社会福祉、社会保障及び公衆衛生の向上及び増進に努めなければならない。」（第25条第２項）の条項が象徴するように、社会保障制度は憲法第25条を直接に具体化する制度として位置づけられてきた。

このように見ていくと、ドイツは憲法の変遷の過程で日本とはむしろ逆の現象、すなわち規範の抽象度が高められ、住宅への憲法上の関心が低下したような印象を受けないわけではない（ただし個々の連邦州における州憲法上の規定を視野に入れればまた別の見方も成り立ちうるが、ここでは立ち入らない）。日本のほうが、「すべての生活部面」から住宅が除かれる積極的理由はない以上、憲法の照射が強まっているように思われる。

ただし現実の制度展開は、巷間でよく指摘されるように[13]、日本では「持ち家主義」の呪縛が長く、公的セクターによる住宅保障は残余化・縁辺化されてきたのに対して、ドイツは住宅政策との二人三脚を経て住宅手当制度を発達させ、中・低所得者には供給面でも社会住宅[14]を通じた住宅確保に意を払ってきた。最低生活保障においても独自の理論が構築され、全体として公的関与の存在感は日本に比べれば大きなものになっている[15]。

すなわち、憲法上の位置づけが必ずしも現実施策にそのままトレースされるわけではなく、住宅保障には住宅保障でそれなりに固有の展開や理論動向があり得るのであって、もちろんこのことは日本でもある程度あてはまるのである[16]が、せっかく存在する第25条が住宅とどのように関連しているのか、関連すべきなのかについて、十分な議論の蓄積があるとは残念ながら言いがたいのが現状であろう。そうであればなおさら、住宅保障諸施策の実際の展開例としてドイツを参照することには積極的な意義が認められるべきである。

2　最低生活保障施策への着目

いかに住宅困難者であれ、例えば一軒家を彼に支給することは、少なくとも資本主義の世の中では考えにくい。それは日独とて同じである。しかしだからといって（住宅の「給付」が難しいからといって）、給付の側面がないから社会保障（法）で住宅を論ずるよすがはないと短絡することも適当ではない。例えば、公営住宅の利用関係の特質を保育所との比較で明らかにすることや、（ずいぶんと少なくはなったが）企業の給与住宅の法的性格の解明、自治体レベルでは取り組み例のある若者世代への家賃補助制度の（それ自体は人口呼び込み施策の一環だとしても）社会保障的側面の指摘など、手つかずの議論が残っていよう。あるいは賃貸借関係における弱者保護を社会（保障）法に引きつけてどのように理解するのかも、私法と公法の中間的存在としての社会法という視角からすれば今後取り組まれてしかるべきである。また総論的なレベルでは、居住権、住む権利、住み続ける権利[17]など、国内的ないしは国際的人権という視点が今後より重要性を増していくであろう。

しかしいずれにせよ、最低生活保障の観点が少なくとも日本ではこれまで弱かった。日本もドイツも、一般扶助主義によった近代的な公的扶助制度を有し、パブリックアシスタンスに分類される仕組みが分立してきた英米仏よりも制度の近似性が高く、それゆえに比較に適している。他法、規律密度においては考え方が大きく異なっており、日本では厚生労働大臣による保護基準設定および保護行政における運用マニュアル重視の結果、具体的な議論のポイントが法律よりもかなり下にずれる一方で、ドイツは法律の条文が開放的な構造を採用しているため、規定そのものの解釈に関する争いがとりわけ司法において全面化する傾向にある。この他にも、法律自体の姿勢として、日本でいう必要即応原則の現れ方、世帯単位原則の広狭、扶助の併給単給の組み方など、生活保護プロパーの次元でも相当の違いが看取される。そして重要な点は、日本では結局は個別ケース「を」保護行政「に」あてはめる側面が強くなる（一律対応）のに対して、ドイツでは保護行政「を」個別ケース「に」あてはめる、つまり個別対応が基本となっていることである。

これが住宅にどう関係するかというと、日本には住宅扶助、ドイツには住居費給付という、名称も機能もよく似た制度があるものの、こうした法律や制度の作りとの関係で、ドイツの住居費給付ではすさまじいレベルで法的紛争が生ずることとなり、単に観念的・学問的に議論されるかどうかというような段階を遙かに超えて、最低生活保障行政における実務の積み重ねおよびそれを巡るおびただしい裁判例の集積、そしてそれによる判例理論の蓄積が圧倒的に先行しており（日本ではほとんど紹介されていないが事実である）、住宅扶助における議論がほとんど成立していない日本との好対照をなしているのである。

4　日独の「ありよう」の比較研究

住宅扶助の場合、実は制度の「見た目」では日独でそこまでの開きはない。しかし、ドイツは偶然裁判例がたくさんあって、ヨコをタテにすればああなるほど日本もそうだね、となるかというと、そう単純なものでもない。

日本の住宅扶助もそもそもは、原則として実費を保障する制度である。ドイツもそうである。しかし実費といいつつ、とりわけ日本には一律・画一の上限があり、その上限を実際の家賃が超過すると、その超過分は切り捨てられ、自腹を切らされる。ドイツも、実は内部では各実施機関ごとに一応の上限額が設定されており、現象面としては最終的には日本とよく似た状況になる。では何が違うのかというと、ドイツは上限カットを徹底的に裁判で争うのである。日本ではそんな裁判はまずあり得ない。なぜなら上限を超える家賃のところに生活保護受給者が住むなど「贅沢」「我が儘」だからである。これが日本の生活保護の「常識」「当たり前」である。これらが法的概念であるかどうかはここではひとまず置いておこう。

ではドイツ人は我が儘で身勝手だから裁判をするのかというと、まあ当たっているところもあるかもしれないが、そうした主観の問題は裁判の対象ではなく、法律を巡る司法と行政の一大決戦こそが行政訴訟の実質であり、そして火花が飛び散るなかで公的扶助の論理が研磨されているところにこそ、ドイツに着目する意味が存する。なんとなれば、例えば最終的に住居費一部カットになるとして、「なぜ」それが正当化されるのか、ドイツ法の表現を借りれば需要充足原理や個別化原理という公的扶助の大本との関係である意味ドン引きするくらいの濃厚な解釈論が展開され、そしてそれを経なければ判決を書かないドイツのありようにこそ、切り捨て御免の日本における法解釈の貧しさとその要因を解明するきっかけがあるように思われるからである。

すなわち、日本の住宅扶助を考えるうえでのドイツへの着目は、一つは「当たり前」が支配する日本の生活保護行政の捉え方、位置づけの見直しを迫るものとなろうし、また一つは、生活保護における（場合によっては生活保護を超えた）住宅保障のあり方に関する議論にも重大な影響を与えるものともなりえよう。図式化していえば、生活保護を利用することになったのを機に、より安い住居へ引っ越すことを自己内面化している日本と、原状保護をひとまず優先するドイツの取り扱いとで、最低生活保障および住宅保障が同時にどの程度のパフォーマンスを発揮できているのか、その法的評価の問題なのである。

5　アプローチとしての判例研究

社会保障法学の場合、ある論点について綺麗にＡ説、Ｂ説、そしてＣ説、というような議論は成立しにくい。現実の社会構造と密着する制度であるがゆえに、社会のありようをどう考えるかがあらゆる場面で鋭く問われるからである。そうした中で、住宅と最低生活保障の切り結びをどういう観点から整理し、議論を詰めていくのか、これはなかなかの難題である。

ただいずれにせよそもそもドイツにおいてすら学説による理論的検討が（やっていないわけではないが）少ない中で、連日生起する法的紛争および積み重ねられていく裁判例を通してドイツの到達点を明らかにすることは、ドイツ法自体をどのような手法で評価するのかというアプローチ選択の一環であるにとどまらず、紛争を通じてこそ見えてくるドイツの生活実態や社会構造と法との接点を浮き彫りにすることそのものであって、居住面における最低生活保障の理論的課題を抽出するためのまさに必須・必然の作業である。そしてその過程において、住む・暮らすという、それ自体は極めてプライベートな行為（それゆえに本来は私法領域に委ねられるべき行為）と、国家的責務としての人間の尊厳の実現を最終的に負託される最低生活保障行政（その限りではまさに公法の領域）との複雑な交錯関係がドイツ社会の一断面として可視化されることになるのである。

6　本書の構成

住宅扶助に着目するという本書のねらいを実現するために、ひとまず、日本の現行システムを概観しておかなければならない（第1章）。我が国の住宅扶助には、実費保障という側面と基準頭打ちという二つの側面が併存同居しており、最低生活保障の制度たるべき実質に対する法的評価が複雑になり得る。まして近年、基準の「見直し」が実施されており、新旧制度間の異同も大きなポイントになる。

一方、ドイツはドイツで、ドイツ固有のダイナミズムが働いている。住居費給付「だけ」が独立して存在しているわけではない以上、住居費給付を取り巻く公的扶助制度自体の特徴および変遷が語られなければならない（第2章）。なかでも基準額（日本の生活扶助基準に相当）が制度改正で上方改定されたにもかかわらず、連邦憲法裁判所から違憲の評価を受けた「矛盾」には、ドイツ的システムの抱える需要と給付の関係性にかかる原理的理解をひもとく鍵が埋め込まれている。

ハルツ第4法改革の衝撃が住居費給付をも貫き、しかして串刺しになりながらも、住居費給付はその姿形を新たに造出しはじめている（第3章)。終わることも尽きることもない二重螺旋のような住居費給付と需要充足原理との関係は、具体の制度設計のなかで現れては消え消えては現れる。一体全体、ドイツはどこへいこうとしているのか、難解で複雑な制度展開が今後も引き続くこととなる。

さらに少し視点を変えて、住居費給付からみた需要充足原理ではなく、需要充足原理から制度をみた場合にどうなるか、一種の思考実験を加えたい（第4章)。ドイツ公的扶助法の理解の要でもある需要充足原理にはもう少し光が当てられてもよい。

最後に住宅保障を遠望する（終章)。

1） 西原道雄「災害と社会保障の総論的課題—大規模災害における賠償・補償・保障」社会保障法13号（1998年）169頁、鈴木浩「復興計画と居住保障」社会保障法28号（2013年）127頁。

2） 坂本重雄「居住の権利と住居保障法」日本社会保障法学会編『講座社会保障法第5巻　住居保障法・公的扶助法』（法律文化社、2001年）3頁。

3） 大本圭野「居住問題と住宅政策」日本社会保障法学会編『講座社会保障法第5巻　住居保障法・公的扶助法』（法律文化社、2001年）29頁。

4） 関川芳孝「住居保障と社会福祉」日本社会保障法学会編『講座社会保障法第5巻　住居保障法・公的扶助法』（法律文化社、2001年）58頁。

5） 平山洋介「災害と住居保障」日本社会保障法学会編『講座社会保障法第5巻　住居保障法・公的扶助法』（法律文化社、2001年）84頁。

6） 山田晋「住宅保障と社会保障」日本社会保障法学会編『新・講座社会保障法第3巻　ナショナルミニマムの再構築』（法律文化社、2012年）293頁。

7） 「住居保障法制」（坂本重雄、脚注2）、「社会生活関連環境整備保全法—居住生活環境保障」（佐藤進『社会保障の法体系（全)』（勁草書房、1990年）431頁）、「住宅保障法体系」（高藤昭『社会保障法の基本原理と構造』（法政大学出版局、1994年）54頁、242頁）、「自立支援保障法—生活自立支援保障法—住宅保障」（河野正輝「社会保障法の目的理念と法体系」日本社会保障法学会編『講座社会保障法第1巻　21世紀の社会保障法』（法律文化社、2001年）3頁、25頁）など。

8） 最新版は、日本住宅会議『住宅白書 2014-2016 深化する居住の危機』（ドメス出版、2016年)。

9） 代表例として社会保障研究所編『住宅政策と社会保障』（東京大学出版会、1990年)。

10） 古賀昭典編著『現代公的扶助法論』（法律文化社、1997年）231頁以下〔阿部和光〕

11） 菊池馨実『社会保障法制の将来構想』（有斐閣、2010年）191頁以下。

12） 最三小判平成16年3月16日民集58巻3号647頁。

13） 例えば、平山洋介『住宅政策のどこが問題か』（光文社新書、2009年)。

14)　大場茂明「ドイツにおける社会住宅制度と家賃規制—アフォーダブル住宅の行方—」海外社会保障研究152号（2005年）72頁以下で詳細な紹介はある。

15)　田山輝明『ドイツの土地住宅法制』（誠文堂、1991年）頁以下、佐藤岩男『現代国家と一般条項』（創文社、1999年）153頁以下など。

16)　単身者の入居を原則的に排除してきた公営住宅にかかる、河野正輝・木梨芳繁・下山瑛二編著『住居の権利—ひとり暮し裁判の証言から』（ドメス出版、1981年）は、一部生活保護や住宅政策についても言及があり興味深い。

17)　井上英夫『住み続ける権利』（新日本出版社、2012年）。

第1章　日本の最低生活保障と住宅

1　保護基準に基づく生活保護の意味

1　日本法におけるドグマ？

日独間の公的扶助法制を比較しようというときに、ある給付を支給することによって受給者の抱える何らかの需要を充足していくという意味での機能的な違いは基本的にはない。両国でもし本質的な相違があるとすれば、伝統的に、需要把握の方式または程度において、日本では定型的ないし頭打ち的な性格が非常に強いこと、そしてそれと密接に関連する、法の解釈運用のマニュアル化が著しいことであろう。

しかし日本法の四つの基本原理および四つの原則との関係でも、解釈や運用が硬直化するのは望ましくない。にもかかわらず、柔軟な法解釈や弾力的な運用を議論する契機が、日本の日々の行政運営ではいまいち確保されていないのが現状であり、充足されるべき需要が未把握だという「意識」「感覚」が全体的に薄い（「できないことになっています」というフレーズに象徴される）。ドグマが不在とみるのか、こういう枠組みこそが日本のドグマだとみるのか、考えが分かれるところだが、いずれにせよ、訴訟に至るケースも少なく、司法統制が全体としても個別の場面でも効きづらい状況となっている。幾つかの側面から考えてみよう。

(1)　定型的需要把握と頭打ち支給

ドイツの介護保険創設の有力な動機が、（広い意味での）社会扶助における介護扶助（Hilfe zur Pflege）の増大（とそれに連動する地方政府の財政圧迫）に鑑みて新たな社会保険制度の創設によってこれに対応しようとしたためであったのはよく知られている。日本では、いわゆる他人介護料などにおいて生活保護制度と介護保障との接点はかねてから存在したものの、ドイツと異なり（低所得者に対する）介護一般の仕組みが狭い意味での公的扶助とは分立していたため、必ずしもドイツと同じ文脈で議論はできない（ドイツの場合、同じ連邦社会扶助法という法律において、日本でいう意味での生活保護（「生計に対する扶助（Hilfe zum Lebensunterhalt）」）と、事実上の低所得者向けの社会福祉制度（「特別な生活状態における扶助（Hilfe in besonderen Lebenslagen）」）とがあわせて規定されていた。介護扶助は後者の一類型である）。そういう限界を踏まえつつ、しかし、現実の制度の動きとしては、我が国でも介護保険が成立し、しかも地域型の医療保険におけるのと異なり、被保護者も年齢基準に当てはまる限りで介護保険の被保険者（第1号被保険者）となる仕組みが導入されている。

第1号被保険者に該当する被保護者は、被保険者として保険料を納める義務がある。その際、保険料は生活扶助の加算対象となる（介護保険料加算）。実際に彼に介護の必要性が生じた場合、介護保険にメンバーシップを有するがゆえに、介護サービスを保険給付として受領することができる。もっとも利用に伴い原則1割の自己負担が発生するため、この負担分について介護扶助が支給される。

つまり介護保険第1号被保険者たる被保護者が要介護となった場合、9割が介護保険で、1割が生活保護（介護扶助）で、全体として10割が給付される構造になっているのであるが、この10というのはあくまで割合の話であって、介護のボリュームとは無関係である。このボリュームは要介護認定によって定まる。要介護に限ると5段階用意されており、例えば最高の要介護度5は、金額にすれば360650円（月額、平成29年度）の介護サービスが利用可能であることを意味している。

では現実に、ある被保護者について、月40万円分の介護が必要な場合はどうすればいいのであろうか。介護保険は社会保険であり、性質上、定型的な給付をおこなうこととなる。その上限を超える場合、自己負担さえ厭わなければ、月50万円分の介護や月100万円分の介護を受けることも、本人の自由である。同じく定型的な性格を有する年金保険においても、同様のことが当てはまる。国民年金満額を受給している人は、その満額の範囲内でしか生活をしてはならないのではなく、何らかの稼得活動をして収入を得たり、貯金を取り崩したりして、満額の年金で保障される以上の水準の生活を自ら営むことができる。もちろん爪に火をともして、スイッチの入っていない炬燵でぷるぷる震えながら缶詰を３日に分けて食べ、その代わり年金を貯蓄に回してもよい。オプティマム保障の医療保険では同じことはすぐには当てはまらないが、社会保険が定型的な性格を有すること自体に変わりはない（いわゆる混合診療の議論を想起せよ）。介護保険は、この社会保険伝来的性格を、要介護認定というかたちで具体化しているといえる。

しかし要介護認定の存在は、介護保険の社会保険としての性格にその実質的根拠が認められるのであり、最低生活保障とは直接の連関を有しない。では、月40万円分の介護を要する被保護者には、１割負担（介護扶助）を超えて、足らざる介護費がどこからか支給されるのかというと、現行制度ではそうなってはいない。すなわち、被保護者「も」、そうでないその他の被保険者と同様、それぞれが受けた要介護認定の範囲内で保険給付を利用し、自己負担を１割おこなう（実際には介護扶助が支給される）以外は、それを超える範囲の保障は自ら調達しなければならず、あるいは調達自体を諦めるしかない。

介護保障に対する需要は、それ自体として客観的に把握できるものであり（要介護認定という仕組みもそのことを前提としている）、かつ、自己負担をプラスしてより多くの介護を受けることを介護保険が排除していない以上、介護保険の枠組みで定型的に把握される要介護度ごとの介護需要とは別に、定型的でない個々人に実際に必要な（その限りでは主観的な）介護需要も観念することが可能なはずである。しかし現実の制度は、追加の自己負担の可能性がまずない最低生活保障受給者についても、介護保険における定型的な介護需要を、そのまま生活保護を通じて保障される介護需要と同一視している。加えて、保険給付が定型的なことと、介護需要が定型的なこととは本来無関係であるが、介護保険による多段階的な要介護度をそのまま生活保護にトレースすることで、各段階の上限的性格をやはりそのまま最低生活保障の場面にも当てはめている。要するに、公的扶助のレベルでの介護需要の把握を放棄していることになる。つまり介護扶助独自の基準による介護保障というよりも、介護保険の枠に準じて設定された介護扶助による介護保障となっている。

医療扶助ではこういうことは基本的には生じないと思われるが（そもそもオ

プティマム保障であるため)、介護扶助ないし介護需要、介護保障については別の論理が公的扶助のレベルで働くのであれば別段、もしそうでないなら、本来的な(個別的な)介護需要を最低生活保障において切り捨ててしまっている可能性が高い。生活保護の需要把握が(介護保険とシンクロすることで)定型的になり、かつ、支給が頭打ちになっていることで、結果的に介護にかかる需要の未充足を生ぜしめていることになる[1]。

すなわち、同期の対象にされた介護保険の保障水準が低すぎるという主張ももちろん成り立ちうるが、最後のネットという最低生活保障の立ち位置からしても、定型的でない保障の可能性が実際の制度で用意されていない(つまり法律の作り方が不可変的である)こと自体の妥当性が問われるべきであり、場合によっては司法統制の対象とされなければならない。もちろん、こうした制度設計がすわ違憲ないし違法となるかどうかは[2]、生活扶助における他人介護料(一般基準69,960円以内、特別基準104,950円以内、平成29年度基準[3])や介護扶助特別基準[4]を最大限活用するなど制度を使い尽くしてからの判断となる[5]。しかしその関係では、以下にみるような現場の著しいマニュアル化の問題を指摘しなければならない。

(2) 解釈運用の定型化

日本法で需要充足を語ることができるかどうかを考えるうえでもう一つ重要なのが、実際の法執行のスタイルの問題である。

我が国の生活保護のある意味で伝統となっているのが、毎年度の生活保護手帳(と別冊問答集)の発行である。制度運用にかかる基準がびっしりと書き込まれ、ケースワーカーにとっては(のみならず研究者にとっても!!)なくてはならない、まさに必携の一冊である。法定受託事務に事務の性質が移行してからは、所管官庁から発せられるこうした通知通達は、処理基準扱いが継続するもの以外は単なる技術的助言としてのみ位置づけられるにしても、全体としては、実際上の重要性や必要性は衰えていない。なぜなら、保護費が出せるか出せないかの「勝負」は、こうした通知通達の読み込みにもっぱらかかるという、日本的解釈技法が完全に定着しているからである。

例えば、キャンピングカーで生活をしている人が生活保護を申請したとしよう。もしこの当人が、わたしは長年愛車の中で生活しており、実際上も住居に当たるといえるので、キャンピングカーの維持費を住宅扶助費として認定してほしい旨を述べると、おそらく福祉事務所の担当者は、生活保護手帳および別冊問答集を繰り、住宅費の欄、さらには実施責任や資産活用の項目のどれをみてもキャンピングカーの維持費は出なそうだという心証を得、却下するか、いちおう実務では確立した流れであるところの住居不安定者に対する取り扱いを援用し、保護施設の利用または居宅生活への移行を図りながら保護の適用を進めていくかと思われる（いわゆる相談扱いはここでは念頭におかない）。

重要なのは、この一連の段階で、生活保護法（以下、法）本文を顧みることはまずないであろう点である。キャンピングカーが法第14条第１号にいう「住居」に当たるかどうかは、おそらくは検討されないのである。

微に入り細を穿った実施要領とはいえ、すべてのケースを事前に想定しておくことは不可能である。その関係で、思わぬ事例に対しては、日本の保護行政は硬直的対応に終始する傾向がある。裁量統制や平等原則との関係からすれば実施要領（的なもの）自体の有用性は否定しえないが、ただし実務に浸透しきってしまうと、そこに示されていないことへの想像力が培われないというデメリットも認識されるべきであろう。キャンピングカーの住居該当性という問いが、マニュアルに書かれているかどうかの確認作業に転化しているが、もう少し生活保護法自身が解釈に晒される必要があるはずである。確かに、とりわけ補足性の原理については、近年、裁判所を中心とした法解釈が積み上げられつつある。しかし実体給付については、保護手帳の枠内をなかなか抜けきれないでいるのが現状であるといわざるを得ない。あるいは、法に基づく保護、保護基準に基づく保護、という体面が結局ここでも貫徹していない。

⑶　非典型的需要状況と最低生活保障の法

では、何を、どこを、どう解釈するのか。試みとして、上の例に即して関連しそうな規定を洗ってみると、住宅扶助の範囲について法第14条、住宅扶助の方法について法第33条が指摘できる。

法第14条第１号は「住居」を住宅扶助の範囲に挙げているので、キャンピングカーが住居といえるかどうかがまず問題となる。住所概念であれば民法や関連法規が参考になるであろうし、刑法でいう住居も参照できないわけではないが、最低限度の生活の保障という独自の法目的との関係で、キャンピングカーをどう捉えればよいのだろうか。

単なる狭い意味での車上生活におけるのと異なり、キャンピングカーが一定程度の継続的な居住をも目的として設計されていること、テントなどと違い物理的構造が確固としてあり外部と区切られていること、寝袋のように屋外露出に晒されていないことなどからすれば、最低限度の居住性という点で、法にいう住居該当性を肯定する余地は少なくないと思われる（水上生活に用いられる船舶と比べても、それを係留するのと比べれば固定はなお容易である）。住民登録が可能か、建築基準を満たしているか、固定資産税が発生するか、郵便物が届くかなどは、最低限度との直接の関係は薄いといえるので、該当性を否定する有力な根拠とはならないだろう。むろん、保護費支給や世帯訪問など保護実施の際に実務的困難を伴うという反論も予想されるが、保護費の手渡し化や、居住形態の特殊性に応じた連絡手段の活用などが考慮されるべきである。

むしろ問題としては、住居該当性云々の前に、資産活用で撥ねられるおそれがある。実施要領に従えば、処分価値が利用価値に比して著しく大きいと認められない限りは保有を容認されるが、一般の土地家屋と比べてそもそもキャンピングカーの下取り価格はそこまで高額でないので、この点はクリアできそうだが、キャンピング用であれカーはカーだからということで、通勤や通院などの特定の目的とは関係のない（住居として利用しているのであるから当然だが）車の保有とみなされれば、実務上はここで止まってしまう可能性が高い（申請却下か？）。しかしこれらはあくまで実施要領上の話であり、法律の文言解釈においてこうした処理上の基準を当てはめる必然性はない。

仮に法第14条第1号の「住居」該当性が否定されても、同第2号の「補修その他住宅の維持のために必要なもの」の該当性判断を次におこなわなければならない。キャンピングカーの購入費用を生活保護で出すことは（家屋より数段安いとはいえ）およそ考えられないが、保有（所有）兼利用していることを前提にすると、むしろ同号の適用が素直な解釈かもしれない。この場合、同号中の「住宅」を「居住状態」と読み替えるか、「その他……必要なもの」を開放条項として活用することとなろう。

いずれかにより住宅扶助の範囲に該当すると判断されるのであれば、住宅扶助は金銭給付によっておこなうものとされているので、これに従って処理されることになる。

たとえどれも採用し得ない（キャンピングカー自体は住居に当たらない）としても、急迫状態にあれば関連の諸規定を用い職権で保護を開始しなければならない（前提として急迫しているかどうかを判断しなければならない）。急迫していない場合は、変則的ではあるが住宅扶助部分を除いて（前提として、住居がないため、正確には住居にかかる生活費が発生しないため）要否判定したうえ、要保護状態にあれば、生活扶助その他を開始することになる（この例では維持費は最低生活費に反映されないため、当座の費用を削るか、その他の捻出方法を自力で探るしかあるまい）。なお、確かにキャンピングカーは移動往来の可能性があるが、居所不明の実態が真にあれば格別、居住地保護か現在地保護かは実施責任の問題に過ぎない（法第19条）。そもそも無差別平等の原理（法第２条）からすれば、どのような居住方法をとっているかは重要な問題ではない。洞窟や山頂で暮らしていても法は適用可能なのであって、キャンピングカーで起居している者を、そのことを理由に差別的な取り扱いをすることは許されない。重要なのは要保護状態にあるかどうか（最低生活保障を発動する契機があるかどうか）であることは再度強調しておく。

誤解のないように付け加えておくと、現在の日本で、キャンピングカー居住者への保護適用が焦眉の課題になっているわけではない（もちろん、車上生活者や路上生活者を含む不安定居住者に対する最低生活保障はかねてより重大な焦点である）。ドイツでは、キャンピングカーで生活をしている場合に公的給付としての住宅手当が受給できるかがまじめに裁判所で争われるが、メンタリティからして異なる日本人に同じようなことは当てはまらないだろう。しかしポイントは、典型的な需要状態にない場合、つまりマニュアルでは事実上処理しきれない場合に、はみ出す余地をどこにどう求めるかである。

これは可能性として三つある。一つは法それ自体、一つは実施要領、一つは本人である。前二者は制度という意味では一つであるが、実態からすると分けた方が考察しやすい。実施要領は、確かに、硬直一辺倒ではなく、読み方次第で判断の余地も多分に残されてはいる。ただそれが活用されきっているかというと、福祉事務所の現状から考えると、率直に肯定するのは難しいであろう。実施要領で壁に当たった場合、法に帰ってオルタナティブを探すのが本来であるが、現実にはここが弱いため、最後は本人の負担で解決させることになりがちである。やや図式的に過ぎるが、半世紀以上本格的な改正がなかったやにいわれる法、毎年ますます分厚くなる保護手帳、そして被保護人員のカーブの上下の極端さは、こうした日本的特徴をそれぞれにおいて体現しているようにも思われる。

最低生活保障も結局は大量化、定型化せざるをえないという割り切りに立つなら別であるが、個々の需要状態の差異を法は許容ないし前提としていると考えることで、典型的なたいていの需要状況にはマニュアルは当てはまるだろうから、そうでない非典型的需要状況には法の原理原則や一般的規律を活用して制度への包摂可能性を探るルートを常に残しておかないと、法をショートカットして本人負担に直結させるだけのシステムに陥りかねない。一般的、典型的、類型的状況に合わない需要を切り捨てれば切り捨てるほど、ますます制度が硬直化していくことにもなろう。であればこそ、各種扶助にかかる保護基準もそういう柔らかいシステムを具現化する側面を併有している必要があるのである。

なお、非典型的需要すべてを生活保護で常に受け止めるべきだと主張しているのではない。不必要なものをわざわざ税金で保障する必要はない。ただし必要かどうかの判断は公的になされる必要がある。需要状況は究極的には個々人で異なるのであるから、制度をそれに合わせきるのはさすがに不可能である。ドイツでも、唯一の心の友である愛犬と一緒でなければテコでも動かないと頑張る駅前の若いホームレスへの保護適用には苦労している（あるいは端から諦めている）ようである。しかしながら、例えば社会保険と公的扶助の役割分担を考えたとき、定型的給付では成型しきれない需要が生ずるはずであって、衣食にせよ、住居にせよ、仕事にせよ、家族にせよ、近所付き合いにせよ、介護にせよ、医療にせよ、最後のネットでそうした非典型的な需要をすくい上げる機能ないし可能性が残されていることそれ自体が社会保障体系的には重要なはずである。最低限度という規範的限界は、給付の種類、程度、範囲、方法いずれにおいても考慮せざるをえないが、その問題と、最低生活保障がそもそも定型的・頭打ちでよいかどうかとは別問題であって、むしろ、一人ひとり（あるいは個々の世帯）の生活保障と最低限度というせめぎ合いをもっと表面化、積極化させていく必要がある。その結果として最低生活保障制度に何が足りて何が足りないかも明らかになっていくのであり、それが積み重なっていくことで、「制度についてこい」型ではないところの法の方向性やあり方が見えてくるのではないか。

(4)　必要即応原則のこれから

そうはいいつつ、現行のマンパワーで可能なパフォーマンスには実際問題として限界があるのは、一面では真実であろう。標準数（社会福祉法第16条）を思い切って見直すなどしない限り、丁寧に個別対応したくてもできないのもよく理解できるところである。しかしながら日本の保護行政でも、実際に保護の申請があった場合、いの一番でおこなうのは世帯の認定であり（実施責任ではない）、ここではかなり非典型的な需要状態をも念頭においた実務が展開されていることには注意を要する。次官通知では「同一の住居に居住し、生計を一にしている者は、原則として、同一世帯員として認定すること。／なお、居住を一にしていない場合であっても、同一世帯として認定することが適当であるときは、同様とすること。」（次第１）と、包括的な同一世帯認定が語られつつ、局長通知以下でその範囲や限定が細かく定められている。出かせぎや寄宿の場合は基本的に同一世帯と認定されるが、反対に、稼働能力があるにもかかわらず収入を得るための努力をしない等保護の要件を欠く者が世帯員にいる場合、要保護者が自己に対し生活保持義務関係にある者がいない世帯に転入した場合、保護を要しない者が被保護世帯に保護世帯員の日常生活の世話を目的として転入した場合などにおいて、いわゆる世帯分離の扱いが規定されている（局第１）。世帯分離そのものは、完全に別世帯として取り扱うのではなく、同一世帯であるという認定は動かさないままで、保護の要否や程度を決定する上で別世帯と同じように扱う「擬制的措置」（別冊問答集「２　世帯分離」）であるとされる。これは法第10条の世帯単位の原則に対する例外だと理解されることが多いが、厳密な意味での「個人」を単位としているわけでは必ずしもない（残りの「世帯員」を保護する取り扱いなど）ので、綺麗な例外といえるかどうかは評価の余地があるものの、いずれにしても、まさに非典型的な状況について、原則としての同一世帯認定からはみ出す余地を多分に認めている点で興味深い。

そもそもいわゆる４原理は法律の解釈運用が基づくべき基本原理（法第５条）

であるのに対して、これまたいわゆる4原則は、まさに例外があり得るゆえの原則なのであって、現実にできているかどうかは別として、少なくとも世帯認定については、例外的ケースに対して現に個別対応しているのである。

この原則例外パターンは、他に、申請保護の原則（法第7条）でも顕著である。この点、急迫状態にあれば申請がなくとも職権で保護は開始される。いわゆる窓口規制の温床とも指摘される相談プロセスを法的にどう位置づけるかの問題があるが、申請が多様な手段でおこなわれ得る、ないしは申請自体を要しない場面があり得るという意味で、原則に対する例外が形成されているといえるのである。

では、上に挙げた以外の、残りの二つの原則についてはどうかというと、これは面白いことに、基準及び程度の原則（法第8条）と必要即応の原則（法第9条）とには、申請保護や世帯単位と同じ意味での、原則例外関係は見当たらないのである。

基準及び程度の原則の例外があるとすれば、保護を、厚生労働大臣の定める基準により測定した要保護者の需要を基としないとか、そのうち、その者の金銭または物品で満たすことのできない不足分を補う程度においてはおこなわない、ということになる。収入認定除外や基礎控除などに機能的にはそうした側面がないとはいわないが（手元の金銭で満たすことをしようと思えばできるので）、むしろこれらも除外や控除の基準に則しておこなわれているのであって、原則に対する意味上の例外とは称しがたい。沿革的には都道府県知事ではなく厚生大臣（当時）が基準を定めること、またミーンズテストの一般的表現であることが法第8条とりわけ第1項の意味するところであり[6)]、例外との関係で原則があるというより、原則をきちんと立てること自体に意義が認められると考えるべきであろう。実際問題としても、確固たる内容を備えた基準を無視して保護行政にあたる（例えば意図的に第2類費をつけなかったり住宅扶助を一部カットしたりする）ことはそれ自体違法の評価を帯びる。

必要即応の原則に対する例外を考えてみると、これはより明らかである。保護を、要保護者の年齢別、性別、健康状態等その個人または世帯の実際の必要の相違を無視して、有効にも適切にもおこなわないでいいとは、誰もいうまい。小山に従うと[7)]、法第9条はそもそも、無差別平等（法第2条）を機械的画一的平等と理解することを戒める趣旨で登場してきたようである。いわく、保護の形式的平等を打破するための道具は、保護の種類と方法については法に埋め込んであるが、保護の程度に関しては、基準の決め方がいささか一律的、固定的であるため一考を要する、そのためにこそ、法第８条第２項（「前項の基準は、要保護者の年齢別、性別、世帯構成別、所在地域別その他保護の種類に応じて必要な事情を考慮した最低限度の生活の需要を満たすに十分なものであつて、且つ、これをこえないものでなければならない。」）により、基準設定の段階で、個々の相違を反映させていくための技術を発展させていくべきことが指摘されている。

以上を要すると、すなわち、まず法第８条第１項で一般的な公的扶助の原則を述べつつ、それを機械化、画一化しないために、法第８条第２項を通じて様々な相違を反映できるように基準を設定し、それを受けて、法第９条により実際の運用を必要に応じて弾力的におこなっていく（小山の表現を借りれば「制度の動脈硬化を未然に防止せんとする」）、というホップステップジャンプの関係が見えてくる。これを原則とそれに対する例外として把握するのが適当かどうかは分からないが、現行法が、定式化されがちな基準に当てはまらないような特殊な需要を最低限少なくとも運用で受け止めようとしていることは理解できよう。その意味では、法第９条にはよりいっそうの関心があてられるべきことになるのである。法の可能性を広げるための一般的な拠り所であるといってもよい。

キャンピングカーに話を戻せば、具体的な給付の可能性は扶助の種類や方法に関する条文を直接の解釈の対象とせざるを得ないが、一般的な保護の相場や常識とは合わない思わぬ結果に至るときにも、それを支える思想的背景として法第９条がもっと援用されてよいのである。その際、保護が「要保護者の年齢別、性別、健康状態等その個人又は世帯の実際の必要の相違を考慮」して「有効」ないし「適切」におこなわれているかどうかは、法第９条だけを眺めていても結論は出ないのであるから、保護の種類、程度、範囲、方法において、具体の必要を当てはめて給付の可否や制度の伸縮を探りきる姿勢にこそ、法第８条第２項、法第９条の意図が顕現してくるのである。すなわち、およそ一般的でないような非典型的な需要こそが、法の可能性を広げるヒントになり得るのである。その限りで、現行の保護基準には開発の余地が多分に残されている。

2 保護基準そのもののチェックへ？

日本法は、事実上、厚生労働大臣による基準設定行為を頂点にそれを補完する下位規範がピラミッド状に組み上がっており、それへの当てはめをおこなうのが標準的なスタイルとなっている。誤解を恐れずおおざっぱにいうと、実施要領で認められているケースについて、実施要領で認められている金額の範囲内で、必要なものがあったら給付できるという仕組みである。その限りでは、現場の自由度はそこまで高くない。もちろん、裁判所のチェックをシステム上受け付けないわけではないし、実際、学資保険の保有や高等学校就学費の創設など、裁判の成果が実施要領に反映されることもあるが、これが一般的な回路になっているかどうかはそれこそ未だしの感がある（最高裁ならばいざ知らず、下級審での裁判成果が運用に反映されることはそうそうない）。

実施要領への当てはめが日本で現実的焦点になるのは、確かに相当の実例の積み上げが通知通達の背景にあり、これを告示を具体化する広い意味での基準と考えた場合、カバー領域が広いため、探せば何か見つかる、何か書いてあるからである。いちから法律をひもといて、起案を立てて、決裁を受けて、決定を出して、最後は裁判所のチェックを受けることと比べてどちらが効率的かという問題でもあるかもしれない。ただ実施要領の読み込みでうまくいかない場合、あるいは金額的な基準で上限がどうしても破れない場合、そこで止まってしまうことが日本法のデメリットとなる[8)]。

広い意味での基準設定は、確かに多様化、多元化されてきたが、これらはどちらかというと法第８条のレベルの問題であって、基準への当てはめでは解決しない、そもそも基準に当てはまらないケースが現実にある場合に、法第９条のレベルで問題を取り扱うシステムがうまくビルトインされていない。そうであれば、必要即応の原則から、実施要領の「想定」を超える、まさに想定外のケースに対応できるように、弾力性、柔軟性を少なくとも保護の現場で確保することが規範的にも要請されよう。監査にも、そうした実力が培える方向で、見逃されている、切り捨てられている需要がないのか、それをどうすれば発見できるのか、という視点がより盛り込まれるべきである。

確かに、生活扶助第１類費や第２類費のように、固定的な金額で表される基準を現場の判断で増減させるのは難しいだろう。しかし、例えば成長期の子どもを多く抱えた家庭で、みなひもじい思いをしているという現実がもしあるなら、栄養不良や欠食児童にするわけにはいかないのだから、加算、一時扶助、収入認定除外、基礎控除など、手段を尽くして必要な需要を満たそうとしなければならない。言い換えれば、まずは「これが最低生活保障に必要だ」、「最低生活に足りない」という実態があるかどうかであり、そして「こんな給付は出せないのか」という現場レベルの産みの苦しみである。生活保護給付を張り付けるのに通知通達の壁があるなら、最後は法文解釈によってでも、保護の可能性を追求していく姿勢こそが求められるのである。生活保護法の解釈に司法をさらに関与させていく意味でもこのことは重要である。

ただし現実問題としては、現場における実施要領の支配力は非常に強いため、法ドグマ的には裁判所が拘束されない通知通達のレベルで実際の保護行政が運用展開され、そしてそこでは法律の文言が具体的に問題とされにくい点で、日本的なズレが生じている。実施要領の範囲内で需要が充足される日本では、実施要領の内容の妥当性チェックでいうと、最終的には担当行政官庁の「良心」に依拠せざるを得ない。それもあって、保護手帳がますます肥大化していき、年度末の生活保護関係全国係長会議が一大行事になっているのである。福祉事務所からすれば実施要領に書いているかどうか、保護課からすれば実施要領に書くかどうかが焦点であり続けている状況がある。

日本では、要保護者ないし被保護者が、これは自分自身の最低生活にどうしても必要だと考え、それを申請し、請求された内容が生活保護法に照らして認められるべきか否かを実施機関が決定し、それに不服があれば審査請求を経て訴訟にいたり、司法の場でそれぞれが自身の見解を戦わせ、裁判所が最終的に判断するという構図があまり一般的ではない。その健全不健全の判断は留保するとしても、法律から離れて行政がおこなわれるのではない以上、裁判所のチェックを何かしら呼び込む必要性は否定できないし、その基礎ないしきっかけとなるのは主観的権利の訴求なのだから、法に基づいて具体的請求権の存否や程度を明らかにしていく作業にもう少し重きが置かれるべきであろう。

例えば、老齢加算を廃止してよいかどうかは、端的には老齢加算に見合う需要があるかどうかの問題であるが、一般的に、類型的に、そうした需要が何らかとの対比で見いだすことができないことと、現実にある高齢者に年齢特殊的な需要がありうることとは、決して矛盾しない。その人自身の咀嚼力が弱り、その人自身の嚥下機能が低下し、その人自身の消化能力が落ちているときに、その人に合った（お金のかかる）特殊調理食材が必要な場合がありうるのである。ちょっとした和菓子をお茶請けに持ち寄り気の置けない知人と会って昔話に花を咲かせないと気持ちが持たないという人がありうるのである。葬儀に参列するための費用は、「配偶者、３親等以内の血族若しくは２親等以内の姻族」の場合に限って、かつ、実施機関がやむを得ないと認めたものだけ保護費から支出可能なのは、実施要領がそう限定しているだけの話であって（局第７の２の(7)の（コ））、親等関係とは関わりなく、その人その人の人生にとって参列して弔意を示すべき場合がありうるのである。

扶助費を定型的に加増するのをやめるなら、第１類費にこうした諸費用の充足が理論的にすでに含まれていること（そして生活扶助内部のバッファー機能の発揮によって想定期間内にやりくりがおこなわれうること）を証明しない限り、少なくとも制度変更の前後で地滑り的に需要を切り捨てていることにしかならない。そうならないためには、少なくとも自分にはこれこれにどうしてもお金が必要であるとして別途給付を申請するしかないし、申請してよいのである（「前項各号の扶助は、要保護者の必要に応じ、単給又は併給として行われる。」（法第11条第２項）のだから、特に扶助の種類を特定せずとも、単給を正面から請求すればよい）。実施機関が、最低限度の生活にふさわしくない、社会通念上認められない、などにより不必要だと（あるいは請求額を下回る金額のみを）判断すれば、最終的に裁判所でその決定を争うことになるが、この際裁判所は、老齢加算廃止の違法性を特に判断することなくとも、その人自身の必要性を法に照らして（実施要領には拘束されないのであるから）判断しなければならないし、判断できる。

このように需要を「発見」していくのではなく、本人に「我慢」させるベクトルが働きがちな我が制度では（あるいはこれこそ自助努力なのであろうか！？）、充足のパターンを語る前提が非常に弱いといわざるを得ない。しかし日本法には、そういうシステムにならない可能性も多分にある。法の条文は確かに簡素なところがあるが、裏を返せば解釈の余地が認められるということであって、それは本来は保護行政の力量を培うバックボーンでもある。そのなかで生まれるよい解釈運用が、厚生労働大臣への情報提供で吸い上げられていき、実施要領に反映される流れが作られていくのであれば、必ずしもマニュアルの存在は否定されることにはならない。健康で文化的な最低限度の生活の保障という、憲法上極めて重要な権利の基礎は、しかし、あくまで個々人のニーズであって、それを具体的に実現していくのが制度の義務であり、制度を運用しそれを監督する者の責任なのである。

2　日本における住宅扶助の展開と課題

はじめに

およそ人は、定住しないという選択肢（例えば遊牧）を集団としてとらない限り、どこかに居を構えて日々の生活を営むものである。人類の歴史の大半は飢えと寒さとの戦いであったが（定住に数万年かかったという話もあるように、定住しなかったのではなく条件が厳しく定住できなかったのであろう）、大昔に自然の洞穴に住み着いたころから、雨風をしのぐための環境、施設ないし設備をいかに得るかが、常に生活上の大きなテーマであった。その限りでは、現代社会でも根本のところは大きく変わっていない。

ただし社会生活が飛躍的に高度化するなか、市民法秩序を土台とした、住居の自家所有や賃貸借関係が人間の住むという行為の基盤を形成していく一方で、多くの社会問題が、住居と直接間接に関係しつつ生起している。産業革命以降の都市問題も半分以上は都市に流入した貧民層の住居（と衛生）問題であったといえるし、ひとたび戦争になれば焼け出され路頭に迷う多くの戦災者や（避）難民が生み出されてきた。巨大な自然災害の発生蓋然性が高まっている今日においては、被災リスクの見積もりや軽減策、事後対応を考えるうえで住居の持つ意味はいよいよ重要度を増している[9)]。

我が国においても、高度経済成長時のニュータウンに象徴されるように、地方から都会へという大きな人の流れは、やはり住居をどう確保するかの問題と背中合わせの現象であった。とりわけ90年代以降、景気の悪化に伴う中高年男性を中心としたホームレス状態の可視化を皮切りに、生活や雇用の激変と相まって、居住に関わる問題がさらにより複雑化してきた。派遣切りが直接住む場所の喪失につながる事例を我々はあまた見聞きしたし、若者を中心としたネットカフェ難民などの不安定居住も拡大の一途である。公営住宅からの強制退去にまつわる関東地方の母子心中事件も内容的には住の貧困に由来するものであろう。他方で、家はあるものの、高齢化のますますの進展と、家の内外で人間的社会的つながりがいよいよか細くなっていることと関連する孤独死（文字通り一人寂しく事切れる例に加え、近年では複数人数が同時にまたは相前後して息絶えているのが発覚するケースもここに含まれよう）の増加など、新たな都市問題が惹起している。年金や医療、介護といった社会保障制度の重要テーマも、居住の形態との関係を抜きにしては語れなくなってきている。

以上の意味で、社会保障法的視点も、住居問題により注がれるべきであるが、伝統的な政策的縦割り（住宅行政の所管は厚生労働省ではなく国土交通省である）の問題もあって、実際には住宅や住居の問題の社会保障法的な研究はあまり進んでいない[10]。その主たる要因として、給付法としての社会保障法の特徴を挙げることができよう。資本主義国で私有財産としての住居の所有権を公的資金で私人に得させる例はおそらくないだろうが[11]、そういう限界の枠内で、住宅建設支援（いわゆる対物支援）や様々なかたちでの家賃補助（いわゆる対人支援）は、濃淡はあれ多くの西側諸国で取り組まれてきたし、現在も取り組みの例がある。家賃補助の代表例は住宅手当であるが、これは明らかに給付のかたちをとっており、その限りで社会保障法の一部分をなすが、残念ながら我が国では国家の制度としては実現してきておらず、その点で社会保障実体法を欠いている。

しかしながら、我が国でも生活保護における住宅扶助は、最低生活保障の枠内ではあるが、実際上家賃負担に対する公的な援助としての実質を有するものであり、当然ながら社会給付として位置づけられるものであって、よって社会保障法的考察の対象たり得る。これまでは、生活保護法に定められる各種扶助の相互関係や本質的な相違はあまり顧みられてこなかったといえるが、住居という縦糸の文脈で現行の住宅扶助をみるとき、多くの論ずべき点があることに気づく。

住宅扶助の制度設計は、現行法成立後それほど多くの変容を被っていない。その意味で、解釈的にも運用上もまだまだ開発の余地がある。しかし常に留意しなければならないのは、単なる専門的技術的話題にとどめてしまうのではなく、住宅や住居が人間にとってどう重要なのかという基本的視座であって、住宅扶助も、またそれを包含する生活保護も、人間の生活上の基本的な「権利」(憲法の表現を借りれば、健康で文化的な最低限度の生活を営む権利の一環という意味で）の実現にどのように寄与できるか、寄与すべきかが論ぜられなければならない。

以下、本稿では、我が国の住宅扶助を概観しつつ、主たる論点を抽出していくこととする。

1　生活保護法と住宅扶助

(1)　住宅扶助の独立

我が国の現行法制では、生活保護法（以下、単に「法」という。）において保護の種類が計８つ掲げられている（法第11条)。うち、実際の総支出額で上位を占めるのが、医療扶助、生活扶助および住宅扶助であって、ボリューム面で他の扶助を圧倒している[12)]。医療扶助は原則として現物給付であり、保護受給者の相当多数がいわゆる10割給付を受けていることもあって（高齢者や疾病ないし障害を契機として保護受給に至る者が多いなど日本的な諸々の要因ももちろん絡んでではあるが)、総支出の半分近くを占める状況が続いているが、医療扶助をいったん度外視すると、生活扶助および住宅扶助が保護費の大半を占めている状況である。その意味では存在感のある扶助だといえよう。

そしてこれは素直に考えれば当たり前のことである。これら二つは、生活していくうえで常識的に必要なもの、すなわち衣食住の保障と直結するからである。ではなぜ、「衣食住」と漢字三文字で表される最低限度の生活上の需要が、制度的には二つに分けられて保障されているのかというと、これはもっぱら沿革上の理由によるものである。実はこの区分は現行生活保護法（昭和25年法律第144号）ではじめて取り入れられたものであり、救護法（昭和４年法律第39号）および旧生活保護法（昭和21年法律第17号）においては大きく生活扶助というくくりであって、現行法からみれば住宅扶助は（教育扶助とともに）生活扶助から未分化の状態であった。つまり、かつては制度上、生活扶助で衣食住すべてをまかなうこととされていたのである。

となれば、単純に考えると、例えば同じ家族構成であっても、毎月の支払うべき家賃の多寡が、衣食分に実質的に充てられる残額を左右することになる。実際の家賃が高くなればなるほど、結果的に生活が圧迫される構図である（もちろんその反対もあり得る）。これを避けることが住宅扶助創設の狙いの一つであった。住宅扶助を独立させた動機を小山が以下のように語っているが、現在でもおおむね通用するところが少なくないと思われる。

「次に住宅扶助については、これを独立した扶助とすることについては最後迄有力な反対意見があつた。蓋し、住宅扶助の内容とする保護は生活扶助を受ける凡ての人々にとつて共通に必要とされるところのものであり、且つ、これは一般に衣食住の需要として一括して取り扱われることを例とするものだからである。それにも拘わらずこれを独立の扶助として創設したのは、全く戦後の特殊事情に基くものである。即ち、戦後の日本は戦災による住宅の大量喪失のため極度の住宅不足に悩まされ、これがため住居の価格は偶然の因子によつて極端に左右され、統一的な市場価格なるものを持つていない。これがため生活費中における家賃は個人的事情により極めて不均等であつて、生活扶助費基準額算定の基礎とせられる家賃の如きも、多くの人々がそれで住居を得られる可能性のあるものにしようとすれば、他の人々にとつて不当に高いものとなり、他方所謂公定価格で算定すれば、それで住居を得られぬ人々を多数生ずるという次第で取扱に頗る悩んでいる問題である。同様の悩みは英国においてもあるようで、これはビヴァリッジの報告書にも現われているが（註五）、日本の現状では先に述べた後段の方法が採られているため家賃の不足を他の費用でカバーしている例が極めて多いのである。かくて現状では、住居費を他の費用から分離してこれに喰込む余地をなくし、然る後この問題を個別的に解決する以外に方法はない。住宅扶助はかかる事情に基き創設されたのであり、今後基準を多様化すると共に、特別基準の設定が特に要請される。[13]」

以上の経緯を経て、現行法下において生活扶助と住宅扶助はその質的差異を背景に別々の道を歩むことになった。とはいえ、一方で生活扶助基準が相当の緻密化を経て今日に至っている[14]のとは対照的に、住宅扶助基準（一般基準[15]）は、「生活保護法による保護の基準（昭和38年４月１日厚生省告示第158号）」で「2,000円以内」と定められた以降でみると、「2,800円以内」（第25次改定、昭和44年４

月1日〜)、「4,500円以内」(第29次改定、昭和48年4月1日〜)、「5,500円以内」(第30次改定、昭和49年4月1日〜)、「9,000円以内」(第35次改定、昭和54年4月1日〜)、「13,000円以内」(第45次改定、平成元年4月1日〜)(いずれも1級地基準)というように、割合ざっくりとした改定が特徴的であり、また現行の13,000円になってから四半世紀を数えるなど、改定のペースも非常に緩やかなものになっている。

(2) 住宅扶助基準の多段階性

21世紀の日本社会で13,000円(1級地、2級地)や8,000円(3級地)(保護の基準別表第3の1)でまともな家が借りられるとはとうてい思われない(地代でもどうかというところであろう[16])。しかしながら額面上は現在も同額が維持されているのには、ある種のからくりがある。

すなわち、告示自体において、「家賃、間代、地代等については、当該費用が1の表に定める額を超えるときは、都道府県又は地方自治法(昭和22年法律第67号)第252条の19第1項の指定都市(以下「指定都市」という。)若しくは同法第252条の22第1項の中核市(以下「中核市」という。)ごとに、厚生労働大臣が別に定める額の範囲内の額とする。」との規定があり、13,000円ないし8,000円を上回る(おそらくほぼ大半の)要保護者・被保護者については、ひとまずはこの定め(保護の基準別表第3の2)があてはめられることになる(以下、一般基準限度額)。

この点は下位規範によりさらに詳細化される。住宅扶助基準に関しては2015年に大きな動きがあったので、ひとまず2014年までの制度を確認しておくと、具体的には「生活保護法による保護の実施要領について(昭和38年4月1日社発第246号)」(いわゆる局長通知)において「保護の基準別表第3の2の厚生労働大臣が別に定める額(以下「限度額」という。)によりがたい家賃、間代、地代等であって、世帯員数、世帯員の状況、当該地域の住宅事情によりやむを得ないと認められるものについては、限度額に1.3を乗じて得た額(7人以上の世帯については、この額にさらに1.2を乗じて得た額)の範囲内において、特別基準の設定があったものとして必要な額を認定して差しつかえないこと。」(局第7の4の(1)のオ)と、都合計4段階[17]の基準が実際には予定されていることになる[18]。

これらのうち、一般基準13,000円が(物理的な意味でも)告示されているのは

図表１－１　住宅扶助基準の金額の比較

		対象世帯	東京都	大分県	神奈川県	富山県
一般基準	一般基準	－	13,000円	13,000円	8,000円	8,000円
	一般基準限度額	単身世帯	53,700円	27,500円	43,000円	21,300円
特別基準	限度額1.3倍基準	2～6人世帯	69,800円	35,700円	56,000円	27,700円
	限度額さらに1.2倍基準	7人～世帯	83,800円	42,800円	67,000円	33,200円

当然といえば当然であるが、都道府県や政令市・中核市ごとの基準およびそれに関連する特別基準の具体的な金額は、少なくとも厚生労働省のホームページの「所管の法令、告示・通達等」で検索してもヒットせず[19]、情報公開という点で問題を残している[20]。

いずれにしても、平成26年度基準額をもとにすると、もっとも基準額が高いのは、１級地および２級地では東京都、横浜市・川崎市、３級地では神奈川県、逆にもっとも基準額が低いのは、１級地および２級地では大分県、３級地富山県であった（**図表１－１**）。

(3)　住宅扶助一般基準限度額の存在

補足しておくと、住宅扶助で特徴的なのは一般基準限度額の存在である。これは分類上はあくまで一般基準であるが、表にもあるとおり、後続する各種特別基準の算定基礎となっており[21]、事実上それらと連動している（一般基準が定額のまま据え置かれたため、結果として限度額以降が一人歩きしているともいえよう[22]）。我が国の保護基準（具体的には個々の扶助基準）においては、かねてより一般基準と特別基準の区別が設けられているが、この特別基準自体がさらに大きく二つ、すなわち、典型的には「特別基準の設定があったものとみなす」特別基準と、そうでない（その意味で真の、本来の）特別基準とに実際には分かれている。この後者は、告示冒頭で「要保護者に特別の事由があつて、前項の基準によりがたいときは、厚生労働大臣が特別の基準を定める。」（告第２）とされ、それに対応した局長通知で縷々述べられているうち、「各費目に関する告示及び本職通知の規定による基準によりがたい特別の事情がある場合には、厚生労働大臣に情報提供すること。」（局第７の10の(4)）に該当する[23]。その意味では、上表の住宅扶助特別基準はいずれも「みなす」特別基準にあたり、正確にはさらにもう一段下に厚生労働大臣情報提供特別基準の欄を設けなければならない。しかしながら情報提供して特別基準が設定された例はほとんど知られておらず、しかもどのような特別基準がそこで設定されるのかが不明であって、事実上機能していないのではないかと思われる（機能していないという意味では、限度額でない方の一般基準にも指摘はかなりの程度あてはまる）[24)]。

⑷　住宅扶助基準の意味

日本の住宅扶助のもう一つの特徴は、以上で示された金額の持つ性格にある。例えば、１級地の13,000円という金額は、正確には「13,000円以内」と告示では表現されている。これは他の金額についてもすべて同様である。どういうことかというと、もしある世帯の月額の家賃がぴったり10,000円であれば、この場合最低生活費の積み上げに回るのは基準額の13,000円ではなく10,000円（のみ）である。ではもし15,000円だったらどうなるかというと、その場合は13,000円（のみ）が積み上げられる。13,000円以内というのは、13,000円まで、すなわち上限を意味している。

10,000円しか家賃を支払わなくていい人について、わざわざ13,000円を積み上げに回す必要は確かにない。理論上の最低生活費が3,000円分アヘッドするからである。卑近な言い方をすればこの人は保護費が3,000円お得になってしまう。しかし、15,000円支払わなければならない人は、上限の13,000円までしか最低生活費に反映されない。では足らない2,000円はどうすればよいのだろうか。

世の中に、ちょっと足りませんが今月はこれでご勘弁ください、という泣き言を聞き入れてくれる太っ腹な大家はおそらくだがあまりいない。私法上の契約で約定された金額は、本人が貧乏だろうが金欠だろうが、きっちり決められた額を支払う以外に途はない。支払えなければ契約上の責任（債務不履行）を追及されるだけである。

もちろん、上述のように10,000円台の居住用賃貸借物件は我が国にはほとんどないため、その限りで実勢価格をある程度反映させたものが、一般基準限度額および特別基準である。しかし額は一定程度膨らんでも、それらがすべて「円以内」の基準である以上、厚生労働大臣情報提供特別基準というウルトラＣを用いない限り、実際の家賃が各基準をオーバーしてしまう例はいずれにせよ発生してしまう。厚生労働省の資料においても、対特別基準額で100％の家賃額を支払っている例が、１級地、２級地、３級地、単身世帯、複数人数世帯すべてで確認されている[25]。

住宅扶助のとりわけ特別基準に関わる昨今の議論では、いわゆる貧困ビジネスの発生、台頭、蔓延を背景に、実際の家賃額が各地域における特別基準額の上限に張り付いていることが問題視される傾向にある[26]。確かに、一部屋に複数人数詰め込むようなろくな住環境にないおんぼろアパートの例や、管理費など様々な名目で受け取った保護費をすぐに徴収してしまう、いかにもピンハネとしか考えられない悪質なケースが存在するのは事実である。全体としての規制強化の必要性は否定できない。実際、社会問題化した2000年台以降、徐々にではあるが規制が進んでいる[27]。しかし、業者の監督強化にはひとまず問題ないとして、それを超えてたとえ住宅扶助の基準を下げたところで、上限付近に張り付く構造自体はすぐには変わらないだろう。そもそも家賃を実質的に統制する公的な仕組みが日本にはないためである。またそれは給付法としての社会保障法の本来的な役目ではなく[28]、むしろ借地借家や建築関係にかかる法規制の問題である。

そうであればこそ、住宅扶助基準の99％に張り付く事例よりも（もちろんながら、悪質な業者の排除が進めば、民間の借家における家賃設定が今度こそまともに問題になってくるという意味では重要な論点であり続けることは留保しておく）、ここでは、給付の範囲や程度と直接関わってくる、上限を超える家賃を払い続けているケースにこそ注目しなければならない。

2 「食い込み」と住宅扶助

以上の考察を前提に、さらに以下では、「食い込み」の問題点を、扶助の分立という観点から検討する。

(1) 生活扶助と住宅扶助の相違

法は各扶助の範囲を定めている（法第12条以下）。生活扶助と住宅扶助については、簡素ではあるが以下のような定めとなっている。

（生活扶助）

第12条　生活扶助は、困窮のため最低限度の生活を維持することのできない者に対して、左に掲げる事項の範囲内において行われる。

一　衣食その他日常生活の需要を満たすために必要なもの

二　移送

（住宅扶助）

第14条　住宅扶助は、困窮のため最低限度の生活を維持することのできない者に対して、左に掲げる事項の範囲内において行われる。

一　住居

二　補修その他住宅の維持のために必要なもの

少しややこしくなるが、先に触れた、実際の家賃が基準を超えている例について、法との関係でこれはどのように理解されるべきかを考えてみる。仮定として、ある被保護世帯について、保護は開始されたが、住居費が住宅扶助の上限ではまかなえないため、その飛び出た分を生活扶助からやりくりしているとする。また単純化のため、この世帯の最低生活費には、生活扶助と住宅扶助のみを積み上げることとする。なお何らかの収入があった場合、現行制度ではまず生活扶助に相当する部分から充当していくので[29]、その金額がある程度以上になり、要否判定でギリギリ「要」となった場合、その限りで支給される扶助費の名目は住宅扶助となるが、ひとまずここではそうしたケースは度外視しておく（なお勤労収入がある場合は控除の持つ意味も関わってくるのでさらに複雑になる）。

以上を前提にすると、仮定した世帯においては、結局のところ、支給された生活保護費のうち、住宅扶助は全額家賃に、さらに生活扶助は、一部を家賃支払いに足りない分および残りを衣食その他の生活費に、それぞれ使用していることになる。この状態の何が問題なのかというと、端的には、家賃が生活扶助へ食い込んでいることである。

前述した沿革による限り、法第12条第１号にある「その他日常生活の需要を満たすために必要なもの」に「住」が含まれないのは明らかである。むしろ「住」は明確に切り離されて、法第14条で二つに具体化されている。

生活保護法における扶助の分立を重視する立場からすると、生活扶助は

「住」にあたる家賃には、使わないでよいし、あるいはそもそも使ってはならない。例えば、教育扶助として支給される（要否判定や収入充当の実務を前提にすれば、正確には、教育扶助として観念される、と表現すべきであろう）保護金品を、親が世帯の食料費に費消してしまったとすると、誰しもそれはおかしいと考えるであろう。医療扶助や介護扶助は現物給付が原則なので（法第34条、法第34条の2）このような他の扶助とのチャンポンは基本的には起こらないが、金銭給付については、お金に名前が書いていない以上、こうした混淆ないし流用の可能性は常に残るわけである。

住宅扶助が支給されているにもかかわらず家賃を滞納するケースもまま見られるが、道徳的非難を除くと、法的には住宅扶助を指定された使途どおりに使っていないことになる[30]。そのアナロジーとして、生活扶助は、住を除く「衣食その他日常生活の需要を満たすために必要なもの」のために、それを使途として指定されたうえで支給されているはずである。もっといえば、使途を指定せずに生活保護費が支給されることは理論上あり得ない（勤労控除など実質的に保護費を加増させる性質のものは除く）。そういう性質を有する生活扶助を家賃に充てることに何ら法的問題は存在しないのであろうか。

(2) 使途自由か使途拘束か

この問題は、まさに生活保護法の規範的理解に関わってくる。第一に、あり得る大きな視点として、いったん支給された保護費の使途は、原則として自由であると理解するかどうかである[31]。パチンコに使うことに法的制限を加えられるかというと、これも道義的社会的非難の問題を別とすれば、何らかのかたちで使途管理を徹底する以外（現物給付に切り替えるほか、小分けにして手渡す、ソーシャルワーカーなどとともに使い方をしっかり訓練するなど[32]）、現行法では難しいとしかいいようがない[33]。パチンコは実際にはギャンブルだが、麻薬など明らかな違法物の取得に充てられたとしても、警察沙汰になることとは別に、そうした形態の利用が生活保護法に直接違反すると断言できるかというと、そうした悪意のある利用を前提に生活保護を申請しているなどの状況にない限り、やはり困難である[34]。ただしこうした理がなじみやすいのは、もっぱら生活扶助であることには注意を要する。

そうであれば、第二に、少なくとも生活扶助は他の扶助と比べて厳密な意味での使途の指定がなされにくいことを前提とすると、家賃の足らざる分に充てるのもまた了とすることができると考えるかどうかが問題となる。言い換えれば、例えば目の前に二つの賃貸物件があって、一方は適用が予想される住宅扶助基準の枠内、もう一方は基準を超える金額である場合、保護申請者（保護受給者でもよいが実務を勘案して申請ないし開始決定前としておく）には、住宅扶助のみでカバー可能な前者を借りるか、生活扶助から追加で自己負担をしてでも後者を借りるか、理論上は確かに選択肢が存在しそうである。自己決定の範囲内あるいは自己責任の問題といえるかもしれない。

しかしながら事態はそう単純ではない。実務を前提とすると、基準を超えた家賃の住居に申請前から住んでいる場合、転居指導がなされる。より安い住居に引っ越してから申請に来なさい、引っ越さないと申請はできません、という窓口規制は違法の可能性が高いが、申請処理と平行してより安い住居への転居を求めることそのものを違法視することはできない。なぜなら、こうした取り扱いには、一定の法的根拠があるからである。

それは端的には生活保護が公的扶助として位置づけられている、すなわちそこで実現される保障のレベルは必要かつ十分の、最低限度のものである（法第3条とも関連する法第8条）、という規範的限界と関係している。具体的には、ある一定の基準が生活保護で保障されるべき上限だと理解するとすると（その基準設定自体の合理性の問題はあるがとりあえずここではおいておく）、それを超える部分は保障の対象外とならざるを得ず、例えば最高で50,000円となっているのであれば、その趣旨は自己負担をしてまでも60,000円のところに住むことまでは許容されないところにある、という立場が成り立つ可能性がある[35)]。

この立場は逆方面からも裏付け可能であって、つまりこの自己負担がもっぱら生活扶助への食い込みに求められる以上、たとえ生活扶助がその他7つの扶助と比べて使途に一定の緩やかさがあるとしても、現に教育扶助や住宅扶助が別途存在し、あるいは医療扶助があるためそれこそ医療費自己負担の必要がないという制度設計に鑑みれば、10,000円を生活扶助から自己の判断とはいえ他の扶助のカバー領域に捻出することは、生活扶助という給付に求められる本来的な使途から外れていると評せざるを得ないのである。また福祉事務所の転居指導も（善意に解釈すれば）、家賃が生活扶助に食い込むと生活がもっと苦しくなって、健康で文化的な暮らしができなくなるかもしれません、それは巡り巡ればあなたの自立のためにならないので、この際、基準以内の家賃のところに引っ越してはどうですか、という助言的な意味合いを帯びてこよう。生活扶助は生活扶助として、住宅扶助は住宅扶助として用いるべきだ、という、ある意味で法から（あるいは生成史から）直接導かれる規範に則った理解だともいえる。

確かにいったん給付された限りは、被保護者も市民的自由を享受する主体であって、保護費の使途自由に言及することはできる。他方で、具体の制度として、生活扶助と住宅扶助を法が分けている以上、濃淡はあれ使途自由にもある程度の制限的効果が随伴することも否定できない。

現実問題として家賃の足らざる分を捻出するのは主として生活扶助からであることからすると、住宅扶助と生活扶助が結果的に連動してくることがここからもよく理解できる。両者は、端的にはそれぞれがカバーすべき需要の性質によって分かたれている。家賃は、約定の金額を定期的に支払う継続的債務であり、文字通り固定費の典型であって、転居しない限り需要に伸び縮みはない。反対に、住居費を除く一般生活費は、光熱費など固定費に近い性質のものもあるが、需要の幅にはある程度の伸縮があり、これは偶然そうなることもあるけれども、意図を持ってあるところには多めに使いあるところには少なめに使うということが基本的に可能である。たらればの話として、もし現行法が住宅扶助を独立させず、ある程度の相場的な金額を現在の生活扶助に加えて、全体として丸めた基準としていた場合、そういう意味での定型的な生活扶助を支給された者にとっては、それでは固定費として家賃を継続的にこれこれ支払い、残りを他の生活費に充てて、今月はこうしよう、来月はこうしよう、というような家計管理をおこなっていたであろう。もしそうなっていたならば、本稿はそうした定型額の持つ意味を議論していたことになるが、現実はそうではなく、生活扶助と住宅扶助は法律で明確に分けられているのである。この趣旨をやはり重く見る必要があろう。

言い換えれば、お金を使うという意味での充足には、生活扶助も住宅扶助も変わりはないものの、その対象となる需要の性質がそもそも大きく異なるのであり、そして大きく異なるからこそ、最低生活費の認定のところから仕組みが分かれているのであるから、食い込みの是非も、手元にまとまった金員の「使い勝手」だけで感覚的に判断するのではなく、どういう需要を充足するためにそれが支給されているのかを視野に入れた、保護の体系（とりわけ生活扶助基準額の法的意味）に即した考察が必要となるのである。

結論としては、生活扶助からの家賃不足分の捻出は、もちろんその食い込み自体がそうでない他の被保護世帯と比べてより苦しくなるという現象面での問題（自由に処分できる金額が少なくなるということは、考えてみれば深刻な問題であり、食い込みが続けば続くほど生活が破綻するリスクも大きくなる）にとどまらず、法的にも生活扶助に期待される本来的使用からは外れたものだといわざるを得ないことになるのである。

3　現行法制をどうみるか

(1)　現行住宅扶助基準の合理性

にもかかわらず生活扶助への食い込みが現に少なからず起きているのは、制度に問題があるからなのか、先ほどの例でいえばあえて食い込ませてまで高額家賃の住居に住んでいるないしは住み続けている被保護者の選択に問題があるからなのか、あるいはその両方なのか、第三第四の要因があるからなのか。

一般基準13,000円「以内」の話に戻ると、繰り返しになるが、この金額ではまともな賃貸物件を確保することは、たいていの場合不可能である。仮に限度額や特別基準が設定されていないとすると、多くの要保護者・被保護者が該当するであろう借家の家賃に関する限り、こうした基準設定はおそらく生活保護法との関係では違法となる可能性が高い（法第3条）。すなわち、たとえ13,000円以下の物件が見つかったとしても、健康で文化的な生活水準を維持できる可能性が極めて低く、その限りで住宅扶助として本来実現すべき保障水準を大きく割り込むことになってしまうからである。のみならず、「実際に」そうした物件が常識的な居住条件との関係でほぼ存在しない以上、ほとんどの要保護者ないし被保護者はそれを超える家賃の借家に住まわざるを得ず、それは同時に生活扶助からの足らざる分の捻出を不可避的に要請する、つまり生活扶助を生活扶助として実質的に使えなくしてしまうのであって、生活扶助単体の保障水準の切り詰めにもなるという意味において、二重に法違反となる可能性が存する。

現実には、13,000円や8,000円という、いうなれば名目上の基準ではなく、限度額および特別基準が実際には機能しているので、ボリューム的には以上述べたような意味での法違反の蓋然性は減殺されている。それでもなお、そうした実質的な住宅扶助基準においても上限としての性格は変わらず残っていることを考えれば、現実の額がそれを超えた場合について沈黙（黙殺）している現行の制度体系および実務上の取り扱いには、最低生活水準保障原理（法第3条）、保護基準の必要十分性（法第8条第2項）、必要即応の原則（法第9条）に照らして、疑義を呈せざるを得ない。

法第8条第1項に基づく厚生労働大臣の保護基準設定行為は、それ自体自由裁量でないことはもちろんであるが、本稿との関係でいうと、生活扶助と住宅扶助が扶助の種類として明確に分離されている以上、その範囲内で、かつその趣旨をよりよく実現するかたちで裁量は行使されなければならない。簡単にいえば、生活扶助に家賃が食い込まないように、まず基準そのものが設定される必要がある。もちろん、無条件であらゆる住居費を無制限に保障することは、最低限度の生活の保障という公的扶助としての規範的限界に照らせば、それを求めることはできない。しかし現行の枠組みでは、それぞれに引かれた一律の上限ラインをたとえ1円超えた場合でもすべて切り捨てられる扱いになっており、個別ケースとの関係で、どのくらい超過があって、なぜそうなっているのか、やむを得ない理由はないのかなどを斟酌しない、まさに一律の上限としてしか機能していない。いわゆる課長問答で確認できる唯一の例外として、単身者への特別基準（1.3倍額）の適用の可能性が一定条件下で示されていた[36]（ただし2014年度まで。2015年度以降は通知の表現は改められている）が、上述との関係では（本文に掲げた表ではいちおう実務を前提としている）、むしろ基準設定の段階で単身者を合理的理由なく別異に取り扱っている[37]ことの裏返しであるともいえるのであって、その限りでも現行基準の合理性には疑問が残る。

(2) 住宅扶助基準設定のあり方

現行の住宅扶助基準は、実費の保障を目的としたものである。その証拠に、家賃がそれぞれの基準を下回っている場合、最低生活費には実際の家賃額しか積み上げられない。この点が、生活扶助とのもっとも大きな相違点である。

支給された生活扶助費の範囲内であれば、毎日（はさすがに無理としても）ステーキ中心の豪華な食事をする代わりに、ろうそくで灯りをとり、衣服や移動・交通、交際費、通信費などを極端に切り詰める生活スタイルを選択してもよいし、逆に貧乏人の味方100g15円のもやしや一斤100円のトーストで飢えをしのぎながら、大事なところには一点豪華主義でどどんとお金をかけてもよい。現行制度では、生活保護受給中、保護費のやり操りで預貯金が形成された場合、使用目的が生活保護の趣旨目的に反しない限りは保有が容認されさえする（課長問答・問（第3の18））[38]。言い換えれば、生活扶助は、伸縮可能な生活上の需要に対応したものであって、最低生活という大枠の中であれば、原則として受給者本人が自由に処分できる。それゆえにこそ、生活扶助には実費主義はそぐわないのである。この理は、たとえ生活扶助基準がマーケットバスケット方式で算定されていても妥当する。月額600円の日用品費を、算定根拠どおりに律儀に新聞代として150円使わずに成人向け雑誌を購入しても、法的には何の問題もない。まして生活保護基準の算定方式が、格差縮小であれ水準均衡であれ、具体的な消費費目との連関をすでに失っている以上、消費支出として全体として表される金額を実際に何に振り分けるかは、ますます受給者自身の意思ないし意図によらしめられることになるのである[39]。

しかし住宅扶助はまったく異なる理論的基礎に立脚している。住居費は可変的ではなく固定的である。50,000円の家賃を約定した場合、49,999円を支払っても、債務を履行したことにはならない。今月は苦しいので40,000円、その代わり来月にはきちんと60,000円支払います、といった場合、良心的な大家さんなら事情をくみ取ってくれるだろうが、それは保証の限りではない（少なくとも法的には少額の受け取りを強制できないだろう）。その意味で住宅扶助が原則として実費主義であることには理由がある。家賃というある意味で特殊な、あるいは特定の需要を確実に充足するためには、同額を最低生活費に積み上げ、観念上とはいえ住宅扶助分として支給することには十分な合理性がある。法第37条の2で新設された住宅扶助の代理納付の法意からも看取されるところの、住宅扶助の使途限定の実質的根拠も、ここにあるとみるべきである。生活扶助との対比でいえば、需要充足が主観的におこなわれるのか、客観的性格を帯びているのかの問題でもある。

そうであればこそ、原則実費主義の住宅扶助に天井（上限）を設けることは、そもそも需要は縮まない（それに対応して充足もやはり縮まないため、本来別目的に支給されている他の扶助への食い込みを余儀なくさせる）のであるから、特にその合理性が厳しく吟味されなければならない。キャップの意味が生活扶助とは大きく異なることに注意が必要である。したがって、現に食い込みが生じているケースについては、被保護者の選択いかんよりも、一義的には当該事例で設定されている上限としての基準の妥当性こそが本来問題視されるべきなのである。

4　住宅扶助基準の方向性

結論するにはさらなる熟考が必要であるが、改善に向けた一提案として、以下検討を試みる。

⑴　不確定法概念スタイル

賃貸借関係が賃貸人と賃借人という登場人物によって成り立つ（実際には不動産業者や仲介人などのバイプレーヤーも活躍する）ものである以上、住宅扶助で示される具体的な金額には、この金額までなら貸すことができる（正確には徴収できる）、この金額までなら借りることができる、という心理的効果が付随することは避けがたい。限度額や特別基準を逆手にとったとしか思われないような価格設定の物件が低所得者の多い地区のみならず近年は多くの地方都市でも見られるようになり、政策の側がこうした状況を苦々しく思っていることも確かに理解できる。本来的な意味での一般基準（１級地および２級地13,000円以内、３級地8,000円以内）以外が積極的に公表されていないのもこの点と関係があるのかもしれない。また金額を知っている人だけがある意味で有利になるのも、平等原則からは問題がありそうである。

では思い切って金額を示さない（他の扶助でこのような例はないので告示での書き方が問題になるが、「必要かつ最低限の家賃の実額」「地域の実勢価格に照らした合理的水準の家賃の実額」など）ということは可能だろうか。こうなると、住宅扶助上限ぴったりの家賃を徴収しようと考えている供給サイドにとっては、はしごが外されるかたちになり、そうした意図を有する大家が次第に退場していくことによって、場合によっては住宅扶助総額の「適正化」になる可能性もある。

何が必要でどこまでが最低限なのかが、一律には示されずその都度その都度の具体化を要求するという意味で、これを不確定法概念スタイルと呼んでおく。

ただし他方でこれは、法的安定性や予測可能性という一般的な価値基準からは問題なしとはならない。例えば路上でホームレスをしていた人がようやっと生活保護につながり、あなたの場合家賃の上限はこれくらいですよと実施機関から示され、その範囲内で家探しをするのは現実にもままある風景であるが、その最初に指し示す基準がないと、もしある物件を気に入って賃貸借契約書（または重要事項説明書）を福祉事務所に持参し、検討の結果必要かつ最低限と認められませんでしたのでもう一度探しにいってください、などとのたまわれれば、そういうやりとりを繰り返しているうちに気持ちも萎えてしまうだろうし、あるいは仲介にあたる不動産屋としてもあたりがつかない以上的確な助言ができないので、生活保護の人はご遠慮くださいという取り扱いにつながるおそれすらあろう。

またこうした心理的作用は住宅扶助に限らず、他の扶助でも、あるいは他の給付制度でも多かれ少なかれ存在するところであって、たまたま住宅扶助上限額への張り付きでそれが顕現しているだけのことだと考えれば、住宅扶助本体をいじるよりも、最低居住水準の実質化など、住宅の質、住宅市場全体の適正化をきちんと進めていくのが本筋であるともいえる（相当狭隘な物件に相場を超える家賃を設定している例も、このような取り組みがこれまで欠けていたことの裏返しである）。

言い換えれば、住宅扶助を単に「締める」発想に基づかない不確定法概念スタイルへの転換はあり得ることになる。この場合、当然ながら、借りている、あるいは借りようとしている住居について、担当者の恣意でこれはよしこれはなしとなってはならないことからすると、住宅扶助の認定にあたって、内部的にせよ一定程度何らの判定基準が作成されざるを得ない。客観的な要素としては、家賃額、間取り、世帯員数などが考えられるが、家賃の相場についての科学的な研究が必ずしも十分でないことからすると、実際には困難を伴おう。

(2)　原則例外規定スタイル

金額を指し示すことそのものには一定の合理性があるという立場をとったうえで（そして実際、金銭給付をとるすべての扶助では基本的に告示で金額が明記されている；ただしそれが、「円」なのか「円以内」なのかは質的に大きな違いがあることは縷々述べているとおりである)、現行の諸々の基準を（知っている人だけ知っている金額がある、というやり方がいいかどうかはとりあえずおいておけば)、この範囲内で収めてくれという「原則」として理解しつつ、さらにそれに対する「例外」が許容されることをきちんと明示ないし例示することも考えられる。原則例外規定スタイルと呼んでおこう。

告示を読む限り、一般基準の13,000円を超えた場合、「都道府県……ごとに厚生労働大臣が別に定める額の範囲内の額とする」こと、積み上げげに回される住宅扶助の額を「範囲内の額とする」ことは、システム上理解できるとしても、この世帯の住居費（家賃）が「範囲内の額になる」わけでは決してない。例えば、それまでIT企業で働いていて月収100万円ありまことに羽振りのよい生活をしていたところ倒産・解雇で一気に転落した人が最終的に生活保護を受けるに至った場合、彼の生活扶助は、やはり居宅第１類と第２類の合算から計算される。生活保護は従前生活水準ではなく最低生活水準を保障するからである。つまり彼の日常生活費（住居費を除く）は、生活保護において「居宅第１類と第２類を合算した額になる」のである。かつての栄華が忘れられず、扶助費をやりくりして最高級ジャパニーズウィスキーを買うのも彼の選択であるが、別にその分加算されるわけではない。生活扶助には、一般的な生活上の需要をある意味で強制的にその支給範囲内に収めさせてしまうという効果が付随している。その限りで需要が規範的に限界付けられるのである。

しかし、住宅扶助を限度額であれ特別基準であれ、その額において認定したところで、実際の家賃額がそれにあわせて縮小することはない。ここに両扶助の本質的な相違が認められる。そしてそれに伴う生活扶助への食い込みの問題性は上述してきたとおりである。

確かに最低生活保障という側面からすると、あらゆる家賃を際限なく保障の対象にすることはできない。一方で「保護は、要保護者の年齢別、性別、健康状態等その個人又は世帯の実際の必要の相違を考慮して、有効且つ適切に行うものとする。」（法第９条）とされているように、保護は必ずしも基準を画一的にあてはめるだけの作用ではない。言い換えれば、見た目は同じような状況でも、ある人と別の人とでは、（質と量の双方において）異なる「最低生活保障」

があり得るのである。そうであればこそ、異なるか異ならないかの可能性を発見する「きっかけ」が用意されなければならない。そして限度額オーバーや特別基準オーバーこそがその具体的徴表であると考えるのである。

ここにおいて、原則に対して認められるべき例外とは、端的には、一定の要件が満たされた場合、その世帯については、基準の上限ではなく、実際に支出する家賃を住宅扶助の額として保障ないし支給するということである。現行の告示以下の下位規範にはこれを直接容認する趣旨の定めが見られず、法にある必要即応原則を重視するならば、こうした規定ぶりにはそもそも問題がある。例外を許容する表現が追加されなければならない。

では例外を認めるうえでどのような要件があり得るかというと、最終的には家賃が金額で表されることからすると、例えば基準オーバーが些少であるような場合、保護脱却が合理的期間内に見込める場合、あるいは超過が僅少ならざる範囲にあるとしても、典型的には高齢や障害、疾病、子どもの養育、家族の介護など、社会的な諸要因によって当該住宅の継続的保持が要請される場合等が考えられる。このスタイルでは、あり得るケースをすべて想定してマニュアル化することができないため、十分な経験と力量を持った担当職員による被保護者側からの事情聴取や相談ないし助言、そして最終的には実施機関としての価値判断（適切な裁量行使）が求められよう。その意味ではなるほど難易度は低くはない。

⑶　転居指導との組み合わせ

いずれのスタイルをとるとしても、現実に家賃が高額過ぎて生活保護の範囲内では保障し得ないケースが、少ないとしても出てくるであろう。すでに現行実務においても、いわゆる転居指導がかけられている。ただし、稼働年齢層に対してハローワークにいくよう「指示」するのと同様、あるいはそれ以上に、転居の指導や指示は、実態としては要保護者・被保護者まかせであることが大半である。実施要領では、被保護者が転居する際に敷金を要する場合（局第7の4の⑴のカ）や保護開始時に安定した住居のない要保護者が住宅の確保に際して敷金を要する場合（局第7の4の⑴のキ）は例示されているものの、敷金の要否から離れた、要保護者（あるいは被保護者も含めて）一般について、実施機関が家探しについて助言的に行動することを前提とした取り扱いは存在しない。言い換えれば、福祉事務所にもノウハウがなく、保護を必要とする側にある意味で丸投げし、結果としての家賃額で上限超過部分をはねている。上限を設定しているのは一義的には制度の側である以上、助言的な介入も場合によっては必要であろう。

何にせよ、こうした転居指導（に従えなかったあるいは従わなかったとき）の法的効果に目を向ける必要がある。まず、上に掲げた社会的諸要因のほか、学齢期にある子どもの転校問題や、職探しないし実際の就労先との関係で転居が難しいなど、相応の合理的理由がある場合、そもそも転居指導をかけないか、その効果を一時的に停止すべきである。実際の賃貸借契約では、解約にも期間制限や違約金の予定などいろいろ条件が付せられている場合が多く、短期間では転居は無理というケースもここに含まれよう。あるいは、保護に値する特徴的な要因がたとえなくとも、当該地区の賃貸市場の状況からして、基準の範囲内で賃借できる物件が実際に存在しない場合は、転居指導自体が不可能を強いると考えられるのであり、よって従う必要はなくなる。そして重要なのは、こうした条件が揃う場合、あわせて実際の家賃を計上し、少なくともそうした阻害要因が止むまでは、実費支給をおこなう必要があることである。たとえ転居指導を見合わせても、機械的に上限額で住宅扶助を打ち止めた場合、経済的圧力となって、かえって無理な転居が誘発され、あるいは家賃滞納によって最悪ホームレスになる可能性もある。そうした意味で、少なくとも保護の入り口の段階で、いまの住居をあきらめるかどうかの選択を余儀なくさせる状況は可能な限り回避されるべきである。

もちろん、すべての保護申請者や保護受給者において、高額家賃の保障を要求できる合理的な理由があるわけではない。というより、彼らの多くは実際上も上限以内の家賃の住居に居住している（皮肉であるが、上限以内、上限ギリギリの物件は数が揃っている）。ゆえに、自らに例外があてはまると主張するケースが大量に発生するとは考えにくい。だからこそ、そうした例外の可能性をじっくり検討する余地があるのである。他の種類の扶助と比べても、こうした例外モデルがなじみやすいのが住宅扶助であろう。わたしは毎日キャビアを食べないと死にます、生活扶助を食費分だけ何とか加算してください、という人や、観音様のお告げでパイロットになれといわれたのでライセンス取得のため養成校に通う費用1,000万円について生業扶助の特別基準を設定してくれ、という人はそうそうはいない。しかし家賃には、ある程度その世帯の現況や特徴が現れやすく、そのなかには生活保護の枠内で柔軟に認められるに値する諸要因も存在するであろう。それを切り捨てず、むしろ個々具体の需要（必要性）を発見できるだけの構えが制度の側に必要なのである。

以上の考慮を尽くしてもなお、上限以上の家賃の住居に住み続ける例については、なおも継続的に転居指導をおこなうとして、最終的には食い込みで解決するという受給者の意図に委ねざるを得ない。言い換えれば、上限を超える部分に対する請求権が放棄され、実施主体の側でもその補填に応ずる必要がなくなると整理するしかないように思われる。

補論しておくと、例外を強調すると原則の意味がなくなるという反論が予想されるが、その前提は、住宅扶助の各種基準設定に十分な合理性があって、保護申請者、保護受給者も基本的にはその枠内で最低生活に必要かつ十分な住居が得られる場合、つまり原則が十分にあてはまり、例外を許容する余地が極めて少ない場合である。しかしながらよく考えてみると（2014年度までの制度についてである）、限度額1.3倍基準や限度額さらに1.2倍基準（すなわち1.56倍基準）は特別基準として位置づけられているが、その適用は単身でない複数人からなる世帯に対して予定されていることからすると、実際上、単身世帯に一般基準があてはめられ、家族からなる世帯に特別基準があてはめられるという、家族であることが一般的（普遍的）でないような印象すら与える図式になっており、語義的にも適当でない（換言すれば、住宅扶助特別基準の本質は一般基準限度額の延長に過ぎないのであって、本来的な意味における特別基準を欠く状況にある）。さらにこの中身をみてみると、限度額1.3倍基準は２人から６人までの世帯にあてはめられるが、世帯規模が最大で３倍異なることがまったく反映されていない。また７人以上世帯がほとんど存しておらず、限度額1.3倍さらに1.2倍基準の存在意義がかなりの程度乏しくなってしまっている。このこととの関連で、受給世帯の組成がますます単身世帯中心となるなかで（同時に様々な種類の単身世帯が増えるなかで）、単身世帯に一律の基準でそもそもよいのかという疑問もある。そうした意味では、単に金額設定ないし倍率設定の妥当性にとどまらず、住宅扶助基準の組み方それ自身の合理性も検証されなければならないであろう。

⑷ 住宅扶助基準のチェックシステム

以上いくつか試論を提示したが、共通するのは、現行のように限度額や特別基準が絶対的な壁になりそれを超える部分が切り捨てられる（そして生活扶助に食い込む）というベクトルではなく、むしろ要保護者・被保護者の生活実態を出発点にそれを基準（の具体化、複線化、あるいはオープン化）でどのように受け止めるのかという方向性ないし可能性の追求である。つまり制度が生活をチェックする（基準を超える家賃の住居に住むのは贅沢だという漠然とした認識も結局はこういう発想に基づいている）よりも、生活のあり方から現状の基準や枠組みの有用性・合理性が検証されなければならない。その際、金額的妥当性は有意なデータに照らしながら検証するのはもちろんのこと、想定を超える事例であっても少なくとも需要の存在を頭ごなしに否定しない、その意味で懐の深さをシステムが示すことができるかどうかが重要となる。またこの理は住宅扶助のみならず保護基準一般においてもおおむね通用するものでもある。その限りでは、行政の裁量とそれに対する統制でいうと、司法的統制のほか、一種の民主的統制としても、要保護者・被保護者の主観的権利の主張（＝要は「いいぶん」）を度外視しない構造を採用していくことが、生活保護は公的に用意されたまさに「最後の」ネットである（つまりいいたいことをいえる最後の機会である）ことからしても、結果的に、小山のいう「基準多様化」「特別基準の設定」の実現に資するのではないかと思われる。

5 その他の論点

住宅扶助は、「住居」（法第14条第１号）のほか、「補修その他住宅の維持のために必要なもの」（同第２号）もその範囲に含む。給付費ベースでみれば、おそらく前者が後者を圧倒していると思われるが、住宅維持費その他の費用も、最低生活保障に際しては（とりわけ食い込みについていえば、問題の現れ方が深刻になるともいえるため）無視できない重要性を有している。

現在、告示上、住宅維持費[40)]、雪おろし費用、敷金等、契約更新料等の、計４つの費用について一般基準ないし特別基準が示されている。その告示で金額が明示されているのは、補修費等住宅維持費の一般基準額のみであり、その他は実施要領において取り扱いが示されている。現状（2016年度）としては、住宅維持費の一般基準（級地に関係なく年額120,000円以内）が、同特別基準（180,000円以内；これは一般基準を1.5倍にしたもの）の算定根拠となり、あるいは雪おろし費用の特別基準（年額120,000円以内）に転用されている。敷金と契約更新料については、住宅扶助一般基準限度額に3を乗じて得た額（敷金等）または同額（契約更新料等）の範囲内で（特別基準として）認定されることになっている（雪おろし費用とあわせて、これらについては一般基準が存在しない）（以上、局第7の4の(1)のカ～ク、局第7の4の(2)）。つまり金額的には住宅扶助一般基準限度額系列のものと住宅維持費系列のものとの二つが存していることになる。なお敷金の支給については、ホームレス状態の者に対する生活保護の適用がながらく一つの焦点となってきたことを背景に、実施要領においてその認定基準がかなり細かく整序されるようになっている[41)]。

これらの費用は、性質上一時的にのみ（雪おろしは冬期間のみ）発生する点で共通しており、法第14条第2号を具現化したものである。また概念上は一種の住宅扶助単給に相当するものである（性質的には一時扶助というべきものでもあるが、日本法では一時扶助の概念は生活扶助に独占されている）。ただし、家賃以外の住居関連費用という以上に意味が深められているわけではなく、それぞれの性質の違いを勘案した基準設定になっているともいいがたい。例えばなぜ住宅維持費の一般基準がそこで示された金額であり、特別基準がその1.5倍に設定されているのか、どのような需要状況を想定しているのか不明である。敷金の3倍基準については、実際にはこれを超えることがしばしばあるため、自治体ごとに別途の倍率が運用で示されているが、積極的には公開されていない。

法的にこれらの給付を考察するうえでは、家賃に対する経常的な住宅扶助について述べたことがある程度あてはまると思われるが、現実問題としてとりわけ被保護者における住居移動が活発でないこともあって、敷金などは実施要領レベルで給付の可否がほぼ全面的に決定されており、一時的な住居需要に対する最低生活保障の実態が見えにくい構造になっている。

6　平成27年度における住宅扶助限度額の設定

(1)　生活保護基準部会での議論

生活扶助基準の見直し（切り下げ）に途をつけたのち、社会保障審議会（生活保護基準部会）では第14回（2013年10月4日開催）から議論が再開し、とりわけ第16回（2014年3月4日開催）以降、テーマが主として住宅扶助（その他は生業扶助、一時扶助、冬季加算など）に当てられることとなった。第18回（2014年5月30日開催）までで論点の大枠や検証手法が議論され、部内で作業班の設置が了解された。その作業班による分析を待つかたちで、再開は第19回（2014年10月21日開催）となり、その後月1回のペースで議論が重ねられ、第21回（2014年12月26日）、第22回（2015年1月9日）で報告書案が検討され、同日付けで「社会保障審議会生活保護基準部会報告書[42]」がとりまとめられ、公表されている。

第18回で提示された論点は、「住宅扶助特別基準額の水準について」、「住宅扶助特別基準額の改定方法について」、「住宅扶助の適正化のための運用について」、「その他」の4つであり、基準の見直しそのものを明言しているわけではない。ただし、第18回までの提出資料において、財務省[43]、財政制度等審議会[44][45]および会計検査院[46]のいわば問題関心が参考に供せられており、基準部会のスタート時点で外野から事実上の引き下げ圧力があったことは否めない。新聞報道でも、第19回の議論再開時、さらに報告書案の初回提示のあった第21回に関連して、引き下げ視野に入る、引き下げの方向性示さる旨の報道が見られた[47]。

(2)　基準部会報告書

基準部会が出口ありきであったかどうかは別として、議論そのものは多角的な視野からおこなわれたことが毎回の議事録からは伺える。なかでも、健康で文化的な最低限度の生活の居住面での保障という観点から、住生活基本計画[48]で示される「健康で文化的な住生活を営む基礎として必要不可欠な住宅の面積に関する水準」、いわゆる「最低居住面積水準」の達成程度を基準額検証の柱に据えるなど、所管の違いを乗り越える努力がなされたことは評価できる。なおデータとしては、平成20年住宅・土地統計調査[49]を再集計するほか、独自の実態調査（「生活保護受給世帯の居住実態に関する調査の集計結果」）や、民間データバンクとしてSUUMOが用いられている。

検証結果としては、まず世帯属性および住宅の所有関係を確認し、保護受給世帯の居住状況の特徴として最低居住面積水準の達成率が一般世帯に比して低位にあることを指摘する。次に家賃額の状況について、保護受給世帯は一般世帯に比して上限額・特別基準額に近いところに家賃額が集中する傾向にあること、他方床面積の比較からは相対的に低い家賃を確保する努力はおこなわれていること、受給開始後の家賃額の変動はマイナス5,000から0円37%、0円～プラス5,000円32%になること、近隣同種より明らかに高額な家賃が設定されている疑義ありが全体の0.6%存在すること、保護開始前から現在の住居に入居している割合が48%、逆に転居したうち、指導に基づいてより低額の住宅に転居19%、家主からの立ち退き要求や更新拒絶・解約16%、病気療養上著しく環境条件が悪いまたは身体障害者がいて設備構造が適しない8%となることが触れられている。さらに、単身世帯居住の民営借家・UR 賃貸住宅で最低居住面積水準と設備水準を満たす住宅について、家賃額が特別基準以下の割合が全国平均で14.8%、保護受給世帯を除外して再計算すると12.7%、いずれも地域（都道府県）差が大きいこと、民営借家等の家賃額の5パーセンタイル値から25パーセンタイル値までと特別基準額を比較したこと、が報告されている。続いて、家賃関数を開発し地域別の家賃の相対比較においてある程度の説明力が認められたこと、最低居住面積水準が世帯人員に応じて定められることとの関係で単身世帯の家賃水準を1とした場合の（1.3倍特別基準が適用される）2～6人世帯の指数が1.06から1.35となること、少人数世帯の増加により2～6人世帯という区分は実態に即した設定とすべきこと、その際とりわけ子どものいる世帯などにおいてニーズの差が大きいことが認められている。加えて、居室が著しく狭隘で設備も不十分な劣悪な住宅であるにもかかわらず特別基準で家賃を設定しているいわゆる貧困ビジネスの存在が想定されること、一方で自立（自律）した生活が困難な者を受け入れて共用スペースや生活支援を提供するような無料低額宿泊所等においては実質的に住宅扶助をコストに充当している実態が確認されるものの現行保護基準の体系ではうまく対応できずまた単に床面積に応じて減額することにも自立助長の点で困難が予想されることが述べられる。最後に、世帯人数に応じた現行の1.3倍ないし1.56倍基準を超える特別基準は存在しないが障害の有無や車椅子利用等の場合に上限額を超えるさらなる措置の検討が必要であること、地域事情の関係で適切な住宅が確保できない場合も個別の配慮が求められることが指摘されている。

また留意事項として、データ上の制約（使用したデータはストックが反映されているがフローまでは表せない）、データの更新や大震災の影響、現行基準から仮に大幅に減額となる場合の激変緩和措置（減額幅に一定の上限を設けるなど）、基準見直しと実際の家賃との関係での一定の経過措置（契約更新時までの基準適用の猶予など）、家賃額値下げが見込めない場合の転居可能性の確保、引き続き住み続けることが自立助長の観点から必要な場合の現行基準の適用延長、家賃額値下げ分が別の名目の費用として転化され世帯の家計圧迫につながらないかへの注視、高齢者・子ども世帯等における転居による健康悪化、コミュニティからの孤立を引き起こさないかへの配慮、基準見直しによる民間賃貸住宅市場への想定外の影響への配慮、実態把握と今後の検証への活用、生活保護世帯における最低居住面積水準達成率向上に向けた国土交通省および厚生労働省それぞれの所管政策の全体的推進が課題として掲げられている。

なお運用面に関しても、貧困ビジネスの排除（劣悪住居であって明らかに不適当と認められる場合の基準範囲内の住宅への転居指導）、住宅探しに関する不動産事業者等との協働（基準範囲内の物件に関する情報提供、福祉事務所と事業者との協力）、代理納付制度の活用（家賃滞納の防止、保証料が上乗せされている場合に家賃が割高になるケースへの対処）、公的借家の活用（空き状況、世帯の生活状況等の把握、単身者におけるシェア居住などの資源の有効活用）、居住継続のための生活支援（障害、高齢、単身等の場合の入居拒否の実態とリスクプレミアムの発生、入居支援から日常的生活支援までの一貫した取り組み、居住安定確保支援事業の活用、ほかモデル事業との連携）が説示されている。

他方、毎年の基準改定方法については、現状を確認するほかは、今後の検討課題として記載されるにとどまっている。

以上の基準部会報告をみる限り、事実上の減額という意味での基準額の見直しが当初から前提とされていたわけでも、また結論として当然視されていたわけでもないことは確かである（基準報告全体のトーンをどうみるかで報告書の評価は複雑になり得る）。限度額や特別基準を逆手にとったいわゆる貧困ビジネスに関する問題意識の共有やその排除に関しては、議論の当初で最低居住面積水準を指標とすることにより、結果的に一定の方向性が示されているといえる（もちろん一掃というわけにはいかないが、面積基準（単身で25 m^2）をあてはめれば悪質な業者においてほとんどの狭隘物件はこれを下回るであろうから、支給額が変更となればこれだけでも大きな打撃になろう）。また、「見直し」が仮に「減額」を意味する場合について、減額自体に関する激変緩和措置、減額の影響を被る世帯における経過措置それぞれの必要性が述べられており、加算の減額廃止で議論されたポイントを意識していることを暗に窺わせている。見直しが住宅市場へ与える影響の注視、（転居指導という圧力行使一辺倒ではない）住居探しや入居後の支援などといった福祉事務所からのソフトな働きかけないし支援体制の構築などは経過措置等ではカバーしきれない重要な課題であり、指摘そのものは貴重である。特殊ニーズや個別事情を汲んで場合によっては上限額を超える措置を講ずることの検討を要請する箇所がみられるが、とりわけ本稿の問題関心でいうと、これが実現すれば現行の体系や運用を前提としない新たなルールの創設につながる可能性がある。

(3)　報告書の具体化

以上の報告書がどう具体化されるかが注目されるが、厚生労働省のサイトで入手可能な資料[50]から住宅扶助にかかる部分をみてみると以下のごとくである。

「7　平成27年度生活保護基準について

（1）住宅扶助及び冬季加算の見直しについて

住宅扶助及び冬季加算については、社会保障審議会生活保護基準部会においてご議論をいただき、平成27年1月に検証結果を踏まえた報告書がとりまとめられたところであり、同報告書を踏まえ、最低限度の生活の維持に支障がないよう配慮しつつ、見直しを行うこととしている。

ア　住宅扶助の見直しについて

（ア）単身世帯の住宅扶助上限額の適正化について

単身世帯の住宅扶助上限額については、住生活基本計画（平成23年3月閣議決定）において定められている最低居住面積水準を満たす民営借家等を各地域において一定程度確保可能な水準としつつ、近年の家賃物価の動向等を踏まえて、各地域の家賃実態を反映することにより、適正化を図るものである。

（イ）2人以上世帯の住宅扶助上限額の適正化について

2人以上世帯の住宅扶助上限額については、世帯人数ごとの最低居住面積水準の住宅における家賃水準を踏まえ、世帯人数区分を細分化し、より実態に即した設定となるよう適正化することとしている。

（ウ）地域区分の細分化について

各都道府県（指定都市及び中核市を除く。）の住宅扶助上限額の地域区分について、現行の２区分（１・２級地、３級地）から３区分（１級地、２級地、３級地）に変更し、より地域の実態を反映した基準となるよう見直すこととしている。

（エ）床面積別の住宅扶助上限額の設定について

より適切な住環境を備えた住宅への誘導をしつつ、床面積に応じて上限額を減額する仕組みを導入し、住宅扶助の支給額を住宅の質に見合ったものとなるよう適正化するとともに、いわゆる貧困ビジネスの是正を図ることとしている。

（オ）個別の事情による配慮措置について

以下の事情により、世帯人数別の住宅扶助上限額の範囲内では住宅が確保できない場合は、特別基準の設定を可能とすることとしている。

・世帯員に車椅子使用の障害者等特に通常より広い居室を必要とする者がいる場合
・従前からの生活状況からみて転居が困難と認められる場合
・地域において住宅扶助上限額の範囲内では賃貸される実態がない場合

（カ）経過措置等について

今回の見直しにより住宅扶助の上限額が減額となる場合、最低限度の生活の維持に支障が生じないよう、以下の措置を講じることとしている。

・住宅扶助上限額の減額の適用を契約更新時まで猶予
・家賃額が住宅扶助上限額の範囲内である住宅への転居が必要となる場合は、転居に必要な費用を支給
・転居が困難なやむを得ない理由がある場合は、見直し前の額を適用

（キ）施行時期について

住宅扶助の見直しに係る施行時期については、生活保護受給世帯への周知や地方自治体における準備期間を考慮し、平成27年７月から実施することとする。」

このほか、住宅扶助との関連で、「３　生活保護制度の適正な実施について」において、「（１）訪問活動時等における居住環境の確認について」「（５）生活保護受給者の居住先確保の支援について」で、貧困ビジネス等への対策の徹底、居住先確保支援への取り組みの推進が述べられている。

この段階では、告示そのものをいじるかどうかは不明であるが、局長通知の変更は必須である。とまれかくまれ、この資料は大きく二つをいわんとしている。一つは、最低居住面積水準への言及であり、いずれの世帯人数（単身または２人以上）においても、面積を満たした住居の確保が謳われ、これは他方で、

とりわけ単身世帯において面積を割り込む場合の減額ともつなげられている。もう一つは、家賃物価、家賃水準、家賃動向いろいろ表現はあれ、世帯人数、級地ないし地域を細分化したうえで上限額を見直すとしている点である。個別事情への配慮や経過措置とあわせ、基準部会報告書で示された方向性に一定程度従ったものといえる。

いずれにせよ、金額で表される基準額（限度額、特別基準）を「見直す」以上、なかでもすでに受給している世帯の関心からしても、重要なのはどう、どちらに見直されるかである。資料のパワーポイント部分ではこの点、「現行の住宅扶助上限額が、最低居住面積水準（単身：25 m^2）を満たす民営借家等の家賃額を低い方からカバーする率である全国平均値13％は維持しつつ、地域によるカバー率のバラツキを是正。」「検証時点である平成20年から平成25年までの家賃物価の動向（全国平均▲2.1％）を反映させ適正化。」「民間賃貸住宅市場で最低水準を満たす住宅の確保が困難とならない範囲で見直し。」し、さらに2人以上世帯の上限額を以下のように改めるとする。

	単身	2人〜6人			7人以上
現行の上限額（単身世帯の家賃水準：1）	1.0	1.3			1.56
見直し案（単身世帯の家賃水準：1）	1.0	1.2	1.3	1.4	1.56

また床面積別に上限額を設ける関係では以下のように減額する仕組みを導入するとする（なお資料ではアスタリスクがつけられている：「生活支援を行う無料低額宿泊所等への居住が自立助長の観点等から必要と認められる場合は、適用しない。」）。

延床面積	15 m^2〜11 m^2	10 m^2〜7 m^2	6 m^2 以下
減額率	▲10％	▲20％	▲30％

以上の具体例として、「都道府県（3級地別）、指定都市、中核市ごとに、引上げとなる自治体と引下げとなる自治体の例」が以下のように掲げられている（単位は万円）。

	現行(A)			見直し後(B)					(B)-(A)				
	単身	2~6人	7人以上	単身	2人	3~5人	6人	7人以上	単身	2人	3~5人	6人	7人以上
東京都1級地	5.4	7.0	8.4	5.4	6.4	7.0	7.5	8.4	0.0	△0.6	0.0	0.5	0.0
大阪府1級地	4.2	5.5	6.6	3.9	4.7	5.1	5.5	6.1	△0.3	△0.8	△0.4	0.0	△0.5
埼玉県2級地	4.8	6.2	7.4	4.3	5.2	5.6	6.0	6.7	△0.5	△1.0	△0.6	△0.2	△0.7
熊本県2級地	3.0	3.9	4.7	3.5	4.2	4.6	4.9	5.5	0.5	0.3	0.7	1.0	0.8
宮城県3級地	2.8	3.7	4.5	3.5	4.2	4.6	4.9	5.5	0.7	0.5	0.9	1.2	1.0
香川県3級地	3.3	4.3	5.2	3.2	3.8	4.2	4.5	5.0	△0.1	△0.5	△0.1	0.2	△0.2
名古屋市	3.6	4.7	5.6	3.7	4.4	4.8	5.2	5.8	0.1	△0.3	0.1	0.5	0.2
神戸市	4.3	5.5	6.6	4.0	4.8	5.2	5.6	6.2	△0.3	△0.7	△0.3	0.1	△0.4
富山市	3.0	3.9	4.7	3.3	4.0	4.3	4.6	5.1	0.3	0.1	0.4	0.7	0.4
福山市	3.5	4.6	5.5	3.4	4.1	4.4	4.8	5.3	△0.1	△0.5	△0.2	0.2	△0.2

(4) 評　価？

こうした見直し後の金額が、最低居住面積水準を満たす民営借家等の家賃額を低い方からカバーする率である全国平均値13%を維持しつつ地域によるカバー率のバラツキを是正した結果なのか、検証時点である平成20年から平成25年までの家賃物価の動向（全国平均−2.1%）を反映させて適正化した結果なのか、民間賃貸住宅市場で最低水準を満たす住宅の確保が困難とならない範囲で見直した結果なのか、すなわち家賃実態とは何を指すのかがいまいちよく分からないが、これは今後の基準改定方法が報告書でも現状確認にとどまり会議資料でも触れられていないこととも関係した問題点であるといえる。この間厚生労働省が説明に用いている、前年度基準額、家賃物価指数の伸びを勘案した額、生活保護受給世帯の家賃額97%をカバーできる額のうち、2番目にくるものを当該年度の基準とするという方式を維持するとも放棄するともされていない。ただし住宅扶助費を全体として圧縮しこれを継続することは前提とされているようである。[51)]

世帯区分を細分化することは、それ自体としては、前年度までの2人から6人世帯を（世帯規模で3倍の違いがあるにもかかわらず）一括りにしていたことからすると前進点であるが、2人世帯でみる限り、乗率が1.3から1.2に落とされており、不利益に変更されている。しかしそれ以前に、そもそも、この乗率という考え方が（区分を細かくして）維持されることと、世帯人数ごとの最低居住面積水準の住宅における家賃水準を踏まえることは、本質的には両立し得ないと思われる。というのも、例えばある地域において、単身世帯の家賃水準と２人（以上）世帯の家賃水準の差が1.2（３人以上については1.3以上）で収まる根拠もその保証もどこにもない。会議資料で具体例とされた表も、一見、２人以上の世帯について金額を示しているように思われるが、これはすべて所与の倍率をあてはめて機械的に算出しただけであり、一定面積を備えた複数人数世帯向け賃貸物件の家賃実態とは無関係である。

そのため、結局は前年度までの構造と同じく、乗率の基となる単身世帯の基準（の見直し内容）が、引き続く全世帯類型における上限額（のアップやダウン）に直接影響することとなる。実際、具体例における表でも、単身世帯で上方改定された自治体では、（1.2倍に乗率を落とされた２人世帯は別として）改訂後の金額は上に振れており、その逆では（1.4倍に乗率を上げられた６人世帯を別として）金額はマイナスになっている。

以上の点からすると、現実の家賃の水準や動向を勘案するという基準部会の議論の出発点が必ずしも整合的に具体化されているわけではないといわざるを得ない。

そうした限界を踏まえ、実際にマイナス改定される場合の影響[52]、すなわち扶助費が事実として引き下げられる可能性がある世帯については、経過措置を最大限活用するとしても[53]、時間的限界があることからいずれ（すでにそれ自体引き下げ局面に入っている）生活扶助へのさらなるまたは新たなる食い込みで解決させられる蓋然性が高く、結果として生活保護全体の最低生活保障力が低下することになろう。あるいは要保護、被保護世帯を主たる念頭においた家賃市場が改定された基準を織り込んだ水準を設定してくるなら、それはそれで転居圧力が高まるだけだとすると（これではただでさえ低い最低居住面積水準達成率を上向かせることにはならないだろう）、居住の安定やコミュニティの維持といった観点が後景に退くおそれも否定できない。

ただし、会議資料で「個別の事情による配慮措置」として、「車椅子使用の障害者等で特に通常より広い居室を必要とする場合」「高齢者等で従前からの生活状況からみて転居が困難と認められる場合」「地域において住宅扶助上限額の範囲内では賃貸される実態がない場合」に、上限額の範囲内では住宅が確保できない場合、個別に配慮するとしている部分は、大きな意味がある。実際にどのような配慮をおこなうのかは不明だが、これらのケースは「事情等」として例示列挙されていることを踏まえると、上限オーバーの場合、個別配慮を要請することが可能になるのであるから、今後の積極的な活用が求められよう。

(5) 平成27年7月以降の住宅扶助基準

実際、2015年の各種改定を見ると、告示には依然変動はない[54]。局長通知以下については、経年の年度末会議では触れられず、2015年4月14日に一連の改正が示されることとなった。具体的には、まず局長通知の文言がいじられている[55]。例の1.3倍特別基準や1.56倍特別基準が廃され、以下のようになった（局第7の4の(1)のオ）（下線改定部分）。

「保護の基準別表第3の2の規定に基づき厚生労働大臣が別に定める額（限度額）のうち、世帯人員別の住宅扶助（家賃・間代等）の限度額（オにおいて「世帯人員別の限度額」という。）によりがたい家賃、間代等であって、世帯員の状況、当該地域の住宅事情によりやむを得ないと認められるものについては、世帯人員別の限度額のうち世帯人員が1人の場合の限度額に次に掲げる率を乗じて得た額（カ、キ及びクにおいて「特別基準額」という。）の範囲内において、特別基準の設定があったものとして必要な額を認定して差しつかえないこと。

1人	2人	3人	4人	5人	6人	7人以上
1.3	1.4	1.5	1.6	1.7	1.7	1.8

」

なおこれに連動して、続くカ、キ、クにおいても「特別基準額」に文言が変更されている。

さらに課長問答にも手が加えられた[56]。問（第7の52）（〔世帯人員の減少した場合の住宅費の認定〕）の変更は基本的には文言の整理のレベルであるが、問（第7の56）は、かつての〔特別基準（1.3倍額）の単身者への適用〕から〔住宅費の特別基準が適用となる「やむを得ないと認められるもの」とは〕へとタイトル

からして改められ、内容も、

「問56　局長通知第７の４の(1)のオにいう「世帯員の状況、当該地域の住宅事情によりやむを得ないと認められるもの」とは、どのような場合をいうのか。

答　世帯員に車椅子使用の障害者等特に通常より広い居室を必要とする者がいる場合、老人等で従前からの生活状況からみて転居が困難と認められる場合又は地域において保護の基準別表第３の２の規定に基づき厚生労働大臣が定める額（限度額）のうち、世帯人員別の住宅扶助（家賃・間代等）の限度額の範囲内では賃貸される実態がない場合をいう。」

と、問答の主軸自体が移る結果となっている。関連して、いわゆる無低における住宅扶助の扱いについても通知が発せられている[57)]。

金額についても通知があった[58)]。新基準の適用開始が2015年７月１日以降だと示されたのも同じ通知においてである。内容としては、一般基準限度額（別表第３の２関係）と、特別基準（局第７の４の(1)のオ関係）とがあわせて示されており、まず前者については、一般的な世帯について世帯人員別に適用される限度額（以下、世帯人員別限度額）、および単身（１人）世帯についてのみ床面積が狭小な場合に適用される限度額（以下、床面積別限度額）の二系統に分けられた。具体例として東京都を挙げるとかくのごとくである（図表１－２，図表１－３）。

図表１－２　世帯人員別限度額（東京都）

都道府県（別記１）	級地	１人（別記２）	２人（別記３）	３人～５人（別記４）	６人（別記５）	７人以上（別記６）
東京都	１級地	53,700円	64,000円	69,800円	75,000円	83,800円
東京都	２級地	45,000円	54,000円	59,000円	63,000円	70,000円
東京都	３級地	40,900円	49,000円	53,200円	57,000円	63,800円

図表１－３　床面積別限度額（東京都）

都道府県（別記１）	級地	11 m^2～15 m^2（別記７）	7 m^2～10 m^2（別記８）	6 m^2以下（別記９）
東京都	１級地	48,000円	43,000円	38,000円
東京都	２級地	41,000円	36,000円	32,000円
東京都	３級地	37,000円	33,000円	29,000円

一般基準限度額が世帯人員別限度額と床面積別限度額の二つに分かたれ、かつ、狭小度合いに応じて金額がカットされているのが容易に理解できる。いわゆる貧困ビジネス対策であるが、それはそれとして、通知では床面積別限度額ではなく世帯人員別限度額の適用を例外的に許容する場合を以下のように示す。

「ただし、次に掲げる当該世帯の自立助長の観点から引き続き当該住居等に居住することが必要と認められる場合又は当該地域の住宅事情の状況により引き続き当該住居等に居住することがやむを得ないと認められる場合に該当する限りにおいては、（1）を適用することができるものであること。

（ア） 通院又は通所（以下「通院等」という。）をしており、引き続き当該医療機関や施設等へ通院等が必要であると認められる場合であって、転居によって通院等に支障を来すおそれがある場合

（イ） 現に就労又は就学しており、転居によって通勤又は通学に支障を来すおそれがある場合

（ウ） 高齢者、身体障害者等であって日常生活において扶養義務者からの援助や地域の支援を受けて生活している場合など、転居によって自立を阻害するおそれがある場合」

次に後者の特別基準であるが、これも東京都を例示する（図表1－4）。

図表1－4 特別基準（東京都）

都道府県（別記1）	級地	1人（別記10）	2人（別記11）	3人（別記12）	4人（別記13）	5人（別記14）	6人（別記15）	7人以上（別記16）
東京都	1級地	69,800円	75,000円	81,000円	86,000円	91,000円	91,000円	97,000円
東京都	2級地	59,000円	63,000円	68,000円	72,000円	77,000円	77,000円	81,000円
東京都	3級地	53,200円	57,000円	61,000円	65,000円	70,000円	70,000円	74,000円

いずれの新基準に関しても、それを適用した場合に旧基準と比べて住宅扶助がカットされるケースについて、以下のような経過措置が、やはり通知で掲げられている。

「（1） 世帯員が当該世帯の自立助長の観点から引き続き当該住居等に居住することが必要と認められる場合として1（2）アただし書（ア）から（ウ）までのいずれかに該当する限りにおいては、引き続き、旧基準額を適用して差

し支えない。

（2） 引き続き、当該住居等に居住する場合であって、現在の生活状況等を考慮して、次のいずれかに該当する限りにおいては、それぞれ定める期間内において、引き続き旧基準額を適用して差し支えない。

ア　当該世帯に係る月額の家賃、間代等が、当該世帯に適用されている旧基準額を超えていない場合であって、当該世帯の住居等に係る建物の賃貸借契約等において、契約期間及び契約の更新に関する定めがある場合　本年7月1日以降に初めて到来する契約期間の満了日の属する月までの間

イ　当該世帯に係る月額の家賃、間代等が当該世帯に適用されている旧基準額を超えていない場合であって、当該世帯の住居等に係る賃貸借契約等において、契約期間の定めはあるが契約の更新に関する定めがないとき又は契約期間の定めがないとき　平成28年6月までの間

ウ　当該世帯に係る月額の家賃、間代等が、当該世帯に適用されている旧基準額を超えている場合であって、転居先を確保するため熱心かつ誠実に努力している場合　福祉事務所が行っている転居に係る指導において設定した期限（平成28年6月までに限る。）までの間。ただし、当該世帯の住居等に係る賃貸借契約等において、契約期間及び契約の更新に関する定めがある場合であって、当該設定した期限までの間に契約期間の満了日が到来するときは、当該満了日の属する月までの間とする。

（3）（1）又は（2）の経過措置が適用されている世帯について、本年7月1日以降に、世帯人員の減少又は増加等により、経過措置の適用がなければこれまで当該世帯に適用される限度額又は特別基準額と異なる限度額又は特別基準額が適用されることとなる場合は、該当する日の属する月をもって経過措置の適用は行わないこととすること。ただし、転居の準備等のためやむを得ないと認められるものについては、世帯人員の減少又は増加等があった後6ヶ月間を限度として、引き続き旧基準額を適用して差し支えない。」

4月の通知発出後、5月になってさらに関連する通知が、「生活保護受給者の居住の安定や居住先確保の支援の観点から」留意事項を示すかたちで発せられている（留意事項通知[59]）。やや長くなるが全文を引用しておく。

「1　現に生活保護を受けている世帯が、今般の住宅扶助の見直しによって、本年7

月１日以降の住宅扶助（家賃・間代等）の限度額より、実際の家賃・間代等が上回る場合は、近隣の家賃相場等から当該住居等の家賃・間代等の引下げが可能か否かについて検討すること。具体的には、貸主等が契約更新等の際に当該住居等の家賃・間代等を住宅扶助（家賃・間代等）の限度額以下まで引下げるのか確認し、福祉事務所においては、必要に応じて今般の住宅扶助（家賃・間代等）の適正化を図った趣旨等を丁寧に説明し、貸主等の理解が得られるよう努めること。

その際には、生活保護受給世帯のプライバシーに配慮する必要があることから、生活保護受給者であることを貸主等に明らかにすることまでを求めるのではなく、一般的な賃貸借契約の範囲内で確認するものであることに留意すること。

また、貸主等が家賃、間代等の引下げに応じる場合であっても、その引下げ分が共益費などの他の費用として転嫁され、結果として生活保護受給世帯の家計が圧迫されることがないよう留意すること。

２　１において、住宅扶助（家賃・間代等）の限度額以下への家賃・間代等の引下げが困難であった場合は、福祉事務所において、当該世帯の意思や生活状況等を十分に確認し、必要に応じて局長通知に定める経過措置等の適用や住宅扶助（家賃・間代等）の限度額の範囲内の家賃である適切な住宅への転居について検討すること。

この検討に当たり、経過措置の適用は生活保護受給世帯によって適用期限が異なり、経過措置終了後は住宅扶助（家賃・間代等）の限度額が適用されることを踏まえ、当該世帯に対しては、当該世帯に適用される経過措置の内容を十分に説明することに留意すること。

特に、経過措置期限の終了前に何らかの事由により経過措置を終了しなくてはならない事案が発生した場合は、慎重に判断すること。

３　福祉事務所は、生活保護受給世帯が保護開始時に住宅を確保する場合や受給中に転居する必要がある場合には、最低居住面積水準を満たす等、適切な住宅の確保を図るため、例えば不動産関係団体と連携し、民間の不動産賃貸情報などを活用した支援を行える体制を整える等、その仕組みづくりに努めること。なお、住生活基本計画（全国計画）（平成23年３月15日閣議決定）において最低居住面積水準未満率を早期に解消することが目標として掲げられていることに留意すること。

その際、住宅扶助の代理納付の仕組みを積極的に活用して家賃滞納のリスク解消という家主に対するメリット付けを行うことや、必要に応じて不動産業者へ同行する等の居住先確保の支援に取り組むこと。

また、日頃から公営住宅担当部局や不動産関係団体と連携を図り、地域の公営住宅やUR 賃貸住宅、民間の不動産賃貸住宅の空き状況等について把握しておき、必要に応じて生活保護受給世帯へ情報提供を行うこと。さらに、支援の必要な高齢者にあっては、現在、養護老人ホームでは定員割れの施設も見られることから、福祉事務所が高齢者福祉担当部局と連携を図り、養護老人ホームへの入居も選択肢として検討すること。

4　福祉事務所は、生活保護受給世帯に対する訪問活動等によって、生活実態の把握及び居住環境の確認に努めるとともに、住環境が著しく劣悪な状態であり、転居が適当であると確認した場合には、適切な居住場所への転居を促すなど必要な支援を的確に行うこと。

また、転居等で新たに入居しようとする住宅の家賃・間代等が近隣同種の住宅の家賃額と比較して、合理的な理由なく高額な設定となっていると認められる場合には、適正な家賃額の物件に入居するよう助言指導を行うこと。

5　「生活保護法による保護の実施要領の取扱いについて」（昭和38年4月1日社保第34号厚生省社会局保護課長通知）第7の問56の答における「地域において保護の基準別表第3の2の規定に基づき厚生労働大臣が定める額（限度額）のうち、世帯人員別の住宅扶助（家賃・間代等）の限度額の範囲内では賃貸される実態がない場合」というのは、地域の実態において、民間住宅への入居が困難なため、やむを得ず無料低額宿泊所等を利用する場合も含むものである。

この適用を判断するに当たっては、無料低額宿泊所等はあくまで一時的な起居の場所として利用されることを基本としつつ、生活の継続性や安定性の観点から、当該無料低額宿泊所等を利用するに際して床面積別の住宅扶助（家賃・間代等）の限度額が適用されないことや、無料低額宿泊所においては、「社会福祉法第2条第3項に規定する生計困難者のために無料又は低額な料金で宿泊所を利用させる事業を行う施設の設備及び運営について」（平成15年7月31日社援発第0731008号厚生労働省社会・援護局長通知）の別紙「無料低額宿泊所の設備、運営等に関する指針」に定める事項を遵守していること等を確認し、慎重に判断すること。」

(6)　住宅扶助新基準の意義

基準部会報告書→全国係長会議→局長通知→課長通知、という手順的にはよどみのない流れで住宅扶助の新基準が走り出したが、確かに全体のトーンとしては、住宅扶助の圧縮を前面に押し出しているとまではいえないだろう。5月の留意事項通知を見ても、むしろ急激な変動を運用面で可能な限り緩和しようという意図が窺える。とはいえ、少なくない場面で金額が引き下げられることが当初から予想されており[60]、また福祉事務所の力量にも実際には差があることからすると[61]、全国的には住宅扶助の縮減がトレンド化していく可能性は否めまい（なお経過措置の適用について個別具体的に検討しなかったとして住宅扶助を減額した処分を取り消した裁決例がある[62]）。

いずれにしても、今般の住宅扶助基準改正の特徴を簡単に整理しておく。第一に、旧基準との比較でいっても、単身者にかかる基準のあり方には顕著な変

図表1－5　住宅扶助基準の適用関係

旧基準（2015年6月30日まで）

		単身世帯	2人世帯	3人世帯	4人世帯	5人世帯	6人世帯	7人以上世帯
一般基準	一般基準	○	○	○	○	○	○	○
	一般基準限度額	○	○	○	○	○	○	○
特別基準	1.3倍特別基準	×（例外あり）	○	○	○	○	○	○
	1.56倍特別基準	×	×	×	×	×	×	○

＊表の見方：例えば1.3倍特別基準が7人世帯以上に適用される（表中の「○」）のはおかしいのではないか、7人以上であれば1.56倍特別基準ではないか、という指摘が予想されるが、実際の家賃が1.3倍特別基準以下に収まっていれば、結果として1.3倍特別基準が適用されていることになるという意味である。以下同じ。

新基準（2015年7月1日から）

				単身世帯	2人世帯	3人世帯	4人世帯	5人世帯	6人世帯	7人以上世帯
一般基準	一般基準			○	○	○	○	○	○	○
	一般基準限度額	世帯人員別限度額	1人	○	○	○	○	○	○	○
			2人	×	○	○	○	○	○	○
			3人～5人	×	×	○	○	○	○	○
			6人	×	×	×	×	×	○	○
			7人	×	×	×	×	×	×	○
		床面積別限度額	11 m^2～15 m^2	○	×	×	×	×	×	×
			7 m^2～10 m^2	○	×	×	×	×	×	×
			6 m^2 以下	○	×	×	×	×	×	×
特別基準	1.3倍特別基準			○	○	○	○	○	○	○
	1.4倍特別基準			×	○	○	○	○	○	○
	1.5倍特別基準			×	×	○	○	○	○	○
	1.6倍特別基準			×	×	×	○	○	○	○
	1.7倍特別基準			×	×	×	×	○	○	○
	1.8倍特別基準			×	×	×	×	×	×	○

更が見られる。適用関係は以上のごとくとなる（図表1－5）。

旧基準では（例外を除けば）そもそも単身者には特別基準の適用が予定されていなかった。これに対して新基準は、1.3倍特別基準を単身者に適用する。

これは非常に大きな変更点である。ただし同時に、一般基準に床面積別限度額の考え方を持ち込み、基準を事実上引き下げてもいる。こうした二面性には注意を要する。

複数人数世帯については、一般基準（世帯人員別限度額）においても特別基準においても刻みを細かくしている。基準の多様化という意味では評価できるものである。

第二に、金額を入れて比較してみる。ここでは東京都・１級地を想定する（次頁図表１-６）。

この結果、２人以上の世帯については、一般基準限度額（世帯人員別限度額）により、すべての世帯で「一般基準の枠」が上方修正された（つまり特別基準に頼るケースが減った）。旧基準では（実際には相当形骸化していたとはいえ、理屈上は）「世帯員数、世帯員の状況、当該地域の住宅事情によりやむを得ないと認められる」という条件が通知で付されており、こうした前提を要しない一般基準限度額の上限が拡大されたこと自体はポジティブな変化である。さらに、刻みの細かくなった新基準の特別基準をみると、やはりすべての世帯で旧基準よりも額が上に振れている。

しかし稠密度の極めて高い東京都で実勢をある程度反映させようとするとプラス改定になることは容易に想像できる。そこで、いちおうの比較のため、平成26年度旧基準における一般基準限度額と、平成27年度新基準における一般基準限度額（世帯人員別限度額）の単身世帯とを都道府県別に比較しておく。

まず１級地が設定されている９都道府県では、据え置き５都道県、引き下げ４府県（うち最大が神奈川県で5,000円ダウン（46,000円→41,000円））、次に２級地が設定されている37都道府県では、引き上げ７道県（うち最大が福島県で5,000円アップ（31,000円→36,000円））、据え置き17県、引き下げが13都府県（うち最大が東京都で8,700円ダウン（53,700円→45,000円））、最後に３級地が設定されている全47都道府県では、引き上げ22道県（うち最大が宮城県・秋田県・山形県で7,000円アップ（いずれも28,000円→35,000円））、据え置き17都県、引き下げが８府県（うち最大が埼玉県で4,500円ダウン（41,500円→37,000円））となる。なお19政令指定都市（１級地・２級地）では、引き上げ１市（名古屋市1,200円アップ（35,800円→37,000円））、据え置き８市、引き下げが10市（うち最大が相模原市で5,000円ダウ

図表1－6　住宅扶助基準の適用関係（金額入り）

旧基準（2015年6月30日まで）

		単身世帯	2人世帯	3人世帯	4人世帯	5人世帯	6人世帯	7人以上世帯
一般基準	一般基準	13,000円						
	一般基準限度額	53,700円						
特別基準	1.3倍特別基準	×（例外あり）	69,800円					
	1.56倍特別基準	×	×	×	×	×	×	83,800円

新基準（2015年7月1日から）

				単身世帯	2人世帯	3人世帯	4人世帯	5人世帯	6人世帯	7人以上世帯
一般基準	一般基準			13,000円						
	一般基準限度額	世帯人員別限度額	1人	53,700円						
			2人	×	64,000円					
			3人～5人	×	×	69,800円				
			6人	×	×	×	×	×	75,000円	
			7人	×	×	×	×	×	×	83,800円
		床面積別限度額	11m^2～15m^2	48,000円	×	×	×	×	×	×
			7m^2～10m^2	43,000円	×	×	×	×	×	×
			6m^{2}以下	38,000円	×	×	×	×	×	×
特別基準	1.3倍特別基準			69,800円						
	1.4倍特別基準			×	75,000円					
	1.5倍特別基準			×	×	81,000円				
	1.6倍特別基準			×	×	×	86,000円			
	1.7倍特別基準			×	×	×	×	91,000円		
	1.8倍特別基準			×	×	×	×	×	×	97,000円

ン（46,000円→41,000円））である。中核市のうち1級地・2級地で比較可能な40市では、引き上げ4市（うち最大が長崎市で6,000円アップ（30,000円→36,000円））、据え置き18市、引き下げ18市（うち最大が川越市で5,000円ダウン（47,000円→42,000円））である。

特別基準では、そもそも考え方がかなり変わっているので比較は難しいが、どの都道府県・政令指定都市・中核市、あるいはどの級地においても、ほぼすべての世帯人員において名目上の金額は上がっている。倍率を上方修正したのであるから当然といえば当然である。しかし例外的に、とりわけ2人世帯において、都市部の都府県の2級地を中心に引き下げが見られる。最大のものは東京都・2級地・2人世帯で、旧基準69,800円から新基準63,000円へ、6,800円のダウンである。

以上のように金額の点ではアップダウンはまだら模様である。地方部で基準が上昇したように映るが、しかし都市部とは持ち家率に差があり、地方では住宅扶助が最低生活費に計上されていないケースも少なくない。被保護世帯の組成が多人数世帯から少人数・単身世帯へと大きく変化しているなかで、1級地や2級地の1人～3人世帯（相対的に多数だと思われる）にしてみれば、今次の改正は必ずしも歓迎されたものになるとは限らない。

そして最大の問題は、なぜその金額なのかの具体的説明や計算式、算出の根拠資料は相変わらず明らかにされていないままという点である。

第三に、経過措置との関係で、旧基準が暫定的に適用される4月発出通知のいう場合（通院・通所、就労・就学、高齢・身体障害）以外の、「当該地域の住宅事情の状況により引き続き当該住居等に居住することがやむを得ないと認められる場合」が、実際にどういう場面で認められるのか、5月の留意事項通知もこの点には特に触れておらず、その後深められている形跡も見当たらない。こうした条項の解釈運用が現場でどのように根付いていくかが今後の課題となる。

というのも、新基準における特別基準の設定は、引き続き「世帯員の状況、当該地域の住宅事情によりやむを得ないと認められるものについては」という条件がいちおう付されており、しかし旧基準においては事実上機械的に認定していたと思われるところ（刻みを細かくしたのも機械的処理をより反映させる趣旨である可能性もあるが）、もし福祉事務所において「当該地域の住宅事情」が蓄積され（留意事項通知も「日頃から公営住宅担当部局や不動産関係団体と連携を図り、地域の公営住宅やUR賃貸住宅、民間の不動産賃貸住宅の空き状況等について把握しておく」ことを求めている）、家賃水準や転居先の有無などについて有意な情報提供が可能になる（これはこれでよいことである）と、別の面からは、被保護世帯への指導指示が強化されることにもつながり得る。これは保護受給世帯の転居をどう考えるかという論点でもあり、新基準が福祉事務所における住居ノウハウの向上にもし道を開くものであるなら、今次改正の意味は決して少なくないことになる。

第四に、しかし、全体としてはいずれの基準においてもその上限的性格は継続している（すべて「円以内」の金額）。その限りで、上限超過部分の切り捨て、生活扶助等への食い込みという我が国の住宅扶助の本質的課題は今後も残ることとなった。生活扶助基準自体も切り下げが進められており、よって問題は深刻化しているともいえる。

最後に、新基準の適用開始から１年を過ぎているが、財政上の影響はいまだ明らかでない。ミクロ・マクロの検証を早急におこなう必要がある。

7　結　語

生活保護で保障されるのは健康で文化的な最低限度の生活である。これは、それまで最低限度を超える生活をしていた人からみれば生活水準を落とさざるを得なくなることであるが、現実に最低を割り込んだ生活をしていた人にすれば、せめて最低限の保障までは生活レベルが引き上げられることを意味する。あるいは下方スパイラルに陥った人々にとっての最後のストッパーであるともいえる。単に路上でないというだけで、むしろかえって見えにくくなっている、一連の不安定居住の増加を考えると、まともな市民生活を確保しなおすためには、単給も含めた住宅扶助の効果的な活用が今後よりいっそう課題と目されなければならないだろう。当座の住居費を（場合によっては滞納分も含めて）まず何とかするという意味でも住宅扶助には発展可能性がある。

それだけでなく、様々なリスクのゆえに、多様な層が、いつなんどき生活保護を必要とするかもしれない状況が広がっており、住居も含めた需要状況の複雑化、高度化にどこまで対応できるのかが問われている。高額家賃ゆえに転居を強く求めれば、結果として家賃水準の低い（同時に生活水準の低い）地区に生活保護受給者が集住する結果を生みかねない。生活保護は同時に自立を助長する制度たる以上、複数のスパンで援助が計画されるべきであり、そうしたこととの関係でも、現住住居のとりあえずの保障には、今以上に価値が認められてもよいように思われる。住居は物理的空間的に社会とつながる基盤であり、生活保護を受けたがためにその放棄を一律に強制するのは好ましくない。市場メカニズムで家賃が決められるという現状、それに対する住宅扶助という基本的関係のもう一つ先に何があるか、住まいと最低生活保障給付の関係をそもそもどう考えるのか、さらなる議論が求められる。

1)　木下秀雄「ドイツにおける介護保障―公的介護保険と社会扶助給付」賃金と社会保障1158号（1995年）40～59頁、同「「公的介護保険」は「人に値する介護」を実現するのか」1169号（1996年）55～59頁。
2)　介護需要を定型化している介護保険自体の違憲性を指摘するか、介護保険ではカバーされない介護需要を補足的に充足しない介護扶助の違憲性を指摘するか、あるいはその両方か、構成は複数あり得よう。菊池馨実『社会保障の法理念』（有斐閣、2000年）200頁以下の指摘が重要である。
3)　告別表第1第2章の2の(5)、局第7の2の(2)の（オ）。
4)　「生活保護法による介護扶助の運営要領について」（平成12年3月31日社援第825号）第2の2の(6)。
5)　前田雅子「介護保障請求権についての考察」賃金と社会保障1245号（1999年）19頁、29頁。
6)　小山進次郎『生活保護法の解釈と運用』（中央社会福祉協議会、1950年）166頁以下。
7)　小山進次郎『生活保護法の解釈と運用』208頁以下。
8)　例えばいわゆるローン付住宅について、課長問答・問（第7の30）「ローン完済前のものを保有している者を保護した場合には、結果として生活に充てるべき保護費からローンの返済を行うこととなるので、原則として保護の適用は行うべきではない。」の例外として、別冊問答集問3-9では、「一般の不動産の場合と同様の基準により判断して保有が認められる程度のものであって、ローンの支払いの繰り延べが行われている場合、又は、ローン返済期間も短期間であり、かつローン支払額も少額である場合」ローン付住宅の保有を認め保護を適用しても差し支えないものとされているが、こうした要求に合わない場合、原則に帰って保護不適用である。保護を適用しないとその次どうなるのかは誰にも分からない。
9)　人権としての視角から、井上英夫『住み続ける権利』（新日本出版社、2012年）。
10)　ただし「居住福祉」という観点からの学際的研究の進行には大いに着目すべきである。野口定久・外山義・武川正吾編『居住福祉学』（有斐閣、2011年）など参照。
11)　ローン付き住宅保有者に対する保護適用を原則として否定している現行の保護行政（課長問答・問（第3の14））の背景にはこうした考え方が明らかに存在する。
12)　平成28年度予算額でみれば、総額約3兆8千億円のうち、地方負担分を除くと、本文に掲げた3つの扶助で96.4%を占める。医療扶助以外の7つの扶助の合計のうち、生活扶助と住宅扶助の占める割合は93.2%となる（生活保護のてびき・平成28年度版51頁）。
13)　小山進次郎『生活保護法の解釈と運用』233頁；社会保障制度審議会「1949年生活保護制度の改善強化に関する勧告」。
14)　もちろんすべてが緻密化のベクトルにあるわけではなく、かつて存在した居宅第1類における男女区分は消失し一本化されているような例もある（法第8条第2項は「性別」になおも言及しているにもかかわらず）。加算のラインナップや内容も全体で見れば浮き沈みがある。
15)　岩永理恵「生活保護制度における住宅扶助の歴史的検討」大原社会問題研究所雑誌674号（2014年12月）51頁、57頁。

16) なおローン付き住宅については、運用上は資産活用の問題として処理されていることもあり、本稿の直接の検討対象とはしていない。先の注で指摘したように、原則保護不適用という取り扱いの背景には私有財産の形成に公的資金を投入することはできないというドグマがあるものと思われるが、住宅扶助が結果として貸し主のふところに入り、その限りで大家自身の私的財産の形成につながっている（地代であればなおさらである）ことは指摘しておく。

17) 6人以上の世帯数が平成26年度で0.4％に満たないことからすると（平成26年被保護者調査（個別））、この4段階目の基準は実質的には適用対象を失っているともいえる。

18) こうした定型的な加増の根拠について、厚生労働省は、「1.3倍額については、昭和37年度に改正、創設されたものなんですが、なぜ1.3なのかという点については、私どももはっきりした確認がとれておりません。／ただ、さまざまな資料などを拝見しますと、特別基準に1.3倍した額によって、その当時の被保護者の実態家賃のほとんどがカバーできるということで、1.3にしたという資料が残っておりますので、むしろそういった実態がカバーできるということで、1.3にしたのではなかろうかと考えております。／1.2倍額の方でございますけれども、これも昭和51年の改正で創設されたものでございます。まず、世帯人員が著しく多い場合、現行でしたら7人以上ということになるわけでございますが、そうすると相当の居住面積を必要とするため、1.3倍額では居住を確保し得ないという問題がその当時あったということでございます。こうした場合に対応するために、1.3倍額に更に2割増しの特別基準を新設したという記述が残っておりまして、7人以上の世帯については、その当時の民間のアパート、貸家の実態等を勘案して、1.3倍の更に2割増しの特例を設けるということで、結果的に1.2倍額にしたということです。こちらの方も、なぜ2割増しなのかという点は、民間アパートのその当時の実態を勘案してという記述が残っております。／いずれにしても、当時の記述から推測するしかないものですから、十分な説明になっているかどうかわかりませんけれども、そのような記録がございます。」と説明している（第3回社会保障審議会生活保護基準部会資料議事録）。

19) したがって毎年度の値は全国障害者介護制度情報ホームページ（http://www.kaigoseido.net/index.shtml）を主として参照した。

20) ただし保護基準（の妥当性ないし切り下げの可否）に関わる議論の関係で、審議会等への厚生労働省提出資料はウェブで公開されており、そのなかで例えば平成25年度の住宅扶助基準額を知ることはできる。「第15回社会保障審議会生活保護基準部会資料　資料4　住宅扶助について」http://www.mhlw.go.jp/file/05-Shingikai-12601000-Seisakutoukatsukan-Sanjikanshitsu_Shakaihoshoutantou/0000030047.pdf

21) ただし局長通知で触れられている1.3倍や1.2倍が文字通り機械的に適用されているわけではないようである。例えば姫路市（1級地）は限度額が40,000円だが1.3倍基準は51,000円に設定されており（1.275倍）、単純計算より都合1,000円間引かれている。逆に福島県（2級地）は限度額31,000円を単純に1.3倍した額よりもさらに700円高い41,000円が設定されている。あるいは出発点は同じでも、1.3倍基準における端数が異なる例も散見される（限度額32,000円に対して、福井県41,000円、福岡県41,100円、岐阜市41,600円、沖縄県41,800円、松山市42,000円など）。端数処理の問題などがあるのかもしれないが、末尾も含めてなぜその金額なのかの説明が（「持家の帰属家賃を除く家賃の消費者物価指数（家賃CPI）や被保護世帯の家賃の実態等を勘案して定められている」とはいわれるが）きちんとしたかたちでなされていないことを踏まえれば、平等原則、合理性や首尾一貫性との関係を問われる可能性もある。また、例えば東京都であてはめられる基準を、それぞれ適用が予定される世帯人員で除した場合（あまり意味のない概念かもしれないが、一人あたり家賃のこと）、1人53,700円、2人34,900円、3人23,266円、4人17,450円、5人13,960円、6人11,633円、7人11,971円というように、最後のところでわずかばかりではあるが逆転が起こっており、居宅第2類の発想の延長で考えるとやや不合理が残る。

22)　前々注の資料でも「住宅扶助特別基準額」というタイトルで紹介されており（同資料3頁）、厚生労働省自身、特別基準との連続で考えていることが読み取れる。告示そのものを文理解釈すると限度額は一般基準の一種であると考えざるを得ないが、これはこれで実態に即した取り扱いであるといえよう。

23)　かつてのいわゆる本省協議。

24)　ただし本文の意味を越えて、一般基準と特別基準の区分の実益そのものがなくなっているとまではいえないだろう。実際、他の扶助基準などをみると、みなし特別基準の設定にはより高度の必要性や証明書類の添付などが要求されている。

25)　「第4回社会保障審議会生活保護基準部会資料　資料1　第3回部会における委員の依頼資料」、被保護世帯の家賃の対特別基準額割合の分布 http://www.mhlw.go.jp/stf/shingi/2r9852000001ifbg-att/2r9852000001ifir.pdf

26)　http://www.mof.go.jp/budget/topics/budget_execution_audit/fy2013/sy2507/27.pdf

27)　「社会福祉法第2条第3項に規定する生計困難者のために無料又は低額な料金で宿泊所を利用させる事業を行う施設の設備及び運営について」平成15年7月31日社援発第731008号、「生活保護法による住宅扶助の認定について」平成15年7月31日社援保発第0731002号など。また、いわゆる貧困ビジネス規制条例が大阪府などで制定されている。

28)　社会保障法がそのような役割を果たさないという意味ではない。医療保険制度における診療報酬点数表を想起せよ。

29)　「生活保護法による保護の実施要領について」昭和36年4月1日厚生省発社第123号。
「保護の種類は、その収入充当額を、原則として、第1に衣食等の生活費に、第2に住宅費に、第3に教育費及び高等学校等への就学に必要な経費に、以下介護、医療、出産、生業（高等学校等への就学に必要な経費を除く。）、葬祭に必要な経費の順に充当させ、その不足する費用に対応してこれを定めること。」（次第10）

30)　2005年改正（平成17年法律第77号）で追加された法第37条の2（いわゆる住宅扶助の代理納付）は、このような事例への対応を念頭においたものである。同条に関連して発せられた通知中、「住宅扶助として使途を限定された扶助費を今般生活費に充当することは生活保護法の趣旨に反する」と明言されている点は、本文との関係でも重要である（「生活保護法第37条の2に規定する保護の方法の特例（住宅扶助の代理納付）に係る留意事項について」平成18年3月31日社援保発第0331006号）。

31)　福岡高判平成10年10月9日民集58巻3号724頁。

32)　大阪市が保護費をプリペイドカードで支払う（正確には、希望者に対して生活扶助費の一部（30,000円）を Visa プリペイドカードにチャージする）モデル事業を始めると発表している（http://www.city.osaka.lg.jp/hodoshiryo/fukushi/0000293229.html）が、金銭給付の原則やプライバシーとの関係で問題をはらむものであり、そもそも被保護者でも審査さえ通ればクレジットカードは保有できるし、プリペイド型の電子マネーは件のものに限られるわけでもなく、使途自由に対する過度の介入だといわざるを得ない。金銭管理が真に必要な被保護者に求められるのはこの種のプレッシャーではなくケースワークである。

33)　兵庫県小野市の「小野市福祉給付制度適正化条例」（平成25年4月1日条例第3号）のような自治体レベルの規制をどう考えるかの問題はある。しかし大分県別府市のようにパチンコをしていることを理由に本当に保護の一部を停止するのはおそらく違法であろう（これは2016年以降取りやめられている）。千葉県四街道市で、過度の飲酒やパチンコを慎むよう促し、指導に従わないと生活保護を停止する場合がある、との掲示を生活保護担当窓口に出していた問題が先頃報道されたが、その後撤去されたようである。

34) 2013年改正（平成25年法律第104号）で法第60条も改正され、「自ら、健康の保持及び増進に努め、収入、支出その他生計の状況を適切に把握するとともに」という表現が挿入された。勤労に励む、支出の節約を図る、その他生活の維持向上に努力することは従前のとおりであるが、この条文により、改正後はよりパチンコができにくくなったと評価できるとは思われない。あるいは、制度改正に伴って、福祉事務所による保健指導など健康面の支援強化が同時に謳われているが、違法薬物の摂取をやめるように指導することは別に法改正とは関係なく公的機関としてなすべき行為であり（場合によっては捜査機関への告発（刑事訴訟法第239条第2項））、保護費の「不正な」利用と結びつけて考えるべきでもない。

35) 保護受給中の自動車の借用をも禁止する現行運用を肯定する裁判例がある（福岡地判平成10年5月26日判時1678号72頁）。いわく「要保護者が借用物を利用して生活している場合において、右借用物の使用による利益を全く考慮せずに、他の要保護者と同等の保護を受給できるというのでは、〔中略〕借用物であればいかなるものでも被保護者はこれを利用できると解することは、そもそも最低限度の生活の需要を満たしつつこれを超えない範囲で保障しようとする法の趣旨（法一条、三条、八条参照）にも反することになる。」；借用に対する現行の制限は行き過ぎであると考えるが、実現されるべき最低限度の生活の限度（上限）という規範的限界に関する議論としては意味がある。

36) 「〔特別基準（1.3倍額）の単身者への適用〕

問（第7の56） 局長通知第7の4の(1)のオにいう「世帯員数、世帯員の状況、当該地域の住宅事情によりやむを得ないと認められるもの」には原則として単身者の場合の家賃、間代等は該当しないものとして取り扱ってよいか。

答 お見込みのとおりである。したがって、単身者が転居する場合又は単身者の従来の住居が地域との均衡を著しく失している場合には、保護の基準別表第3の2の限度額の範囲内の住居へ入居するよう十分指導されたい。

ただし、当該単身者が車椅子使用の障害者等特に通常より広い居室を必要とする場合、老人等で従前からの生活状況からみて転居が困難と認められる場合又は地域において上記限度額の範囲内では賃貸される実態がない場合は前記限度額に1.3を乗じて得た額の範囲内において必要な家賃、間代等を認定して差しつかえない。」

37) 確かに経験則上、家族よりも単身の方が比較的家賃が低廉に抑えられることは多いが、複数人入居と比べて家賃がその77％（1/1.3）で収まる保証は必ずしもなかろう。

38) 秋田地判平成5年4月23日判時1459号48頁も参照。

39) 付言しておくと、家具什器費の支給いかんについて、厚生労働省は「日常生活に必要な物品については、本来経常的な生活費の範囲内で、計画的に購入すべきである。」（別冊問答集問7-45）との原則的立場をとっており、例えば耐久消費財の買い換えも、毎月支給される生活扶助をやりくりするなかで少しずつ積み立てること（ができること）を前提としているが、そのためには生活扶助自体に一定のボリュームが確保されることが必須であって、毎月かつかつで使い切るどころかむしろ足りない程度の水準に基準を設定することは、本文で住宅扶助一般基準について指摘したのと同様に、裁量行使における違法の評価を帯びる蓋然性が高く、かつ機能的には生活扶助に本来的に求められる各種（この場合、一定の間隔をおいて生ずるような）需要相互の調整ないしバッファーとしての役割を失わせるものとなる。

40) 「住宅扶助を独立させた実質的理由の一つは、家屋の補修にその途を開くことである。固より家屋の補修を生活扶助の中に含めて行う途が全然なかつた訳ではないが（註二）、所詮極めて限定的であり、且つ、単給の途は事実上閉されて居つた。然るに、一方前に述べたように（註三）、被保護世帯の約36.7％は自家に居住して居つて家屋の補修に対す需要は極めて切迫したものがあつたのである。このような事情が民生委員大会において住宅扶助の創設を決議させたのであつて、住宅扶助創設の直接的動機はここに在つたのである。なお、自家に居住している者でなくても被保護者の居住しているような借家では家屋が破損しても持主が修理してくれないのがむしろ通例であり、従つて、借家についても補修を認めるべき実際上の必要は十分存するのであるが、賃貸借の原則から云えば賃貸人がその負担において補修して賃借人に提供すべきものであること（註四）、及び公費の負担において被保護者でないところの家屋の持主の財産の価値を高める結果となること等の点に問題が残つているので差し当つては自家についてのみ実施する方針を採ることとなつている。」小山進次郎『生活保護法の解釈と運用』252頁。

41)　課長問答・問（第7の30）、問（第7の78）など。

42)　http: //www. mhlw. go. jp/file/05-Shingikai-12601000-Seisakutoukatsukan-Sanjikanshitsu_Shakaihoshoutantou/kijun.pdf

43)　財務省「平成25年度予算執行調査結果」（平成25年7月26日）総括調査票(27)［厚生労働省］生活保護（住宅扶助）http://www.mof.go.jp/budget/topics/budget_execution_audit/fy2013/sy2507/27.pdf

「④　今後の改善点・検討の方向性

左の調査結果から、厚生労働省においては、

ア）住宅扶助基準の水準のあり方

イ）級地間のバランス

ウ）生活保護受給者自らが、家賃と住居の真の経済的価値とのバランスを判断する動機づけの要否

を含めた、住宅扶助のあり方について、社会保障審議会生活保護基準部会等の場において検討を開始する必要がある。

また、その際には、被保護者等を劣悪な施設に集めて住まわせ、その意に反して利用料を搾取する、いわゆる「貧困ビジネス」に対する規制の要否・あり方についても検討が求められる。」（下線部原文ママ）

44)　財政制度等審議会「平成25年度予算編成に向けた考え方」（平成25年1月21日）http://www.mof.go.jp/about_mof/councils/fiscal_system_council/sub-of_fiscal_system/report/zaiseia250121/

「(5)　生活保護

④　住宅扶助

イ）住宅扶助のあり方

住宅扶助基準について、一般低所得者の家賃実態との均衡を図り、貧困ビジネスの誘因となることを防止する等の観点から、水準の引き下げを視野に入れた専門的・技術的検証を実施すべきである。

また、いわゆる「貧困ビジネス」について、実行ある規制を実施できるような枠組みの構築を図るべきである。

ロ）住宅扶助基準の改定方式

住宅扶助基準の改定方式としては、現在、a.前年度基準額、b.消費者物価指数の伸びを勘案した額、c.被保護世帯97％カバー額のうち2番目にくるものを当該年度の基準としており、結果として、近年は、家賃水準の下落傾向にもかかわらず、住宅扶助基準が据え置かれている。一般低所得者の家賃実態との均衡を継続的に図る観点から、住宅扶助基準と家賃CPIと

の連動性を高めるべきである。また、地域ごとの基準決定のあり方について、透明性・客観性を確保すべきである。」

45) 財政制度等審議会財政制度分科会（平成26年３月28日開催）資料３社会保障②（年金、生活保護）https://www.mof.go.jp/about_mof/councils/fiscal_system_council/sub-of_fiscal_system/proceedings/material/zaiseia260328/03.pdf.

「○住宅扶助は、地域別、世帯人数別に定められた基準の範囲内で実費が支給される。（東京６万9800円、札幌市４万6000円（１・２級地、２～６人世帯））

○このため、一般低所得世帯の家賃の動向と離れて上限にはりついている可能性。（民営住宅の場合、約４割が上限の95～105％の家賃）」

46) 会計検査院「会計検査院法第30条の２の規定に基づく報告書「生活保護の実施状況について」」（平成26年３月19日）

「3　検査の状況

(2)　生活扶助及び住宅扶助の状況

カ　住宅の家賃の額の差異の状況

近年、住宅扶助費の支給額は、図表１-２（３ページ参照）のとおり、他の扶助に比べて増加率が高くなっている。そして、厚生労働省の平成23年被保護者全国一斉調査によれば、被保護世帯のうち借家又は借間に居住している世帯の数は、図表３-12のとおり、継続して増加している。〔図表略〕

また、住宅扶助については、23年６月に行われた「生活保護制度に関する国と地方の協議（事務会合）」において、被保護者との間であえて住宅扶助の上限額で契約を締結する業者がいるといった意見や、近隣価格を上回る被保護世帯向けの家賃相場が形成されているといった意見が示されている。

そこで、210事業主体を対象として、住宅扶助費をその地域における上限額で受給している被保護世帯が５世帯以上入居している集合賃貸住宅（公営を除く。）から1,778棟を抽出して、同一の建屋で、被保護世帯の住居に係る家賃額と、それ以外の住居（以下「一般住居」という。）に係る家賃額との差額についてみたところ、図表３-13のとおり、112棟は被保護世帯に係る家賃額が一般住居に係る家賃額よりも高額となっている状況となっていた。〔図表略〕

上記の112棟における家賃額の差額別の状況等をみたところ、図表３-14のとおり、差額が月額10,000円を超える集合賃貸住宅も21棟見受けられ、この中には一般住居に係る家賃額の８割増しとなっている集合賃貸住宅も見受けられた。〔図表略〕

上記について事例を示すと、次のとおりである。〔事例略〕

家賃額については、住居の専有面積や間取り、方角等により同一建屋であっても住居間で異なることが一般的であるが、前記の21棟については、全ての入居者が被保護世帯である集合賃貸住宅を除いて、各事業主体においても、被保護世帯が一般住居に係る家賃額よりも高額の家賃で契約している疑義があるとしていた。

これは、被保護世帯には保証人がいないなどの理由により保護を受けていない世帯と同額では家主が受入れを認めていないことなどが背景にあるとする事業主体も見受けられたが、住宅扶助は原則として毎月支給されるものであり、前記のとおり、事業主体が被保護者に代わって直接家主に家賃を支払うこともできるため、保証人がいないなどの場合でも家主は家賃収入を確実に得ることができることになる。

したがって、被保護者と家主との間で締結される賃貸借契約について、個々の状況にもよるが、被保護世帯であるがゆえに合理的な理由もなく高額の家賃が設定されていることはないか実態の把握に努めるとともに、適切な家賃額となっているかどうかを判断できるような仕組みを設けるなど、住宅扶助の適切な在り方について検討する必要がある。」

47）「住宅扶助、引き下げ視野　生活保護の見直し議論　厚労省」（朝日新聞2014年10月22日）；「住宅扶助を引き下げへ　生活保護、厚労省が方針」（朝日新聞2014年12月27日）

48）平成23年３月15日閣議決定。

49）平成25年の確報が出る（平成27年２月26日）以前に議論がおこなわれたためと思われる。

50）厚生労働省「社会・援護局関係主管課長会議資料」（平成27年３月９日開催）http://www.mhlw.go.jp/file/06-Seisakujouhou-12000000-Shakaiengokyoku-Shakai/0000077381.pdf

51）会議資料では見直しの影響として、27年度マイナス30億円程度、28年度マイナス120億円程度、29年度マイナス180億円程度、30年度マイナス190億円程度を見込んでいる（国費ベース）。試算の内訳は不明だが、年間5,000億円規模の住宅扶助費に対して、貧困ビジネス対策だけでこれに届くわけではないだろう。

52）逆にプラス改定される場合、それまで上限オーバーしていた世帯においては当然に新しい基準額まで住宅扶助費が上方修正されなければならない。

53）小久保哲郎「住宅扶助基準の引き下げ、生活保護の現場はどう対応するのか」公的扶助研究238号（2015年）35頁参照。

54）なお2016年度基準では補修費等住宅維持費の額（年額）が1,000円アップして120,000円ちょうどとなっている（その他の住宅扶助基準には変更はない）。これは告示の金額改正である。

55）「「生活保護法による保護の実施要領について」の一部改正について（通知）」平成27年４月14日社援発0414第８号。

56）「「生活保護法による保護の実施要領の取扱いについて」の一部改正について（通知）」平成27年４月14日社援保発0414第１号。

57）「「生活保護法による住宅扶助の認定について」（通知）」平成27年４月14日社援保発0414第２号；さらに関連する通知として「「社会福祉法第２条第３項に規定する生計困難者のために無料又は低額な料金で宿泊者を利用させる事業を行う施設の設備及び運営について」の一部改正について（通知）」平成27年４月14日社援発0414第７号。

58）「生活保護法による保護の基準に基づき厚生労働大臣が別に定める住宅扶助（家賃・間代等）の限度額の設定について（通知）」平成27年４月14日社援発0414第９号。

59）「住宅扶助の認定にかかる留意事項について（通知）」平成27年５月13日社援保発0513第１号。

60）鈴木俊彦政府参考人「見直し後の額につきましてですが、現在精査を行っているところでございますけれども、今お尋ねございました単身世帯の住宅扶助の上限額、これが減額となる地域は、158地域のうち56地域となる見込みでございます。」衆議院厚生労働委員会（平成27年３月25日）；鈴木俊彦政府参考人「お尋ねのありました件でありますけれども、予算積算上の粗い推計でございますが、生活保護の受給世帯百六十万世帯のうち、住宅扶助の上限額が減額となることにより影響を受ける世帯数、約四十四万世帯というふうに見込んでおります。」ただし経過措置があることから「こうした措置によりまして、実際に住宅扶助上限額の減額の影響を受ける世帯は44万世帯よりは少ないのではないかというふうに考えております。」参議院厚生労働委員会（平成27年４月７日）

61）埼玉県富士見市の例として、住宅扶助を受給する998世帯中、新基準のオーバーにより622世帯（62％）が転居指導の対象世帯となること、特別基準や経過措置の積極的な適用、家賃引き下げ努力などによって実際に転居となったのは４世帯にとどまったことが報告されている（小畑美信「住宅扶助基準「見直し」にどう対応したか」公的扶助研究243号（2016年）30頁）。

62）平成27年10月19日埼玉県知事裁決、公的扶助研究240号（2016年）38頁参照。

第2章　ドイツの最低生活保障制度の動向と変容

1　ハルツ第4法改革と社会法典第2編・第12編

1　ハルツ改革と第4法

(1)　労働市場改革から第4法へ

第1次政権（1998年〜2002年）時に目立った政策効果をあげられなかったゲアハルト・シュレーダー（Gerhard Fritz Kurt Schröder, 1944-）は、第2次政権（2002年〜2005年）開始にあたり、構造改革プログラム「アジェンダ2010（Agenda 2010）」を掲げる。その実現の柱となったのが一連の「ハルツ改革（Hartz-Reform）[1]」である[2]。同改革は、ドイツの労働法制・社会保障法制に大きな改変と影響をもたらした。そのうち、ハルツ第1法[3]・第2法[4]（いずれも2002年12月成立、2003年7月1日より順次施行）・第3法[5]が、労働市場・求職分野における制度や組織の再編成を中心にしていたのに比べ、第4法[6]（第3法とあわせ、2003年12月成立、2005年1月1日より順次施行）は、実体給付に大きく切り込んだ（全面実施は2005年1月1日）。

このハルツ第4法は、一言でいうと、失業扶助と社会扶助を再編・統合する法律であるが、実際、ハルツ第4法および関連法[7]により、百を越える法令が改正され、公的扶助分野において新たに二つの法律が誕生した（「社会法典（Sozialgesetzbuch, SGB）第2編（求職者に対する基礎保障）[8]」および「社会法典第12編（社会扶助）[9]」）。この結果、1961年公布、1962年施行の連邦社会扶助法（Bundessozialhilfegesetz, BSHG）[10]を中心に展開してきたドイツの公的扶助（öffentliche Fürsorge）法制は、メガトン級の変革を経験することとなった。

(2)　給付制度の再編

今次の改革は、端的には、「稼得能力のある要扶助者向けの制度」と「稼得能力のない要扶助者向けの制度」というように、稼得能力の有無で対象となる要扶助者を切り分けようとしたものである。その前提として、従来、失業者に対する生活保障システムは、失業手当（Arbeitslosengeld）、失業扶助（Arbeitslosenhilfe）、そして最後に社会扶助（Sozialhilfe）の三つからなっていた。特殊な公的扶助もあわせて以下で紹介する。

(i)　失業手当　　失業手当は、失業時の基本的な生活保障給付である。根拠法は第３編[11]、雇用保険を財源とし、連邦雇用庁（Bundesanstalt für Arbeit）が管轄する（各地に出先機関として労働局（Arbeitsamt）がおかれる）。基本的な支給要件は、①失業していること、②労働局に失業を届け出ていること、③一定の受給資格期間を満たしていること、の三つである。支給期間は保険料支払期間および年齢によって異なり（57歳以上で保険加入期間が64ヶ月以上ある場合、最長32ヶ月）、支給額は従前賃金の67％または60％である（以上、第３編第117条以下、第367条以下）。日本でいう雇用保険法上の基本手当に相当する。

(ii)　失業扶助　　失業扶助は、同じく第３編に基づく給付である。要件としては、失業手当と同様、①失業状態にあり、②失業の届け出を済ませ、これに加えて、③受給資格期間を満たさない（例えば保険料の支払期間が短いなど）ため失業手当を受給できない場合または失業手当の受給期間（通常は12ヶ月以上）が終了した場合に、④「困窮している（bedürftig）」状態にあれば（その判断のためにミーンズテストがおこなわれる）、最長一年支給される（更新可）。支給額は、失業手当と同じく従前賃金に対する割合で算定される（57％または53％）。租税（連邦）を財源とする点で、失業手当と明確に区別される。管轄機関は連邦雇用庁である（以上、第３編旧第190条以下）。日本には見られない給付である。

(iii)　社会扶助　　社会扶助は、連邦社会扶助法に基づく、もっとも一般的な公的扶助給付である。基本的な支給要件は、困窮状態にあり、自助（例えば資産や能力の活用）ないし他者の援助等（扶養、社会保険給付など）によってもその困窮状態を克服できない（つまり最低生活を維持できない）ことである。支給額（扶助基準）は連邦州ごとに定められ、改革前の直近で最高月額297ユーロ（世帯主または単身者）、これに加えて、各種の実費給付（住居費や暖房費）・現物給付等が支給される（生計扶助（Hilfe zum Lebensunterhalt））。典型的には市（kreisfreie Stadt）または郡（Kreis）が実施機関（社会扶助主体（Träger der

Sozialhilfe)）となり、支給に要する費用も全額負担する（以上、BSHG 第２条、第11条以下、第22条および同条施行令、第96条以下)。日本の生活保護に相当する。

(iv) 高齢者重度障害者基礎保障　　高齢期および稼得能力減少時における需要に即した基礎保障（bedarfsorientierte Grundsicherung im Alter und bei Erwerbsminderung）は、2003年１月１日より実施された新しい公的扶助給付で、同名の法律が根拠法[12]となる（連邦社会扶助法の特別法にあたる)。実際上の対象者は高齢者と重度障害者であり、給付等の制度設計は基本的に社会扶助にあわせられている（社会扶助の基準額を15％増額、その他住居費など)。ただし扶養や資産保有の条件は社会扶助より幾分緩和され（例えば親または子の収入が10万ユーロ以下の場合、その者に対する扶養請求はおこなわれない)、その他一時的な需要の定型化も進められている。実施機関は社会扶助と同様、郡・市である。別種の社会扶助といってよい。

以上の枠組みにおいて、失業の増大・高止まりという現実の経済環境・社会状況の変化のなかで一種の矛盾が顕在化してきた。これはとりわけ、失業者の社会扶助への流入というかたちであらわれてくる。もちろん失業者がすぐに社会扶助には行かないような配慮はなされていた。すなわち、失業に対しては、まず雇用保険給付であるところの失業手当が支給され、次に、失業手当の受給期間が過ぎてもなお失業状態が続く者などを対象に、租税による失業扶助が制度化されていた。失業手当—失業扶助—社会扶助という三層構造がとられていたのである。そして70年代中盤以降徐々に失業率が上がっていくにつれて、失業手当や失業扶助が増えるだけでなく、社会扶助受給者も（上昇の度合いは失業率ほどではないにせよ）増えていく。その理由として、例えば、保険給付たる失業手当は、受給資格を満たせない場合や、一定の受給期間が過ぎた場合は支給されないし、また失業扶助は、失業手当と違って要件を満たす限り給付が継続されはするが（そして実際相当多数の失業者が失業扶助による生活保障を受けていたが)、他方で、失業扶助も雇用関連給付として位置づけられている以上、そもそも正規雇用に入れずにいきなり失業者として労働市場にあらわれる層にとっては意味がない。さらに、家族が多い場合などは、失業手当や失業扶助の給付水準が低いと社会扶助を補完的に受けなければ最低生活が維持できない。そうした結果、各種給付の併給（給付を重ねて受ける者（Aufstocker）と呼ぶ）や、社会扶助における長期失業者・若年失業者の大量化がおこっていったのである。

そこで、従来の三層構造を、上に失業手当、その下に新制度である第２編（求職者基礎保障）と第12編（社会扶助）が並行的に存在する、二元的な制度に切り替えたのが今回の再編である。そしてこれは以下にも触れるように、単なる組み替えや並び替えではなく、質的に大きな変動を伴っている。すなわちハルツ改革全体の流れに沿うかたちで、公的扶助制度に労働行政の論理が入り込み、増大する失業者・困窮者の新たな受け皿として、要扶助者における稼得能力の有無に着目して制度自体を切り分けるという大胆な対応がとられた。この結果、制度自体がいわば就労支援型にシフトしたのである。このハルツ第4法改革は、自助努力を引き出して、かつ保障は果たす、という基本理念を掲げる（「支援と要請」）。このシフトチェンジは、同時に、具体の給付にかかる設計にも大きな影響を与えることになった。

2　求職者基礎保障の登場

(1)　第２編の給付システム

(i)　対象者　　第２編は求職者基礎保障という名称を冠しているが、これは法律の名前であると同時に、同法の定める諸給付の最上位概念である。求職者基礎保障給付は、大きく、就労支援に関わる給付（労働統合給付（Leistungen zur Eingliederung in Arbeit））と、金銭・現物給付（生計保障給付（Leistungen zur Sicherung des Lebensunterhalts））とに分けられる。稼得活動要扶助者としてこれらの給付を受けることができるのは、①15歳以上65歳未満（ただし当初；67歳を年金支給開始標準年齢とする年金改革を受けて現在引き上げ中（第２編第7a条））、②稼得能力を有する、③要扶助状態である、④その通常の居所がドイツ連邦共和国内にある、の４つの要件を満たした者である（第２編第７条、「受給権者」）。③と④は最低生活保障給付として一般に要求される伝統的な要件であることから、ここでの特徴は①と②ということになる。①は生産年齢人口という発想に近いが、最低限の教育を終えてから老齢年金を受け始めるまでをざっくりと抜き出し、うち、②で実際に稼得能力ありと判断される者が第２編の適用を受けることになる。どういう場合に稼得能力があるかは、純粋な医学的判断で、一般労働市場で１日３時間以上働けるかどうかであり（第２編第８条）、これは障害年金の基準を移入したものなので[13]、結局求職者基礎保障の対象者の範囲は年金制度と連動することとなる。

受給権者は、労働統合給付を受け、なおも生活保障の必要がある場合、生計保障給付を受ける。この生計保障給付は、稼得可能な要扶助者に対しては、失業手当Ⅱ（Arbeitslosengeld II）という名称で[14]、その家族（稼得不能が条件）に対しては、社会手当（Sozialgeld）という名称で、それぞれ支給される。

以上の判断基準で第２編の適用下におかれる場合、需要共同体（Bedarfsgemeinschaft）[15]という、日本でいう世帯と関連する概念が用いられ、それが要否判定や給付の程度の決定の際の基本的な単位となる。これは世帯に子どもがいる場合に重要な意義を有する。すなわち、15歳未満の子どもは稼得能力がないとされるので、そのままだと親は第２編、子どもは第12編というように、適用される法律が分かれてしまうことになる。これを避けるために、稼得能力のない子どもは親とまとめて第２編の対象となり、その際の単位を需要共同体というのである[16]。子どもが学校を卒業するなどして稼得能力を有することになった場合は、原則として親とは別の独自の需要共同体を形成することになる。

(ii)　金銭給付の内容　　金銭給付では、第２編は（第12編も）基本的に旧法の枠組みを採用している。つまり、定額の基準給付に、加算措置や、住居費・暖房費・一時給付などの実費給付を加えて全体の最低生活費を構成するという方式である。これらのうち最も基本となるのが、基準給付である。基準給付の額は、第２編と第12編とで統一されており、制度発足時点（2005年）において、旧西独地域で月345ユーロ、旧東独地域で月331ユーロ（いずれも単身者／世帯主基準）であった（その後この金額はドイツ全体で同額（月額345ユーロ）に設定されることとなる）。すなわち第２編の基準給付は定額であり、旧失業扶助の賃金代替機能（Lohnersatzfunktion）は引き継がれていない[17]。

同時に、基準給付の性格が第２編ではより閉鎖的な方向で強化されている。連邦社会扶助法では、真に個別の需要が存在しそれを基準額で充足しきれない場合、基準額自体から逸脱して需要を算定することが許されていた（BSHG 第22条第１項第２文）。この規定は第12編には引き継がれたが（第12編第28条第１項第２文）、第２編は同旨の条文を欠く。一定額の金銭給付とその他の加算・実費給付・現物給付でトータルに最低生活保障を構成する方法そのものは旧社会扶助以来の伝統であり、新旧制度間で基本的な発想に断絶はない。ただし、需要の基本的な組み方は同じでも、給付自体の定型的な性格が、第2編ではより強められた。この点は、一時的な需要においても裏付けられる。旧社会扶助では、法律上、一時給付のカタログが七つ、例示的に列挙されていた（BSHG 第21条第1a項）。このカタログは、両新法においては三つかつ限定的に列挙されるにとどまり（第2編第23条第3項、第12編第31条第1項）、そもそも一時給付という概念自体が放棄された（この点、BSHG 第21条第1項参照）。個別の事情があってどうしても充足できない需要は、極めて例外的に、しかも貸付（Darlehen）という方法でしか支給されない（第2編第23条第1項、第12編第37条[18]）。

この一時給付の廃止は、しかし、単なる給付内容の改悪ではない。立法スタンスは当初より、経常給付と一時給付を一体化したかたちで新たに基準給付・基準額を構想する、というものであった。その結果、基準給付自体が制度改革を経て増額された（約16％上昇）。かつての一時給付は、個別の事実上の申請行為とその都度の必要性判断を前提に支給されてきたが、基準給付を増額して「渡しきり」（つまり受給者にとっては、支給された金額は何に使ってもいい、しかし余っても足りなくても自分の責任である、という、ある意味で自律的生活に親和的な考え方）に純化することでその手間暇を省こうということである[19]。そしてこれこそが、第2編で強化された給付の定型化（Pauschalierung[20]）の好例である。

給付の定型化は、その他、住居費給付や暖房費給付のような典型的な実費給付にもその可能性が及ぼされており、需要充足原理（Bedarfsdeckungsprinzip）や個別化原理（Individualisierung）を旨としてきた従来のあり方からの逸脱を示してもいる。定型化は、最低生活保障としての法の性格に重大な変化を与えるものでもある。

(iii)　依拠する原理　　第2編は、「支援と要請（Fördern und Fordern）」という考え方を制度原理としている。法律上、目的の段階では、最低生活の保障や人間の尊厳といった表現は用いられず、むしろ受給者の自己責任の強化と労働市場・稼得生活への復帰を強く標榜している。各種のサービスや給付もそうした目的に仕えるものと位置づけられている。

このうち「要請」の中身は同第2条に端的に示されているが、全体として、要保護者の就労受け入れ義務やその義務の履践に対する要求が強調され、一方で、期待可能な就労を拒否する者に対しては何段階かの制裁が予定されており（第２編第31条）、いわゆるワークフェアとの関連が指摘される。こうした「給付―反対給付（Leistung und Gegenleistung）」の原則は、困窮に陥った原因を問わずに扶助をおこなうという近代公的扶助とは異質な面を有するといえる。また「支援」の内容に、一種の契約モデルが導入されている（第２編第15条）のも、これと脈を通ずるところがあろう。

(2) 他の制度に基づく生活保障給付との関係

(i) 第12編との関係　　第２編と第12編は、それぞれ請求権排除条項を用意しており（第２編第５条、第12編第22条）、相互に排他的である。これは生成史からすればある意味自明のことだが、旧法の構造から見れば、「最後の受け皿（Auffangsnetz）」が複数化したことは非常に大きな変化である。その際、どちらの給付を受けるかについて、法律上、要保護者が間隙に陥らないように組み立てられているが（第２編管轄主体による暫定給付、第２編第44a条）、給付主体間に管轄についての意見相違が生じた場合、仲裁のために設置される共同調整機関（第２編第45条）が、実際にどのように機能するかは、迅速な給付や円滑な行政という観点からも注目に値するところである。

また、ドイツの公的扶助において、一定の人的集団（庇護申請者、職業教育訓練給付受給者）を、それぞれ別立ての給付が用意されていることを理由に、適用対象から除外することは珍しくなかったが、いわば本体となる法律を分けてまで、適用集団を大規模に整理するというのは、相当のインパクトがあるように思われる。

ただし、第２編から見て排除されるのは第12編第３章（生計扶助）のみであり、第２編の給付受給者が第12編第５章から第９章（旧法にいう特別扶助にあたるが、新法では給付内容が若干整理され、かつ、概念としては用いられなくなった）を受けることはなお可能である。

(ii) 第３編との関係　　失業手当と失業扶助はいずれも失業に起因・関連する給付であるが、支給要件からも明らかなように、両者を併給することはない。むしろ失業扶助は失業手当を制度的・時間的に補完する。これに対して社会扶助は、そもそも失業のいかんに関わりない制度である。正確にいえば、困窮に至った原因が失業であれ何であれ、連邦社会扶助法の基準に照らして困窮状態にあると認められれば、失業手当受給者も失業扶助受給者も受給することができる。例えば失業扶助を受給していてもその支給額が低くて生活できない場合、補足的に社会扶助を受けることとなる（社会扶助の後順位性（Nachrang der Sozialhilfe)、BSHG 第2条)。そういう意味での給付の重畳は、改革前ではある種当然の事象であった。

ここでハルツ改革は、排他的かつ水平的に給付関係の整序をおこなった。それを象徴するのは、第2編および第12編のそれぞれに設けられた相互請求権排除条項である。すなわち、求職者基礎保障のうち生計保障給付に対する請求権は、新社会扶助の生計扶助を排除する。この整理—基本的な生活保障給付が併給不可能であり、かつ求職者基礎保障が優先的に適用されること—こそが、かつての失業扶助と旧社会扶助の併給という典型的なケースからの大きな変更点である。また、第12編の内部において、第3章の定める生計扶助と第4章の高齢者重度障害者基礎保障との間でも後者の優先が定められており（第12編第19条第2項)、結果、社会扶助の性格は、全体に対する垂直的な受け皿というより、水平的な受け皿の一つという色合いを濃くすることとなった。[21)]

これらをさらに失業手当から見てみると、それまで密接に関連していた失業扶助が制度上消滅したことで、失業というリスクに直に接続する給付としては単独の存在となった。制度相互の距離感でいうと、改革前より若干（あるいはそれ以上か）広がったといえる。失業扶助は失業手当と幾つかの要件を重ね合わせることで、まさにそれを補完する存在だったのに対し、第2編の求職者基礎保障の接合の仕方には一定の間隙が見受けられる。求職者基礎保障を受けようとする際、失業扶助時代と違って、その受給以前に失業手当に関与している、よりいえば雇用保険集団に何らかのかたち（保険料を少しは払い込んだなど）で関わっている必要はない。その時点において稼得可能性判断と困窮性判断（ミーンズテスト）がクリアできるかどうかが主要な関心事となる。そう考えると、求職者基礎保障は、失業問題ないし失業による生活リスクとは実体上密接に関連しつつ、しかし失業手当からは一歩離れたところで、新社会扶助と平行して—しかし両者は交わることなく—受け皿機能を果たす存在なのである。

(3)　就労支援の側面

(i)　支援メニュー　　就労支援に関わる領域は、求職者基礎保障の原理である「支援と要請」が正面から問題となるところである。この「支援と要請」が、稼得可能者を対象とした第２編でどのように展開するかというと、まず第２編は、求職者基礎保障の目的として、対象者の自己責任の強化と基礎保障への依存回避を第一に掲げ、次に、就労（稼得活動への統合）に際しての支援と、補足的な（すなわち稼得活動を通じてもなお生計を維持できない場合の）生活保障を挙げる（第２編第１条第１項）。それを受けて、要扶助者にその労働力の活用を一般的に義務づける（第２編第２条）。さらに、一定の場合を除いてあらゆる労働が要扶助者に期待可能だとし（第２編第10条）、就労実現の核として「労働統合給付」を用意している。

ここで展開される統合給付は、位置づけとしてはサービス給付であり、その点で、失業手当Ⅱや社会手当のような直接的な経済給付（生計保障給付）とは区別される。そして同時に、労働統合給付が生計保障給付に先んずる。すなわち、まずは労働統合給付をおこなうことが先決であり、それでもなお生活に困窮する場合に、はじめて失業手当Ⅱなどが支給されるのである（第２編第１条、第３条）。

統合の具体的手法として、受給者ないし需要共同体ごとに個別の担当者（「相談パートナー（persönlicher Ansprechpartner）」、現業では「ケースマネージャー（Fallmanager）」と呼ばれることもある）の指定（第２編第14条）、受給者と実施機関との間で統合契約（Eingliederungsvereinbarung）の締結（第２編第15条）（契約構成をとることで、単に一方的な就労指導に陥ることなく、権利義務の明確化や合理的な目標設定を通じた、様々な課題へのアプローチが目指される）、さらに個別の給付として、第３編に定める諸措置の実施（第２編第16条第１項）[22]、家事援助や債務相談（同第２項）、就労機会（仕事を見つけることにできない要扶助者に対する一種の保護雇用）の創設（同第３項）等の規定がおかれている。すなわち統合給付の基本的内容は、主として第３編に定める諸措置を利用するものである。というのも、実施機関に職安が入っていることとの関係で[23]、求職関係の様々なサービスがすでに公的に用意されているからである。第２編独自のサービスも幾つか予定されているが[24]、自治体独自給付という位置づけにとどまる。

なお生計保障給付関係にも、労働への統合の重視は影響を与えている。例えば、全体として就労を目標とする制度であることから、それまで認められなかった自動車保有の容認、資産保有限度の明示がなされている。他方、就労支援の裏側の話として、まず支援の方法が、丁寧なニーズ調査や時間をかけたケアという、社会扶助時代の発想に近いやり方よりも、メニューに対象者を当てはめていく、職安ベースの手法に近くなり、短期失業者にはうまく対応したとしても、ドロップアウトする受給者や多くの困難を抱える長期失業者にはマッチしていないという問題がかねてより指摘されている。

(ii)　奨励と制裁　　実施機関が労働への統合を強力に押し進めるのにあわせて、受給者がそれを受け入れるうえでの動機づけ・奨励（Anreiz）が様々に図られている。すなわち、一定の稼得活動に従事した場合、入職手当（第２編第16b条）として受給者に事実上のボーナス（実務では基準給付の50％とされる[25]）がある。入職手当は裁量給付だが、義務給付として、稼得収入からの控除が（各種必要経費の控除に加えて）なされ（第２編第11条第２項、第30条[26]）、全体として、稼得活動の優遇が鮮明になっている。

他方、就労の要請に受給権者が応えない場合は、給付減額や停廃止などの制裁（Sanktion）（第２編第31条）が適用される。なお制裁の発動は旧制度と比べてかなり機械的になっている。具体的には、統合協定の締結、協定上の義務の履行、期待可能な労働その他の措置の受け入れや継続を拒否する場合、第一段階として生活保障給付（基準給付）の30％が自動的にカットされ、かつ義務違反が繰り返される場合、さらに30％をカットすることなどが定められている。近年では25歳未満への対応が厳格化され、一定の場合、100％カットが可能になっている（第２編第31条以下）。

こうした経済的圧力をセットにした就労要請の仕組みは、実は旧法の手法を基本的には引き継いだものでもある。連邦社会扶助法も、就労扶助（Hilfe zur Arbeit[27]）や給付カット条項を通じて同様の効果を狙っていた（期待可能な労働の受け入れを拒んだ場合、請求権の消滅と給付の25％カットと、自ら意図的に困窮状態を招いたり浪費的な態度を続けたりする場合、必要不可欠な程度（Unerläßliche）までの給付カットが定められていた（BSHG 第25条））。ただし第２編ではカット率の拡大などに特徴があり、またカット中の第12編による補充給付が排除される（第２編と第12編の併給は基本的に許されないため（第２編第31条第５項第４文））など、第２編は自らの枠内で問題を解決しようという傾向が強い。

ちなみに就労扶助は自治体による就労支援という性格が濃かったのと比べ、求職者基礎保障は、連邦の組織である労働エージェンシーを枢要な実施機関として措定しており（この点は管轄・財源問題と絡む）、自治体で培われた具体的ノウハウが、どの程度新制度で活かされるかは、まさに実態が鍵を握っている。加えて、それまで自治体の主たる任務であった最低生活保障—それはそれで専門的・技術的であり、何より経験の蓄積がモノをいう—については、旧社会扶助で自治体は生活支援と就労支援とを一体で進めざるを得なかったが、求職者基礎保障の複雑な実施体制にあっては、自治体からの就労支援の引き継ぎ・連携の問題と同時に、労働行政自身に生活保障のノウハウが必ずしも十分でないという問題が生ずる。

3 主体・管轄・財源

ドイツでは救貧行政の伝統もあって、社会扶助は自治体が全額その費用を負担していた。その点で、失業者の生活保障に関する限り、失業手当は雇用保険財政であり、失業扶助は連邦の負担となっていることから、つまり、社会保険集団でまずは経済給付なり再就職支援なりをおこない、失業が長期化した場合は国が租税でサポートすることで、自治体負担の社会扶助には向かわせない設計となっていた。しかし失業の増大がこうした優先的給付システムではまかないきれない段階に至り、社会扶助を受給する稼得可能な要扶助者が増大し、つまり自治体の負担が膨張し続けるなかで[28]、自治体サイドからは、連邦の管轄である労働行政ないし経済政策の失敗（＝失業者の増加）を社会扶助負担の増大というかたちで自治体に押し付けるのはおかしいという批判が強まった[29]。

ハルツ第4法改革はこうした事情に鑑み、負担の付け替えを目指したものである。すなわち、一方で、自治体が一括して失業者・要扶助者への給付および支援をおこなうべきであるとの立場から、従前より失業扶助・社会扶助改革に熱心に取り組んできた連邦州もあったものの（例えばヘッセン州）、政府与党がはじめに提出した第2編の法案は、連邦の機関である連邦雇用エージェンシー（Bundesagentur für Arbeit）を一元的な給付主体とするものであった。しかし野党系が多数を占める連邦参議院で反対に遭い、両院協議会で法案の修正が議論され、その結果、連邦雇用エージェンシー（実施機関となるのは、連邦雇用エージェンシーの出先機関である、各労働エージェンシー（Agentur für Arbeit））と、自治体（郡および郡に属しない市）とされ、給付ごとに管轄を分けるという、複雑な関係になった（第2編第6条）。なお第12編の管轄は、旧法の枠組みを踏襲している（第12編第97条以下）。

こうして2003年末に第2編と第12編がほぼ同時に立法化されたが、なおも管轄問題では火種が残り、結局、2005年1月1日の施行を前にして、第2編の管轄にさらに手が加えられた（いわゆるオプション法）。すなわち、自治体に給付の一元的管轄権を与えることで、ヘッセン州に代表される野党側の意向を部分的にではあるが実現させたのである（第2編第6a条以下）。このオプションが適用される自治体は、オプション法成立時点で全国で69まで（これは連邦参議院の議席総数をそのまま使ったもの）とされ、主に西部や旧東独の自治体、なかでも郡（Kreis）が、積極的にこのオプションに手を挙げた。

これらの点を費用負担面から見ると、求職者基礎保障に要する費用は連邦が負担する（第2編第46条）ので、修正協議を経て一定の相談援助や住居費・暖房費等については自治体がなおも管轄しその費用も負担する（第2編第6条第1項）ことになった（住居費部分に関しては連邦からの補助がありさらに負担関係が入り組んでいるが[30]）ものの、それを除くとおおむね連邦への負担の移動は果たされることとなった。

実施機関の問題も、この負担と表裏一体に整理されている。すなわち、自治体が住居費部分等を担当するほかは、各地の労働エージェンシーが求職者基礎保障の主体と位置づけられた。それにより、実施主体が分かれるという珍しい状況が生じている。この点を巡っては、制度スタート時点で、大きくは、エージェンシーと自治体が協同の業務遂行組織（「協同組織（Arbeitsgemeinschaft）」）を立ち上げる方式と[31]、自治体が一元的に―すなわち新社会扶助の実施とも平行して―業務遂行にあたる方式（いわゆるオプションモデル[32]）があった[33]。協同組織はしかしその後、混合行政であることなどを理由に違憲判決が出され、2011年以降のジョブセンター改革につながっていった。

4　制度改革のインパクト

(1)　巨大なセーフティネットとしての第２編

少なくとも規模の面では、ハルツ第４法改革の影響は特筆すべきものがある。新たに導入された第２編の受給者は、最大で約700万人（うち稼得可能な者が500万人、需要共同体に属する子どもが200万人、保護率にして約９％）を数えた[34)]。内訳を見ると、まず、かつての社会扶助受給者は殆どが第２編の対象となった（全体で90％超)。また、ハルツ改革では第４法に先んじて失業手当の改革がおこなわれており、そこで給付を厳格化した結果、以前の制度であればひとまずは失業手当で受け止められていた失業者が、（失業扶助もなくなったため）そのまま第２編の対象に含まれるようになったことも大きい。

さらに、自営業者の貧困が掘り起こされた点も無視できない。これまでのドイツの発想では、賃労働者が協約適用の職場を失うことが典型的な失業であった。しかし第２編は「失業者（Arbeitslose)」ではなく「求職者（Arbeitsuchende)」を対象としている。そして受給要件に「稼得能力がある（erwerbsfähig)」ことが掲げられているのは、賃労働に限らず何らかの「稼得活動（Erwerbstätigkeit)」に従事してその要扶助性を軽減・克服することを目指すことと表裏一体である。ゆえに自営業者も求職者の一形態として当然に第２編の対象となるのである。

(2)　第２編導入の意図

ドイツの連邦社会扶助法は、比較法的な視点からも、典型的な一般公的扶助法の一つであった。すなわち、他の制度を補完すべき社会扶助から問題を見たとき、「働けようが働けまいが、困窮している以上は社会扶助で最低生活保障だ」という明瞭なスタンスのもと、実際、失業者を大量に受け入れていたのである。幾つかの自治体では、就労扶助という社会扶助時代の就労支援の仕組みを巧みに利用して受給者の稼得生活への復帰を熱心に支援していたところもあるが、失業の高止まりのなか、全体としては、上から下へという巨大なベクトルが働いていたといえる。

第２編がここでもたらした変化の一つが、支援の主体についてである。上述のようにドイツでは失業扶助と社会扶助がながらく併存していたが、実はハルツ改革以前から、「一つの手から（aus einer Hand)」支援をしようという理念が唱えられていた。つまり、失業扶助は国家の労働行政、社会扶助は自治体の福祉行政であったが、制度自体を一つにしてしまうことで、両者間の負担の押し付け合いをなくしてしまうというダイナミックな発想を、この改革で持ち込んだと見ることができる。

他方で今般の社会扶助再編成は、労働市場改革と強く連動しておこなわれた。ハルツ改革が雇用の規制緩和等の政策をとって流動性を高めることを狙いとしていることは明らかである。しかしそうした政策は、クッションやトランポリンの整備と裏腹でなければならない（はずである）。実際、ハルツ改革でも、まず雇用部門とりわけ職業紹介や求職システムの改革がなされ（第3法まで）、それを受けての給付改革（第4法）という流れになっているのである。

一般的には、そうしたシステム（再）整備の段階で何をクッションやトランポリンのベースにするのかは、選択の問題が残る。ドイツでも、失業手当または失業扶助を抜本的に強化し、社会扶助は質的にも量的にも最後のネットという性格をはっきりさせる選択肢もあり得なかったわけではなかろう。しかし立法者は、社会扶助が実際に多くの失業者・困窮者を受け止めてきたことを重く見て、この改革の結節点に選んだ。ここで興味深いのが、新システムにおいて労働市場への復帰が強く標榜されている点である。最後のネットを一つの回転軸としてまず大量に受け入れ、そしてその上のネットへもう一度復帰させていくという、全体として双方向のベクトルを成立させようという狙いをここに見ることができるのである。

このことは、見方を変えれば、労働市場改革に引きずられるかたちで、もともと雇用関連給付ではなかった社会扶助が再編成に取り込まれたのだともいえる。そしてこうした交錯の結果、最低生活保障という給付自体に見逃せない変化が生じてきている。労働市場（とドイツの場合は被用者中心の社会保険）が十分に機能していれば、社会扶助はそれを残余的に補完していればそれで足る。少数の層への対応を、問題を見極め、丁寧にかつ時間をかけておこなうことそれ自体が社会扶助の使命ということになる。しかしハルツ第4法改革は、最低生活保障よりも上の世界に人々を送り返していくために、制度全体を就労支援型にシフトさせるという選択をした。一種のパラダイム転換がここにはあり、すなわち、「失業者」という、労働のネットから落ちてきた人間という把握の仕方ではなく、「求職者」、つまり稼得生活を目指す人として対象者を捉え直し、かつ、「扶助」にかえて「基礎保障」という概念でスティグマを軽減しようとしたことに、そういう思想が反映されている。

しかしそれは現実には公的扶助的な論理と失業対策の論理を混在させながらおこなわれた。一方では、かつての失業扶助のような賃金代替的性格が消滅して一律の保護基準が適用されることで、最低生活保障の発想が強くなり、その限りでは公的扶助の巨大化、最低生活保障という点での純化がおこなわれた。他方では、個別性や柔軟性といった伝統的な社会扶助らしさをなかば放棄して、就労支援重視のなかで迅速性、効率性、結果志向的性格を強くしている（「支援と要請」「給付―反対給付」といった制度原理、あるいは全体としてのワークフェア的要素）。すなわち、これだけ膨大な人員を対象とし、かつ機動性・効率性が求められることから、自己責任や契約的要素の強調、経済給付の（最低限の水準を維持したうえでの）簡素化・簡略化など、対象者にボールを投げる場面が目立つようになった。第２編は伝統的な社会扶助原理から意識的に距離を取っているともいえる。失業者の最低生活を担うべき制度が、雇用・労働市場改革との交錯のなかで、純粋な意味での最低生活保障の姿を必ずしも維持していないことの法的な意味が鋭く問われる時代になったのである。

2　給付システムの改革と基準額（保護基準）

1　社会法典第２編の登場

(1)　保護基準への批判

ハルツ第４法改革で登場した新たな公的扶助制度である社会法典第２編（求職者基礎保障）は、求職者支援と最低生活保障を「一つの手から」おこなうことを掲げ、稼得能力のある要扶助者を一元的にかつ効果的・効率的に支援して労働市場へ送り返していくための制度である。この第２編は、しかし、政治情勢も関連し、いろいろな仕組みを継ぎ接ぎしたところがあって、そもそも制度として不完全ないし詰まりきっていないなか、半ば見切り発車のようなかたちで走り出した。さらにそうこうしている間に、第２編だけで受給者が700万人を超え（保護率でいうと10%近い）、しかし目玉である就労支援の成果はまだら模様—とりわけ長期失業者がなかなか労働市場に復帰できず、トランポリンの効果はそれほど働いていないとの見方が少なくない—と、現実の矛盾が第2編に集約する格好となってきた。なかでもホットな議論となっているのが、第2編の保護基準（345ユーロ／月）である。以下のような指摘がある。

① 保護基準自体が低すぎて生活できない。日本の生活扶助に当たる給付は円換算で1人一月4万円前後である。

② 子どもにとって第2編の枠組みは非常に不利。たとえば就労指導に従わないと制裁がなされるが、働かないのは親であって子どもではないにもかかわらず、世帯全体の最低生活が切り下げられてしまう。子ども自体に支給される、日本でいう生活扶助も、日本円で25,000円程度と非常に低水準。学校に必要な費用もほとんど支給されない。

③ 第2編は相当程度貧困を掘り起こしたとされるが、まだ、保護を受けられるのに受けていない人（ヤミに隠れた数値（Dunkelziffer））が相当数いる（国民の18％が貧困層にあり、10％の保護率からすると8％がまだ漏れているとされる[35]）。それとの関係で、第2編の保護基準を定める際に低所得者のデータが援用されたが、本来参照されるべきでないデータまで参照されてしまっている（循環論法（Zirkelschluss））。

(2) 345ユーロの意味

(i) 第2編と第12編の異同　　なぜ基準給付が345ユーロなのかは、法律でそう定められているから、という以上の回答はできない。とはいえ、まったくでたらめに設定されたものでもない。そもそも第2編と第12編とで、「基準給付（Regelleistung）」（第2編）ないし「基準額（Regelsatz）」（第12編）の守備範囲に基本的に違いはない。この基準給付に、加算（増加需要）、さらに住居費給付と暖房費給付（いずれも実費給付）があわさって、全体として最低生活費を構成するのも同様である。この点で、金額をそのまま書き込む第2編と異なり、第12編は計算の順序・過程をある程度詳細に規定している。そこではとりわけ「所得消費抽出調査（EVS）」と「法令」（「基準額法令」として知られる。いわゆる法規命令の一つ）が重要な役割を果たしているので、この点をもう少し見てみよう。

「所得消費抽出調査」とは、連邦統計庁が5年ごとに実施する家計調査である（全数調査ではない）。最近では、1998年、2003年、2008年におこなわれた。それを基にした「基準額法令」による算出は、やや複雑である。

① 所得消費抽出調査対象世帯のうち、社会扶助給付受給者を除いたうえで、実収入が下位20％に属する世帯の消費支出を用いる（なお、実際の計算では単身世帯の調査結果が用いられている）。

② 所得消費抽出調査の項目のうち、社会扶助で充足すべき需要に対応する分野を用いる。

③ それに一定の百分率をかけて得られる値を合計する。

例えば、調査項目の一つに「食料、飲料、煙草類」（第01項目）というものがあり、その乗率は、基準額法令で96％とされている。立法理由書では、飲食にかかる費用はすべてを考慮し（つまり最低生活に必要な需要と認め）、しかしタバコは半分のみを考慮する、という具合でパーセンテージの根拠が示されている[36]。そしてこの96％を第一・五分位の該当支出に掛け合わせるわけである（なお最初の法令制定時点で使用されたデータは1998年のもの）。同様のことを合計10項目についておこない、それを積み上げげた額が、制度開始時で、345ユーロ（旧西ドイツ地域；ただしバイエルン州は341ユーロ）ないし331ユーロ（旧東ドイツ地域）ということであった。この額は、第２編の額とピタリ同じである。

さらに基準額法令は、世帯主と世帯員とで基準額に段階をつけており、世帯主は上記により算出される標準額がそのまま適用され、その他の世帯員については、年齢により、14歳未満が60％、14歳以上が80％とされる。例えば夫婦で保護を受給すると、第12編では世帯主（例えば夫）が100％、同居の世帯員（例えば妻）が80％として積み上げられる（この点は社会扶助時代と同じ）。なおこの点第２編では、二人とも90％ずつの給付を受けることになり、合計は変わらず180％であるが、方式が組み替えられているわけである。14歳を基準とした給付乗率は両編で同じである。

つまり、第２編と第12編は、相互に極端なズレのないように、両方あわせて制度が設計され、とりわけ保護基準は両編通じてほぼ共通といいうる枠組みが用意されているのである。逆にいうと、第２編の345ユーロという額は、第12編における設定過程を踏まえてはじめて説明できるのである。

(ii) 基準給付の性格の変化　　かつての社会扶助の基準額も、第２編の基準

図表2－1　基準額需要関連項目

		1998年	ユーロ*	2003年	ユーロ
第01項目/第02項目	食料、飲料、煙草類	96%	132.51	96%	127.31
第03項目	被服、靴	89%	34.08	100%	34.24
第04項目	住宅、水道、電気、ガスその他燃料	8%	26.83	8%	25.79
第05項目	屋内設置物（家具）、機器、機具、家庭用設備およびその補修	87%	27.73	91%	24.65
第06項目	健康衛生	64%	13.19	71%	12.67
第07項目	交通移動	37%	19.18	26%	15.43
第08項目	ニュース視聴、新聞購読	64%	22.35	75%	30.25
第09項目	余暇、娯楽、文化	42%	38.66	55%	39.25
第10項目	教育				
第11項目	旅行、外食	30%	10.31	29%	8.17
第12項目	その他の物品およびサービス	65%	20.16	67%	26.77
合　計			345		344.53

＊1998年の所得消費抽出調査はユーロ導入前であり、マルクで示されていた。1998年からの年金スライド（6年分）にあわせて、かつユーロに換算し直したのが、2005年の345ユーロであり、1ペニヒ・1セントまでの正確な割り戻しは不可能である。参考値とされたい。

給付も、第12編の基準額も、端的にいえば、「何に使ってもいい給付」である。ただし、ドイツの社会扶助の伝統として、個別化原理（Individualisierungs-prinzip）や需要充足原理（Bedarfsdeckungsprinzip）といった考え方が重視されてきたが、その観点からすると、何に使われるかが不確実な基準額型の給付は、理論的には例外に近い存在であり、いわゆる開放条項（「その他個別に必要な場合」といった条文）を多用しながら、需要との対応関係がはっきりしている一時給付や実費給付を別に組み合わせて、全体として最低生活を確保するというのがかつての「スジ」だった。

新制度は、そうではない「スジ」へ大きく転換を図った。例えば基準給付が結果として16%ほど増額されているが、これは被服費などの一時的需要を込みで計算したとよく説明される[37]。とはいえ、服を買うことが義務付けられるわけではない。何に使おうがそれは受給者の自由である。他方で、一時給付の可能性が著しく縮減されたので、食料品などの回転の速い需要と、被服のほかテレビや冷蔵庫などの耐久消費財（のとりわけ買い換え）にかかる需要とに、支給された扶助費をどのように振り分けるかは、個々人・世帯で計画的に管理しなければならなくなった。使途自由の反面である。

基準給付が以上のような大胆な割り切りを示したのは、今般の社会扶助改革が労働市場改革と強く連動したものであったことと密接に関連している。制度再編により「一つの手から」の支援を実現しようとしたハルツ改革を経て誕生した第２編は、受給者の自己責任の強化を謳い、労働市場への復帰を強く標榜している。そのためのあらゆる手段を動員するとし、その具体化として、様々な就労支援策と生活保障給付とを位置づけている。ここでは、丁寧なニーズ調査や時間をかけたケアといった福祉行政の論理よりは、できるだけ回転を速くし、トランポリンの機能を果たしていこうという労働行政由来の発想が明瞭となっている。実際、700万人にものぼる受給者を一手に管轄する大量行政として、いちいち冷蔵庫の買い換え相談に応ずる余裕は乏しく、また日本でいうハローワーク系列の職員が業務に当たることも予定されているなかで、そうしたスキルはあまり必要ともされない。基準給付の定型化や簡素化は、これもながらく議論されてきた公的扶助改革の一つの到達点であるが、それ以上に、大量の失業者をいかに受け止めて職業生活へ押し戻していくかという喫緊の経済問題・政治課題への一つの回答なのである。

⑶　批　判

(i)　保護基準にかかわる学説　　上記のように、第２編の345ユーロは、元を正せば第12編の枠組みにおける所得消費抽出調査に基づく基準設定から来ている。ただし低所得者の消費支出そのものを採用したわけではなく、例えば第01項目（食料、飲料、煙草類）では、その96％分を345ユーロへの積み上げに回している。すなわちここでは、低所得者のしている支出のうち、何がどれだけ最低生活に必要なのかという「価値判断（Wertentscheidung）」を、法令制定権者＝政府（連邦保健社会保障省、のち連邦労働社会省）がしているということになる。この判断は当然それ自体合理的でなければならないはずであり、立法理由書にも一定の根拠が示されてはいるが、他の人が考えても納得できるだけの説得力を果たして有しているのかという意味で、追体験可能性（Nachvollziehbarkeit）の欠如の問題（96％ないし100％という率で反映されている項目もあれば、交通費のように非常に低く抑えられているものもある）や、345ユーロという望む結論を得べく、反映させるパーセンテージを逆に操作しているのではないか（2005年の初次計算と2006年の再計算でパーセンテージが上下されている項目があるが結論は同じ345ユーロになっている、ある種の不自然さ）、つまり本来低所得者の消費支出から算定されるはずが、そのうち何が最低限度の需要に対応するのかという価値判断から逆スクリーニングして、一定部分を縮減してしまってはいないか（演繹と帰納の逆転）という意味で、決定方式の恣意性が指摘されるなどしている[38)]。

金額の水準についても、例えば1998年の調査結果を基にすると、飲食費は全額が反映されているにもかかわらず、１日の食事代・飲料代・タバコ代は4.24ユーロとなり、１食あたりでいうと日本円で百数十円程度に過ぎない[39)]。飲食費以外の項目においても、基準額16％増額の根拠の一つとされている被服費について、実際には不十分ではないか、基礎保障・社会扶助受給者に教育費を一切認めないのは妥当か、明らかに反映すべきものが反映されていないのではないか、第２編と第12編では対象者が同じではないのに、給付水準をあわせてしまうと逆に隙間ができてしまわないかといった指摘がなされている。

第２編の基準給付が定型的性格を著しく高めている点についても批判は強い。かつての社会扶助時代の発想では、個々の特殊性の尊重という考え方が根付いており、本体基準額の低さを、基準額自体の別途算定や、一時給付の実施によってカバーしていた。他方、第２編のように、額そのものの増額と引き替えに定型的給付に切り替えるということは、こうした考え方そのものから転換するということである。一時的・個別的需要に細かく応えていては給付を定型的に包括化（Pauschalierung）する意味がないからである。つまりシステム上、個別事例には対応しないし、むしろできなくするのである。しかし現実には当初予想していなかった必要性が受給者に発生することは避けられない。ここで第２編は、こうした需要を無視まではしないものの、対応は原則として、資産の換価処分等でもその充足が不可能な場合にはじめて、しかも貸付によっておこない、またこうしてできた「借金」は、将来の保護費のなかから、月々支給される給付の10%を上限として相殺するかたちで返還させることとしている[40]。ここで、とりわけ第2編における開放条項の不在が、制度を硬直化させて需要充足の欠損を作り出してしまう問題が指摘されている[41]。

(ii) 子どもの保護基準と減算処理　ここであらためて指摘すると、これまで、「大人」に対する意味での「子ども」が、保護基準で独立して位置づけられてきたわけではない。伝統的な枠組みでは、あくまで「世帯主」が誰で、そして「世帯員」が誰なのか、という把握の仕方であり、その世帯員が、例えば老親であったり配偶者であったり子どもであったりするだけのことであった。あとは、その世帯員を年齢で輪切りにして、世帯主に適用される保護基準に一定の乗率をかけて減算処理するという、計算の問題しか残らない。ドイツでは、若者も比較的保護を受けることが多く、離婚や子連れでの再婚も珍しくない社会状況も手伝って、「世帯員」自体の中身が多様化しており、「子ども」という属性を取り出して特別の施策を講ずる必要性が一般的には高くなかったと推察される。

その点はさておいても、実際に子どもに適用される保護基準の乗率は、ハルツ第4法改革で2段階に簡素化された。0～6歳は引き上げ（50%→60%）、7～13歳は引き下げ（65%→60%）、14～17歳も引き下げ（90%→80%）、18歳以上は据え置き（80%）とされ、年齢層によって影響が異なる結果となった。

こうした減算処理そのものは、一方で保護基準のみならず制度全体が比較的個人単位の発想が強かったことと、他方で実際には家族で保護を受けることとのバランスをとるため、一定人数が集まる場合（つまり鍋釜が同じ場合）は世帯の利益が働くと見て、共通経費部分をカットしようという考え方に立っている[42]。

2　保護基準に対する司法の評価

(1)　違憲性審査の考え方

第2編は直接には「人間の尊厳」（基本法1条1項）ということを目的規定に謳っていないが、決して無関係というわけではなく、むしろそういう文言がないからこそ憲法適合的解釈が要請されるというのが、少なくとも学説の一般的な態度である。それと関連する最低生活（Existenzminimum）の確保・保障に対して、人は権利を有し、国家はそれに対応した義務を負うことは広く認められている。さらにドイツは自らが「社会国家（Sozialstaat）」であることを宣しており（基本法20条1項）、これらの憲法的要請から、保護基準ないし最低生活の水準はどうあるべきかが議論される。

そこで共通の見解となっているのは、最低生活の保障とは、身体的生存を確保するだけの水準には限られず、それを超える部分の保障をも含むという点である。しかしこの超える部分が具体的に何かというと、学説判例で一致した見解があるわけではない。そのなかで連邦行政裁判所は、かねてより「社会的・文化的（sozio-kulturell）な最低生活」という表現を用いて、扶助を受けている者が、扶助を受けていない者のなかで自らがスティグマを感じて生活しなくてもよいようにすること、つまり社会的排除に対抗することが重要であると説いてきた。この説明から、一定の低所得集団の水準までは公的に援助される必要があり、これが身体的生存を超えるものの一つであるということになる。法律で明記されている、「相当な範囲で、周囲と交流し、文化的生活に参加する」という需要は、そうした点に対応しているものと理解されている。

また実際の制度との関係では、例えば、そうした超える部分について、できるだけ本体の保護基準で保障すべきなのか、制度全体で最低生活を確保するのかという保護の体系論の問題も加わってくる。連邦憲法裁判所は、身体的生存を超える需要というのは、社会的・経済的状況と深く関連するものでもあるから、立法者による制度の具体化が必要であり、そこでは一定の幅で「立法者の形成余地」が認められ、その余地を超えた場合にはじめて違憲となるというスタンスを基本的にとってきている。

(2)　司法判断の動向～二つの違憲決定

(i)　憲法適合的解釈の努力　　第2編の保護基準の違憲性については、違憲判決の前史として、大きく二つの局面を指摘することができる。第一は、憲法適合的解釈の全面化の局面である。2005年に導入された第2編がそれまでの連邦社会扶助法と比べて給付の構造が硬直的であり、とりわけ非典型的な需要について“やぶれ”（＝需要の未充足）が生ずる可能性がある（その限りで一種の欠陥がある）ことは、すでに早くから指摘されていた。ここで連邦社会裁判所は、

2006年11月7日判決で、その典型ケースである、離婚した親における子どもとの面会・交流権の行使に要する費用の保障に関する事例で（正確には支給された額以上の費用を求めた事例で）、第12編73条の適用可能性を示唆した[43]。すなわち、判決は、必要不可欠な需要に応えられなさそうだから即違憲だというのではなく、関連する法規を援用するなどして、憲法（基本法）の趣旨（この場合は親子の交流権承認）に沿った解釈を施したわけである。

こうした流れのなか、連邦社会裁判所は、大人の基準額について、合憲判断を下す（2006年11月23日判決[44]）。ここで同裁判所は、制度創設に関わる立法者の広い形成余地を承認し、第2編の立法手続・基準給付の決定過程には問題がなかったと結論づけたのである。

(iv) ヘッセン州社会裁判所2008年10月29日決定[45]　第二は、この流れが逆転し、違憲判断が続く局面である。下級審の一つであるヘッセン州社会裁判所（高裁相当）が、基準給付の違憲決定を出した。

【事　案】

原告・控訴人世帯には、まず基準給付として、X1に311ユーロ、X2にも311ユーロ（以上失業手当Ⅱ）、そしてX3には207ユーロ（社会手当）が算定され、これに150ユーロの住居費が加わり、児童手当154ユーロを収入認定した結果、一月825ユーロの求職者基礎保障が支給された。基準給付額が最低生活に満たないとして、異議申し立てを経て提起した訴訟について、カッセル社会裁判所（地裁相当）は、法律に従って計算されたものであるとして棄却した。控訴理由書でX1らは、とりわけ11歳になる娘X3は、日々成長しており、親が自らの最低生活を犠牲にして必要なものをまかなっている状態である、娘は文化活動やスポーツクラブへの参加だけでなくクラス旅行も断念せざるをえなくなった、趣味もあきらめ、家族での旅行も不可能である、こうした需要の充足を保障しない基準給付は違憲である、などと申し立てた。

【判　旨】

① 第2編28条1項3文1号が、0歳以上14歳未満の子どもの社会手当を、第2編20条2項に基づいて基準給付の60%とし、207ユーロに設定しているのは、国家に親による子の監護と教育を監視する義務を課する基本法6条2項、社会国家原理を定める基本法20条1項、人間の尊厳を定める基本

法１条１項から導かれる、X3の最低生活需要を調査し、かつ、その充足を保障する責務に違反している。世話や養育に関する需要が含まれておらず、この点でも最低生活を割り込んでいる。

② 11歳のX3と、新生児ないし乳幼児とに支給される社会手当を、それぞれ状況が明らかに違うにもかかわらず同額に設定し、逆に親が第12編の社会扶助を受給している場合は年齢が同じで需要の状況も比較可能であるにもかかわらず一方だけが開放条項などで需要が充足されうるのは、基本法３条１項で定められる平等原則への違反である。

③ 基準額の算定において、第一・五分位に属する全世帯ではなく、単身世帯を参照対象としているのは、単身世帯の所得・消費水準が著しく低いのであるから、結局は家族を体系的に不利に取り扱っていることとなり、婚姻と家族の差別を特別に禁じている基本法６条１項、一般的平等原則を定める基本法３条１項に違反している。

④ X3の最低生活を割り込むことは、家族の最低生活（基本法１条１項、基本法６条１項、基本法20条１項）保障に違反し、X1・X2の社会文化的最低生活をも侵害する。

⑤ さらに、体系的正当性、規範明確性、首尾一貫性、恣意の禁止といった、基本法３条１項、基本法20条３項からくる諸原理への違反も存在する。

(iii) 連邦社会裁判所2009年１月27日決定　この流れは、連邦社会裁判所2009年１月27日決定[46]によってさらに強まっていく。

【事　案】

一審原告世帯には、両親についてそれぞれ311ユーロ（標準基準額の90％）、２人の子についてそれぞれ207ユーロ（標準基準額の60％）、さらに住居費・暖房費572,66ユーロが需要として認定され、父親の稼働収入と子らへの児童手当を収入として差し引いた結果、２人の子にはいずれも104,60ユーロの給付がおこなわれた。

この決定に対して、原告らは、大要、標準基準額の60％という基準給付では14歳未満の子どもの需要は充足できない、未成年者の基準給付は標準基準額をパーセンテージで減算した結果であるが、未成年者には成人と比べて低い需要しかないというのは、立法者の調査方法において詳細に根拠付けられているわけではない、未成年者の需要は成人のそれとはまったく違う、例えば子どもにはおむつや離乳食、学校にいく費用などが考慮されなければならない、まったく構造の異なる需要の額を標準基準額のパーセンテージ減算で引き出すことは生活上の経験にまったく反している、等々を主張し、子どもの需要の増額を訴えた。

【判　旨】

① すでに別の判決で確認したように、成人の基準額は合憲であって、立法者に与えられた形成余地を踰越するものではない。統計モデルの採用は違憲ではない。単身世帯を参照世帯としたうえでのEVSの個々の費目カットは、規範的な評価ではあるが、そこにも評価の余地があるわけで、そうして算出された基準額が全体として最低生活を保障できるものであることは肯定できる。第2編には、就労支援やその他の金銭給付などもシステムとして埋め込まれており、基準額だけをもって憲法上の評価を下すことはできない。

② 他方、規整の首尾一貫性からすると、子どもの基準額を定める際にも、とりわけ教育関係など、子ども独自の、子ども特有の需要を調査し確定する必要がある。しかし実際には、大人の基準額を定型的に減額しているに過ぎず、カットの幅を説明できる立法理由も見当たらない。従って207ユーロが何から成り立っているのか不明である。これは根拠が説明可能な基準額を適用される成人との関係で不平等となる。

③ 第12編では逸脱的な需要を主張できるのに、第2編ではその可能性が閉ざされており、不利が生じている。親が稼得可能な場合は第2編の対象となり、稼得不能な場合は第12編の対象となるが、これは子どもにコントロールできないことであり、たまたま第2編の対象となったがために需要が主張できなくなるのは、不平等の問題につながる。

④ 14歳未満の子どもを一律60%にする根拠は立法資料からは読み取ることができない。それよりも細かな年齢区分であった旧法時代と比べて、一部の年齢層はカット率が上がっているものの、実際に需要が減じたという根拠は不明である。教育上の需要を勘案すれば年齢層によって相違が出てく

ることも予想される。別途給付で充足するシステムも導入されていない。全体として不平等な取り扱いである。

⑤　子ども特有の需要を、その他の規定を用いて憲法適合的解釈によって導き出すことも不可能である。

3　ドイツ連邦憲法裁判所基準額違憲判決

連邦憲法裁判所は、ヘッセン州社会裁判所（1件）と連邦社会裁判所（2件）からの合計3件の移送決定をまとめて審理し、2010年2月9日に違憲判決を下した。[47)48)]

冒頭の主文で違憲となったのは、畢竟、第2編の20条、28条など、主として基準給付の額に関わる規定である。では何に反しているかというと、基本法20条1項（社会国家原理）およびそれと関連する基本法1条1項（人間の尊厳）である。違憲の効果として、立法者に、2010年12月31日までを期限として法律の改正義務を負わせ、あわせて、必要な需要を充足するため、直接判決文に基づいて一定の範囲の給付を請求できるようにするという、実体的ルールを創設している。

違憲性判断の本体部分に目を向けると、Ⅰでは、これまで積み重ねられてきた判例をベースに、基本法上の基本権としての、最低生活保障に対する市民の権利とりわけ主観的権利の存在を指摘し、これに対応する立法者の義務を、価値判断・形成余地（いわゆる裁量）とのバランスを意識しながら説明が施されている[132-140]。そして、こうした立法者の義務履行に対する法的統制の視角として、①最低生活保障という目的の制度上の把握、②給付額が明らかに不十分かどうかという明白性の基準、③最低生活算定に有用な計算手法の選択、④必要な事実の完全かつ適切な調査および算定過程における追体験可能な算定作業選択手続を審査するとした[141-144]。これに即して裁判所の判断をみてみよう。

①　最低生活の把握[147-150]

連邦憲法裁判所自身、かねてから最低生活は生命・肉体を維持するだけにとどまらず社会的・文化的な側面が基本法上保障されるとしてきたが、「生計保障基準給付は、とりわけ、食事、被服、身体衛生、家具、暖房にあてられる部分を除く世帯光熱費、日常生活上の需要、ならびに、相当な範囲で周囲との交流および文化的生活への参加を含む。」という第2編の具体的な規定について、基本的な需要はすべて条文上把握されていること、またここに含まれない需要もその他の条文・制度で包含されていること、さらに貸付によって一時的な需要に対応できることを指摘し、少なくとも条文の表現上は最低生活をきちんと定義できているとする。

② 明白性の基準[151-158]

さらに、345ユーロ、311ユーロ、207ユーロという具体的な給付額に関わっても、明白な不十分さは認めなかった。345ユーロについては、肉体面と社会面における最低生活保障に対する裁量の広狭と、行政裁判所でもこれが問題とされてこなかったことを挙げ、311ユーロに関しては世帯共同による節約効果を指摘する。207ユーロは一時給付を考えればやや少額の観もあるが、少なくとも肉体を維持するうえで明らかに不十分だとはしていない。憲法判断でもしばしば話題になる、差し押さえ限度や課税最低限など他の制度におけるミニマムとの整合性についても、質的に異なることを理由に評価には組み入れなかった。

③ 計算手法の選択[159-172]

ここでは、はじめに、一部から結論ありきだとの批判の強かった立法順序について、確かに計算根拠を示した第12編に関わる法規命令（基準額法令）草案の提出よりも第2編で345ユーロと確定する内容の法案のほうが先に提出されていることは認めたが、ある一定時期までは共通で立法手続が進んでいたことなどを理由に、そうした懸念を退けている[160-162]。

それを受けて、現行方式の合憲性を以下の順序で確認する。まず、マーケットバスケットではなく統計モデルを選択したことについて、法律上の要考慮事項の適切な反映という理由のほか、むしろ統計モデルのほうが、肉体的生存を維持する以外の最低生活（社会参加）について、個別の需要を拾い上げずに低所得者の支出行動から測ることができるというメリットを挙げてこれを肯定する[163-166]。続けて、EVS の利用と、それと関連する第1五分位・単身者を参照世帯としてデータ処理したことの妥当性を、いわゆる循環論法が起きていないことの指摘とともに確認している

[167-169]。ただし、EVSからのカットは、あくまで経験上の原則に基づくべきであり、実態を無視したでたらめな見積もりは結局は憲法違反になることを述べ、以降の判断の基礎をここで提供する[170-172]。

④　実際の需要調査と算定作業[173-187]

ここが、違憲判断の実質的部分である。すなわち、以下のような指摘をおこない、見積もりが「でたらめ」であるとする。例えば項目03（被服、靴）について、89%計上すなわち11%カットとなっているが、なぜ11%なのかを、連邦政府はEVSから説明できていない[175-176]。あるいは、項目04（住居、水、電気、ガス、燃料）で、電気を暖房費が別途給付であることを理由にカットしている（15%）が、電気で暖房している家庭の存在を考慮せず、またなぜ85%の支給で逆にいえば足るのかの説明がなされていない[177-179]。項目10（教育）では、100%カットというのは、いっさい最低生活に必要ないという判断であるがその根拠はまったく示されておらず、ある意味で統計モデルからの逸脱にもなるとする[180-182]。

続けて、基準額の調整システムとして実質的な年金スライドを適用している点も批判する。すなわち、基準額は法律で実際の所得、消費行動、生計費用にこれをあわせるとなっているのであるから、名目賃金や保険料率、少子高齢化の度合いから導かれる年金スライド値とはまったくの無関係である、統計モデルと合致しうるのは、むしろ物価動向や家計調査の結果である、とする[183-187]。

こうしていわば本体となる標準基準額（大人の基準額）が違憲であることから、まず、それを90%にカットする世帯員に対する給付額も憲法に違反するとする[188-189]。同じく、大人の基準額を単純にパーセンテージでカットした子どもの基準額も違憲だと結論づける。いわく、子どもに特有の需要（教育関連需要など）の調査を欠いており、カット率の設定は合理的な理由を欠く、カット率と関連する年齢区分についても、根拠とされるデータへの依拠の仕方が間違っており、あるいは依拠できるデータを無視しているとする[190-198]。

あわせて、立法者がこの間積み重ねてきた事実上の修正措置、すなわち、2007年の基準額算定の修正（実際には金額維持）、7歳から13歳までに対する70％基準の新設（10％引き上げ）、100ユーロの就学費助成新設のいずれも、違憲性を除去しうるものではないと断じている。[199-203]

さらに、上述の諸点とはやや異なる角度から、もう一つの違憲性を指摘している。すなわち、基準額給付は統計上の数値から導かれたものであり平均的な需要しか充足できないが、そういう給付を設計すること自体は違憲ではないものの[204-205]、そうである以上、平均を著しく外れる需要を別途まかなう仕組みが必要であって、それを欠く第2編は結論として違憲であるという。具体的には、「不可避で経常的、かつ単に一時的でない特別な、人間の尊厳ある最低生活を充足するための需要が生じた場合の給付請求権」を満たせるようにしなければならず、そのための法改正を要求するのである[206-209]。

以上のまとめとして、立法者に、基準額の調整メカニズムの刷新とあわせて[214]、憲法適合的な需要調査（すなわち計算のやり直し）をまず命ずる[216]。やや技術的な論点であるが、違憲性を確認しつつも即時には規定を無効とせず[210-]、また、立法者に遡及的に（つまり2005年の制度開始時にまで遡って）違憲状態を解消する義務までは負わせなかった[217]。さらに、「単に一時的に発生するだけでない、不可避かつ恒常的な特別の需要」を充足するための規定の創設を命じながら、他方で、実際の改正作業を待たず、判決言い渡し後すぐ、実施機関に対して当該需要を直接主張・請求できるとし、実体上のルールを創設しており、実質的な救済をおこなっている[220]。

4　違憲判決をどうみるか

(1)　憲法判断の論理構造

(i)　連邦憲法裁判所の組み立て　　ここでもう一度、判決の論理を確認しておこう。まず大前提として、人間の尊厳は不可侵であり、最低生活に対する権利（主観的請求権）というものを観念する。さらに社会国家原理との関係で、そうした憲法上の権利（基本権）を実現するために、立法者は、個々人の最低生活を保障できるような制度を構築しなければならない。制度の構築にあたって、立法者には一定の範囲で形成余地（裁量—肉体的最低生活を維持するための給付と、社会生活への参加を保障するための給付とでは裁量に広狭があるというのが連邦憲法裁判所のスタンスである）が認められるが[49]、他方で、人間の尊厳を保障し必要な請求権を充足するために、不断の内容適正化が求められる。

次に、そのための具体的な制度である第2編は、諸々の最低生活にかかる需要を基本的に把握できており、345ユーロという額も明白に最低生活に不足しているとは断言できない。金額の算出システムとして統計モデルを採用していることも問題ではない。

しかし、345ユーロ計算の根拠として立法者ないし法令制定者から示された理由書からは、EVSの各項目におけるカット率の跡付け可能な根拠を読み取ることができず、むしろ「でたらめに」見積もった可能性が高い。年金スライドを基準額の調整システムとしているが、これは最低生活保障とは無関係であり、消費支出や生計費用を反映したものではない。いずれにしても、これで最低生活を保障できるという説明ができない（＝透明性がありかつ実態に即した手続で算出したとはいえない）以上、憲法に違反することとなる。

また、子ども・世帯員の基準額は標準基準額（大人の基準額）をカットして算出するが、標準基準額自体が違憲であり、カット率もフリーハンドで見積もられたとしかいえず、それ以上に、子どもに必要な需要の調査がまったく欠けている。

さらに、特殊な給付を個別の場合に支給する規定を欠くのも、それが最低生活にあたる需要である限りで、憲法に違反する[50]。

(ii)　二つの違憲決定との相違　　これを移送決定した各社会裁判所と比較してみると、様々な点で違いが浮かび上がる。

ヘッセン州社会裁判所は、345ユーロ自体が低額すぎて違憲ではないかとの認識のもと、家族・子どもの視点を大幅に取り込み、単身世帯を念頭にした基準額システムは、家族の最低生活・子どもの最低生活を侵害するものであって、家族の保護をうたう基本法6条2項に違反する、と筋立てる。他方、連邦社会裁判所は、大人の基準額は合憲であるとの自らの判例を維持しながら、大人はきちんと需要調査された給付を受けることができるのに、60％カットされる子どもはそのカット幅が説明できず、すなわちきちんとした調査の欠けた給付を受けており、大人との関係で不平等、さらに特別な給付が別途保障される第12編の受給者との関係でも不平等、細かくみれば状況は異なるはずなのに0

歳から13歳までを一律の年齢区分にしているのも相互に不平等、すなわち平等取り扱いを定める基本法３条１項違反という、徹底的な平等原則アプローチで押す構成をとった。

対して、連邦憲法裁判所は、基本法３条１項や６条１項はまったく用いず、１条１項を20条１項を通じて最大限に社会法典第２編の構造理解にあて、いわば立法者に、「社会法典第２編で最低生活が保障されることをちゃんと説明しなさい」という注文を付ける手法で、その違憲性を確認したということができよう。その際のスタンスも、ヘッセン州社会裁判所と連邦社会裁判所の中間においている。すなわち、ヘッセン州社会裁判所が第２編のシステム全体を非難しているのに対して、連邦社会裁判所は「子どもだけは確かにおかしい」と違憲性を限定的に捉えているところ、連邦憲法裁判所では、統計モデルの採用やEVS評価の仕組みそのものには異議を唱えず、しかし個別のカット率の説明があやふや（計算が不透明）という理由で大人の基準額を違憲と判断し、子どもの基準額をそれに連動させている。そういう意味で全体のバランスに気を配ったとも評価できるであろう。

⑵　ドイツの保護基準の考え方

（i）　生活扶助に相当する給付　　ドイツの保護基準の組み立ては日本からみると独特に映る。具体的にいうと、単身者が保護を受ける場合をまず念頭においたうえで、この単身者が受けられる（要否判定にまわされる）給付のレベルを、「標準基準額」としてまず整備し、あとは、家族がいる場合に（すなわちこの場合単身者は世帯主となる）、各人についてはこの標準基準額から一定部分（つまり世帯の規模の利益に相当する部分）を割り引いてから（乗率・カット率）、世帯全体の最低生活費の合算にあてるのである。

（ii）　標準基準額の算出　　すなわち、100％換算となる標準基準額が定められれば、あとはいわば自動的に全体のボリュームが固まってくるのであって、それだけに、標準基準額をどのように（＝「なぜ」の問題と直結）求めるのかが、ひとまずの焦点になる。

この点で、ドイツでは、戦後の一時期から1990年代前半まで、いわゆるマーケットバスケット方式でこれを算出していた。1980年代後半から改革の気運が高まり、曲折を経つつも、1996年の社会扶助法改革法において、統計的な根拠

<table>
<tr><th colspan="2">連邦社会扶助法</th><th>乗率</th><th>ユーロ</th></tr>
<tr><td colspan="2">世帯主／単身者（標準基準額）</td><td>100%</td><td>297</td></tr>
<tr><td rowspan="5">世帯員</td><td>6歳以下</td><td>50%</td><td>149</td></tr>
<tr><td>6歳以下で親がシングルマザーなどの場合</td><td>55%</td><td>163</td></tr>
<tr><td>7歳以上14歳未満</td><td>65%</td><td>193</td></tr>
<tr><td>14歳以上18歳未満</td><td>90%</td><td>267</td></tr>
<tr><td>18歳以上</td><td>80%</td><td>238</td></tr>
</table>

<table>
<tr><th colspan="2">社会法典第2編
(2009年改正後)</th><th>乗率</th><th>ユーロ
(2005年1月適用)</th><th>ユーロ
(2009年7月適用)</th></tr>
<tr><td colspan="2">単身者／単身養育者／パートナーが未成年である者（標準基準額）</td><td>100%</td><td>345</td><td>359</td></tr>
<tr><td colspan="2">お互い18歳以上の同居のパートナー各人</td><td>90%</td><td>311</td><td>323</td></tr>
<tr><td rowspan="3">需要共同体の構成員</td><td>6歳未満</td><td>60%</td><td>207</td><td>215</td></tr>
<tr><td>6歳以上14歳未満</td><td>70%</td><td></td><td>251</td></tr>
<tr><td>14歳以上</td><td>80%</td><td>276</td><td>287</td></tr>
</table>

<table>
<tr><th colspan="2">社会法典第2編
(2009年改正後)</th><th>ユーロ
(2011年1月適用)</th></tr>
<tr><td colspan="2">単身者／単身養育者／パートナーが未成年である者（標準基準額）</td><td>364</td></tr>
<tr><td colspan="2">夫婦／生活パートナー／世帯を共通にするその他の成人</td><td>328</td></tr>
<tr><td colspan="2">別の世帯に居住する成人</td><td>291</td></tr>
<tr><td rowspan="3">需要共同体の構成員</td><td>6歳未満</td><td>215</td></tr>
<tr><td>6歳以上14歳未満</td><td>251</td></tr>
<tr><td>14歳以上18歳未満</td><td>287</td></tr>
</table>

（標準基準額に対するカット率を示す考え方から、絶対額を示すシステムに変更）

をもとに標準基準額を定めることが制定法上確定し、1990年代後半から本格的に運用が始まった（統計モデル[51]）。

ただし、従来のマーケットバスケットの発想はなおも根強く残った。とりわけ、こうした方式の前提にある、何がそもそも最低生活に含まれる需要なのかが、連邦社会扶助法および基準額算定に関わる法規命令でかなり細かく規定されており、逆にいえばそれに沿うかたちでしか、EVSの統計額を反映できなかった。

これは言い換えれば、どのように算出されるにせよ、標準基準額がカバーすべき需要（「基準額関連需要」）は法律解釈で必ず明らかになるはずであり、それに含まれない限りは、そうした需要の充足は少なくとも基準額給付の責任ではない、という立論になるのである。

(iii) 給付の柔軟性とその他給付の存在　　そうした立論を支えるのが、基準額給付自体の柔構造と、基準額以外の給付である。連邦社会扶助法では、「個々の特殊性」を給付において考慮するとし（個別化原理）、実際、基準額給付についても、「個々の特殊性から要請される限りで、これ〔経常的生計給付〕は、基準額から逸脱して算定することができる。」（22条1項2文）と定められていた。それにとどまらず、連邦社会扶助法は、数多くの開放条項（一種の例示列挙）・過酷条項（想定されない特殊事例への裁量的対応）をおき、あるいは不確定法概念を多用して解釈の余地を残しながら、全体として最低生活が保障されるようなシステムを構築していた（需要充足原理）。

であるからこそ、（標準）基準額は、これこれだけ充足するための給付である、という限定的・閉鎖的な構え方が可能になるのであり、統計上の数値から額を算出するようになって以降さらに定型化（実際にどれだけ必要なのかを等閑視し、理論上事前に予想される必要額を一定額として包括的に給付する考え方。「包括化」とも）を強めても、周辺の給付が予想外の場合を補足できたので、まして憲法上問題視されることはなかったのである。

(iv) 第2編における変化　　こうした連邦社会扶助法の考え方は、大量行政とは逆の、まさに個別問題としての福祉的対応という発想の制度的表現である。しかし、「私は他の人と違ってたいへん太っており通常の栄養量では身体を維持できないのでいくらか補食費を支給してほしい」「今年の冬はとりわけ厳しくボロボロのコートではもう限界だからせめて中古でいいので厚手のを買わせてくれないか」「ケーブルテレビの接続費用は基準額に入っているので自分でまかなってほしいといわれたが借家で自動的に加入させられているので住居の付随費用ということで出してくれないか」というような、極めて具体的な状況について、個別に需要の性質から審査し、現行規定を確認し、その応用可能性を判断し、支給の可否・程度を決定し、さらに不服審査があれば法的手続に入る、といった対応は、社会扶助受給者が200万人を超えて300万人に近づく時代には、行政の能動性・効率性との関係で、もたなくなってくるという認識が現場から表明されるようになってきた。

他方で、ワークフェア的発想も背景とした、受給者の大半を占める稼得可能な要扶助者を早期かつ効率的に労働市場へ押し戻していかなければならず、そのためには扶助制度の分立（失業扶助と社会扶助、労働行政（中央政府）と福祉行政（地方政府））は克服されなければならないという問題意識もあり、全体としてハルツ改革につながっていく。

その結果として登場した第2編は、給付の定型化を大胆に促進し、また別途給付も大幅に整理・割愛することで、行政の簡素化・効率化と、受給者側での自己責任に基づく給付管理を求めるスタイルに大きく舵を切った。すなわち、一定額の基準（額）給付と一応実費で支給される（ただし定型化の可能性は法律上残されている）住居費・暖房費のほかは、範囲外・想定外の需要にせいぜい貸付をおこなうのみとし、個別事例への対応は基本的におこなわない方向へシフトしたのである（つまり、基本となる給付のみで需要が充足できるはずであることを法律上措定するわけである（需要充足の完結性））。

(v)　第2編で見落とされ（ざるを得なかっ）たもの　　第2編は、しかし、連邦社会扶助法の「カラ」をある程度は活かし、同時に誕生した第12編と給付のレベルは揃えることにされたこともあって、求職者の効率的効果的支援のための制度の簡略化と（それに必要な限りでの）最低生活保障という法目的とのある種のズレが最大限に表面化することにもなった。例えば、個別請求パターンを原則的に認めず自己管理で不測の必要に備えるということであれば、まさにそのためのバッファーとして、旧法時代の基準額を増額しなければ平仄は合わない。実際、標準基準額が297ユーロから345ユーロに増額されている。

問題はここからである。16%割り増しは、基準額にどう膨らみをもたせるかという、法律上の原理転換を現実の制度へ投影するための、おそらく唯一に近い実体的根拠であろう。しかしここで、マーケットバスケットの影響を完全に払拭しようとしたわけではなかったようで、むしろ基本的な最低生活は維持可能だということを示して制度への信頼を得る目的も相まって、立法者は、345

ユーロの「中身」を、マバ的に割り戻して説明することを試みたが、これが致命傷になった。

ここからは想像の域を出ないが、第2編には345ユーロという標準基準額が書き込まれており、これは2003年時点の立法作業に基づくものであって、そのときは、5年ごとにおこなわれるEVSのうち、前回1998年調査のデータしか利用可能でなかった。そこで、1998年EVSの各項目を、基準額に関連するかどうかという観点からとりあえず算出にあてつつ、結果としては「345ユーロになる」ように、EVSからのカット率を調整したものと思われる[52]。そしてこの345ユーロの維持は、ある種の政治的意思でもあった。なぜなら、次期にあたる2003年調査に基づく2007年の基準額再計算で、この間批判の強かったカット項目について一部は100%換算にするなど、見た目の改善を試みたものの、しかし出た結論は、やはり345ユーロであって、1ユーロの上下もなかったからである。つまり、説明を組み替えただけであって、現状額を維持するという結論が当初からありきだったことは、日本人の素人目にも明らかなのである[53]。

さらに、そうした標準基準額からの、世帯員に適用される基準額についてのカットも、別の論点として浮かび上がる。第2編は、計6段階あったカット率を4段階に整理縮小し、ある意味で分かりやすくした。他方で、給付の簡素化の過程で、かつて認められていた、児童・青少年の発達関連需要を完全に落としてしまったので、いわば基準額給付だけが丸裸になるかたちで、子どものいる世帯の需要が算定され給付がおこなわれるという状況を招いた。第2編には、「働ける要扶助者」をどう労働市場へ送り返していくかという問題意識が強固にあるが、それ自体はいいとしても、どうしてもここで度外視されてしまうのが、そういう者が営む世帯にいる子どもである。EVSカットの説明で、教育需要の反映がまったくなかった理由を、「教育制度は基準額とは関係ないから[54]」とし、そしてそういう基準額をパーセンテージでカットして子どもに当てはめるとしても、結果として子どもに適用される基準額の「中身」で教育需要はやはりゼロにしかならない。子ども関連の需要をまったく顧慮しないことになってしまうのである。

(vi) 違憲判断の核心　　連邦憲法裁判所は、少なくともヘッセン州社会裁判所とは違い、第2編という制度そのものに対する根本的な疑問までは表明していないように思われる。判決文においても、統計モデルを基礎とする定型的な基準額による標準的な需要の充足というスタイルは明確に肯定されており、加えて、345ユーロのみならず、子どもの基準額207ユーロ（これは一月であるから、単純に割り戻すと１日800円前後—たとえすべて食費だけにあてたとしても１食300円未満—で14歳未満の子どもは最低限の生活は送れることに制度上はなる）ですら、絶対額という意味では、明白に不十分だとはされていない。少し穿った見方をすれば、こうした額の「説明の仕方」がまずかっただけである。

もちろん、「なぜ」その額で最低生活を保障できるのか、保障できると思って積み上げにまわしたのかを、人間の尊厳や社会国家原理に照らして「法的に」説明する責任は、とりわけ現在のような定型化を進めた基準額システムでは相当に困難であるから、連邦憲法裁判所の設定したハードルは立法・行政両当局が軽く超えられるようなものではない。

このように考えると、むしろ違憲判決の焦点は、保護基準そのものというより、保護基準という仕組みの一種の限界を踏まえたうえでの、そこに必ずしも包含しきれない特殊な需要・非典型的な需要への応え方（充足方法）の問題にあるのではないかと思われる。連邦憲法裁判所の表現でいう「単に一時的に発生するだけでない、不可避かつ恒常的な特別の需要」を充足できない第２編はまさにその点で違憲であり、法改正が要請されるのみならず、それを待たずなくとも、直接判決に基づいてそうした需要の充足のための給付を実施機関に請求できるとされた。これは制度改正でいったん否定された個別・特殊給付を、やはり第2編でも充足できるようにせよ、という命題であり、さらにいえば、効率性や簡素化で目指された制度の回転をたとえ落としてでも（あるいは受給者が一定期間は制度に居続けるだろうという現実認識が背景にあるかもしれない）、最低生活に必要である限りは給付せよ、という司法府の明確な判断なのである。

もっとも、連邦憲法裁判所自身がいうように、滅多なことでは発生しないような需要であって[55]、簡単に旧法時代の実務に戻るわけではなかろう。しかし、何が、あるいはどういう需要充足システムが最低生活保障の名に値するのかについて、憲法判断というかたちで、しかも一種の法創造でそれを強制しながら、特殊な需要の無視が許されないことを明らかにした今回の違憲判決は、公的扶助の基礎理論において重大な問題提起を含むものである。

1) シュレーダーは大量失業克服のため、当時フォルクスワーゲンの取締役だったペーター・ハルツ（Peter Hartz）を委員長にした、「労働市場における現代的サービス（moderne Dienstleistungen am Arbeitsmarkt）」という名前の委員会（いわゆるハルツ委員会）を作って、具体的な改革案を検討させる。同委員会は2002年8月に13項目からなる答申を出し、連立与党はその実現を公約して、9月の総選挙で辛くも過半数を維持し、第2次政権が発足した。そして同政権はあらためて答申内容の立法化に着手する。正確には、委員会の答申が1個1個実現されるというより、それを受けた連邦政府が中身を少し整理して、さらに、アジェンダ2010というもう少し包括的な構造改革プログラムのなかにそれを位置づけていく、という流れではあるが、いずれにしてもハルツ報告がもとになっていることから、全体が俗にハルツ改革と呼ばれているわけである。

2) 橋本陽子「第2次シュレーダー政権の労働法・社会保険法改革の動向―ハルツ立法、改正解雇制限法、及び集団的労働法の最近の展開」学習院40巻2号（2005年）173頁以下、本稿との関係でとりわけ197頁以下、名古道功「ドイツ労働市場改革立法の動向―ハルツ四法と労働市場改革法を中心に」金沢48巻1号（2005年）29頁以下、107頁以下、124頁以下、および野川忍ほか「ドイツにおける労働市場改革―その評価と展望」労働政策研究報告書69号（2006年）27項以下、75頁以下、第4法改革に関して、さらに、上田真理「ドイツ最低生活保障法の行方」総合社会福祉研究24号（2004年）73頁以下、嶋田佳広「ドイツ社会法典第2編・第12編にみる2005年公的扶助法改革」賃金と社会保障1406号（2005年）9頁以下、木下秀雄「ドイツの最低生活保障と失業保障の新たな仕組みについて」賃金と社会保障1408号（2005年）4頁以下など参照。

3) Erstes Gesetz für moderne Dienstleistungen am Arbeitsmarkt vom 23. Dezember 2002 (BGBl. I S. 4607).

4) Zweites Gesetz für moderne Dienstleistungen am Arbeitsmarkt vom 23. Dezember 2002 (BGBl. I S. 4621).

5) Drittes Gesetz für moderne Dienstleistungen am Arbeitsmarkt vom 23. Dezember 2003 (BGBl. I S. 2848).

6) Viertes Gesetz für moderne Dienstleistungen am Arbeitsmarkt vom 24. Dezember 2003 (BGBl. I S. 2954).

7) Gesetz zur Einordnung des Sozialhilferechts in das Sozialgesetzbuch vom 27. Dezember 2003 (BGBl. I S. 3022).

8) Sozialgesetzbuch (SGB) Zweites Buch (II) – Grundsicherung für Arbeitsuchende –.

9) Sozialgesetzbuch (SGB) Zwölftes Buch (XII) – Sozialhilfe –.

10) Bundessozialhilfegesetz in der Fassung der Bekanntmachung vom 23. März 1994 (BGBl. I S. 646, 2975), zuletzt geändert durch Artikel 51 der Achten Zuständigkeitsanpassungsverordnung vom 25. November 2003 (BGBl. I S. 2304).

11) Sozialgesetzbuch (SGB) Drittes Buch (III) – Arbeitsförderung –.

12) Gesetz über eine bedarfsorientierte Grundsicherung im Alter und bei Erwerbsminderung (GSiG) vom 26. Juni 2001 (BGBl. I S. 1310).

13) 稼得能力が3時間未満の場合は完全稼得能力減退となって老齢年金と同額の障害年金が、3時間以上6時間未満の場合は一部稼得能力減退となってその半額の障害年金が支給される（第6編第43条）。第2編はこの一部稼得能力減退にあたる者までを（おそらくその残存に着目して）同法でいうところの有稼得能力者としたということになる。労働市場との距離感で障害を捉えるドイツの障害年金の特徴につき、福島豪「ドイツ障害年金の法的構造―障害年金による

失業保障」社会保障法23号（2008年）75頁以下参照。

14) 第3編の失業手当は、法律上の名称はそのままであるが、区別のために「失業手当Ⅰ（Arbeitslosengeld Ⅰ)」と称されることがしばしばある。

15) 一定範囲の親族（両親、配偶者、未成年子など）がその成員となる（第2編第7条）。

16) 例えばある夫婦で、夫が稼得能力あり、妻が稼得能力なしだと、夫婦で需要共同体が形成され、前者に失業手当Ⅱ、後者に社会手当が支給される。妻にも稼得能力があると、両名とも失業手当Ⅱの対象となる。第12編と第2編は相互排他的であるが、もし妻が重度障害の状態にあれば、優先的に第12編の高齢者重度障害者基礎保障が支給され、その限りで社会手当は適用されない。

17) これは理論的には大きな変化である。制度改革前は、失業手当や失業扶助は対従前賃金**%という、いわゆる従前生活保障の給付であり、対して社会扶助は一定の貧困ラインを基準とする典型的な最低生活保障の給付であった。失業扶助は、その財源から見れば、保険給付ではなく租税給付に分類され、加えて給付の要件としてのミーンズテストの存在は、その公的扶助的な性格を裏付けるものでもあった。ただし失業扶助のミーンズテストは、旧社会扶助と比べても、収入認定や資産活用が緩められており、このことは、同様の経済状態にあれば、社会扶助よりも失業扶助を受給する可能性が高いことを意味する。また失業扶助では、ミーンズテストのライン自体が、社会扶助のように一定ではなく、従前所得に比例していた。これは従前生活保障思想の表れであるが、この特色が、失業手当よりもなお給付水準の低い失業扶助においては、従前賃金が低水準の場合に旧社会扶助との併給を呼び込むというかたちになってあらわれるのである。つまり失業扶助はそれ自体公的扶助的な性格を有しながらも、労働生活との関連も同時に強く、それが旧社会扶助との複雑な関係を生んでいた。求職者基礎保障は、こうした失業扶助の独自な性格を放棄し旧社会扶助型に統一することで、この関係を解消した。第2編の最低生活保障としての性格はここからも来ている。

18) 例外的におこなわれる貸付は、その後の経常給付から5ないし10%を上限に相殺することが定められ（第2編第23条第1項、第12編第37条第2項)、その限りで、一時的な需要を基準給付でまかないきることが強制される。これには、「問題を一時的に先送りするだけだ」という批判がある。Berlit, Zusammenlegung von Arbeitslosen- und Sozialhilfe, info also 5/2003 S. 195, 202.

19) 別の側面からすると、改革前での失業扶助と旧社会扶助の併給は根本的に消滅したが、同時に、旧社会扶助に至る前に（つまり旧社会扶助の貧困水準の上で）失業扶助を受給していた層からすると、その防波堤が取り払われることになる。さらにいえば、失業手当受給者にとっても影響は小さくない。もはや失業扶助が存在しない以上、失業手当受給者は、最終的には失業手当Ⅱに頼らざるを得ない。そこで失業手当の新しい受け皿としての求職者基礎保障において、制度間の移行・接続をスムーズにするため、基準給付を改善したともいえる。

20) 日本の生活保護では、例えば住宅扶助は「**円以内」という実際上の基準（上限）があるが、定型化はこれと異なり、実際の必要額はまったく度外視して定型の金額を支給する仕組みである。

21) とはいえ、新旧社会扶助間でその分類は引き継がれなかったが、かつての特別扶助は、一定の整理を受けつつ、新社会扶助下でも存続しており、そうした給付を求職者基礎保障の対象者が受給することまでは排除されていない。その意味で第12編の垂直的受け皿機能が完全に消滅したわけではない。

22) 典型的には、職業紹介や能力開発に関わる各種の支援、求職活動に伴う費用の援助、使用者に対する補助金などがある。

23) 立法時の政治的妥協の結果、エージェンシー化された各地の職安（連邦行政系統）と地方自治体が協同組織（Arbeitsgemeinschaft）を立ち上げて給付の実施にあたるというドイツでは珍しい形態（混合行政）を採用したが、2007年12月20日に連邦憲法裁判所で違憲判決が下され（BVerfG, Urteil vom 20. Dezember 2007 - 2 BvR 2433/04, 2 BvR 2434/04）、その後の法改正で新たな形態に移行した。

24) 家事援助・債務相談・心理的社会的援助・依存症相談は、自治体独自の業務として位置づけられており、稼得能力はあるが処遇困難なケースにおいて、こうしたサービスの果たす意義を過小評価することはできない（第2編第6条第1項）。ただし自治体が費用も負担する。

25) Birk in LPK-SGB II 2. Aufl. § 29 Rz. 7.

26) 旧社会扶助でも、同様の仕組みはあったが、例えば就労関係の控除は「その都度適切な額を控除する」としか規定されないなど（BSHG 第76条第2a項）、完備したものではなかった。その点、第2編は、施行当初の計算方式をさらに簡略化し、より定型的に控除の額・割合を明示するようになっている。

27) 旧社会扶助は、人間の尊厳（Würde des Menschen）ある生活の確保（BSHG 第1条第2項）をその目的としている。従来、公的扶助において労働は、稼働能力活用という扶助の基本的要件（とりわけ後順位性）に関わる問題として把握されてきたが、就労扶助は、能力活用にとどまらず、労働自体を個々人への扶助・支援の対象と目するという点で、特徴的な存在であった。

28) 統計上、制度改変直前である2004年の見積もりで、300万人弱の社会扶助受給者のうち15歳から64歳が200万人弱おり、家庭の事情などで働けない人を除いてもざっと150万人くらいは潜在的な労働力があるとされていた。失業の克服という命題が、自治体救済とつながる社会扶助の問題と二重写しになるのが、この間のドイツの特徴であった。

29) 詳細、武田公子『ドイツ・ハルツ改革における政府間行財政関係—地域雇用政策の可能性』（法律文化社、2016年）。

30) この点は極めて複雑である。ハルツ改革によって住宅手当（連邦・州の折半負担）の支給対象から求職者基礎保障と新社会扶助の受給者が除外され、新社会扶助受給者に対する自治体の負担が増した。さらに求職者基礎保障受給者の住居費も自治体が負担すると、連邦が自治体に約束した25億ユーロの負担軽減が果たされなくなる可能性が出てきたことから、政治的妥協を経て、住居費の29.1%は連邦が償還的に負担することとなった（第2編第46条第5項以下）。なおこの割合は毎年変動がある。

31) 労働行政・職安と自治体行政との連携の強化は長年の課題であった。2001年以降本格化したモーツァルト・プロジェクト（BSHG 第18a条）は、この協同組織モデルの原型である。

32) 就労扶助やその他独自の就労支援策を展開し、ノウハウと自信を深めていた自治体は少なくなく、それを求職者基礎保障においても活かす狙いがある。

33) このオプションモデルの興味深いところは、ドイツの本来的な原則（いわゆる牽連性原理（Konnexitätsprinzip)、業務遂行と費用負担がリンクする仕組み）からすれば、権限を握るところと費用を負担するところは常に同じでなければならないのに対して、自治体が一元的に第2編の行政を実施しても、そうでなければエージェンシーが管轄したであろう行政部分（給付費、事務費）のコストを連邦に請求できる点である。

34) 2008年に世界を襲った金融危機（Finanzkrise）の余波はドイツにも当然及んでいるが、それ以前はむしろ急速に景気が回復しており、失業者・失業率・失業手当受給者は一貫して減少傾向にあった。しかしその間も第2編受給者の高止まり傾向は鮮明で、当初の目論見通りには（とりわけ労働市場へのトランポリンとして）機能していないことが指摘されている。

35)　ダルムシュタット大学ハネッシュ教授の試算による（2009年3月5日インタビュー）。
36)　BR-Drucks. 206/04 S. 7 ff.
37)　Brünner in LPK-SGB II 2. Aufl. § 20 Rz. 4.
38)　Rothkegel, ZFSH/SGB 07/2004 S. 404 f.
39)　Im Einzelnen Lang in Eicher/Spellbrink SGB II 1. Aufl. § 20 Rn. 31 ff.
40)　ロートケーゲルはこのことをして、「最低生活保障給付の予算化」といっている。Rothkegel, ZFSH/SGB 07/2004 S. 396.
41)　Brünner in LPK-SGB II 2. Aufl. § 20 Rz. 23 ff.
42)　LPK-BSHG/Roscher, 6. Aufl. § 22 mit VO Rz 45.
43)　BSG, Urteil vom 7. 11. 2006 - B 7b AS 14/06 R-, FEVS 58, 289.
44)　BSG, Urteil vom 23. 11. 2006 - B 11b AS 1/06 R-, FEVS 58, 353.
45)　LSG Hessen, Beschluss vom 29. 10. 2008 - L 6 AS 336/07 -. http://web1.justiz.hessen.de/migration/rechtsp.nsf/7043343409F69560C125754A0032F73E/$file/2008-10-29-L-6-AS-0336-07...pdf.
46)　BSG, Urteile vom 27. 1. 2009 - B 14 AS 5/08 R und B14/11b AS 9/07 R.
47)　BVerfG, Urteil des Ersten Senats vom 9. 2. 2010 - 1 BvL 1/09, 1 BvL 3/09, 1 BvL 4/09 -, BVerfGE 125, 175 ff.
48)　ドイツ連邦憲法裁判所2010年2月9日判決翻訳・賃金と社会保障1539号（2011年）71-31頁参照。
49)　逆にいえば法令制定者（行政府）の裁量を直接認めているわけではない。Fahlbusch, Regelsatz und Regelsatzbemessung - Das Urteil des Bundesverfassungsgerichts vom 9. Februar 2010, NDV 3/2010, S. 101 f.
50)　実際の解釈・当てはめについて、Mrozynski, Einmaliger, unabweisbar gebotener und atypischer Bedarf in der Grundsicherung für Arbeitsuchende, SGb 12/2010, S. 677 ff.
51)　LPK-BSHG/Roscher, § 22 mit VO Rz 7 ff.
52)　siehe auch Brühl, Mein Recht auf Sozialleistungen, 20. Aufl. 2007, S. 230.
53)　Martens, Der neue Regelsatz müsste weit über 400 Euro liegen, SozSich 10/2010, S. 331 ff.
54)　BR-Drucks. 206/04, S. 6.
55)　判決直後、具体的な給付として行政上対応するとされたのは、神経性皮膚炎やHIV感染に関わる薬剤・衛生用品、車椅子使用者への家事援助、交流権の履行、補習授業の費用などであった。

第3章　社会法典(SGB)第2編時代の住居費給付と判例法理の展開

はじめに

連邦社会扶助法（Bundessozialhilfegesetz, BSHG）[1]から社会法典（Sozialgesetzbuch, SGB）第2編[2]および第12編[3]に制度が切り替わって、足かけ10年を数える。この間の数ある変遷のなかでも、実体給付面での「地殻変動」が（そのベクトルはどうあれ）、いわゆる基準額と、それに関する連邦憲法裁判所の違憲判決に象徴されるように、なおも進行している。連邦社会扶助法のモデルを前提にすると、生計扶助における基準額（我が国でいうところの生活扶助第1類費および第2類費にほぼ相当）と一時的給付（同生活扶助の一時扶助）、住居費給付および暖房費給付（前者は住宅扶助に当たるが、後者は国情の関係でドイツでは基準額から切り離されている。我が国では基本的に生活扶助でまかなうこととされている需要である）という、三つの大きな給付群がそれぞれ好対照をなしていた。これが新制度においては、基準額給付と一時的給付が統合され（正確には前者に後者が取り込まれ、基準額給付自体の性格も修正され）たことが非常に大きな変化の一つである。

それもあって、新制度では、住居費暖房費給付が、基準額給付とともに、ドイツにおける最低生活保障給付の二本柱（住居費と暖房費を区別すれば三本だが、これら二つの給付は基本的に同じ枠組みで支給されるため、ここでは同じく扱っておく）と位置づけられうる。これらは単にボリューム面での大きな二つの給付というにとどまらず、その質において、著しい相違を見せている。しかし同時に、住居費暖房費給付そのものが、新たなシステムのなかで、見逃すことのできない変容を被ろうとしているのである。

ひとまず本稿では、最低生活保障給付の重要な一部を構成する住居費給付

（以下、特に暖房費の存在を意識しない限りこう呼ぶ）[4] について、ここ10年のドイツ公的扶助のダイナミックな変動に即しながら、その展開および法的論点を明らかにし、加えて、ハルツ第4法改革後において最重要ともいえる2011年改正を経た時点での課題を見ていくこととする。

1　制度の変遷

1　前史――連邦社会扶助法時代の住居費給付[5]

(1)　法律上の原則

連邦社会扶助法が成立して以降、ドイツの公的扶助制度における住居費給付は、常に、基準額給付とは一線を画しながら発展してきた。この両者の区分けは、ドイツ法のドグマにとっても、また現実の給付システムにおいても、非常に重要な意味を有している。ドイツにおける最低生活保障を具体化する連邦社会扶助法にあって、まず、保障されるべき最低生活の内容は、「需要」というかたちで把握されるが、この需要は、存在形式や発生頻度が様々であることが前提であり、それにあわせて、具体の給付は、金銭給付のかたちをとるものに限っても、経常的給付と一時的給付に分かたれ、さらに経常的給付は、いわゆる加算を含む基準額給付と、その基準額給付とは別系統の住居費給付および暖房費給付からなっている。要否判定との関係では、日本と同様、一時的需要は最低生活費の積み上げとは基本的に無関係であり、基準額給付で充足されるべき需要と、住居費給付および暖房費給付で充足されるべき需要が、主として最低生活費の内容となる。ここで重要なのは、基準額給付で充足される需要の程度ないし範囲は、月何々マルク（ユーロ）として表される基準額の数値がそのまま最低生活費に反映されるのに対して、住居費給付および暖房費給付に関しては、これが実費で積算に回される点である。

例えばAはよくご飯を食べるが着た切り雀、Bは食事は有り合わせだが衣服には人一倍お金も気も遣う、という2人がいた場合、最低生活保障のレベルでは、2人とも（その他の条件が同じなら）同額の基準額が当てはめられる。Cは衣食が驚くほど質素で粗末、Dは入ってくるのが右から左へ出ていく典型的な浪費家であっても、やはり同じである。

それに対して、Aの家賃300ユーロ、Bの家賃400ユーロ、Cの家賃500ユーロ、Dの家賃600ユーロなら、ドイツの公的扶助システムでは、これらはすべて原則としてそのままの金額が最低生活費の内容となる。固定額や平均額、あるいは上限額が用意されているわけではないのである。

もしいずれも無収入の場合、要否判定の結果、いずれにせよ基準額は同じ額が適用されるためこれを除くとすると、住居費給付においてはそれぞれ家賃の全額が最低生活保障の対象となり、すなわち家賃は実費で支給される。あるいは最低生活すべてをまかなうには足りないが幾ばくかの収入がある場合、要否判定で要と出るか否と出るかは、定額の基準額ではなく、個々に異なる家賃こそが決定的に重要になるともいえる。

なお暖房費給付も住居費給付と同じ仕組みが採用されているが、夏場になれば需要自体が消滅することを考えれば、基準額給付に比すべき住居費給付の特性はいっそう際立つことになる。

以上の点について、基準額給付から住居費給付を見た場合、実費主義が採用されておりそれが住居費給付の特徴のように思えるが、後に詳しく触れる需要充足原理や個別化原理を旨とするドイツ公的扶助においては、むしろ、実費主義の住居費給付が原理原則に忠実なシステムであり、個々の必要性を無視する基準額給付がかえって異端の存在なのである。上の例でいえば、本来、食料費と被服費が違えば、最低生活保障の内容も個々人ごとに異なって当然であり、しかし本当に1人ずつ実際の食料費や被服費、あるいは交通費やその他諸費用を計上するととてつもないコスト（労力、時間）がかかるため、それを避けるためのもっぱら実務的便宜という観点から、衣食その他の費用のパッケージとして基準額が用意され、定型の金額が給付されているに過ぎない。

実際、連邦社会扶助法では、こうした定型の基準額の「弱点」に当たる、そもそも類型的典型的需要状況にない場合の対応として、基準額そのものを増減（10％や20％加増）させる仕組みが規定されていた（逸脱的算定、BSHG 第22条第1項第2文）。制度の晩年になって、住居費給付や暖房費給付、あるいは一時的給付を基準額のように定型化し固定額で給付しようとする「実験」が法定されるようになったものの、これも後に見るように大きな動きには結びつかなかったことからすると、固定額による定型的保障と実費による個別的保障のどちらが法において原則視されていたかは明らかである。

⑵　従来の法的紛争

住居費給付に話を戻すと、具体の制度においては、「住居に対する経常給付は、実際の出費額で支給される。」（連邦社会扶助法第22条施行令（Regelsatzverordnung, RSVO）[6] 第3条第1項第1文）、「住居に対する費用が個々の事例の特殊性から見て適切な程度を超える限りで、……転居、転貸もしくは他の方法によって費用を抑制することが不可能または期待できない限りは、それを承認しなければならない。」（RSVO 第3条第1項第2文）が中心的な規定としてかねてよりおかれていた。第1文は、上述した実費主義を文理上明らかにするもの、第2文は例外的に実費支給をおこなう要件を定めるものである。

この時代の主たる争点は、このうち第2文を巡るものであった。もし第1文しか存在しなければ、「どんな」出費額も、実費で支給されることになる。しかしながら、公的扶助のもう一つのドグマとして、公的扶助で保障されるのはあくまで最低限度の生活水準であるべしという規範的限界がここで関わってくる。極端な話、ハプスブルク家の末裔が一切の収入がなくなって扶助を申請した場合、彼に残された祖先からの偉大なる遺産である多くの居城にかかる維持費ですら、「実際に必要」（でなければ荒廃して朽ち果ててしまう）である限り、税金で保障しなければならなくなる。世界遺産なら別口で維持費が出るかもしれないが、そこまでいかなくとも、要は、実際の住居費が公的扶助で保障される範囲を超えている場合、全額支給をできない場面がありうるのである。

しかしながら、これは、例えば担当者の主観で汝の家賃は高すぎるぞよと決めつけてよいものではない。すなわち第2文には、「個々の特殊性から見て適切な程度を超える」かどうかを、まず審査する回路が埋め込まれており、ある家賃が、一定の基準や「個々の特殊性」から考えて高いかどうか（不適切に高額かどうか）が判断される。さらに同じ第2文において、費用の抑制可能性がさらに加えて審査され、たとえ費用が不適切に高額でも、実際に転居などによって費用が抑制できない場合、その不適切に高額な家賃も全額が住居費給付として支給対象となる。シェーンブルン宮殿はウィーンにあるので別の例でいうと、仮にノイシュヴァンシュタイン城にヴィッテルスバッハ家の子孫が住んでおり、かつ極貧状態にある場合、ホーエンシュヴァンガウ城やヘレンキームゼー城にどうしても引っ越せないのであれば、（適切性審査で明らかにオーバーするであろう）シンデレラ城のモデルに必要な居住費が承認されるのである。

こういうシステムである以上、法的紛争は、まず、現実の家賃が適切か不適切か、すなわち適切性判断基準は何なのかが鋭く争われることになる。関連規定には、この基準が一切示されておらず、全面的に解釈に委ねられる。なお費用抑制可能性審査では、転居できるかどうか（つまり期待可能な物理的範囲内に実際に転居可能で費用の安価な別の住居があるかどうか）が争われ、その判断基準や審査手法も問題となってくる。

さらに、費用抑制可能性を否定されれば不適切に高額な住居費も実費支給の対象になることは定められているが、しかし費用抑制可能性が肯定される場合の効果は、法文上不明である（不明であった）。これは、住居費が不適切に高額な場合、少なくとも適切な程度の住居費は支給するか、それともすべての住居費が不支給となるか、という解釈問題を生むことになる。日本では頭打ち支給が当然視されているが、ドイツでは支給の程度が根本的に争われるのが大きな特徴である。

一時的需要に対する給付の場合、例えば比較的高額な調達費用を要する冬用のマントを考えると、いま手持ちのマントはペラペラなため今年の厳しい冬を過ごすには厚手のものが必要だと受給者が訴え、ある特定のマントについて一時的給付を支給申請したとすると、もし実施機関がそのマントは高額すぎるので最低生活保障でまかなうべき範囲を超えている（つまり不適切に高額だ）と判断すれば、もっと薄手のマントのための費用だけを支給する意味がないことはよく分かる。防寒性能の弱いマントがもう１着増えても無意味であって、厚手のマント１着に対する需要は不可分だからである。この理を住居費給付に当てはめることができるのであれば、不適切に高額な家賃は、家賃債務の性質上需要が不可分であるため、全体が支給対象から外れることになる。すなわち、適切であれ不適切であれ、住居費給付は全額を対象とするか、全額を対象としないか、どちらか二つしかない（「オール・オア・ナッシング原理」）。この考え方に対しては、適切な住居費に対する需要は社会扶助法上常に肯定されるのであり、全体の住居費が不適切であっても、そのうち適切だとみなされる部分に相当する給付はなおも支給すべきであるという反対の立場が成り立ちうる。よって、いわば法の間隙において、住居費全部不支給か住居費一部支給かが、やはり争われるのである。

これらの論点はみな、具体的紛争を契機とした裁判所の判断が積み重ねられていき、あるいは立法介入によって新たな規整が導入されるなど、様々な展開があったが、詳しくは2005年の制度改革以降の展開に即して論じていくこととし、ひとまずここでは、需要は個別的に把握し、いったん需要とみなされるものはそれを完全に充足するのが社会扶助である、というドイツ法の重要な建前が、住居費給付という具体の制度のなかで、原理の貫徹を目指すベクトルと、現実的な解釈運用を目指すベクトルのせめぎ合いとして顕現化してくることを指摘しておく。逆にいえば、需要充足原理の申し子ともいうべき住居費給付にこそ、ドイツ公的扶助の本質的論点に迫るきっかけが埋め込まれているのである。

2　ハルツ第4法改革と社会法典第2編

シュレーダー政権による構造改革「アジェンダ 2010」の象徴と目されるのが、一連のハルツ改革であり、その目玉ともいうべき、かつハルツ改革において具体の給付にもっとも関わるのが、ハルツ第4法改革である。失業扶助と社会扶助の統合という旗印のもと、公的扶助の領域において大きな制度改革がおこなわれ、2005年から施行された第4法改革により、連邦社会扶助法は廃止され、新たに社会法典第2編（求職者基礎保障）および同第12編（社会扶助）が導入された。

子細に見ると、このうち第12編は、連邦社会扶助法と同時に廃止された2003年運用開始のいわゆる高齢者重度障害者基礎保障[7]を制度に取り込み、また連邦社会扶助法で一般扶助として運用されてきた生計扶助（狭い意味での公的扶助）のほか、同じく同法で特別扶助として規定されていた、低所得者を対象とする諸種の福祉制度を、若干の整理を加えつつも、基本的な部分は同じまま受け継いだ。第12編は、すなわち、形式的には法の名称、実質的には給付のラインナップにおいて、社会扶助の後継制度であるということができる。

これに対して、新設の第2編は、失業扶助を統合するという文句の割には、労働保険由来の従前生活水準保障は一切取り入れず、むしろ給付のレベルは双子の制度である第12編と完全に一致させ、その意味ではもう一つの公的扶助とでもいうべき存在となっている。基礎保障の名を冠し、形式的には社会扶助とは区別されるが、旧失業扶助の受給者およびその家族の大半、さらに旧連邦社会扶助法に基づく社会扶助（生計扶助）受給者の9割以上が同法の適用下に移行しており、その限りでは第2編も実質的には社会扶助の後継制度である。ただし給付の質を見ると、旧法と比べ、あるいは平行して存在する第12編と比べ、給付の簡素化、簡略化、定型化、包括化を大胆におこなっており、この点で旧制度との距離感がかなりあるのが第2編の大きな特徴である。

もちろん、第2編と第12編で共通する、連邦社会扶助法からの変化も指摘できる。具体的には、それまで別個のシステムであった基準額給付と一時的給付を、基準額に統合し（これにあわせて基準額を増額し）、一時的需要への個別対応を原則廃止した。その意味では、両編ともに、受給者自身における給付管理を強く志向することになった。他方で、これを通じて存在感が大きくなった基準額は、連邦社会扶助法におけるのと同様、第12編では、需要状況が典型的なケースに合わない場合の逸脱的算定の余地が規定上残されている（第12編第28条第1項第2文）が、第2編はこの余地を一切認めておらず、やはり旧システムや平行システムとの相違を際立たせている。第2編のこうした特異性は、その他の給付や法の原理原則を考えるうえでも重要な前提をなしている。住居費給付について、項をあらためて見ることとする。

3　第2編における住居費給付

(1)　制定時の規定

基準額給付と住居費給付との別異取り扱いは、連邦社会扶助法下では法律そのものに根拠があったのではなく、やや変則的ながら、定型額としての基準額が充足すべき需要の範囲を限定するために法律の授権によって制定される法規命令（連邦社会扶助法第22条施行令（RSVO））の段階で、そうした枠組みが具体的に規定されていた。この法規命令は、上述したような住居費給付を具体的に規定するほか、その前提として、基準額の守備範囲を定めることに実質的意味があったわけである。これは裏を返せば、可能性としては、法律によらず行政府の判断でもって、住居費を新たに基準額の充足対象とすることも、理論上はありえたともいえる（しかし連邦社会扶助法自体において、いわゆる賃金格差原則に関して、基準額に住居費と暖房費、一時給付の平均を加えた額がネット賃金を上回らないように基準額を算定すべしとの定めがあり（「賃金格差原則（Lohnabstandsgebot）」、BSHG 第22条第4項）、法規命令だけで住居費の充足方式を変更できるというのは言い過ぎかもしれない）。

いずれにせよ、給付システムの根幹が行政立法（ドイツではこのようには表現しないが）に委ねられている状況は、社会扶助の実施が財政負担も含めて郡（(Land-) Kreis）や郡に属しないいわゆる独立市（kreisfreie Stadt）の責任とされ（「社会扶助主体（Träger der Sozialhilfe）」）、内政に関して基本的に権限を有する連邦州に基準額を算定させる制度との関係ではそれなりに親和性が高いといえるが、第2編は連邦法であり、紆余曲折はあったが法の実施を原則として連邦行政の責任として構築する関係上、第2編が連邦社会扶助法の仕組みをそのまま受け継ぐのは相当ではない。ここでハルツ第4法改革は、第12編をワンクッションにする。具体的には、連邦州が基準額を算定するという連邦社会扶助法以来の建前を第12編の枠組みにおいて残しつつ、しかし基準額の充足すべき需要の範囲や、それと関連する住居費給付ないし暖房費給付の別異取り扱いといった基本的な定めは第12編本法に引き上げ、さらに新たな法規命令[8]では連邦州による基準額算定の前提となるデータ評価の根拠あるいは方式を統一的に規定することで、連邦州ごとのデコボコが発生しないよう実質的な統一を図った（つまり法規命令の実質的意義はこの点に限定されることになった）。これを前提に、平行する両編の給付がほぼパラレルになるように相互の規定を調整し、結果として、基準額でいえば、第12編で算定されるであろう金額をそのまま第2編に書き込み、また、住居費給付と暖房費給付は基準額とは別途支給することが、やはり両編で（すなわち法規命令レベルではなく）同じように定められたのである。

以上の経緯を前提に、第2編の住居費給付に関わる規定（2003年制定時点）と、参考として第12編の関連規定（同）、さらに旧法下の法規命令（RSVO）の規定（第3項に第3文以降を追加した1996年改正時点）を見ておく。

第２編

第22条　住居および暖房に対する給付

⑴　住居および暖房に対する給付は、それが適切な限りで、実際の出費額で支給する。住居に対する出費が個々の特殊性から見て適切な程度を超える場合、転居、転貸借その他の方法によって出費を抑制することが単身要扶助者または需要共同体に不可能または期待できない限りで、その単身要扶助者または需要共同体の需要として承認しなければならないが、ただし通常は最長６ヶ月とする。

⑵　稼得可能な要扶助者は、新たな住居に関する契約を締結する前に、新たな住居の費用に対する自治体主体の確約を得るものとする。自治体主体は、転居が必要であり、かつ新たな住居の費用が適切な場合にのみ、確約を付与する義務を負う。

⑶　住宅調達費用、保証金および転居費用は、自治体主体による事前の確約があった場合に引き受けることができる。この確約は、転居が自治体主体から促された場合またはその他の理由から必要な場合で、確約がなければ住居を適切な期間内に見つけることができない場合、付与するものとする。

⑷　住居および暖房のための費用は、要扶助者による合目的的な使用が確保されない場合、自治体主体が、賃貸人その他の受領権者に支払うものとする。

⑸　滞納家賃は、引き受けなければ住宅喪失に陥るおそれがあり、かつ滞納によって具体的に見通しのある就労の受け入れが妨げられるような場合、貸付としてこれを引き受けることができる。

第12編

第29条　住居および暖房

⑴　住居に対する給付は、実際の出費額で支給する。住居に対する出費が個々の特殊性から見て適切な程度を超える場合、その限りで、収入および資産を第19条第１項に基づいて考慮しなければならない者の需要として承認しなければならない。第２文は、転居、転貸借その他の方法によって出費を抑制することがその者に不可能または期待できない限りで適用されるが、ただし通常は最長６ヶ月とする。受給権者は、新たな住居に関する契約を締結する前に、管轄社会扶助主体に対して、第２文および第３文にいう主たる諸事情を知らせなければならない。新しい住居に対する出費が不適切に高額な場合、社会扶助主体は適切な出費の引き受けのみを義務づけられるが、それを超える出費に事前に同意していればその限りでない。住居に対する給付は、受給権者による合目的的な使用が確保されない場合、賃貸人その他の受領権者に支払うものとする；受給権者にはそのことを文書で通知しなければならない。住宅調達費用および保証金は、事前の同意があった場合に引き受けることができる。同意は、転居が社会扶助主体から促された場合または他の理由から必要な場合で、同意がなければ住居を適切な期間内に見つけることができないときは、付与

するものとする。

(2)　社会扶助主体は、地域住宅市場に適切な空き物件が十分存在し、個別に定型化が期待不可能でない場合、住居に対する給付を毎月固定額で支払うことができる。固定額算定にあたっては、地域住宅市場の実際の状況、地域の家賃一覧表、受給権者の家族状況を考慮しなければならない。第1項第2文はこれを適用する。

(3)　暖房に対する給付は、それが適切な限り、実費で支給する。給付は、毎月固定額で支払うこともできる。固定額算定にあたっては、個人的家族的事情、住居の規模と状態、既存の暖房方法、地域的状況を考慮しなければならない。

RSVO

第3条

(1)　住居に対する経常給付は、実際の出費額で支給される。住居に対する出費が個々の特殊性から見て適切な程度を超える限りで、所得と資産を本法第11条第1項に基づいて考慮しなければならない者の需要として、住宅移転、賃貸もしくは他の方法によって出費を抑制することがその者に不可能あるいは期待できない限りは、それを承認しなければならない。扶助受給者は、新しい住居に関する契約を締結する前に、当地を管轄する社会扶助主体に対して、第2文にいう主たる諸事情を知らせなければならない；新しい住居に対する出費が不適切に高額な場合、社会扶助主体は適切な出費の引き受けのみを義務づけられるが、それを超える出費に事前に同意していればその限りでない。本法第15a条第1項第3文は、住居に対する給付の支給に準用しなければならない。住宅調達費用および保証金は、事前の同意があった場合に引き受けることができる。転居が社会扶助主体から促されあるいは他の理由から必要な場合で、同意がなければ住居を適切な期間内に見つけることができない場合、同意は付与されるものとする。

(2)　暖房に対する経常給付を支給する場合、第1項を準用する。

(3)　自らの両親または親の一方とは異なる家族またはその他の者のところで生活している者がいる場合、生計に対する経常給付は、通常、その生活にかかる実際の費用を、適切な程度を超えない限りで基準額から逸脱して支給する。

必ずしも規定が綺麗に平行になっているわけではないが、おおむね、第2編第22条の規定が、第12編第29条第1項とRSVO第3条第1項に、内容上対応していることが分かる。ポイントは、第一に、実費支給を明言する第1文に、「適切な限りで」という限定を明確に附している点である。第12編やRSVOと比較すると、費用の適切性に対する要請をストレートに押し出しているといえる。しかし他方で、この「限りで（soweit）」は、「限りにおいては」という意味を含むものであり、すなわち適切な限度に対する請求権は常に存在することを意味すると解されている[9]。かつて一部支給を認めるか全部不支給とするかの争いがあったが、いちおう第２編では一部支給を否定していない、むしろ一部の支給を命じていることになる[10]。第二に、費用が適切な程度を超える場合の効果について、RSVO では明確にされていなかった、不適切に高額な費用を引き受ける期限が、「通常は最長６ヶ月」と設定されるようになった（第12編も同様）。「通常」であるので、これより短いこともあれば長いこともあるが、いずれにせよ費用抑制可能性が６ヶ月経過時点でたとえ肯定されなくとも、期限到来により、費用抑制（たいていはより安い住居への転居による）に対する経済的圧力が発動されることになる。その他については、とりわけ給付受給中の転居に関する規整など、基本的に RSVO 時代に設けられたものがそのまま両編に受け継がれている。

⑵　施行後の改正（2010年まで）

第２編第22条は、2005年の施行以降、2011年までを含めて計５回改正されている。

2006年３月の「社会法典第２編およびその他の法律の改正に関する法律[11]」では、25歳未満の者の転居に関する規定の新設、債務引き受けの規定の改正、住居明け渡し請求がおこなわれた場合の裁判所から給付実施主体への通知に関する規定の新設がおこなわれた。

2006年７月の「求職者基礎保障の発展に関する法律[12]」では、第１項に「不必要な転居によって適切な住居費および暖房費を増加させた場合、給付はそれ以降、従前まで負担されていた出費額しか支給しない。」との文を挿入するほか、受給者が費用を前払いしていた場合の払戻金の扱いに関する規定の追加、新規契約締結時の規定の明確化（転居先の実施機関による確約への関与）、25歳未満の者に対する給付制限の厳格化、住宅調達費用等に関する確約の規定の修正、職業教育訓練給付受給者に対する住居費支給の特例の新設がおこなわれた。

2008年12月改正[13]は、この前の改正で挿入された条文について、引き受けるべき出費費について「適切な」の文言を付加して範囲を明定し、2010年10月改正[14]は職業教育訓練給付受給者にかかる参照条文の若干の修正をした。

以上の限りでは制定時の基本的な枠組みは変化していないが、住居費給付とは直接の関係はないものの、連邦憲法裁判所によって非常に重要な判決（基準額違憲判決）が下された関係で、2011年に大きな画期が来る。ただし内容的にあらためて論ずる必要があるので、ひとまずここでは、2010年改正後の条文を示すにとどめておく。

第2編

第22条　住居および暖房に対する給付

⑴　住居および暖房に対する給付は、それが適切な限りで、実際の出費額で支給する。不必要な転居によって適切な住居費および暖房費を増加させた場合、給付はそれ以降、従前まで負担されていた適切な出費額しか支給しない。住居に対する出費が個々の特殊性から見て適切な程度を超える場合、転居、転貸借その他の方法によって出費を抑制することが単身要扶助者または需要共同体に不可能または期待できない限りで、その単身要扶助者または需要共同体の需要として承認しなければならないが、ただし通常は最長6ヶ月とする。住居費および暖房費に充てられるべき払戻金および差引残高は、払い戻しまたは差し引きの月以降に生ずる出費を低減するものとして扱う；世帯光熱費に関連する払戻金は、その限りでこれを考慮しない。

⑵　稼得可能な要扶助者は、新たな住居に関する契約を締結する前に、新たな住居の費用について、それまで地域管轄にあった自治体主体の確約を得るものとする。自治体主体は、転居が必要であり、かつ新たな住居の費用が適切な場合にのみ、確約を付与する義務を負う；新しい住居地の地域管轄にあたる自治体主体は、これに関与することができる。

(2a) 25歳未満の者が転居をおこなう限りで、その者に対する転居後の住居および暖房に対する給付は、25歳に達するまでの間、自治体主体が住居契約締結前にこれに確約を与えた場合に限って支給する。自治体主体は、以下の各号のいずれかの場合において、確約を付与する義務を負う。

1　重大な社会的理由が存するために、両親または一方の親の住宅に住むよう当事者に指示できない場合

2　住居移転が労働市場への統合に必要な場合

3　その他の類似の重大な理由が存する場合

重要な理由があって確約を受けることが当事者に期待できない場合、第2文の要件が備わっていても、確約の必要性を考慮しないでおくことができる。25歳未満の者が、給付の支給要件を招来させる意図をもって給付申請前に住居に転居した場合、これらの者には、住居および暖房に対する給付を支給しない。

⑶　住宅調達費用および転居費用は、転居前に地域管轄にあった自治体主体による事前の確約があった場合に引き受けることができる；保証金は、新しい住居地の地域

管轄にあたる自治体主体による事前の確約がある場合に引き受けることができる。この確約は、転居が自治体主体から促された場合またはその他の理由から必要な場合で、確約がなければ住居を適切な期間内に見つけることができない場合、付与するものとする。保証金は、貸付として支給するものとする。

(4) 住居および暖房のための費用は、要扶助者による合目的的な使用が確保されない場合、自治体主体が、賃貸人その他の受領権者に支払うものとする。

(5) 住居および暖房に対する給付がおこなわれる限りで、債務の引き受けも、それが住居を確保しまたは同様の困窮状態を克服するうえで正当化される限りでおこなうことができる。第12条第2項第1号にいう資産は、これを優先的に活用しなければならない。金銭給付は、貸付として支給するものとする。

(6) 民法典第569条第3項と関連する第543条第1項、第2項第1文第3号に基づく賃貸借契約解除の場合において住居明け渡し請求が裁判所に受理された場合、裁判所は、求職者基礎保障を管轄する地域主体または第5項に定める任務実施を同主体から委託された機関に対して、遅滞なく以下の各号について通知する。

1 訴えの到達日
2 当事者の姓名、住所
3 支払うべき家賃月額
4 請求の対象となっている滞納家賃および損害
5 決定している限りで、口頭弁論期日

訴訟継続の日についても通知することができる。家賃不払いが訴状の内容から明らかに借家人の支払い能力欠如に関係しない場合は、送達はおこなわない。

(7) 第7条第5項にかかわらず、第3編による職業教育訓練補助もしくは訓練手当または連邦職業教育訓練助成法による給付を受け、かつ、第3編第65条第1項、第66条第3項、第101条第3項、第105条第1項第1号、第4号、第106条第1項第2号もしくは連邦職業教育訓練助成法第1項第2号、第2項、第13条第2項第1号と関連する第13条によってその需要を算定されている職業教育訓練給付受給者は、その適切な住居費および暖房費（第22条第1項第1文）のうちで充足されていない部分に対する補助を受けることができる。第1文は、住居および暖房に対する給付の引き受けが第2a項により排除される場合、これを適用しない。

4 住居費給付の論点

「一つの手から」就労支援を強力に推し進め、そこに生活保障をセットにする（「支援と要請」）、一種異形の制度として登場してきた第2編において、その生活保障の中核を基準額給付と並んで構成する住居費給付にも、当然ながらこうした制度全体の大きな変遷の余波は及ぶ。とりわけ念頭におくべき需要状況との関係で、稼得可能な要扶助者という労働市場との距離感で捉えられる人間像が前面に出たこともあって、要扶助状態の個別性や具体的諸事情から丁寧に貧困の中身を解きほぐしていくよりも、一律の貧困ラインを下回っているかどうか（のみ）が着目される方向へ、制度は明らかにシフトした。一時的給付が基本的に全廃となり、基準額給付に上積みされ、後は自己管理で自らの需要を充足していくスタイルへの変更は、まさにそうした基軸の移動の象徴だといえる。受給開始時点ですでに家賃が不適切に高額であった場合、費用抑制可能性審査を経てなおその高額の住居費を引き受けられる期間（これはすなわち、より低額の住居への移転に対するモラトリアムでもある）が、「通常は６ヶ月まで」と一律に設定されているのも、住居費給付における自己管理、自己責任の現れと見ることができる。

他方でしかし、需要充足原理の申し子たる住居費給付としての実質はなおも失われていないとの評価も可能である。第２編においても、条文に明確に表現されているように、実費主義は前提としての地位を保ち続けている。適切性審査さえクリアすれば、やはり個々に異なる額が、最低生活費の内容となるし、収入や資産等でまかなえない限り、補足的に給付が支給され、結果として実際の住居費がカバーされるのである。一時的給付が基準額給付に取り込まれたいま、住居費給付こそが、需要充足原理およびそれと密接に関連する個別化原理の最後の本丸であるといえるかもしれない。

その限りで、実費支給における最大の前提条件としての適切性をどう具体化するのかは、第２編でも（もちろん第12編でも）変わらず枢要な論点であり続ける。派生して、不適切に高額な場合の費用抑制可能性（これは客観的可能性と主観的可能性（期待可能性）とに分かれる）も、議論の対象である。ここで簡単にだけ触れておくと、ドイツ法では、ある住居費が客観的に適切かどうか（「抽象的適切性」）と、主観的に適切かどうか（「具体的適切性」）とは、明確に分離して議論されている。このうち後者は、たとえ金額の上では当該世帯の住居費が不適切に高額であっても、それより低額の住居費で済む住宅が実際に別途存在し、そこに転居できる（「住居選択肢」が存在する）のでない限り、抽象的には不適切な住居費が具体的には適切となり、やはり実費支給の対象とされるのである。

その関係で、新たに規定された６ヶ月ルールの事情に応じた適用や、RSVO

下で導入された一部支給と関連する転居の際の取り扱い（情報提供義務や確約付与の要件ないし法的効果）も、行政運用や裁判所による法解釈を通じて具体化されていくことになる。

このほか、現実の焦点としては25歳未満の受給者の扱いが、制裁の強化とセットで問題になっているが、ひとまず本稿では考察の対象外とする。なお、住居費給付についてはこのほかにも、事実上の一時的給付にあたる転居費などの住居調達時の諸費用、修繕費、住居費の大家への支払い、あるいは滞納家賃の取り扱い等について、それぞれ固有の議論[15]が存在するが、本稿の目的との関係でこれら給付への言及は基本的に控えることとする。また、ハルツ第４法改革の立法時の経緯から、基準額給付と住居費給付は管轄が分かれた（前者は連邦行政（雇用エージェンシー）、後者は自治体[16]；ただし運用は一体で（協働組織（Arbeitsgemeinschaft, ARGE）により）おこなう）関係上、法制定過程における妥協により生まれた自治体の住居費負担に対する連邦の補助も、給付受給者とは直接の関係はないが、常に政治的財政的焦点である[17]。

以上の意味では、第２編における住居費給付の実質的な論点は、連邦社会扶助法のときと比べてそこまで大きくは変わっていないともいえる。繰り返しになるが、それはなぜかというと、住居費給付に実費主義が採用されているからである。この基本的骨格が揺らがない限り、焦点は常に、適切性審査とそれに関連する議論であり続ける。もしここに大きなインパクトが与えられるとすれば、適切性の基準を一般的に規定した場合、そして、実費主義を離れて住居費給付を（基準額給付と同様に）定型化した場合である。

適切性基準の導入および住居費給付の定型化は、実は、可能性としてはすでに法律に埋め込まれている。しかしながら、実態として動きがなかったため、言い方はあまりよくないが、実費保障という建前と適切な程度という本音のぶつかり合いにあって、紛争は発生するまま放置し、あまつさえ裁判に任せきりで、何とか制度を走らせ続けたのが、2005年以降の展開であった。この点は、2011年改正とあわせてあらためて検討していくこととする。

別言しておくと、現実に家賃が高止まりし（暖房費の急騰もあって固定費が全体として上昇し）かつ長期失業からの脱却が思うように進まない状況において、住居費という一般の生計費とは多かれ少なかれ区別される需要に対応する給付の固有性が、一方的にコスト視されることの多い給付費においてどのような法的意味を持ちうるかが、理論的には重要なポイントである。

5　裁判権の状況

(1)　争訟件数

ドイツは（アメリカレベルかどうかは別としても）訴訟社会であって、日本とは桁違いに膨大な法的紛争が日々生起しているが、上述してきた第2編に関する紛争もその例に漏れず非常に多い。そうした訴訟は、現在、社会裁判所で扱われる。ハルツ第4法改革までは、社会扶助事件は行政裁判権（Verwaltungsgerichtsbarkeit）が管轄していた（貧困対策が治安（警察）行政と密接な関連を有していたことが背景にあるともいわれる[18]）。連邦政府によるハルツ第4法および同時期の社会扶助法編入法の当初草案では、第12編（社会扶助）の管轄は行政裁判権のまま動かさず、第2編（求職者基礎保障）も併せて管轄させることになっていたが[19]、第2編のほか第3編の給付も管轄する連邦雇用庁（組織改革によりその後の連邦雇用エージェンシー）との関係で、第3編に関する訴訟が社会裁判権（Sozialgerichtsbarkeit）で扱われるのでそれに一致させたほうがよいとのことから[20]、第2編の事物管轄は社会裁判権に移ることになった（なお第12編の事物管轄も、第2編と分けないようにするために、両院協議会における交渉を経て当初草案から変更され同時に社会裁判権に変わっている[21]）。

統計[22]を見てみると、まず、制度切り替わり前3年間では、年間の処理件数（第一審行政裁判所）と、それに対する社会扶助事件の割合は**図表3－1**の通りである（連邦統計庁調べ[23]）。

次に、制度切り替わり後2005年から2009年までの、第2編（全体数および住居費暖房費給付に関連するもの）に関する異議（ドイツの行政訴訟では行政不服審査前置主義が採用されている）および訴訟の件数を見てみると**図表3－2**および**図表3－3**の如くである（野党質問に対する連邦政府回答より[24]）。

全体として、まず異議申立てが年間70万件から80万件あり、この期間の需要共同体（いわゆる世帯）数がおおよそ300万台前半で推移していることを考えれば、相当の異議が出されていることがよく分かる。しかもそのうち3分の1以上が認容されているのは、自己統制がよく効いていると評すべきか、その前段

図表3－1　行政裁判所処理件数に占める
社会扶助事件の割合

年	処理件数	社会扶助事件の割合
2002	190875	7,4%
2003	201603	7,3%
2004	206855	8,3%

図表3－2　異議（Widersprüche）の件数

		申立て件数	処理件数	認容数（一部認容を含む）	認容率	棄却・却下	その他	年末時点の未処理件数	事実関係の調査が不十分なことを理由とする認容数
2005	住	34262	29992	13085	43,6%	14124	2783	40366	
	総	666969	436222	179516	41,2%	206229	50477	209335	
2006	住	133620	125725	50628	40,3%	60407	14690	558511	
	総	704484	613205	231626	37,8%	309480	72099	286071	
2007	住	140740	154149	58894	38,2%	79151	16104	610067	11933
	総	763887	775352	283563	36,6%	406047	85742	271604	52154
2008	住	147665	165192	62174	37,6%	86429	16589	39500	13142
	総	788627	841868	306991	36,4%	448165	87441	220164	57937
2009	住	144647	160973	60155	37,4%	85037	15781	34526	13487
	総	805234	830234	301459	36,3%	448598	80177	203174	58317
2010	総	835692	884188	305659	34,6%				
2011	総	721600	740765	267642	36,1%				
2012	総	594384	588255	208175	35,4%				

凡例：「住」は住居費給付および暖房費給付（第2編第22条関係）、「総」は総数。2010年以降は総数のみ。各年とも1月1日から12月31日までの数値。空白はデータなし。

階の処分の精度の低さを指摘すべきか、いずれにせよ大きな特徴であろう。対して訴訟は、全体的には連邦社会扶助法時代よりは減っており、受給者数の爆発的増加を思えば、制度を簡素化した意味が出ているようにも思われるが、それでも近時は年間15万件前後を数えている[25]。実施機関が原処分を変更してくる例が見逃せないレベルで存在しており、これが実質的勝訴の大半を占めている

図表3－3　訴訟（Klagen）の件数

		提訴数	処理件数	判決（一部および全部認容）	判決（棄却・却下）	その他	その他のうち実施機関による原処分の一部または全部取消	原告から見た実質勝訴率	年末時点の未処理件数
2005	住	2857	1064	69	144	851	295	34,2%	4810
	甲	25241							
	乙	13414	5032	273	788	3971	1338	32,0%	23301
	総	38655							23301
2006	住	14567	7429	456	1067	5906	2628	41,5%	101492
	総	69912	35266	1856	5554	27856	11078	36,7%	55380
2007	住	21059	12131	851	1507	9773	4807	46,6%	196075
	総	99152	57066	3290	7890	45886	20553	41,8%	95103
2008	住	26683	19520	1428	1977	16115	8708	51,9%	28694
	総	132356	89055	6121	9971	72963	37161	48,6%	131886
2009	住	26931	24913	1377	1966	21570	11407	51,3%	32583
	総	142736	114184	6851	10399	96934	48919	48,8%	159074
2010	総	158346	135015	5680			55514	45,3%	
2011	総	144180	138394	5801			55587	44,4%	
2012	総	118050	114983	6642			43189	43,4%	

凡例：「住」は住居費給付および暖房費給付（第2編第22条関係）、「総」は総数。2010年以降は総数のみ。各年とも1月1日から12月31日までの数値。2005年は、9月途中にデータの取り方が変わったため、「甲」（自2005年1月1日至2005年9月23日）および「乙」（自2005年9月24日至2005年12月31日）に分けて記載。空白はデータなし。

のも、ドイツの社会保障行政訴訟の実態を検討する素材として興味深い。

住居費給付および（または）暖房費給付が争点となっている割合は、異議では、おおむね20%弱を推移しており、表からは割愛しているが、たいていの年において、収入認定を巡る争いとともに上位を占めている。分類されている争点でいうと、この二つに次いでよく争われているのが、基準額給付と制裁である。これら4つの争点で、全体の6割以上を占めている。印象限りであるが、収入認定関連の争いは非常に細かい技術の問題、基準額給付関連の争いはおそらく世帯員の認定と基準額表への当てはめの問題、制裁関連の争いは第2編の

図表３－４　訴訟の平均処理期間

年	全領域	求職者基礎保障（第２編）	社会扶助（第12編）・庇護申請者給付法
2007	21,6	8,1	10,5
2008	13,6	9,6	12,8
2009	14,0	11,1	14,5
2010	13,7	11,3	13,9
2011	13,9	12,2	14,2
2012	14,4	13,3	14,3

単位：ヶ月（求職者基礎保障の数値には、2011年以降連邦児童手当法の一部にかかる訴訟を含む）

制度としての性格にかなり由来する問題が、それぞれ大半を構成していると思われるので、その意味では、住居費給付および暖房費給付が、給付面において実質的にも最重要の論点であるといってもよかろう。あわせて、住居費暖房費給付に関する異議の認容率が、常に全体より高いことにも注目すべきである。訴訟に関しては、全体的傾向について指摘した点がほぼ当てはまるが[26]、実質的勝訴率が５割前後にまで高まっているのは、実務の問題以外に、後にも検討するように裁判での救済にそもそもなじみやすいという給付の性格が関連している可能性がある。

関連して、例えば2012年における異議の処理に要した期間は平均で2,9ヶ月である[27]。第一審社会裁判所における訴訟平均処理期間は2007年以降、**図表３－４**の通りとなっている[28]。第２編における訴訟の長期化傾向が顕著である。

⑵　社会裁判権

裁判を実際に担当する社会裁判権についても、第２編（および第12編）に関連する限りで触れておこう。2014年１月１日現在、地裁に当たる社会裁判所（Sozialgericht, SG）がドイツ全体で68[29]、高裁に当たる州社会裁判所（Landessozialgericht, LSG）が14[30]、最高裁に当たる連邦社会裁判所（Bundessozialgericht, BSG）が１（所在地カッセル[31]）、社会裁判権全体で83の裁判所がドイツ各地に設置されている。このうち連邦社会裁判所は、1954年の発足当時は10個の法廷（Senat）でスタートしたが、扱う事件の種類が増加するのに対応して、現在は14にまで法廷を増やしている。ハルツ第４法改革によって事物管轄に変更（追加）が生じた2005年以降で見ると、第2編（求職者基礎保障）を扱う法廷は、第7b法廷および第11b法廷を経て、現在は第4法廷と第14法廷になっている。なお第12編（社会扶助）は、当初の第9b法廷から、現在は第8法廷が担当している。このように求職者基礎保障は訴訟が多いため2法廷体制がとられているが[32)]、両編の相違は、さらに、職業裁判官（Berufsrichter）以外の名誉職裁判官（ehrenamtlicher Richter）にも現れている。名誉職裁判官は、社会保険系統を扱う法廷では、被保険者側と使用者側から選任されるのが通常であり、また失業保険になると労働裁判権と同様に被用者（労働者）側と使用者側から選ばれるが、第2編を担当する法廷でも、おそらく第3編とのアナロジーにより、被用者側および使用者側が選出母体である。第12編を管轄する法廷では、こうした三者モデルではなく、地方自治体の連合団体から名誉職裁判官が推薦される[33)]。

連邦社会扶助法時代には連邦行政裁判所（Bundesverwaltungsgericht, BVerwG）第5法廷が社会扶助事件を一手に扱い、多くの判例を積み重ねてきたが、第2編と第12編の訴訟を担当する連邦社会裁判所の法廷が計三つになり、最高裁レベルでの判例理論の参照や変更の行方、さらには下級審全体を含めた裁判実務の動向も、もう一つの焦点である。

2　住居費の適切性判例の展開

以下では、第2編における住居費給付に関し、個別論点ごとに、注目すべきと思われる判例をピックアップしながら、2005年以降の展開を追うこととする[34)]。

ドイツ法では、伝統的に住居費は実費で支給されている（正確には、実際の家賃（借家の場合[35)]）が要否判定の前提となる最低生活費の算定の基礎とされる）。ただし実費支給の前提は、当該住居費が「適切である（angemessen）」ことである。すなわち「適切な住居費が実費で支給される」という枠組みであり、「適切でない（unangemessen）」住居費は、例外を除いては実費支給の対象とならない。衣食を中心とする一般的な生計費については、こうした適切かどうかという概念自体が予定されていないことを踏まえると、ドイツの住居費給付の最大の特徴が、費用の適切性を巡る議論であり、かつ、その議論に多くの労力が割かれていることにあるといえる。

費用が適切かどうかというときの「適切性（Angemessenheit）」は、典型的な不確定法概念（unbestimmter Rechtsbegriff）であり、すなわち常にその具体化が要請されると同時に、裁判所による全面的なコントロールに服する[36]。連邦社会扶助法の時代において、とりわけ90年代以降、連邦全体での家賃高騰を背景に、適切性概念の具体化が司法の場で鋭く争われるようになり、その過程で多くの（最高裁）判例が示されてきた。さらに制度の切り替わり後も、裁判権をまたがって議論が継続されることになる。この議論は全体として、費用そのものに着目する場合と、費用を負担する主体（要扶助者）の個別的事情に着目する場合とで区別されているので、以下、順を追って見ていくこととする[37]。

1　住居費の抽象的適切性

金額で表される住居費[38]自体の適切性（「抽象的適切性（abstrakte Angemessenheit）」）は、客観的な判断基準ないし審査基準に関する議論が中心となる。なお興味深いことに、本来は住居「費」すなわち金額の適切性が審査されるはずだが、住居自体の適切性も、ここで議論されている。

⑴　2006年判決による立場表明

（i）判　旨　　住居費給付に関するリーディングケースとなった連邦社会裁判所2006年11月７日判決（同日に複数の判決が出されているため、便宜的に一方（B 7b AS 10/06 R）をＡ判決、他方（B 7b AS 18/06 R）をＢ判決とする[39]）ですでに基本的な立場が明らかにされている。

Ａ判決いわく、「適切性の審査は個別の審査を前提とするものであり、住宅手当法第８条において住宅手当算定のために確定された表形式の定型的最高額は、ここでは有効な基礎たりえず、せいぜいのところ、他の認識手段が使い尽くされた場合に、一定の示準値として考慮しうるに過ぎない。住居の適切性については、むしろ、まず基準となる規模を定めなければならず、ここでは社会住宅建設の助成に関する州法上の施行規則が類型的に（例外の可能性を残しつつ）手がかりとなる。次に住宅の水準が決定されることになり、ここにおいては、要扶助者は簡素かつ住宅の備品や内装の程度が下位の区分に属するもののみを用いることができる。比較対象としては、通常、居住地の家賃を参照することができる。個々の場合に、小規模の自治体であれば比較的広い区域が、大規模の自治体であれば比較的狭い区域が、それぞれ考慮されうる。その限りで問題となるのは、居住面積と、適切な範囲に相当する住居家賃に表れるところの水準との積である。（とりわけもっとも小規模の自治体において）住宅市場が存在しない場合、より広い区域が基準とされなければならない。この選択は、受給者がその社会的範囲にとどまる権利に対する原則的尊重を十分に勘案しておこなわなければならない。」（Rn. 24）（ただし判決本文中の括弧引用は省略、以下同様）

B判決いわく、「住宅の大きさが確定すれば、さらなる要素として住宅の水準が考慮される。適切なのは、設備、状態、建築内容から見て簡素でありかつ基本的な需要を満たすものであって、より上位の居住水準を示さないような住宅に対する支出である。従って住宅は、家賃を構成する要素であるところの通常は一平米当たり価格で示されるような基準に照らして、参照基準となる区域内において規模ごとに区分けされる住宅のうち下位の区分に属している必要がある。基礎保障主体による費用負担のみが結果的に問題となるのであるから、基礎保障主体において不適切に高額な費用負担が生じない限り、設備や状態その他個々の要素が適切とみなされるかどうかは未確定のままでよい。その限りで当法廷はいわゆる積算理論に拠るのであって、これにより、適切な居住面積と、住宅の家賃に現れる水準との積にのみ照準が当てられる。いわゆる連結理論に対するメリットが認められるのであり、なぜなら考慮すべき要素すべてがそれぞれ適切性の範囲内に収まっていなくてもよく、実体的理由なく扶助者は住宅選択において制限を受けないことになるからである。」（Rn. 20）

何の議論をしているのかにわかには飲み込みにくいが、住居費の適切性について、何々ユーロという住居費そのものの適切性を判断しようとしているのではなく（あるいはそれは無理だと考え）、住居費がなぜその金額になるのかを、比較対象をもって明らかにしようという流れがかねてより存在しており、その要素が何なのか、そして要素同士の関係はどうなのかが、具体的に司法の場で問題とされてきた。すでにこの点で、連邦社会扶助法に関する争いに関し、連邦行政裁判所は、住宅手当法限度額表、家賃一覧表、社会住宅建設に関する助成適合基準について、適用可能性の有無を示してきた。

(ii) 住宅手当法限度額表　住宅手当（Wohngeld）は、住宅手当法[40]に基づくところの、連邦と州が折半で負担する社会手当の一種であり、借家に対する家賃補助のほか、自家所有の場合も、所得等の条件を満たせば費用負担に対する補助が支給される制度である。住宅手当の算定は、月額家賃、収入、家族の人数の相関関係によって決まる。とりわけ住宅手当法上の収入の意味を巡る争いが多く見られ、実務上の論点となっている一方、月額の家賃については、社会手当としての性格とも関連して、考慮対象となる金額の上限が法律で確定されており、一律に適用される。例えば単身世帯の場合、考慮可能な家賃の最高額は、家賃水準Ⅰの自治体で292、Ⅱで308、Ⅲで330、Ⅳで358、Ⅴで385、Ⅵで407（いずれもユーロ）とされている（住宅手当法限度額表（Tabelle））。Ⅵはミュンヘンのような家賃がもっとも高額な水準の自治体に当てはめられるが、もしミュンヘン居住の単身世帯における実際の家賃が500ユーロだとすると、407ユーロとみなされて住宅手当が算定される（つまり上限額を超える部分は切り捨て）。その限りで（資源の適正配分という意味合いであろう）、住宅手当法のレベルで、こうした上限が「適切な」（公的資金による助成に値する）家賃の限度と考えられているといえる。そして、ドイツのすべての自治体は住宅手当法に基づくいずれかの家賃水準が設定されているので、これを社会扶助ないし基礎保障の実務に転用する例が少なくないのである。

連邦行政裁判所は、早くも80年代に住宅手当法限度額表への依拠を法律の目的の違いを根拠に否定している[41]が、現実には（判決の効力は原則として当事者にしか及ばないため）そうした実務はなおも根強く、またこれを一定要件下で容認する下級審も存在し[42]、そうした下級審判決の存在を前提とする連邦行政裁判所判決すら存在する[43]。連邦社会裁判所は、原則的な立場は連邦行政裁判所と一致させつつ、B判決で「ある地域における認識手段が続かない限りにおいてのみ、住宅手当法第８条にかかる限度額表あるいは居住空間助成法を補充するために公布された州法上の居住空間助成規定で認められた家賃上限に立ち戻ることが考えられうることになる。限度額表ないし助成規定を利用する際には、受給者の有利になるよう、定型化による不当な結果の可能性を調整するための加増（表の値を10％増しにするなど）を頭に入れて考慮しなければならない。」（Rn. 23）として、事実上、住宅手当法限度額表への依拠の可能性を限定的にではあ

図表3－5　ベルリン州家賃一覧表（2013年）（一部抜粋）

	入居可能になった時点		1950年以降1964年まで	1965年以降1972年まで	1973年以降1990年まで（西）	1973年以降1990年まで（東）	1991年以降2002年まで
	設備		集中暖房、風呂、トイレ付き	集中暖房、風呂、トイレ付き	集中暖房、風呂、トイレ付き	集中暖房、風呂、トイレ付き	集中暖房、風呂、トイレ付き
居住面積	住居の状態	下	5,19	4,92	6,33	5,27	6,97
40平米以上60平米未満			4,65-5,85	4,30-5,94	5,25-7,32	4,68-5,87	5,08-8,96
		中	5,28	5,28	6,46	5,35	7,10
			4,73-5,85	4,70-6,00	5,53-7,00	5,00-5,78	6,30-7,86
		上	5,53	6,03	7,41	6,64	7,93
			4,69-7,10	4,98-7,41	6,52-8,18	5,38-7,03	6,83-9,00

注記：格段の値のうち、上段は平均値、下段は最低値から最高値。いずれも値は一平米当たり（ユーロ）。

るが認めることとした。

(iii)　家賃一覧表　　家賃一覧表（Mietspiegel）は、もともと民法典（Bürgerliches Gesetzbuch, BGB）に基づく制度であり、例えば家賃の値上げ交渉において価額の正当性ないし不当性を示す際の根拠（「地域標準的比較家賃（ortsübliche Vergleichsmiete）」）として用いられることが予定されている（日本でいう近傍同種家賃の亜種）。家賃一覧表は、自治体が家主側および店子側と協力して作成することとされるが[44]、作成自体は自治体の義務ではない（「ものとする（Soll）」規定）（BGB 第558c条）。その意味では一種の行政サービスであり、また作成には多くのデータ収集とその分析が必要なため、行政に余力のある大都市部の自治体を中心に整備が進んでいるが、そのような条件のない（あるいは借家に関する争いがあまり生ぜず必要性に乏しい）地方都市では家賃一覧表のないところも珍しくない。いずれにせよ家賃一覧表は各都市の固有の実情に応じて作成されるため、構成内容も様々であるが、例えばベルリン州では**図表3－5**のような数値が公表されている。

日本でも住宅関係では昔から坪単価がよく用いられるが、メートル法のドイツでは、一平米当たりで家賃単価を表すことが少なくない。不動産業の慣習といったところであろう。家賃一覧表で表される値が適切性判断においてどのように機能するかは、次の基準との関係で決まってくる。

図表3-6　助成適合基準

世帯員数	居住面積
1人	45平米～50平米
2人	60平米
3人	75平米～80平米
4人	85平米～90平米
1人増えるごとに+10平米～15平米	

(iv)　社会住宅建設助成適合基準　　社会住宅建設（sozialer Wohnungsbau）は、住宅建設に対する公的支援の一環であって、建築内容が一定の基準を満たす場合に無利子ないし低利子の融資をおこなうものであり、戦後西ドイツにおける住宅の大量供給を支えたといわれる制度である。これにより建設される社会住宅（soziale Wohnung）[45]の基準の一つに居住面積があり（「助成適合基準（Kriterien der Förderungswürdigkeit）」；これは基本的な需要を満たすものとして想定されている）、施行法で数値を規定する州によって若干異なるが、おおむね**図表3-6**のような値が示されている（居住面積以外に部屋数を示す州もあるが省略）。

(v)　積算理論か連結理論か　　以上のうち、後二者が「掛け合わされて」住居費の適切性が判断される。例えば、ベルリンの場合、50平米（単身世帯に認められる上限）×6,97ユーロ（住居の状態が簡素に分類される建築年のもっとも新しい住居の平均平米単価）=348,50ユーロが、適切かどうかの一つの分かれ目となる（なおベルリンの家賃一覧表には付随費用が含まれていないので、これにさらに適切な額の付随費用が加わることになる[46]）。これが現在のドイツの判例でオーソドックスな適切性の判断手法である[47]。

そもそも家賃一覧表[48]や助成適合基準[49]を適切性審査に援用すること自体はすでに連邦行政裁判所によって承認されており、その限りで連邦社会裁判所は従前の判例に準拠したかたちになる。しかしこれら複数の基準相互の関係について、引用したB判決の説示の後半部分では連邦行政裁判所の判例に従わずに新たな枠組みを提示している。すなわち、こうした判断手法を徐々に進化させてきた連邦行政裁判所では、個々の要素自体の適切性が重視される傾向にあり、例えば居住面積が上記基準をオーバーする場合、結果としての家賃額が低廉に収まっていても、やはり住居費は不適切という考え方がとられていた（「連結理論（Kombinationstheorie）[50]」）。対して連邦社会扶助法は、一つ一つの要素は必ずしも重要ではなく、要素の掛け合わせで示される最終的な金額が結果として適切な範囲にとどまるべきことを重視する姿勢を明らかにしたのである（「積算理論（Produkttheorie）」）。具体的には、上述の例において、もしこの単身者が60

平米の住居に住んでいるとすると、すでにこの時点で連結理論からすれば不適切さは確定するが、積算理論による場合、もしこの60平米の住居の実際の家賃が348,5ユーロ以内であれば、結果的に費用は（50平米のときと同じく）適切とみなされることになる。言い換えれば、要扶助者から見ると、広さを少々犠牲にしても平米単価が高くそれなりの居住水準を享受できる住居や、逆に平米単価を抑えてその代わり広めの住居を選択することが可能になる。その意味で積算理論はフレキシブルさに長じているといえる。実際の適切性判断においても、例えば35平米の居住面積であって、実際の家賃が280ユーロの単身世帯の場合、居住地区の平米単価が5,70ユーロであるとして、実施機関から、35×5,70＝199,50ユーロが貴殿の住居費の上限だが家賃がそれを上回っている、というような指摘を受けたときに、要扶助者は、自分は単身者なので最大50平米までは認められてしかるべきであり、そうなると50×5,70＝285ユーロが最大値となるから、家賃は適切な範囲に収まっている、という反論が可能となるのである。[51)]

(vi)　検　討　　2006年11月は、制度が切り替わってから初の最高裁判例が出された時期であるが、連邦社会裁判所は、連邦行政裁判所の到達点を受け継ぎつつ、それなりに論理的ないし科学的な判断手法を示しながら理論の伸長を図ろうとしているといえる。住宅手当法限度額表への依拠を基本的に否定し、その根拠として法律の目的の相違（住宅手当は住居費に対する需要を完全に充足することを目的としていない）を挙げる点では足並みをそろえつつ、しかし現実には実務での利用が広がっていることに鑑みて、[52)]適切性について他の認識手段がない場合にせいぜいの指標になるに過ぎないという留保のもと、値を定型的に加増（10％アップ、[53)]「確実性のための加算（Sicherheitszuschlag）」）して適用を結果的に容認している。家賃一覧表の値や、居住面積についても、必ずしもこれらを確定的に把握するのではなく、少々のオーバーや、世帯の実際の状況（車椅子利用の場合や、離婚等により普段は離れて生活する実子が面会交流のために要扶助者本人の家に一定期間滞在するような場合に居住面積の加増が認められるかどうかなど）に応じた柔軟な解釈をする方向性が示されているのも特徴である。[54)]

以上の意味では、金額という客観的な適切性判断においても、需要充足原理や個別化原理が働く余地が、新制度下で認められているといえる。なお、法律で問題とされるのは住居費だが、住居そのものの適切性（つまり広さの適切性）が議論され、結果にも影響してくるというある種の矛盾は、連邦社会扶助法の時代から意識されてきたが、これは一方では、住居自体が人間の尊厳に値すべきであるという意味で、簡素さとはどの程度を指すのかという議論につながるところがあり、風呂やシャワー、暖房のない家を選択肢から排除する機能を発揮する[55]ことは注目されてよい。

⑵　2008年判決による「論理的構想」の示唆

（i）　個別審査の弱点　　連邦社会裁判所は、連邦行政裁判所の知見を受け継ぎつつ、住居費の適切性審査について一定の方向を示すには至ったが、しかしその際の手がかりとして、整備状況に非常にムラのある家賃一覧表がかなりの程度頼りにされる点で弱点を抱えざるを得ない。そうした適切性の認識手段が尽くされてようやく定型的な住宅手当法限度額表への依拠が許される枠組みのもとでは、いったん紛争が生じた場合、実施機関の実務を後追いで全面的にチェックし、個別に救済していくことがただ繰り返されるだけであって、少々表現は悪いが、現場がいい加減な実務を重ね、その尻ぬぐいをすべて裁判所がおこなうという歪みすら引き起こしかねない。

問題となる事案の性質上、適切性の個別審査を裁判所が放棄するわけにはいかないが、やはりその前提として、実務でまず「適切な」適切性審査が確立される必要が、少なくとも司法の側からは認識されるようになる。

すでに2006年Ｂ判決において、「基礎保障主体および社会裁判権は、SGB 第２編第22条に基づく住居費の適切性を審査するにあたって、住宅市場における具体的な地域的実情をその都度調査しそれを勘案することから逃れられない。相当の家賃一覧表ないし家賃データバンク（BGB 第558c 条以下）が存在しない場合、基礎保障主体は、それぞれの管轄地域について、固有の－基礎保障に関連する－家賃一覧表やリストを作成しようと考えてみる必要がある。」(Rn. 23) というように、適切性の認識根拠獲得に対する基礎保障主体（自治体）自身の努力の必要性が触れられている。

この段階では、実施機関による「基礎保障関連家賃一覧表」作成が考慮されるべきことが述べられているのみであり、何をもって基礎保障に関連するといえるのかや、BGB に定める家賃一覧表との法的性質の違いについて明確な指摘はない。これに指針を示したのが連邦社会裁判所2008年6月18日判決[56]である。

(ii)「論理的構想」の提示　「地域の賃貸住宅市場の状況を確認するうえで、すでに当法廷が2006年11月7日判決で示唆したように、基礎保障主体は、BGB第558c条および第558d条の意味における適格ないし簡易家賃一覧表に必ずしも依拠する必要はない。基礎保障主体の選択するデータ上の根拠は、単に、地域の賃貸住宅市場の現況を反映する十分な保障を与えるような論理的構想に基づかなければならない。それに該当しうるのは、地域において考慮対象となる賃貸住宅ストックのうち少なくとも10%にデータの基礎がある場合である。加えて、結果としての「家賃額」を決定する諸要素（水準、入居可能になった年次、改装した時点、住宅の大きさ、設備）が評価に加えられることになる。データ内容がこうした要件を備える場合、BGB第558c条ないし第558d条の要件を他に満たさないような「家賃データバンク」も、SGB第2編第22条の意味における「適切性」を判断する基準として援用するのに適当である。」（Rn. 16）

ここで注目すべきは、「論理的構想（schlüssiges Konzept）」という新たな概念の提示である。もともとは、上述したような裁判所の負担加重を避けるためにコンメンタールで提案されていた表現[57]を取り入れたものと思われる。提案の背景としては、連邦社会裁判所にとって（のみならずかつては連邦行政裁判所にとっても）需要充足原理に直接支配されるはずの住居費給付の適切性審査において、需要の充足とは無関係に家賃補助をおこなう前提として用いられる（6段階ではあるものの、大まかな家賃の水準を示すのみであって、ストックを含む地域の具体的住宅事情を必ずしも反映しないような）住宅手当法限度額表という全国一律の上限をそのまま公的扶助に適用することは原理的に説明できず、さりとて、あくまで他の適切性認識手段が使い尽くされた場合に補助的にのみ限度額表を顧みることができるに過ぎないといくら限定をかけても、頼みの綱の家賃一覧表が必ずしも整備状況がよくなく、家賃一覧表がないと見るやすわ住宅手当法限度額表に依拠する姿勢が広がっている[58]状況は非常に安易に映るのであり、その間を埋める努力として、まずは実施機関が汗をかくべきだという発想があろう。

2006年B判決のように実施機関は自ら認識手段を作成せよと言いっ放しにするのではなく、地域に存する借家の少なくとも10%を反映したデータバンクがあれば適切性判定基準たりうるという、なるほど分かりやすい目標を示した意味で、2008年判決は、適切性審査基準の議論に新たな画期をもたらした。何に対しての10%かは、判決では「地域において考慮対象となる賃貸住宅ストック」としか触れられておらず、もし仮に地域の賃貸ストックすべてが分母だとすると、BGB に基づく家賃一覧表を作成する際の労力やコストとほとんど変わらなくなることになり、むしろ論理的には、比較的簡素な、主に低所得者向けのストック群のうち少なくとも10%だと考えれば、住宅手当法限度額表への依拠を基本的に否定し、同時に BGB 上の家賃一覧表が実際には存在しない場合の「第三の道」として意義が認められることになる[59]。

しかしなお、「基礎保障に関連する」データをどこからどう集め、どのように蓄積し、中身を分析し、低所得者が主に関わる住宅市場の家賃水準や空き状況などの再現性を構築していくのかについて、連邦社会裁判所は住宅手当受給者の平均家賃に関するデータの活用を示唆する程度であり（Rn. 17)、「論理的構想」成立の実体的要件はその後の展開に委ねられることとなった。ただいずれにせよ、個別審査が原則である住居費の適切性において、裁判所自ら、行政機関に対して審査基準をあらかじめ作成すべきことを求め、しかもその際、データが論理的構想に基づいていることのみを（「単に（lediglich）」）要求していることからすると、その限りで裁判所によるコントロール密度を弱めたとの評価も可能である[60]。個別性の強い給付でどこまで裁判所が審査できるか、審査すべきかというかねてからの問いに[61]、連邦社会裁判所としてはじめて態度表明をおこなったともいえよう。

(3) 2009年判決による「論理的構想」の定義づけ

(i) 判　旨　　この態度表明を具体化したのが、連邦社会裁判所2009年9月22日判決[62]である。

「構想とは、基準となる比較対象区域におけるすべての適用例にかかる一般的でありながらも時と場所に条件づけられた事実を体系的に調査し評価するという意味での、基礎保障主体の計画的行為であって、単にケースバイケースの瞬間的行為のことではない。／構想が論理的だといえるのは、以下の要件を満たす場合である。／データ収集は、正確に区切られた比較対象区域においてもっぱらおこなうことが許され、また比較対象区域すべてについておこなわれなければならない（ゲットー形成の禁止）。／観察対象の定義（住宅の種類、住宅の水準ごとの区分、暖房込み家賃か暖房抜き家賃か（比較対象性）、住宅の大きさごとの区分など）は追体験可能でなければならない。／観察期間の明示／データ収集の種類および方法の確定（家賃一覧表などの認識根拠）／用いられるデータの範囲に全体を代表する性格があること／データ収集の妥当性／データ評価における適切な数学的統計的原則の採用／得られた結論の明示（上限に幅をもたせるか、キャップとしての上限とするかなど）。」（Rn. 19）

連邦社会裁判所は、続けて、どのような場合にこうした条件を満たしうるかの示唆も同じ判決でおこなっている。いわく、地域にある住宅建設業者からデータを収集する場合、その業者が要扶助者について考慮されるような住宅の大部分を所有していれば問題はないが、ストック全体に占める割合がとるに足らないようであれば、そうした業者からの情報提供だけでは十分ではない。いわく、住宅の水準を問わずにデータを集めても、住宅の水準を簡素なものに絞ってもかまわないが、しかし後者の場合は、どのような観点でチョイスをおこなったのかを基礎保障主体はきちんと説明しなければならない。いわく、データ収集は、空き屋として提供されている住宅だけではなく、すでに貸し出されている住宅も対象にする必要があり、なぜなら公的扶助の枠内では低所得者向けに家賃が設定されているような住宅も考慮対象となるからである（しかし一時的にのみ賃貸借の対象となるような住宅（別荘や季節労働者向け住宅）は除かれる）。

(ii)　論理的構想の成否　「論理的構想」を提示したもともとの狙いは、住居費の適切性を巡る紛争が社会裁判所で増加し、かつ、一件ごとに裁判所自らがデータをたぐって適切かどうかを確認するという司法実務から、行政権による第一次判断に再度重心を移すべく、実施機関の有する適切性判断基準自体の審査に裁判所のチェックを限定させようという点にあることは間違いない。図式的には、裁判所が住居費の適切性を審査するのではなく、住居費の適切性を判断する行政機関の基準を裁判所が審査するスタイルへの転換だといえる。すなわち、地域住宅市場の状況が自治体ごとに相当に異なっていることを前提とすれば、適切な費用の基準を作成する唯一ないし特定の方法が存在するわけではなく、その限りで必要なデータの選択やその収集方法は基本的には実施機関に任せざるを得ないが、しかし実施機関は、なぜそういう選択をし、どのようにデータをとり、（とりわけ事後チェックをおこなう裁判所にとって）説得的に映る基準を内部で構築できているかを説明できるようにしていなければならず、そこに「論理的構想」なる存在の成否をかけようというわけである。この判決を受けて、実際にどのような結果が出ているのか、同じ年内の主な判決を拾ってみる。

まず、「論理的構想」を提示した連邦社会裁判所2009年９月22日判決自体では、実施機関の収集した家賃や住居ストックに関するデータが、どのような住宅に関してのものなのかが不明であり、その点の事実認定が足りないとして、原審を破棄し州社会裁判所に差し戻している。

対して、連邦社会裁判所2009年12月17日判決[63]では、実施機関の依拠した民法典上の家賃一覧表について、論理的構想を根拠付けることに疑いはないとしてその利用を肯定し、結論として原告側の上告を退けている。他方、判決期日の同じもう一つの連邦社会裁判所2009年12月17日判決[64]は、実施機関が住宅手当法限度額表をもっぱら適切性の根拠としている点について、論理的構想の欠如を指摘し、控訴審に審理を差し戻して実施機関による必要なデータの提示と家賃上限の確認を命じた。また、2009年判決の直前の判断ではあるが、連邦社会裁判所2009年８月20日判決[65]でも、実施機関が適切性判断の根拠の一つとした一平米当たり家賃が、基礎保障受給者に対して家探しを求めることができる比較的低水準の住居群の状況を十分に反映したものかどうかの確認がとれていないとして、やはり高裁に破棄差し戻しをしている。2010年に入っても、連邦社会裁判所2010年10月19日判決[66]は、ベルリン市の家賃一覧表から簡素な水準の住宅に関する値を引き出せる保障はないとして、破棄差し戻しを選択している。

(iii) 検　討　　思うに、2009年判決が示した計８つの要請[67]が、すべてを完全に満たすことが論理的構想の存在を肯定する前提なのか、あるいは総合考慮の際の要素的な意味を有するのか、（2009年判決の表現ぶりからすると前者のように思われるが）いずれにせよ、2008年判決で論理的構想があるかどうか「のみ」を審査するとして、事実上コントロール密度を下げようとしたことと比較すると、一転、かなり厳格な基準を提示し、かつ、実際の判断を見ると、実施機関の提示したデータへの信頼性を基準に照らして否定することが少なくなく、高裁への破棄差し戻しが続いていることと合わせると、再度コントロールを強めようとした印象が否めない。このように論理的構想の判断基準を相当厳格にとる2009年判決によってコントロール密度が高まりすぎ、連邦社会裁判所の求めるレベルの参照基準は実務上も裁判上も達しえなくなったのではないかとの批判も存在する[68]。2009年判決以降の判決を見る限り、少なくとも実務で成功裏に論理的構想を立てるのはかなり難しくなったといわざるを得ない[69]。

なお、2009年中の判決で唯一論理的構想の成立を認定しているのは、当該自治体に民法典に基づく家賃一覧表が存在していたケースであるが、そもそも家賃一覧表が適切性判断の重要な根拠となることは論理的構想をいう前から判例上確定していたのであって、そちらの射程範囲でも十分に理解できる判決である。

そうであればなおさら、住宅手当法限度額表に依然基づく実務と、整備状況に格段の違いのある家賃一覧表への依拠可能性との間にぽっかり空いた中間を[70]、主に低所得者向けの住宅ストックのうち１割程度は事前に調べ上げておくように、というかたちで埋めようとした連邦社会裁判所の現実的な狙いが示される一方で、（その後法廷内／法廷間でどのような議論があったのか分からないが）住居費の適切性という典型的な不確定法概念を裁判所が具体化せず、あたかも論理的構想の枠内であれば実施機関の裁量で適切性を決定できると理解されてはいけないというもう一つのスジ（裁判所によるコントロール）との関係で、自ら示した論理的構想に高度の要求をおこなうに至っており、その限りで、連邦社会裁判所が、過重な負担は拒否しつつ法解釈の責任は担い続ける（べきである）という一種のアンビバレントに陥っている様子を看取することができるように思われる。

(4) 「論理的構想」の副産物

(i) 若干の整理　　住居費の適切性は、住居費がそもそも個別的であることを前提とした議論であり、ゆえに（現実の行政実務においてはともかく）司法による個別審査に非常になじみやすい。住居費に関わる訴訟の、全体数に対する救済率の高さにもそうした性格は現れている。しかしそれは、問題となるケースがそこまで多くない場合に、ある意味で「まれな」ケースについて、裁判所がゆっくりと当事者の主張に耳を傾ける余裕があるときの話である。現実には、制度が切り替わり、受給者の激増と、機械的な実務の広がりが螺旋状に絡まり合うなかで、住居費の適切性に関する訴訟が爆発的に増大し、同時に、定型的な実務の影響で、実施機関が要扶助者の住需要を丁寧に発見、把握せずに、問題解明がそのまま裁判所に丸ごと持ち込まれる状況になると、もちろん、裁判所の本来のスタイルである、不確定法概念の具体化と、それを通じた司法による行政統制に裁判所は熱心に取り組むのではあるが、他方で、紛争の増加による物理的圧迫を前に、案件処理の効率化に心が動くことは避けがたい。

公的扶助の規範的限界（日本でいえば「健康で文化的な最低限度の生活」）という大上段からの構えはあれども、現実に、ある人の家賃が、保障されるべき最低限度から見て高いのか安いのかを判断することは、一件明白に超高額の場合を除けば、至難の業である。そういう意味で、そもそも実務が住宅手当法限度額表を重宝していることには理由がないわけではない。しかし法的論理を重視する社会裁判所からすると、個別化原理や需要充足原理と無関係な一律の基準で適切性を判断することはありえないとしか映らない。さりとて、紛争化するすべてのケースの適切性を裁判所がいちから審査することはとてつもない労力を要するのであり、こうしたせめぎ合いから、連邦社会裁判所は、コントロール密度の操作を志向していったといえる。

しかしそれは一つのベクトルだけに収まるのではなく、住宅手当法限度額表への依拠はあくまで最終手段としつつ（2006年A判決）、実施機関による地域の住宅市場の継続的監視を通じた行政権による審査基準設定に道を開き（2008年判決）、しかして司法コントロールにより相当のレベルの基準設定を求める（2009年判決）、というように、連邦社会裁判所の狙いと迷いが交錯する展開をたどっているといえる。

2008年判決が示した論理的構想は、実施機関による基準設定が合理的である限り、ケースごとの個別審査には踏み込まないという意味で、実体的統制よりも手続的統制に近い[71]。その限りでは、住居費の適切性という論点は、論理的構想を立案できるかどうかの実施機関と要扶助者との争いという次元から、行政権と司法権との役割分担（論理的構想を立てるのはあくまで行政側であって、構想の有無の認定と備えるべき要件の確認を裁判所がおこなう）という問題へ徐々にシフトしてきているともいえる。ただし連邦社会裁判所は実務にボールを投げきれなかったようで、多くのケースで論理的構想が不首尾に終わる程度の高度の要求を掲げたように、論理的構想の立案自体（すなわち実施機関の意欲と能力）が今後の焦点たりうるかどうかはなおも不明である。

(ii)　住居費引き受け上限の設定　　他方で、以上の議論は、思わぬかたちで、ある論点に対する連邦社会裁判所の態度を引き出すことになった。2009年９月22日判決は以下のようにいう。「基礎保障主体による適切性の基準の決定が論理的構想に基づいていない場合、……争われている行政行為を取り消す可能性が社会裁判所には認められている。被告の利益は、新たな行政行為が発出されるまで裁判所が仮の規律をおこなうことで確保されうるのであり、そこには実際の住居費を継続して支給する義務も含まれる。裁判所が納得するためのあらゆる調査手段が使い尽くされ、そうした認識手段が（例えば時の経過によって）もはや存在しないことが確定した場合、基礎保障主体は、要扶助者の住居に対する実際の費用を引き受けなければならない。もっともこれは、当該事案において、完全かつ無制限に引き受けられるのではなく、住宅手当法第８条に基づく、一定の加算をした表による値までに限定される。」（Rn. 27）

すなわち、適切性の認識手段が使い尽くされたときに、最終的にかつ補助的に住宅手当法限度額表の値に依拠できることは、すでに2006年Ｂ判決などで明らかにされていたが、論理的構想の厳格な要件を示した2009年判決は、そのロジックを、引き受けられるべき家賃の限度に転用することに言及したのである。

やや唐突な指摘であるが、同年の12月17日の両判決でも、一つは「“緊急事態（Notfall）”において適切性の限度を確定するという職権調査義務が住宅手当法第８条限度額表の値（に加算した額）に限定されるのは、主体が論理的構想を引き出すためのデータ提出や評価をおこなわない場合に、裁判所の職権調査義務を基本的に消滅させることを意味しない。」（Rn. 23）などとし、適切性の解明に対する実施機関の協力義務を強調しながらある種の予防線を張るが、もう一ついわく「もっとも実費の引き受けは無制限にはなされない。“上方に”修正した“適切性限度”が存在する。これにより、極端に高額であって、基礎保障主体の見解においてのみならずそれ自体不適切な家賃が納税者によって負担されることが防がれる。……さらに住居の保障という要扶助者の基本的需要の保護のため、“限度額表の値に確実性のための加算”を付けることが必要だと思われる。なぜなら、論理的構想が存在しない場合、適切な参照対象家賃が実際にどの程度かを確実性をもって判断することができないからである。その点で当法廷は〔筆者注：2006年判決を下した〕第7b法廷に従うものである。」(Rn. 27)

確かに第2編の導入によって、住居費が適切性を超える場合、一定の猶予期間を経て、住居費が一部カットされて支給されることが法文で明確にされている。実務の多くが、適切性の限度を住宅手当法限度額表に拠っているということは、同限度額表の値にまでカットされる（裁判になっているケースはこうした機械的なカットの例が非常に多い）ということであるから、結論だけから見ればそこまで驚くには値しないかもしれない。しかしながら、後に見るように、たとえ現在の住居の家賃が不適切に高額であっても、現実に転居先がなければ、なおも家賃の実費が住居費として支給される仕組みになっており、カットの明言はそうしたシステムとの隙間を広げかねない（つまり費用抑制可能性審査を事実上すっ飛ばして上限の家賃のみを支給する実務を公認しかねない）。住宅手当法限度額表の値を適切性基準の下限とみなすのならともかくも[72]、そもそも連邦社会裁判所が、自らは適切性を判断する際の主たる基準としては限度額表の援用を基本的に否定しているにも関わらず、支給される住居費の上限について同限度額表を（10%加算するとはいえ）そのままもってくることは、論理的一貫性を担保できるのかという疑問が生じてくる[73]。

論理的構想という実務へのシグナルを引っ込めるわけにはいかないが、しかし成立への要求が高すぎて肝心の実務が着いてこられず、高裁への差し戻しを繰り返すばかりになることや、住居費がそもそも適切かどうかではなく、住居費審査基準が適切かどうかに次元が移りかつそれが誰にも解明できなくなり、一種の真偽不明に陥るような場合を見越して、（とりわけ自治体にとっての）結果的妥当性（上限までの住居費支給）を最後には確保する[74]という趣旨があるように思われるが[75]、それでもなお、わざわざ納税者の利害を持ちだしてまで、住宅手当法限度額表に頼る実務を援護射撃する必要があるのか、よく分からない。連邦行政裁判所から連邦社会裁判所に裁判権が移った影響の一つであるかもしれない。

2　住居費の具体的適切性

以上で見てきたのは、住居費の適切性概念のうち、いわゆる「抽象的適切性（abstrakte Angemessenheit）」についての議論の枠組みである。この適切性は、ある住居費が客観的に適切かどうかに関わる概念であり、それ故に、どういう客観的基準に照らして適切不適切を判断するのかが議論される。その際、実施機関がどこまで丁寧に管内の住居事情に関するデータを収集して判断材料とすべきかがポイントとなってきた。

これに対して、「具体的適切性（konkrete Angemessenheit）」は、議論の次元が大きく異なる論点である。そもそも法律の規定上、「個々の特殊性から見て適切な程度を超える」とあるように、適切性は本来的にはすべて個々の特殊性を加味して判断しなければならないのであり、その限りで具体的適切性こそが適切性審査の中核をなすはずであるが、現実には実務上の能力に限界があるため、ひとまず抽象的に適切性を判断し、そこから逸脱するおそらく少数のケースについて、具体的な（つまり個々の事例ごとの）判断がなされることになる。以上をもって、ドイツ法における住居費の適切性審査は多段階審査（費用の抽象的適切性審査（内容としては、住宅の規模、一平米当たり家賃、比較対象区域などの決定）→費用の具体的適切性審査）だと評されることになる。なお論理的構想は本来はこの第一段階におけるデータ収集等の合理性を担保させるための判例法理である。

(1)　住居選択肢

住居費が（抽象的に）不適切な場合であっても、転居等によって住居費を抑制することが不可能または期待できない限りは、やはり住居費は全額実費で支給される。この費用抑制（期待）可能性審査を説明する際の道具として、すでに連邦行政裁判所が「住居選択肢（Unterkunftsalternative）」という概念を提示しており[76]、連邦社会裁判所も2006年A判決以降これを踏襲している[77]。すなわち、抽象的に適切とみなされる住居が住宅市場に現に存在し、具体的に利用可能であって、需要期間中に入居可能である場合に、はじめて住居選択肢が肯定されることになる。

現実問題として住宅市場に空き物件がまったくない場面は想像しづらいため、具体的適切性の議論は、実際には、家賃がより低額の住居について、そこへの転居を要扶助者に求めることが適当かどうかの問題として取り扱われており、その過程で選択肢が消えていけば、住居選択肢が結果的に存在しなくなり、例外規定が適用され、不適切に高額な住居費もなお全額が引き受けられることになる。例えば、肉体的理由（虚弱体質であって転居に耐えられないなど）、時間的理由（もう少しで年金生活に入る、収入が見込まれる等により短期の需要期間しか見込まれないなど）、社会的理由（保育所が近所でなくなる、子どもの転校が余儀なくされるなど）等々が問題となってくる[78]。

こうした考慮の結果、住居費の費用が客観的（抽象的）には不適切でも、代替となる住居を欠くため、現在の住居に住むことが主観的（具体的）には適切になる可能性が認められるのである。なお、住居選択肢の有無は典型的な事例判断であり、統一的な判断基準が整備されているわけではない。また、例えば室内を車椅子で移動するような場合に、より広い面積があてがわれるべきだとしてある程度の基準オーバーを容認するのであれば、これは抽象的適切性の議論（すなわち需要充足原理や個別化原理を背景にした個々の事情を反映した面積基準の柔軟化）で吸収できるし、同時に、車椅子使用者に対して他の住居への転居を求めることは適当でない（それに適した住居が他に存在しない）と構成すれば、これは具体的適切性の議論の一面となるのであって、多段階的な適切性判断といっても、現実には論点が重なるときもある。

⑵　転居による費用抑制

（i）一つの焦点としての転居　　いずれにせよ、規制の構造との関係で、住居費が高額に思われる場合の費用抑制の可能性が住居選択肢の有無を左右するのであるから、費用抑制の最たる手段としての転居が、連邦社会扶助法の時代に増して、法的、現実的争点になっていく。これに関連して、住居選択肢の議論は、住居費の適切性を相対化する点では意味があるが、事例判断にほぼ尽きるという制約もあって、射程範囲はあまり広くない。むしろ第２編では、住居費が適切かどうかに加えて、住居費が不適切に高額であることを前提に、要扶助者や実施機関にどのような権利義務関係が生ずるのかが、実践的意味も含めて重視されるようになってきている。というのも、法律の明文で、不適切な住居費の引受期限が通常6ヶ月までとされ、さらに住居の転居に関する規制がより明確化されることによって、費用の適切性判断だけでは必ずしも解決しない、そうした規定の要件や効果を巡る問題が表面化するようになってきたからである。

そもそも連邦社会扶助法下においては、住居費は全額実費で支給されることが大原則であり、適切な場合は無条件に（正確には適切であることのみを条件に）、不適切な場合は費用抑制可能性審査を経るという一定の条件のもとで、この原則は適用されていた。しかし、費用は不適切だがその抑制は可能と判断されたとき、おそらく、こうした場合はそう間髪を入れずに要扶助者は自動的、自主的により低額の家賃の住居へ移るだろうという（楽観的）想定があったのみであり、そうでない場合（つまり不適切に高額な住居費の住宅に住み続けるような場合）の住居費の支給の程度ないし限度は、少なくとも法令レベルでは規定されていなかった。このルールの欠落を埋めるため、行政裁判権で多くの議論が戦わされ、連邦行政裁判所が一時期、費用が不適切な場合、中途半端な住居費の一部支給は需要充足原理に違反するため許されず、従って住居費は全額不支給となるという判例法理を確立させたことがあり、これに反応した立法介入により、住居費が不適切な場合、少なくとも適切とみなされる金額は常に支給すべしとの旨が当時の法規命令に規定されるに至った。現在の第2編および第12編は、こうした判例ないし立法の経緯を受け継ぎ、同趣旨の条文を備えている。

しかし、ルールが明確化されたため論争は潰えたかというと必ずしもそうではない。というのも、住居費が適切かどうかの次元ではなく、仮に住居費が不適切に高額であるならば、では「なぜ」不適切に高額なのかが、様々な場面でなおも問題となるからである。これは端的には、転居が絡むかどうかによってくる。

(ii)　実費支給の狙い　　大前提として、ドイツ法における住居費実費支給原則の最大の意義は、その名の通り、実際の住居費をそのまま最低生活保障の内容に反映させ、その全額を給付の対象とすることで、要は、家賃の不払いをありえないものとし、よって住居喪失を防ぐところにある。問題は、こうした住居保護機能を「どこまで」認めるかである。

住居保護が認められるもっとも典型的な例は、受給開始前からすでにその住宅に住んでいる場合である。もちろん費用が適切な枠内に収まっている場合は何の問題もないが、費用が不適切だと判断されるような住宅にもとから住んでいて、その後要扶助状態に陥った場合に、扶助を受けたがために即座に転居を余儀なくさせることはできないという意味で、実費支給の対象とするのが、少なくとも連邦行政裁判所の判例であり[79]、また法の意味するところだと考えられている（「現住住居保護規定（Bestandsschutzregelung）」）。連邦社会裁判所も2006年A判決で、費用抑制可能性にかかる規定を「受給権者がすぐに（要扶助性の開始時点で）従前の住宅を放棄することを強制されるのを防ぐためのものである。」と説示している（Rn. 23）。

ただし、連邦社会扶助法下では明確でなかった、こうした機能がどのような時間的制限に服するかについて[80]、第２編および第12編は明確な回答を用意した。「通常は６ヶ月まで」の規定がそれである。この規定の狙いは、一方で、実施機関による不適切に高額な費用の支給に限度を設け、他方で、住居の保障という受給者の基本的需要を保障する点にあり[81]、その意味で両当事者の利益を念頭においたものであるが、そもそもの現住住居保護規定の趣旨との関係で、例えば第２編給付および不適切に高額な住居費の支給が見込めることを知りながら「豪勢な住宅」の賃貸借契約を締結するような一種の濫用的ケースでは、住居費がまったくまたは６ヶ月間について支給されないこともある（連邦社会裁判所2009年12月17日判決[82]）ように、６ヶ月は絶対的な期間ではなく、逆に個々の事例に応じて６ヶ月間よりさらに延長されることもある[83]。そうした例外にあたらなければ、通常は、受給開始後、住居費が不適切に高額であることおよび適切とみなされる住居費の上限金額が、費用の抑制に努力すべき旨とあわせて実施機関から受給者に対して通知（「費用抑制指導（Kostensenkungsaufforderung）」）がなされ[84]、定められた期間内で受給者は費用抑制に努めることになる。

(iii)　費用抑制の具体的手法　　費用抑制の方法として、法律では「転居、転貸借その他の方法」が明示されている。転居とは、適切とみなされる家賃の住居に移ること、転貸借とは、典型的には自家所有の場合に余っている部屋を第三者に貸して賃料を得ること（なおこの場合、転貸借による賃料収入は収入認定されるのではなく受給者自身の住居費を減ずるものとして取り扱われる）、その他の方法とは、例えば大家と交渉して家賃を値下げしてもらうことを指す。

費用抑制の可能性は、まずこうした手段を受給者が取り得るかどうかの問題となるが、一般的なケースで主として考慮されるのは転居の可能性であり、かつ、（住居選択肢の議論と重なるが）そもそも地域に空き屋が一軒もないというような状況は現在のドイツでは考えにくいため、その意味での客観的な可能性が否定される場合は基本的にはなく、実際には、転居（による費用抑制）を不可能ならしめる主観的事情が受給者に認められるかどうかがポイントとなってくる。なお受給者は、住宅局の訪問、給付主体の人的サービス、新聞やインターネット広告の閲覧、住宅建設協同組合など地元の賃貸大手といった、自身に利用が期待可能な手段を用いて、費用の適切な住居探しに集中的に努力し、入居可能で、期待可能な、需要に適しており費用が適切なあらゆる住居を賃借することが求められる。住居探しの範囲は原則として管轄主体の区域全体であるが、個々の特殊性との関係で、社会的環境を保持するため一定の領域に限定されることがある。受給者は、指定された移行期間中には需要に適した費用の適切な住居を借りることができず転居による費用抑制が不可能であったことを主張するためには、費用抑制の努力を十分にしたことを具体的かつ論理的に説明して証明しなければならない[85]。

(iv) 判　旨　　連邦社会裁判所は2009年2月19日判決[86]でこの点につき以下のように詳述している。

「費用抑制措置が不可能または主観的に期待不可能である場合、確かに実際の（高額の）支出がさしあたり引き受けられるが、法律の文言上、「ただし通常は最長6ヶ月」である。すなわちこの規定は、「期待不可能ないし不可能」である場合にすら、「通常」遅くとも6ヶ月経過後には参照家賃の額でのみ支出が弁済されるべきことを予定している（通常事例）。しかしながら、一方で要扶助者に対して別の住宅を探すうえで「期待不可能ないし不可能」を法が求めることはできないのであり、とはいえ、他方で高額の住居費の引き受けは上述した法的効果との関係で例外的性格を有しているというべきであるから、通常事例からの例外に関する規定の枠内では、期待不可能性および可能性の要件解釈に対して厳格な要求をおこなうことができる。適切でない住居費の弁済は、具体的な理由によって根拠付けられるべき例外事例において認められるのであって、費用抑制の責務は不可能ないし主観的に期待不可能な場合においてもそのまま残ることになる；不適切に高額な住居費は、費用抑制措置が不可能ないし期待不可能であっても、適切な住居費に転化するわけではない。」

続けて、例外を正当化するところの「期待不可能」の要件を具体化する原則として、「連邦社会裁判所は、要扶助者における自己の社会的環境との結びつきを尊重し、費用抑制措置の期待可能性の枠内において、社会的環境の放棄を強制するような他の居住地への転居を要扶助者に要求することは基本的にできないことを承認している。社会的環境が保たれる場合、逆に、（転居等による）費用抑制措置は通常事例において期待可能である。」「社会的環境の保持は、居住状況の変動が一切許されないことを意味するものではない。むしろ要扶助者は、稼得可能な通勤者には当然ながら期待可能なように、公共交通機関による移動も受け入れなければならない。」「主観的期待可能性の意味で不適切な住居費を抑制する責務が縮小するには特別の根拠付けが必要である。場所を変わりたくないとか、住宅を手放したくないとかを要扶助者が引き合いに出す場合、例外事例を根拠付けうる特別の理由がなければならない。ここではとりわけ基本法に関連する事情ないしは過酷事例が問題となる。これは例えば、就学期にある未成年の子における社会的学校的環境の考慮であり、転居によって転校を余儀なくされることは可能な限りないほうがよい；同様に、子の養育のために特別のインフラを必要としており、転居した場合に遠隔地ではそれが失われてしまい、新たな土地では代替が効かないような単身養育者も考慮されうる。同じことは、障害者の参加を保障するための近隣にある特別の施設を必要としている、障害のある者または要介護状態の者ないしは彼らを世話する家族にも当てはまる。とりわけ単身の稼得可能な扶助受給者としてその種の理由を挙げられない者は、費用抑制措置が主観的に期待不可能であるための要件を満たすことはまずできない。」（Rn. 32-35）

すなわち、とりわけ家族がおり、養育や看護、介護など、社会的に認められうる理由がある場合、その場にとどまり続ける、つまりは転居を拒否できる可能性が高くなり、そうでない場合、とりわけ単身者においては、転居の拒否は単なる希望、願望の問題として、費用抑制の（期待）可能性が肯定されやすくなることになるわけである（いずれにせよ最終的には事例判断となる）。

(v)　検　討　　理屈の上では、受給開始時点で住居費が不適切に高額であり、かつ、費用抑制の可能性がその時点である場合、当初から住居費を全額ではなく適切とみなされる額のみ（つまり一部カットして）支給することはできる。ただし費用抑制可能性が受給開始時点で存在するといえるためには、受給（予定）者が費用抑制にまず努力したうえでないと費用抑制可能性の有無は判断できないはずであるから、実務では、当初の決定では住居費全額を支給し、住居費の不適切性が実施機関において明らかになった段階であらためて費用抑制指導をおこなうことが多いと思われる。6ヶ月の猶予期間もこの指導があってからスタートする[87]のであり、実施機関としては、例えばこの間毎月住居探しの状況報告を受給者に求め、努力が不十分だとみなせば住居費のカットに入り、あるいはカットの期限を伸ばしてさらなる努力を求めたりしているが、おおむね、受給開始から半年ないし一年経過した段階で、住居費の一部カットをおこなっているようである[88]。

関連して、6ヶ月の期間設定を（それ自体が受給者への経済的圧力であることは疑いないとしても）事実上の転居強制と見るか[89]、期間をどう利用するかは基本的には受給者が決定できるのでありこの間に住居費一部カットを受け入れて従前の住宅にとどまり続けることもできることを重く見るかは意見の分かれるところであるが、法律に不適切に高額な住居費の支給期限が明記されたことを受けて実務がかなり機械的になっていること自体を受給者が前提として行動するのであれば、あえて一部カットを受け入れるという「自由」な判断がありうるともいえるし、そうした前提自体を争い、個別事情の斟酌を受け入れさせることを（住居費のカット前であれカット後であれ）追求するのであれば、転居自体が心理的に強制されるものであり受け入れがたいと映ることになろう。また以上の意味では費用抑制を義務と見るか責務にとどまると見るかの違いにもつながる[90]。事前のルール設定を重視する第2編のモデルと、給付を協働的に形成していく連邦社会扶助法のモデルとの違いがちょうど表面化する論点でもある。

(3)　転居の主体

(i)　転居に関するもう一つのベクトル　　他方で、以上のような視角からすると、住居に住み続けようとする受給者と、転居を求める実施機関、という構図が浮かぶが、ここでの前提は、給付の開始前からすでに当該住宅に居住しているという事実であり、即時の転居は現実にも困難でありまた弊害が多いことから、現住住居保護の観点を立てつつ、保護の射程をどのように設定するかが論ぜられている。給付開始前から居住している場合、住居費が「なぜ」不適切に高額なのかを考えると、少なくとも受給者本人に原因があるわけでも、また実施機関に原因があるわけでもない。それまで最低生活保障と直接の関わりのないところで、ある人やある世帯が、どのような居住スタイルを選択するかはまったくもって当人の自由な判断に委ねられていることからすると（住居費を削る代わりに生活にお金を使う、あるいはその逆）、その後の生活条件の変動によって最低生活保障のカバー領域にたまたま到達したときに、受給者のコントロールできない適切性基準によって、家賃が低廉だった人はそのままその住居に住み続けることが許され、家賃が基準をオーバーしていた人は転居が強く求められるという、感覚的な不合理がぬぐえない。実施機関としても、お城のような家に住んでいる場合は別として、住居費の適切性を狙い撃ちで審査しているわけではなく、地域の家賃水準など、実施機関としても任意に形成できない基準によって判断にあたらざるを得ない。その限りでは、及ぶ範囲の広狭はあれ、現住住居保護規定の意味するところは大きいものがある。

しかしドイツでは、受給開始後に受給者が自ら転居する場合も、住居費の適切性ないし費用抑制可能性判断において議論の対象となっている。要するに、転居を巡っては、大きく二つのベクトル、すなわち、実施機関が受給者に対して転居をおこなうよう要請する場合と、受給者が実施機関に対して転居を認めるよう要請する場合とが指摘できるのである。この後者は、日本の感覚とは少しずれる可能性があるが、扶助受給中の（自らの意思による）転居がそう珍しくないドイツでは重要な論点である。

まず、連邦社会扶助法下において現住住居保護規定という枠組みが定着した背景としては、給付の開始時点ではなく、給付が開始された後に別の住居へ移るケースを、その時点の規定に照らしてどのように位置づけるべきかが問われた点が指摘できる。住居費支給に関連するもともとの法規命令には、住居費給付が実費で支給されること（RSVO 第 3 条第 1 項第 1 文）、住居費が適切な程度を超える限りで、費用抑制が不可能な限りは全額を承認しなければならないこと（RSVO 第 3 条第 1 項第 2 文）だけが規定されていた。先に少し触れたように、ここでは、給付開始時点で不適切に高額な住居に住んでいる場合、費用抑制に努力してもそれがかなわない限りは実費支給し、そうでないのであれば受給者は自発的により低家賃の住宅に移るであろう、という想定（のみ）があったのである。

しかしよく考えれば、この両文だけを読む限り、受給中に転居した場合も、転居先の家賃全額が支給対象になる可能性は文理上否定されない。まして転居により家賃が上昇する場合、実施機関から見れば、すでに転居を完了されもとの住居に戻る可能性が現実的にない限り、住居喪失に至らしめないことを考慮すると、法規命令の規定ぶりからしても転居先の家賃を引き受けなければならなくなる。確かに低所得者層は相当劣悪な居住環境に長らく甘んじている場合が多く、給付開始をきっかけに生活立て直しの一環として最低限度の水準が保障される住居に移ることがよくあり、転居によって住居費が増すことがすべて濫用的利用に該当するわけではない。しかし一種のルール欠如を衝いて高額の住居費の引き受けが要請される場合、それを拒否する明文上の根拠がないまま、いわば苦肉の策として、住居費一部支給や制裁的な住居費全額カットに挑む自治体が現れ、その法的な是非が行政裁判所で争われるなかで、住居費全額不支給という判例法理が登場してきたのである。さらにこれを司法のハレーションと見た立法者により、法規命令に住居費一部支給の根拠が明記されるに至った。このように、住居費給付のダイナミズムは受給者の積極的な行動に多くを起因しているのである。

(ii)　規定の確認　　実際、こうした経緯により付け加えられた規定は、表現上の差異はあれ、現在の第2編、第12編にも受け継がれている。参考のため、1996年社会扶助法改革法による改正後の RSVO および2003年制定時点の第2編、第12編の関連条文を比較すると**図表3-7**の通りである。

比較するとよく分かるが、RSVO 第3項第3文以下が転居を念頭とした規制を意味しており、かつ、第12編はほぼ同内容となっているのに対して、第2編は、第22条第2項で違いが出ている。ここでは、転居に関する諸事情を知らせる義務ではなく、実施機関の確約（Zusicherung）を事前に得る責務を導入し、かつ、確約付与義務の要件を整備した。逆に、住居費一部支給に関する定めを落としている。これは、すでに第1項第1文において請求権を「適切な限

図表３－７　条文比較

RSVO 第３条	第２編第22条	第12編第29条
住居に対する経常給付は、実際の出費額で支給される。（第１文）	住居および暖房に対する給付は、それが適切な限りで、実際の出費額で支給する。（第１項第１文）	住居に対する給付は、実際の出費額で支給する。（第１項第１文）
住居に対する出費が個々の特殊性から見て適切な程度を超える限りで、所得と資産を本法第11条第１項に基づいて考慮しなければならない者の需要として、住宅移転、賃貸もしくは他の方法によって出費を抑制することがその者に不可能あるいは期待できない限りは、それを承認しなければならない。（第２文）	住居に対する出費が個々の特殊性から見て適切な程度を超える場合、転居、転貸借その他の方法によって出費を抑制することが単身要扶助者または需要共同体に不可能または期待できない限りで、その単身要扶助者または需要共同体の需要として承認しなければならないが、ただし通常は最長６ヶ月とする。（第１項第２文）	住居に対する出費が個々の特殊性から見て適切な程度を超える場合、その限りで、収入および資産を第19条第１項に基づいて考慮しなければならない者の需要として承認しなければならない。（第１項第１文） 第２文は、転居、転貸借その他の方法によって出費を抑制することがその者に不可能または期待できない限りで適用されるが、ただし通常は最長６ヶ月とする。（第１項第３文）
扶助受給者は、新しい住居に関する契約を締結する前に、当地を管轄する社会扶助主体に対して、第２文にいう主たる諸事情を知らせなければならない；新しい住居に対する出費が不適切に高額な場合、社会扶助主体は適切な出費の引き受けのみを義務づけられるが、それを超える出費に事前に同意していればその限りでない。（第３文）	稼得可能な要扶助者は、新たな住居に関する契約を締結する前に、新たな住居の費用に対する自治体主体の確約を得るものとする。（第２項第１文） 自治体主体は、転居が必要であり、かつ新たな住居の費用が適切な場合にのみ、確約を付与する義務を負う。（第２項第２文）	受給権者は、新たな住居に関する契約を締結する前に、管轄社会扶助主体に対して、第２文および第３文にいう主たる諸事情を知らせなければならない。（第１項第４文） 新しい住居に対する出費が不適切に高額な場合、社会扶助主体は適切な出費の引き受けのみを義務づけられるが、それを超える出費に事前に同意していればその限りでない。（第１項第５文）
本法第15a条第１項第３文は、住居に対する給付の支給に準用しなければならない。（第４文）		
住宅調達費用および保証金は、事前の同意があった場合に引き受けることができる。（第５文）	住宅調達費用、保証金および転居費用は、自治体主体による事前の確約があった場合に引き受けることができる。（第３項第１文）	住宅調達費用および保証金は、事前の同意があった場合に引き受けることができる。（第１項第７文）
転居が社会扶助主体から促され	この確約は、転居が自治体主体	同意は、転居が社会扶助主体か

あるいは他の理由から必要な場合で、同意がなければ住居を適切な期間内に見つけることができない場合、同意は付与されるものとする。（第６文）	から促された場合またはその他の理由から必要な場合で、確約がなければ住居を適切な期間内に見つけることができない場合、付与するものとする。（第３項第２文）	ら促された場合または他の理由から必要な場合で、同意がなければ住居を適切な期間内に見つけることができないときは、付与するものとする。（第１項第８文）
	住居および暖房のための費用は、要扶助者による合目的的な使用が確保されない場合、自治体主体が、賃貸人その他の受領権者に支払うものとする。（第４項）	住居に対する給付は、受給権者による合目的的な使用が確保されない場合、賃貸人その他の受領権者に支払うものとする；受給権者にはそのことを文書で通知しなければならない。（第１項第６文）
	滞納家賃は、引き受けなければ住宅喪失に陥るおそれがあり、かつ滞納によって具体的に見通しのある就労の受け入れが妨げられるような場合、貸付としてこれを引き受けることができる。（第５項）	

りで」（のみ）認めていることに対応したものであり（RSVO および第12編と比較せよ）、続く第２項が論理的には従前住居からの転居が（期待）不可能な場合の規定であることの裏返しとして、第１項が当然に（給付開始前からその住居に住んでいる場合のほか）受給中に新たに転居する場合にも適用される、すなわち転居の場合も住居費に対する請求権は適切な程度で頭打ちになることが明確だからだと理解されている[91)]。

確かに、形式的に社会扶助を受け継いでいない第２編では、受給ケースも法律の施行と同じ時点でスタートすることになるため、転居に対する確約をとるよう規制していれば足ると考えられたことが背景にあるのであろうが[92)]、しかし実際には受給後の確約を得ない転居が少なくなく、こうしたやや技巧的な解釈では限界があると考えられたのか、受給中の転居に際して支給する住居費の程度に関する以下の規定が2006年７月に起こされている。「不必要な転居によって適切な住居費および暖房費を増加させた場合、給付はそれ以降、従前まで負担されていた適切な出費額しか支給しない。」（第２編第22条第１項新第２文（2006年７月改正時点））

(iii) 分　析　　では第2編ではどのような枠組みで受給中の転居が可能となるのかというと、端的には、手続的要件としての事前の確約と、実体的要件としての転居の必要性および転居先住居の費用の適切性によって判断されることとなる。

まず、「確約を得るものとする」との表現からして、受給者に課せられているのは絶対的な義務（Pflicht）ではなく、あくまで責務（Obliegenheit）のレベルである。従って確約を得ずにした転居が法的に無効になるとか、住居費に対する請求権が一切失われるとかの効果を生むわけではない。上述したように、常に適切な住居費は支給されるのであるから、むしろ問題は確約を得てした転居と、確約を得ずにした転居とで、得られる給付にどのような違いがあるかである。この点、連邦社会裁判所は「第2編第22条第2項で予定されている転居前の費用に対する確約は、第3項のそれとは異なり、請求権の要件ではない。」（2006年A判決[93]）、「第2編第22条第1項第2文〔筆者注：2006年8月改正による新第2文〕に基づくと、むしろ、もし将来の住居費がより高額になった場合でも（客観的に）これが第2編第22条第1項第1文の意味にいうところの適切であって、転居が必要なものである場合、このより高額の住居費が支給されることになる。他方で第2編第22条第2項第1文は、このより高額の住居が引き受けられうるかどうかについて、転居前に明らかにするという機能がある。しかしこの規定は同時に、移行期間なしに実際の適切な住居費を短期間のみ引き受けるという第2編第22条第1項第2文の射程の広い結果から要扶助者を守ることを意図している。」（連邦社会裁判所2010年8月30日判決[94]）と判示している。つまり確約そのものは、受給者に対する啓発機能ないし警告機能があるのみであって、新たな住居の費用の適切性をあらかじめ明確にすること、無分別な転居によって家賃債務を生まないようにすること、適切性に関する争いを予防することを狙いとしているに過ぎず[95]、実体的な請求権の多寡とは直接には無関係ということになる。そうなると確約を得ることに対するインセンティブは確かに働きにくい。

もし実施機関が、転居後の住居費が不適切に高額な場合であってもその全額を支給することを認識して確約を付与した場合は、当然ながら住居費は全額実費で支給される。しかしそれを受給者から要求することはできない。法は、一定の要件を満たした場合に確約を義務化しているが、それはあくまで転居が必要であり、転居後の住居費が適切な場合である（住居費に対する実体的請求権を適切な程度に限定する法の枠組みと通底している[96]）。

このうち、費用の適切性については、住居費全般に通ずる基準で判断されるためとりあえず省略すると、転居の必要性をどのように判断するかがさしあたりの問題となる。一般論としては扶助を受給していない者においても転居に至るような、後から考えても理解可能で、納得できる、合理的な根拠が存在する場合、転居の必要性が肯定されるが[97]、法は必要性の判断基準を特に示していないため、結果としては事例判断とならざるを得ない。よくある例としては、既存の住居での生活が困難になった場合（暖房効率の低下、建築上の基準不適格など）、家族構成に変化が生じて住居と需要状況とが合わなくなった場合（離婚や再婚、子の出生や成長に伴う必要な部屋数の増加など）、健康上の理由が存する場合（障害や加齢により階段の昇降が困難になるなど）といったケースがある[98]。

実務を前提にすると、もし住居費が不適切な場合は、適切な費用の限度が要扶助者ないし受給者に知らされ、その範囲内で住居探しをしながら費用抑制に努めることになるが、もとから住居費が適切な場合は、実費がそのまま支給されるため、受給者からすると、費用抑制指導がなかったという意味では問題ないが、では現時点での住居費が「どの程度」適切なのかは基本的には分からない。もちろん、適切性基準を使い尽くして、すなわち基準の上限いっぱいでギリギリ適切というケースもあるだろうが、そうではなく、ある程度枠を使い残しているケースも少なくないはずである。そこから考えると、適切性の枠内であれば、よりよいないし必要性に応じた住環境を求めて積極的に次の、別の住居を探すことはむしろ自然であるともいえる。法も、受給中の転居自体を禁止してはいない（基本権との関係があろう）。その意味で転居には、費用抑制を求めるための一手段という位置づけにとどまらず、ある一定の枠内での住居需要の（さらなる）具体化として、積極的な最低生活保障の一面をも認めることができるように思われる。

ただし給付濫用の側面を際立たせないことが肝要であることから、手続的なルールが用意されている。そうでなくても上限額ピッタリの空き物件が都合よく存するわけでもなく、受給者自身適切な限度を知らないなかで無闇に新たな住居を探すとなると、思わぬ高額の住居に至り、契約を済ませてしまうと家賃債務が発生してしまうため、場合によっては滞納家賃の増加やホームレス化という悪循環に陥ることもあることから、受給者に対して契約締結前に実施機関への情報提供を原則としてはおこなわせることで、不必要な争いを避けようとしているのだと考えられる。ここで付与される確約は、しかし、請求権を根拠付けるものではなく、あくまで重要なのは、新住居の家賃の適切性であり、その住居を必要とする理由であるという意味で、実体的な居住保障という考え方に立脚していることも読み取れよう。

もちろん、立法前からの経緯もあって、住居費が不適切に高額な場合、適切な程度までしか支給しない原則が存在感を増しており、そうでなくても受給中の転居の場合は現住住居保護規定の枠外となるため、転居後のリスク（カットされた住居費部分の即座の捻出など）が相当程度受給者側に転嫁されていることは確かである。しかしそうであったとしても、例えば住宅調達費用、保証金および転居費用は、同じく確約の対象とされているが（第２編第22条第３項、第４項)、実施機関から転居を慫慂されるとは端的には費用抑制を求められるということであるから、この確約がなされる可能性は多分にあり、こうした一時的に発生する住居費まで自腹を切るような転居を敢行する受給者はあまりイメージできないことを踏まえると、転居とそれに付随するないし後続する費用に対する実質的な保障の水準は決して低くはないともいえる。

3　制度のさらなる展開

以上でおおむね2010年までの住居費給付に関わる典型論点の行方を見てきたが、結局は、基準額給付と根本的に異なる前提に立って制度が設計されていることが、一方では議論を深化させ、一方では結論を混迷させているとも評価できる。

住居費給付の建前は、住居費が個々に異なるかたちで現れることをそのまま給付面で受け止めることであり、しかしそれは単純な引き写しではなく、理論的にはあらゆる住居費需要が基礎保障法上の審査を経て（その限りで、単に主観的に充足されることが期待される需要ではなく、客観的に充足すべき需要として規範化されて）基礎保障給付の対象とされることになる。適切性審査も費用抑制可能性審査もこうした需要の規範化の重要な一過程である。制度上、これは不確定法概念の具体化として、行政裁量のもとにはおかれず、裁判所の全面的なコントロールに服している。換言すれば、充足してもよいし充足しなくてもよいような需要は原理的には存在せず、ある場面ある場面において法解釈を通じて必ず充足すべき需要が明らかになると考えるからこそ、とりわけ費用の適切性にかかる議論は緻密化、精密化傾向をより強くするのである。

他方、適切性の基準作りは必然的に審査基準の一般化、類型化、あるいは外部化効果を有する。仮にこの効果が全面化した場合、住居費需要が個々に異なりうるという前提との摩擦がどうしても生じてくる（論理的構想の混迷も、需要充足原理や個別化原理を「どこで」効かせるかの判断のブレという側面があろう）。それに対応して、とりわけ費用の抑制可能性審査が、客観的事情のみならず主観的事情を可能な限りくみ上げることで、不適切に高額な住居費ですら保障の対象たらしめている。もちろん第2編ではこうした効果はかなりの程度相対化されており（6ヶ月ルール）、少なくとも要扶助者、受給者から見た場合、自らの住居費が不適切に高額でも個別に汲むべき事情があることを認めさせるのか、そもそも不適切に高額ではないことを認めさせるのかにおいて、連邦社会扶助法の時代と比べても後者に力点をおかざるを得ず、適切性審査基準の高度化（およびそれに付随する一定の固定化）との関係でアンビバレントを生んではいるが、その点を加味しても、住居費の需要審査は諸々の意味で個別審査（Einzelfallprüfung）であること自体に変化はない。個別審査を徹底させることのよさは、住居費に対する需要が例えば行政の判断で一方的に切り捨てられたり（適切性審査が行政の裁量を許すものであればこれは現実となる）、あるいはその存否や程度がうやむやに終わったりせず、その限りで需要状況が個々に詳らかにされうることであるが、しかし逆に、予想される結論は常に不透明であり、予測可能性や法的安定性といった要請から離れ、事例判断以上の意味を持たない。訴えてみなければ分からない、では、最終的には原告、被告、裁判所すべての負担が増すだけである。

もちろん、これは第2編特有の話ではなく、司法による積極的な行政統制を前提とする多くの行政分野で多かれ少なかれ妥当するものであり、そもそも連邦社会扶助法自体が、不確定法概念や開放条項の多用により、個別審査を通じた司法による統制を呼び込む作り方をしていたことを考えれば、驚くには値しない。ボリュームだけの問題といえば、身も蓋もないが、当たらずと雖も遠からずである。そしてそうこうしているうちに、第２編は2005年の制度開始後、とりわけ2008年から2009年にかけて大きな転機を迎えることとなった。ここには、住居費給付にとって内在的な要因もあれば外在的な要因もあるが、なかでも住居費給付と好対照をなしていた基準額給付において強烈な司法統制があったことが見逃せない。項をあらためて検討してみる。

1　連邦憲法裁判所基準額違憲判決と2011年改正

すでによく知られているように、2010年２月９日に連邦憲法裁判所は第２編に基づく基準額について違憲判決を下した[99]。判決の詳細に立ち入る余裕はないが[100]、結論として、第２編の基準額は「でたらめ」な見積もりによるものであって、透明性ある実態に即した手続で算出されていないとし、違憲状態の解消のため、2010年末を期限に需要調査および金額算定の見直しと新たな規定の創設を立法者に命じた。

その結果、改正法たる2011年３月の「基準需要の算出並びに社会法典第２編及び社会法典第12編の改正に関する法律[101]」により、基準需要の算出は、それまでの第12編に基づく法規命令ではなく、第12編の付属法として新たな連邦法（「社会法典第12編第28条に基づく基準需要の算出に関する法律（基準需要算出法[102]）」）によることとなり、第２編[103]および第12編[104]の基準額はともにこの算出法により算定される金額を用いるように規定された。そしてこれと同時に、住居費と暖房費に関する規定も改正されている[105]。

そもそも違憲判決の直接の対象は基準額給付であり、住居費給付や暖房費給付はひとまずは違憲性判断の枠外である。それにも関わらず、住居費および暖房費[106]に大幅な手が加えられており[107]、その経緯や背景は後述するとしても、2010年までの都合４回の改正が制定当初の条文を土台にしていたのと比べれば、今次の改正は全改に近い実質を有する改正である。2011年改正後の第２編および第12編の関連規定は以下の通りである。

第2編

第22条　住居暖房需要

(1)　住居および暖房に対する需要は、それが適切な限りで、実際の出費額を承認する。不必要な転居によって適切な住居費および暖房費を増加させた場合、従前の需要のみを承認する。住居費および暖房費が個々の特殊性から見て適切な程度を超える場合、転居、転貸借その他の方法によって出費を抑制することが単身受給権者または需要共同体に不可能または期待できない限りで、その単身受給権者または需要共同体の需要として承認しなければならないが、ただし通常は最長6ヶ月とする。第1文による不適切な費用の抑制は、これが転居の際に支給すべき給付を考慮すると不経済になる場合、要求しなくてもよい。

(2)　第12条第3項第1文第4号にいう自ら居住する住宅の維持および補修のための不可避的な支出も、引き続く向こう11ヶ月に発生する費用を考慮して全体として適切な限りで、住居需要として承認する。維持および補修のための不可避的な支出が第1文による住居需要を超える場合、自治体主体は、支出の当該部分の充足のため貸付をおこなうことができるが、これは実物として確保するものとする。

(3)　住居暖房需要に充てられるべき払戻金および差引残高は、払い戻しまたは差し引き後の住居費および暖房費を低減するものとして扱う；世帯光熱費に関連する払戻金はこれを考慮しない。

(4)　稼得可能な受給権者は、新たな住居に関する契約を締結する前に、新たな住居の費用の考慮について、それまで地域管轄にあった自治体主体の確約を得るものとする。自治体主体は、転居が必要であり、かつ新たな住居の費用が適切な場合、確約を付与する義務を負う；新しい住居地の地域管轄にあたる自治体主体は、これに関与することができる。

(5)　25歳未満の者が転居をおこなう限りで、転居後の住居暖房需要は、25歳に達するまでの間、自治体主体が住居契約締結前にこれに確約を与えた場合に限って承認する。自治体主体は、以下の各号のいずれかの場合において、確約を付与する義務を負う。

1　重大な社会的理由が存するために、両親または一方の親の住宅に住むよう当事者に指示できない場合

2　住居移転が労働市場への統合に必要な場合

3　その他の類似の重大な理由が存する場合

重要な理由があって確約を受けることが当事者に期待できなかった場合、第2文の要件が備わっていても、確約の必要性を考慮しないでおくことができる。25歳未満の者が、給付の支給要件を招来させる意図をもって給付申請前に住居に転居した場合、これらの者には、住居暖房需要を承認しない。

(6)　住宅調達費用および転居費用は、転居前に地域管轄にあった自治体主体による事

前の確約があった場合、需要として承認することができる；保証金は、新しい住居地の地域管轄にあたる自治体主体による事前の確約がある場合、需要として承認することができる。この確約は、転居が自治体主体から促された場合またはその他の理由から必要な場合で、確約がなければ住居を適切な期間内に見つけることができない場合、付与するものとする。保証金は、貸付として支給するものとする。

(7) 住居暖房需要に対して失業手当Ⅱが支給される限りで、受給権者による合目的的な使用が確保されない場合、受給権者の申請により、賃貸人その他の受領権者にこれを支払うことができる。これはとりわけ以下の場合に適用する。

1 賃貸借契約の即時解約を正当化できるような家賃滞納が存するとき

2 エネルギー供給の中止を正当化できるようなエネルギー費用の滞納が存するとき

3 金員を合目的的に使用する能力が病気または依存症のために受給権者にない具体的なおそれがあるとき

4 債務者名簿に登載された受給権者が金員を合目的的に使用しない具体的なおそれがあるとき

自治体主体は、賃貸人その他の受領権者に対して住居暖房給付を支払うことを受給権者に書面で通知しなければならない。

(8) 住居暖房需要に対して失業手当Ⅱが支給される限りで、債務の引き受けも、それが住居を確保しまたは同様の困窮状態を克服するうえで正当化される限りでおこなうことができる。引き受けは、それが正当かつ必要であり、それをしなければ住居喪失の危険に陥る場合、おこなうものとする。第12条第2項第1文第1号にいう資産は、これを優先的に活用しなければならない。金銭給付は、貸付として支給するものとする。

(9) 民法典第569条第3項と関連する第543条第1項、第2項第1文第3号に基づく賃貸借契約解除の場合において住居明け渡し請求が裁判所に受理された場合、裁判所は、本編の管轄地域主体または第8項に定める任務実施を同主体から委託された機関に対して、遅滞なく以下の各号について通知する。

1 訴えの到達日

2 当事者の姓名、住所

3 支払うべき家賃月額

4 請求の対象となっている滞納家賃および損害

5 決定している限りで、口頭弁論期日

訴訟係属の日についても通知することができる。家賃不払いが訴状の内容から明らかに借家人の支払い能力欠如に関係しない場合は、送達はおこなわない。

第22a条　条例制定権

(1) 州は、郡および郡に属しない市に対して、法律により、各区域内で適切な住居費および暖房費について条例を定める権限を与え、またはこれを義務付けることができる。この条例は、州法がそれを予定する場合、州最上級行政庁またはその指定する機関の事前の同意を要する。ベルリン州およびハンブルク州は、第1文に規定される条例に代えて法設定形式でこれを定める。ブレーメン州は第3文による規定をおこなうことができる。

(2)　州は、郡および郡に属しない市に対して、第22条第1項第1文にかかわらず、地域住宅市場に適切な空き物件が十分存在し、経済性の原則に合致する場合、各区域内における住居暖房需要を毎月の定型額で考慮する権限を与えることができる。定型化が個別の場合には不適当な結果になるときの定めを条例におかなければならない。第1項第2文ないし第4文はこれを準用する。

(3)　適切な住居費および暖房費の規定には、地域住宅市場における簡素な水準の状況を反映させるものとする。この規定は、以下の各号にかかる地域住宅市場への影響を考慮するものとする。

1　家賃上昇効果の回避

2　簡素な水準の住居の入居可能性

3　提供主体の多様性

4　社会的に調整された居住者構造の構築および維持

第22b条　条例の内容

(1)　条例には以下の各号を定めなければならない。

1　地域住宅市場の構造に応じた適切と承認される居住面積

2　適切と承認される住居費の額

条例には、適切と承認される消費価格および適切と承認される暖房費の額を定めることもできる。第2文の規定においては、第1文および第2文に掲げる値を考慮した一平米あたりの家賃および適切性の全体的上限を設けることができる。地域住宅市場の簡素な水準の状況を現実に即して反映させるために、郡および郡に属しない市は、その区域内で、複数の比較地域を設け、それぞれに独自の適切値を定めることができる。

(2)　条例には制定理由を附しなければならない。そこでは、適切な住居費および暖房費の調査の方法を説明しなければならない。条例は制定理由とともに各地の方法で公開しなければならない。

(3)　条例には、特殊な住居暖房需要を有する者について特別の規定を設けるものとする。これは、以下の各号の理由からより多くの空間的需要を有する者にとりわけ適用する。

1　障害

2　交流権の行使

第22c条　データ収集、評価、再審査

⑴　適切な住居費および暖房費を規定するにあたり、郡および郡に属しない市は、とりわけ、

1　家賃一覧表、認証家賃一覧表、家賃データバンク

2　適切な独自の統計的データ収集、データ評価または第三者による収集

を個別にまたは組み合わせて考慮するものとする。住宅手当法第12条第1項による最高限度月額を補助的に考慮することができる。評価には、新規契約家賃および継続家賃を反映させるものとする。データ収集およびデータ評価の手法は、条例制定理由で説明しなければならない。

⑵　郡および郡に属しない市は、条例で定めた住居にかかる値は少なくとも2年ごと、条例で定めた暖房にかかる値は少なくとも毎年、再審査し、場合によっては新たに確定しなければならない。

第12編

第4節　住居および暖房

第35条　住居および暖房

⑴　住居に対する給付は、実際の出費額で支給する。住居に対する給付は、受給権者の申請により、賃貸人その他の受領権者にこれを支払うことができる。住居に対する給付は、受給権者による合目的的な使用が確保されない場合、賃貸人その他の受領権者に支払うものとする。これはとりわけ以下の場合に適用する。

1　賃貸借契約の即時解約を正当化できるような家賃滞納が存するとき

2　エネルギー供給の中止を正当化できるようなエネルギー費用の滞納が存するとき

3　金員を合目的的に使用する能力が病気または依存症のために受給権者にない具体的なおそれがあるとき

4　債務者名簿に登載された受給権者が金員を合目的的に使用しない具体的なおそれがあるとき

賃貸人その他の受領権者に対して住居暖房給付が支払われる場合、自治体主体は、そのことを受給権者に書面で通知しなければならない。

⑵　住居に対する出費が個々の特殊性から見て適切な程度を超える場合、その限りで、収入および資産を第27条第2項に基づいて考慮しなければならない者の需要として承認しなければならない。第1文は、転居、転貸借その他の方法によって出費を抑制することがその者に不可能または期待できない限りで適用されるが、ただし通常は最長6ヶ月とする。受給権者は、新たな住居に関する契約を締結する前に、管轄社会扶助主体に対して、第1文および第2文にいう主たる諸事情を知らせなければならない。新しい住居に対する出費が不適切に高額な場合、社会扶助主体は適切な出費の引き受けのみを義務づけられるが、それを超える出費に事前に同意して

いればその限りでない。住宅調達費用、保証金および転居費用は、事前の同意があった場合に引き受けることができる；保証金は貸付として支給するものとする。同意は、転居が社会扶助主体から促された場合または他の理由から必要な場合で、同意がなければ住居を適切な期間内に見つけることができないときは、付与するものとする。

(3)　社会扶助主体は、地域住宅市場に適切な空き物件が十分存在し、個別に定額化が期待不可能でない場合、住居に対する給付を毎月定額で支払うことができる。定額算定にあたっては、地域住宅市場の実際の状況、地域の家賃一覧表および受給権者の家族状況を考慮しなければならない。第2項第1文はこれを適用する。

(4)　暖房および中央式給湯に対する給付は、それが適切な限り、実費で支給する。給付は、毎月定額で支払うこともできる。定額算定にあたっては、個人的家族的事情、住居の規模と状態、既存の暖房方法および地域的状況を考慮しなければならない。

第35a条　条例

郡または郡に属しない市が第2編第22a条ないし第22c条による条例を有しているとき、特殊な住居暖房需要を有する者について特別の規定が第2編第22b条第3項に基づいておかれかつ高齢者の需要が追加的に考慮される限りで、管轄社会扶助主体による第35条第1項および第2項に定める住居給付に条例を準用する。第2編第22b条第1項第2文および第3文による定めが条例におかれている限りで、第35条第4項に定める暖房給付にもこれを適用する。第1文および第2文の場合にあって、第35条第3項、第4項第2文、第3文は適用しない。

第36条　住居の確保のためのその他の扶助

(1)　負債は、それが住居の確保または同様の困窮状態の除去のために正当化される場合にのみ、これを引き受けることができる。負債は、それが正当で必要かつさもなければ住宅喪失に陥るおそれがあるとき、引き受けるものとする。金銭給付は、補助または貸付としておこなうことができる。

(2)　民法典第569条第3項と関連する第543条第1項、第2項第1文第3号に定める賃貸借関係の解約の場合で、住居明け渡し請求が裁判所に到達したときは、裁判所は管轄社会扶助主体または第1項の任務の実施を主体から委託された機関に対して、第1項に定める任務の履行のために、遅滞なく以下の各号を通知する。

1　訴えの到達日
2　当事者の氏名、住所
3　月々支払われるべき家賃額
4　主張にある家賃滞納額、主張にある損害賠償額

5　すでに決定している限りで、口頭弁論期日

このほか、訴訟係属の日も通知することができる。家賃滞納が訴状の内容から見て賃借人の支払能力を理由とするものでない場合は、転送はおこなわない。転送されたデータは、連邦援護法に定める戦争犠牲者援護による同様の目的のためにも利用することができる。

2　住居費給付の新ルール：幾つかの新規定

第2編における新たな立法のうち、もっとも重要なものは第22a条以下における条例制定権の新設であるが、これはボリュームとの関係で後に検討を譲ることとし、それ以外の論点について[108]、最高裁判例が出ている場合はそれも含めてここで取り扱っておく[109]。

(1)　適切性判断

住居費の典型論点である費用の適切性判断については、2011年改正でも特段の変更はなく、実施機関が論理的構想を構築すべきという判例法理の基本的な骨格も引き続きそのままである。すなわち論理的構想に対する司法の要求程度はなお高い。

連邦社会裁判所において、家賃一覧表が論理的構想の根拠となることが確認された[110][111]ほかは、高齢者用住宅の研究プロジェクトが収集したデータからはある特定地区の家賃の適切性が読み取れない[112]、実施機関の収集した地域住宅ストックの10%に相当するデータの中身が実際には第2編受給者、第12編受給者および住宅手当受給者のみから構成されておりここから平均を出すと適切とみなされる値が低下してしまうという悪循環を生む[113]、特定の建築年の住宅を除外して上限値を算出する場合は除外前後の住居の状況を確認しなければ数値に信用をおくことができない[114]、適切性の比較対象区域が確定されていない[115]、などの理由から、論理的構想の成立に言及しないケースが大半である[116]。

近時の傾向としては、適切性の認識手段が使い尽くされ住宅手当法限度額表の値を援用する前提条件として、論理的構想の不成立ないし非存在の事実認定を求めて事実審に審理を差し戻すケースも増えている[117]。

論理的構想の旗自体が降ろされているわけではないが、その成立を認定する際のハードルは相変わらず高く、行政実務や裁判実務との事実上の乖離を生んできている[118]。この問題は、新設された条例制定権の論点とつながるところがあ

るので、あらためて言及することとする。

(2) 転居の不経済性

改正条文で新たに規定されるようになったルールの一つが、費用抑制指導の例外条項である（第2編第22条第1項第4文「第1文による不適切な費用の抑制は、これが転居の際に支給すべき給付を考慮すると不経済になる場合、要求しなくてもよい。」）。

すでに見たように、2005年以降の規定ぶりとの関係で、事情に応じた費用抑制指導の余地があるのかどうかは明らかでなく、結果、実施機関による転居要請は相当程度機械化していた。実施機関の側から転居を求める以上、転居に直接起因する費用も基本的に実施機関が負担することになるため、たとえ少々の経常的住居費が浮いたところで、トータルで見るとむしろ費用負担が大きくなるケースもありうる。こうした事態を念頭に、新法では、保証金や転居費用を支給する場合との比較で、不適切に高額な費用の考慮をしてもより出費額が低くなる場合に、費用抑制指導の対象外とすることを明確に規定したのである。これは例えば、就労を開始するとか年金の受給年齢に達するとかによって、近い将来に受給が終了するような場合が典型だとされる[119]。

またこの条文では「費用の抑制を要求しなくてもよい」（muss nicht gefordert werden）と表現され、実施機関に費用抑制指導をするかしないかの選択肢が与えられている（つまり「要求してはならない」ではない）。ここから、少なくとも実務の機械的処理を立法者は問題視している様子が読み取れる。なおこれを裏返して、指導からの除外を求める請求権が受給者に帰属するかについて学説は分かれているが[120]、いずれにせよ生ずるであろう費用の比較対象を行政機関自らおこなわなければならないことに変わりはない。なお、指導の対象外となることの効果として、そもそも6ヶ月ルールが、実施機関から受給者に対して費用抑制指導がおこなわれてから日数がカウントされるため、指導が断念される以上、6ヶ月ルールは適用されず、不適切に高額な費用全額の引き受けがなされる。その限りで、需要充足原理に基づく住居費実費支給原則の回復をも意味している。

(3) 確約規定の若干の修正

主たる新ルールのもう一つが、確約付与に関する条項である（第2編第22条第4項第2文前段「自治体主体は、転居が必要であり、かつ新たな住居の費用が適切な場合、確約を付与する義務を負う」)。確約付与義務の要件が、改正前は「転居が必要であり、かつ新たな住居の費用が適切な場合にのみ」とあったところ、この限定を削除した。転居が不必要な場合、従前の規定では確約を付与することはできなかったが、改正により、転居が不必要であっても確約を付与できるようになり、実施機関の裁量がその分拡大したことになる。

住居費に対する請求権を「ゼロ」にはせず、しかし不適切に高額な費用の引き受けは極力例外化するという方向性は全体としては変わらないなかで、転居に対する実施機関の関与を呼び込む方策として、受給者からの事前の情報提供や実施機関による確約をより実効性あるものとするため、たとえ不適切に高額な費用を要する住居への転居であっても、これを放置せず給付のプロセスに位置づけ続けようという狙いが読み取れる。場合によっては転居を断念し不必要な費用の発生を抑えることで、結果として確約付与に対する広い意味でのインセンティブ向上につながる可能性がある。

3　住居費給付の新ルール：条例制定権の新設

2011年改正の本丸、目玉ともいうべきなのが、住居費の適切性および定型化に関する条例制定権の新設(第2編第22a条～第22c条)である。[121] 以下に検討するように、2005年の制度切り替え後、最大のインパクトを有する改正であり、場合によっては制度全体の方向性にも関わる重要性をも指摘できる。

(1)　背景および経緯

(i)　総　説　　ドイツ法における住居費の適切性に関する議論は、非常に多くの前提を有している。その最たるものは、住居費という需要が個々に異なりうることであり、それを制度でどのように受け止めるかに、ある意味で心血が注がれてきた。その最たる例として、連邦社会裁判所の時代は、需要充足原理や個別化原理といったドグマが全面的に妥当する領域として、費用が適切になりうる、あるいは費用抑制努力の限界を画する、といった場面を念頭に議論が展開されてきたといえる。対して第2編は、需要充足原理や個別化原理のようなドグマから意識的に距離をとりつつ、費用をできるだけ適切な枠内に収めることよりも、むしろ費用が不適切であることを前提として制度を組む点に特徴が見られる。ただし、支給すべき住居費の程度に関して不適切な費用部分をカットする限りで、公的な費用負担を抑えることには成功しているといえても、第2編が適切性判断そのものを放棄しているわけではない。

適切性という不確定法概念の具体化は、しかし、現実には混迷の度合いを深めている。ガラパゴス化してきたといえるかどうかはさておいても、とりわけ連邦社会裁判所における論理的構想の提示に見られるように、論理自体に相異なるベクトルが含まれており、コントロール密度自体のコントロールにもいまだ成功していない[122)]。

これは換言すると、個別救済の限界をも意味している。実施機関による論理的構想の構築を一般論としていくら要請しても、そもそも訴訟にならない限りその存否自体を実際のケースに即して語ることはできないのであって、規範論以上の意味を持ち得ないでいるのが現状である。日々の膨大な実務作業[123)]は、地域ごとに大きく異なる住宅事情を前提とした独自の戦略や内部規則等に基づいて遂行されており[124)]、判例で直接の援用が否定されている住宅手当法限度額表の値をそのまま住居費の適切性限度として堂々と公開している自治体すらある[125)]。

よく考えれば、「住居費という需要が個々に異なりうる」という命題と、「適切性の判断基準が個々に異なりうる」という実態とには、自明の結びつきがあるわけではない。しかしこうした混乱を招く要因の一つが、判断基準が司法判断ではない法規のレベルで存在していないことである。そうであれば、これを設けようという努力がなされることに無理はないことになる。

あわせて、「住居費という需要が個々に異なりうる」という命題自体を（否定はしないが）前提としない究極の方策が模索されるようになる。これは端的には、（すでに基準額給付がそうであるように）支給される住居費を一律化（以下、定型化（Pauschalierung））してしまうことである。

もちろんこれら（特に後者）は、需要充足原理や個別化原理との関係で大きな緊張をはらむものであり、ゆえにそうすんなりと制度化されるわけでもない。2011年改正がその可能性をあらためて認めるまでには、以下のような試みが存していた。

(ii)　連邦社会扶助法における試み　　第2編および第12編の前身である連邦社会扶助法においてすでに定型化の試みが規定されていた。1999年の法改正で以下の規定が連邦社会扶助法に挿入されている。

BSHG
第101a条　実験条項
社会扶助の継続的発展のため、本法に基づくより多くの給付の定型化を、次文から第6文の範囲において試みるものとする。この目的のために、州政府は社会扶助主体に対して法令により、本法によって額が既に決定されていない社会扶助給付または本法に基づいて額を定めることとなっていない社会扶助給付を、モデル計画において定型的に支給する権限を与えることができる。定型額は、特定の需要ごとに確定しなければならず、また、需要充足原則に適合したものでなければならない。モデル計画は、連邦レベルの判断が可能なように評価されなければならない；そのために、社会扶助主体、管轄の州最上級官庁、連邦労働社会相はお互い協働しなければならない。モデル計画は、それへの評価も含めて遅くとも2005年6月30日に終了する。モデル計画の期間と形式、個々人ごとについてもしくは第11条第1項第2文の意味における世帯ごとについての定型額の算定、扶助受給権者の参加要件、モデル計画の評価についての詳細は、第2文に基づく法令において定めなければならない；法令は、第88条第2項第8号および同条と関連する法令に基づく資産制限を、モデル計画に参加する者ごとに80%まで高めることもできる。

この実験条項の挿入以前には、一時給付の定型化を連邦政府が法規命令で定める旨の条文が1993年の法改正で連邦社会扶助法に加えられている（BSHG 第21条第1b項）。しかしながら、連邦政府による法規命令は結局発出されず、定型化の範囲をより広げる実験条項[126)]が時限的に設けられることになったという経緯がある。

実験条項に基づき、その名の通り実験という触れ込みのもと、幾つかの社会扶助主体で実際に一時給付（とりわけ被服費）や住居費、暖房費の定型化が取り組まれた[127)]。この実験は、第5文にあるように連邦による評価を予定するものであったが、図らずも2005年1月1日に制度そのものが切り替わり、連邦レベルの評価報告自体はうやむやになったままである[128)]。

このように給付の定型化への取り組みは連邦社会扶助法の下でも徐々に進められていたが、奇しくも第2編および第12編は、一時給付を原則的に廃止して基準額給付に統合するという給付改革を一度に成し遂げており、その限りで方向性の一致を見せている。ただしこの改革は必ずしも連邦社会扶助法による実験条項に対する連邦レベルの評価を踏まえたものではなく（そもそも評価自体がなされていない[129]）、あるいは一時給付だけを定型化することと、一時給付を定型化して基準額給付に合流させることとは同義ではないことを踏まえると、両者が単純に連続しているとは思われない。しかしいずれにせよ、一時給付の改革が実際に済んだいま、残される主たる定型化可能な給付が住居費と暖房費になるのは間違いない。

(iii)　第2編および第12編の当初の規定　　以上の経緯を前提として、第2編および第12編は、制定当初から以下のような定型化に関わる規定を有していた（いずれも2005年1月1日施行時点の条文）。

第2編

第27条　命令への授権

連邦経済労働省は、連邦財務省および連邦保健社会保障省の了承のもと、法規命令により、以下の各号について定める権限を有する。

1　住居および暖房支出の適切性の基準、住居および暖房費用の定型化の要件

2　転居費用を引き受ける上限額

3　第23条第3項第1文第1号および第2号に定める給付の定型化の要件および方法

第12編

第29条　住居および暖房

(1)（省略）

(2)　社会扶助主体は、地域住宅市場に適切な空き物件が十分存在し、個別に定型化が期待不可能でない場合、住居に対する給付を毎月固定額で支払うことができる。固定額算定にあたっては、地域住宅市場の実際の状況、地域の家賃一覧表、受給権者の家族状況を考慮しなければならない。第1項第2文はこれを適用する。

(3)　暖房に対する給付は、それが適切な限り、実費で支給する。給付は、毎月固定額で支払うこともできる。固定額算定にあたっては、個人的家族的事情、住居の規模と状態、既存の暖房方法、地域的状況を考慮しなければならない。

第12編は地方行政のため、定型化給付による支給権限を実施主体に直接与えるかたちをとっているが、第2編は自治体との混合行政を含む連邦行政であるから、所管の官庁による法規命令の制定権限を法律で認める点に違いがあるものの、いわんとしているところは両編で共通している。要は、住居費および暖房費を実費ではなく固定額で給付できるようにすることである。また、いずれ

も連邦社会扶助法のように実験的にではなく恒久的に定型化をおこなう可能性を開いていることが重要である。[130)]

実際、第12編の領域において、連邦社会扶助法における実験条項に基づいていたのと同様に、自治体レベルで定型化に取り組む例が見られる。なかでもカッセル市（ヘッセン州）は社会扶助の定型化にかねてから熱心であって、それだけに幾つかの法的紛争も生じている。例えば、実際の家賃が283,05ユーロであるのに対して定型化された住居費として258ユーロのみを支給したケースについて、カッセル社会裁判所2009年10月28日決定は、この金額に対応するような物件が住宅市場に実際に存在するかどうかについての資料が欠けているなどとして、この定型化を違法と判断し、実費との差額を追加で支給するよう命じている。[131)]

これに対して、第2編で設けられた法規命令制定権限はついぞ行使されなかった。そして行使されないまま、ついに2011年改正で条文自体が削除され、適切性基準の制定および定型化については新たな方式が採用されるに至るのである。

(2) 法規命令制定権限不行使への批判

(i) 連邦政府の姿勢　連邦政府（正確には政府全体ではなく所管たる連邦省である。これはその後の連立組み替えの影響（省庁再編）で、制定時点の連邦経済労働省から連邦労働社会省に変更されている。連邦保健社会保障省による了承の規定も併せて削除されている）が自らに付与された権限をついに行使しなかったのは（行使しようともしていないのか、行使したくてもできなかったのかは別としても）、郡の反対で[132)]連邦参議院の同意を得られる見込みがなく断念せざるを得なかったことが大きいともいわれるが、内部でどのような検討を実際に進めたのかなどはよく分からない。

確かに、割合早くから、いつ権限を行使するかと並んで、権限を行使するかどうか自体が不透明視されていた。[133)]その端的な理由として、規定すること自体の技術的困難性がある。住宅市場の状況が連邦全体で不統一であるばかりか、同じ連邦州、あるいは同じ自治体においてさえ異なる以上、とりわけ適切性を金額として示すことには困難が伴わざるを得ない。[134)]こうした実態との関係の他にも、授権規定の簡素さからして、第2編第27条が憲法上のハードルをクリアできないのではないかという指摘も強かった。基本法は、法律によることで、連邦政府、連邦省および連邦州に法規命令制定権限を付与できることを規定するが、同時に、付与される権限の内容、目的、程度を法律で規定しなければならないとする（基本法（Grundgesetz, GG）第80条第1項）。「適切性の基準」や「定型化の要件」と書くだけで、どのような内容の基準や要件でもよいとなるのであれば、これは白紙委任に等しく、憲法に違反する可能性があるというのである。[135)]

こうした議論や懸念の背景には、住居費給付と暖房費給付が基準額給付と並ぶ最低生活保障を構成する重要な給付であること（とりわけ住居は最低生活の内容ないし対象として基本法上の重要性を有すること）、それ故に、適切性の基準確定や定型化が、需要充足原理や個別化原理とそもそも緊張関係にあることに対する認識が存在している。[136)]

換言すれば、連邦政府には、こうした諸々の問題点を考慮しながらも、基準設定や定型化によるメリットを明示して制定手続を推し進めるだけの余力が対内的にも対外的にもなかったということであろう。[137)]

(ii)　連邦社会裁判所の期待、注文　　住居費の適切性は典型的な不確定法概念であって、これは法解釈を通じて具体化されていき、そしてその法解釈の最終的な担い手が裁判所であるというスジを逆手にとれば、第一次判断権を行使する行政は、いずれ司法がチェックしてくれるからと、住居費需要の具体化作業を熱心におこなわなくなる可能性も否定できない。ゆえに、連邦社会裁判所が論理的構想を通じて実務に（そのレベルはどうあれ）要求を突きつけているのは、行政府が司法府に住居費の具体化を丸投げしてはいけないという認識があってのことである。

しかし同時に、裁判所によるコントロールには個別救済であるがゆえの限界があることとも関連して、住居費という重要な需要について立法府が法の解釈適用を全面的に行政府や司法府に委ねている現状自体への問題意識が、実際、第2編において（かつての連邦社会扶助法とは異なり）適切性の基準確定やさらにそれを先へ進めた定型化の権限が行使されれば、多くの法的紛争が未然に防がれ、すなわち、社会裁判権全体の負担軽減に直結する以上、裁判所から素直に表現されるようになっていく。2009年の幾つかの判決で、連邦社会裁判所は以下のように期待ないし注文を表明した。

「第２編第27条を根拠とする、法の平等な適用という観点から緊急に望まれるところの、住宅の適切な面積に関する連邦統一的な規定が法令発出者自身によって法令でおこなわれるまでの間、以上の考慮〔筆者注：適切な居住面積の判断において連邦州ごとに基準が異なりうること〕にもかかわらず、法的安定性および実用性といった理由から、連邦社会裁判所の別の法廷におけるのと同様に行動する〔筆者注：そうした面積基準を適用する〕ことを、当法廷も現時点ではなお妥当であると考える[138]。」

「以上の関係でしかし当法廷は、第２編第27条を根拠とする、法の平等な適用という観点から緊急に望まれるところの連邦統一的な規定を自ら法令でおこなうよう、命令制定者に繰り返し要求するものである[139]。」

そもそも適切性という不確定法概念を具体化するうえで、連邦レベルの基準（とりわけ面積の基準）がないまま（基準が連邦州によってそもそも違っているまま）、しかし現実に生起する多くのケースに即して住居費の適切性をまずは行政実務において審査しなければならないし、訴えられれば、裁判所としては全面的に審査するしかない。しかしそのケース限りの救済になるため、非生産的といえば非生産的である。連邦レベルの基準の不存在というはじめの条件を変えることで（そうでない限りは全面的に審査するという建前は残しつつ）、全体の回転がよくなるという狙いも看取されよう。

(iii) 連邦会計検査院の指摘　　立法当時の経緯により、第２編の財政構造はかなり複雑なものとなっており、住居費給付については、給付を管轄する自治体がいったん全額を支弁しつつ、連邦州ごとに定められた補助率に従い連邦が部分的に負担するという仕組みがとられている。その限りで住居費にも連邦の財政負担が生じており、よって連邦会計検査院（Bundesrechnungshof）による検査がおこなわれることになる。

2007年12月19日の連邦会計検査院報告[140]において、住居費の適切性審査が実施機関ごとに異なる基準や手法で執行されており、法の適用において不統一かつ部分的に違法な状況を生み出しており、結果として連邦にも自治体にも無視できない範囲の超過負担をもたらしているとの批判がなされ、具体的には、法解釈において異なる基準に依拠しているため費用の上限も異なって定められている、費用抑制指導を適時におこなっていない、適切性の超過を見逃している、6ヶ月ルールを違法に引き延ばしている、基準額に含まれている需要を住居費において二重に計上している、ケースの事実認定が十分でない、規定が複雑で職員に多くの要求がなされているのに実施機関はこれを正当に評価していない、といった現状が指摘されている。そして「このように認定された行政執行における欠缺およびその理由からすると、適切な住居費および暖房費についての法規命令が緊急に必要であることが明らかである。よって連邦会計検査院は連邦労働社会省に対し、適法、効果的かつ経済的な予算の使用を確保すべく、社会法典第2編第27条に基づく権限を早急に行使することを要求する。法規命令においては、とりわけ費用の適切性という不確定法概念にかかる最低基準を定めることが求められる。基礎保障主体はこれを根拠に地域の住宅市場の状況および個々の事例の特殊性を勘案することが可能となる。」として、明確な立場表明がおこなわれている。

この報告ではさらに、連邦労働社会省はすでに2006年に連邦社会裁判所の重要な判決が出されていること、ドイツ公私扶助協会（Deutscher Verein für öffentliche und private Fürsorge）から発出予定の勧告[141)]を精査する必要があることを挙げて、現時点では法規命令を制定する必要はないと（報告の内容は正しいと認めつつ）反駁しているが、連邦会計検査院は、判例には一般的拘束力はなく、勧告は連邦統一的な法執行を確保するには適当でないとして、この抗弁を拒否していることが触れられている。

なお、連邦会計検査院の主眼は、違法または不当な行政執行が無用な追加費用の根拠となっており、そうした非違を生むのは適切性の判断基準がない（付与された法規命令制定権限を行使しない）ためである、という点にあり、どちらかというと適切性基準の設定を要求するものとなっており、定型化の必要性には及んでいない（むしろ事例調査において、法的根拠（＝第2編で定型化を可能にする法規命令）がないにも関わらず、第12編のアナロジーで住居費を定型化しているカッセル市などヘッセン州における幾つかの行政運用を違法と断じている）。

(iv)　裁判官有志連合の提案

2009年5月20日に公表された、現役の（主としてドイツ北部の連邦州所在の）社会裁判所裁判官らからなる作業グループによる勧告[142)]は、とりわけ第2編の領域における（仮処分の申請を含む）訴訟の申立ておよびそれに伴う未処理件数の激増が、手続の遅滞を招き、ひいては憲法上保護された効果的な法的保護の要請が問題視されるレベルに達しているとの認識から、多くの提案をおこなっている。

この勧告は、法改正を具体的に要求するものから、改善の方向性を例として指し示すもの、規定間の調整の必要性をいうものまで、バリエーションに富んでいるが、このうち法改正に関する提案の大半が、第２編の住居費に関する内容で占められている。とりわけ、住居費の適切性について法規命令を制定するよう要求しており、その理由を以下のようにいう。「立法者の用いる「適切」および「住居費」という不確定法概念は、社会裁判所における実務に多大の困難を強いている。これは社会裁判所の第一審に集中しているのであって、なぜならば社会法典第２編第22条第１項の適用に必要な給付主体による調査がまったくといっていいほどあるいは非常に不十分にしかおこなわれていないからである。このため社会裁判所が調査を追完しなければならない。この作業は、とりわけ「適切な住居費」の調査において不釣り合いなほど多くの労力に結びついており、主たる学説や連邦社会裁判所の判例に基づいて多段階的におこなわれるだけになおさら、これは著しい調査の労力をその都度招来している。」「その限りで、とりわけ法律よりも下位の規範が、住居費およびその適切性の決定のためには緊急に必要である。……法規命令はこれまで制定されていない。この遅れを取り戻すべきである。」

勧告はさらに、住宅手当法限度額表に沿った規定とし、同法に即した具体的金額を確定することを提案するなど、期待される法令の内容にも具体的に言及している点で特徴がある。

作業グループの認識の前提が、第２編に関わる訴訟の増大が社会裁判所の負担超過に直結している点にあり、ゆえに法的紛争回避のために法規命令の制定を訴える限りで、行政実務の混乱をとりわけ問題視し、給付の適正化や費用負担の軽減を視野に入れている連邦会計検査院の要求とは必ずしも同じではないが、結果として法規命令の必要性をいうところは一致しているのであり（ただし連邦社会裁判所による判決内での言及を含め、いずれにおいても給付の定型化にまでは踏み込んでいない）、以上でチェック機関としての立場表明が出そろったといえよう。

(3) 2011年改正の内容

(i) 連邦法の求めるもの　2011年改正により第２編に挿入された新たな条文（第２編第22a条～第22c条）は、内容的には連続しており、いずれも住居費実費支給を原則とする第２編第22条に対する例外を構成している。

第２編第22a条は、この新たな三つの条文のなかでは総則的な規定であり、まず第１項が、州が管内の自治体（郡、または、郡に属していない市；これは住居費給付の自治体管轄（第２編第６条第１項第１文第２号）に対応したものである）に対して、適切な住居費および暖房費について条例を定める権限を与えるか、あるいは条例の制定を義務づけること、関連して、条例の制定に対する州の機関による事前の同意の要否を定めることを規定する。続いて第２項が、州が管内の自治体に対して、住居費を定型化する権限を与えることができると定める。定型化する場合、いわゆる過酷条項を設けなければならない。第３項は、地域の住宅市場の状況および住宅市場への影響を規定において考慮することを求めるものである。

第２編第22b条は、より具体的に、条例に含まれるべき内容を規定している。これによると、適切性は居住面積と費用そのものによって表される（第１項）。条例には制定理由をつけ、費用の調査方法を説明しなければならない（第２項）。さらに過酷条項の必要性が再度規定されている（第３項）。こうした要求は、第２編第22c条によってさらに詳述される。すなわち、データの収集や評価は家賃一覧表等を考慮すべきこと、住宅手当法限度額表の値を補助的に用いることができることなどが規定され（第１項）、２年ごとの再調査が義務化されている（第２項）。このように、第２編第22b条および第22c条は、第22a条における基本的な規定を具体化するものであると位置づけることができる。

誰が何をどのようにするのかがやや複雑なので整理しておく。まず、2011年改正をおこなった連邦の立法者は、州に権限を創設するのみであって、州がこの権限を行使するかしないか、行使するとしてどのように行使するのかについては基本的に中立である。よって州が第一の規定具体化主体である。その一つが、管轄の自治体に対して、適切な住居費に関する条例の制定を、その権限とするか、あるいは義務とするかを規定することである。もう一つが、住居費の定型化を自治体の権限として認めることである。

すなわち自治体は、州が何をどのように規定するかに大きく影響される、その意味で付随的に法律の規定を具体化する存在である。場合分けすると以下のようになる。

- 州が州法による適切な住居費について条例制定権限の付与や義務化をそもそもおこなわない場合、自治体は条例を作ることができないし、作っても違法で無効である。
- 州が州法による適切な住居費について条例制定権限を付与した場合、自治体は権限を行使して条例を制定してもよいし、そもそも権限を行使しなくてもよい。この際、条例制定に対する州の機関の同意が前提とされている場合、それに従わなければならない。
- 州が州法による適切な住居費について条例制定を義務化した場合、自治体は条例を作らなければならず、作らなければその不作為自体が違法となる。義務に従って条例を作る際も、条例制定に対する州の機関の同意が前提とされている場合、それに従わなければならない。
- 州が住居費の定型化について自治体に権限を付与しない場合、自治体は住居費を定型化することはできず、もし定型化すれば第2編との関係で違法を構成する。
- 州が住居費の定型化について自治体に権限を付与した場合、自治体は住居費を定型化してもよいし、定型化しなくてもよい。
- 自治体が条例を制定する場合、適切な住居費の具体的な基準のほか、金額算出の根拠を含めた制定理由、さらに過酷条項等を含まなければならない。

(ii) 州法→条例という形式の意味　注意深く規定を見ると、住居費の適切性について予定されている方式と、住居費の定型化について予定されている方式とでは若干の相違が認められる。前者は、州法の制定が第一の形式的要件であり、第二が条例の制定である（第2編第22a条第1項）。対して後者は、明文上、州法という形式による授権が規定されておらず、かつ、実際に自治体が定型化をおこなう際、条例によることをやはり明文では求めていない（第2編第22a条第2項）。この限りで、適切性基準の設定に対してはより民主的な手続が要求されているともいえるが、この違いの意味するところは今のところよく分からない。

もちろん、適切性についての条文に関する規定の準用が定型化においても予定されていることを裏返せば、立法者は定型化も条例でおこなわれることを予想しているとも考えられる。さらに州法による明示の授権が必要であるとの立場も表明されている[143)]。

少なくとも定型化に関する限り、廃止された第2編旧第27条においても、法規命令で可能だったのは定型化の要件の規定までであって、定型化した金額そのものの設定ではなかったことを考えても、適切性基準と異なり、ある程度の技術的な困難さが想定されているがゆえに、こうした相違ないし混乱を生んでいるのかもしれない。以下に見るように、実際の動向においても、連邦州によって州法に定型化を含めるかどうかの対応は異なっているようである。裁判所によるコントロールのあり方と関係している可能性もある。

(iii)　司法統制の特殊性　　第2編第22a条第1項および州法に基づいて制定された条例に対する司法審査については[144)]、特別の手続が規定されている[145)]。2011年改正により、社会裁判所法（Sozialgerichtsgesetz, SGG）においても所要の改正がおこなわれた。すなわち、申立て（申し立てる資格があるのは自然人であって、条例等の法規によってその権利を侵害され、また侵害が予想されることを主張する者）があった場合に、条例の有効性が審査されることになる（SGG 第55a条第1項、第2項）。手続を管轄するのは州社会裁判所である（SGG 第57条第6項）。

この規範統制は、典型的には、申請拒否処分を受けた場合や住居費が一部カットされた場合、費用抑制を指導された場合（これは具体的に給付の引き下げなどの不利益が現に生じているわけではないが、遠くない将来（6ヶ月ルール）給付の引き下げが見込まれるため）などにおいて、取消訴訟や給付訴訟を起こす際に、条例自体の違法性（無効性）をあわせて主張するときに付随的に審査される（「付随審査（Inzidentprüfung）[146)]」）。

審査の角度は、条例はすでに第2編第22a条以下において内容に関する実体的規律が予定されていることから、そうした規律との適合性である。なおこの審査が州社会裁判所の管轄とされているのは、手続を州社会裁判所に集中させることで、自治体および当事者双方にとって可能な限り早期に法的安定性を得せしめるためである（「集中による効果（Konzentrationswirkung）[147)]」）。また判断の統一を図ることで、結果的に訴訟経済に資することにもなる。第一審で条例の有効性が問題になった場合、社会裁判所は手続を中断することができ、州社会裁判所の判断を待つことになる。州社会裁判所は、条例に有効性がないとの確信を得た場合、その無効を判決または決定において宣言する。この無効判断には一般的拘束力が付与されている（SGG 第55a 条第5項）[148]。

こうした新制度は、上級行政裁判所に一定の範囲で規範統制を管轄させる行政裁判所法（Verwaltungsgerichtsordnung, VwGO）第47条に範をとったものである。ドイツの社会保障法領域においては、法律よりも下位の規範に対する一般的な司法統制手続は整備されていなかったため、SGG 第55a 条はその初の試みとなる。2011年改正により、条例制定権の新設とあわせて導入されたため、平仄があっているように思われるが、必ずしも両者は必然的な関係にはないといわれる[149]。しかしいずれにせよ、州社会裁判所の条例無効判断に一般的拘束力を持たせることで、主観的権利の保護手続と客観的な審査手続を同時に担うことが可能となる。ただし主観的権利の保護を前提とする付随的審査であるため、不作為をとらえて条例そのものの制定を要求するとか、特定の内容に条例を変更することを求めることはできない。

SGG 第55a 条は、こうした特殊な規範統制手続の対象を、第2編第22a 条第1項に基づく条例、すなわち住居費の適切性に関する条例に限定している。すなわち文理上は同第2項は対象外となっているが、少なくとも住居費の定型化が条例でおこなわれる場合、同様の審査が可能であると解されている[150]。しかし条例の形式によらない場合の定型額に対する統制は SGG 第55a 条からは導かれないため、取消訴訟等で違法を争うことになろう。

⑷ 2011年改正の意義：条例による解決

（i） なぜ条例なのか？　連邦政府（連邦労働社会省）が法律で付与された権限を行使して適切性基準および（または）定型化に関する法規命令を制定するかどうか（正確には行使しないこと）を巡って多くの議論や批判がおこなわれていたなかで、自治体レベルの規範設定によりこれを代替しようというのは、ある意味でアイデアである。これは「条例による解決（Satzungslösung）」と後に称されるようになるが、この提案は、現役の社会裁判所（シュレスヴィヒ社会裁判所、なお論文執筆時点では連邦社会裁判所調査官を務めていた）判事であるグロート（Andy Groth）の2009年の論文[151)]にそもそも遡るものである。

グロートは同論文でまず、住居費の適切性に関する連邦社会裁判所の判例を整理しつつ、論理的構想などを念頭に、最高裁判例で可能なことは尽くされているのであって、これは最高裁自身が判決で法規命令の制定をアピールするという異例の事態によって証明されているとやや皮肉を交えながら現状把握を試みる。次にしかし、この法規命令によって住居費の複雑な問題が緩和するかどうかは疑問だとする。例えば旧東独地域の連邦州では土地に余裕があるためそもそも単身世帯向けの住居があまりなく、ゆえに50平米の住居でも単身者にとって適切と判断されうるのに対して、過密都市のミュンヘンでは少々稼ぎのある労働者であっても家賃が相当に高額なためより狭い住居に詰め込まれており、適切性判断では同じことにはならず、こうした地域的相違に法規命令が対応しようとすれば規定としての単一性を失うことになりかねず、これが新たな法的紛争を生みかねない、こうした地域的特殊性を連邦で統一的に適用される法規命令で十分考慮に入れることはできず、よしんば法規命令の草案を提出したところで、16ある連邦州で賛成は一つもない、などの理由を挙げるのである。

こうした考察に従い、彼は立法論として条例制定権を提唱する。その利点として、まず憲法との関係で、公的扶助に関する立法権限は連邦にあり（GG 第74条第1項第7号）、明示の留保をもって実体法上の問題にかかる規制をおこなう権限を州の立法者に与えることは適法であること、連邦の立法によって自治体を直接規律しないので連邦州の権限（GG 第84条第1項第2文）を侵すことにはならないこと、付与される権限の内容、目的、程度に対する明確性の要求（GG 第80条第1項）との関係で疑義がもたれている第2編第27条に基づく法規命令と異なり、条例にはこのような問題は生じないことを挙げる。さらに、条例にはその制定に地方議会が関与するため民主的正統性があること、州法の枠組みで一般的に認められている条例制定権を用いるのではなく、住居費の適切性という具体的な責務に関連する権限授与とすることで、基本権の実現に関する重要な事項についての法律の留保という要請をクリアできることをあわせて指摘する。

こうした統治構造との関係のほか、実体法上のメリットとして、住宅の規模、水準、比較対象区域の範囲など、住居費の適切性を決定する要素について、条例では各地域の特性を直接に考慮に入れることが可能であること、批判的に指摘されることの多い分権化傾向は、この条例制定権限によりむしろ強化されることになるが、これは積極的に評価すべきであって、ベルリンから下ろされてくる法規命令よりも、喧々諤々の議論により地方議会が制定する条例のほうがより受容度が高いこと、現在は行政内部の規則で適切性判断が運用されているのと比べて、条例には法的拘束力があること、連邦一律の規制により地域の特殊性がなおざりにされることへの抵抗感が強い自治体にとっても、条例ではこのような懸念は当たらず、よって実現の可能性も低くないことに言及する。

以上の論究が、後々影響力を持つことになる。

(ii) 条例案の採用　グロートはこの論文を「条例による解決は、基礎保障法における住居費の適切性に関する議論を、社会裁判所の法廷から直接かつ民主的に正統化された地方自治体に移し替える現実の機会であろう」と結んでいる。彼自身は現職の裁判官であり、しかしながら連邦社会裁判所の判例法理が問題を解決するどころか問題をより複雑にしているという認識、さらに連邦社会裁判所とは異なり法規命令の制定を(もはや)期待していない態度などから、オルタナティブとして条例による解決を主唱するのであるが、この引用からも看取されるように、その最終的な意図の一つが社会裁判所の負担軽減にあることは疑いない。実際、論文の別の箇所では、条例に対する社会裁判所によるコントロールは法規創設権限のもっとも大きな限界を踏み越えたかどうかに限定されるべきであると述べており、事実上、住居費の適切性の具体化権限(判断余地)を行政側に認める姿勢を見せている(ただし誤解のないように付け加えておくと、個別のケースで恣意的な判断が許されるということではなく、条例の制定自体が規範的判断の行使であるから、すなわち条例制定権限付与の目的を逸脱しているかどうかに裁判所の審査が限定されるということである)。

その限りで、典型的には連邦会計検査院のように、追加的な費用負担を避けるために連邦一律の基準の導入と実務への徹底を求める姿勢とは明らかに異なっている。また、この論文とほぼ同時期に公表された第2次メルケル政権(2009年10月~2013年12月)における与党間の連立合意書において、第2編の改革に関して住居費の定型化を進めることが確認されているが[152]、これは直接に表現しないだけで定型化による全体費用の削減を意図するを有しているのと比べても、出発点からして違っている。

そのような相違はありつつ、しかし政策レベルでグロートの提案は魅力的に映ったようである。条例制定権の導入について、立法理由書はかくのごとくいう。「もっとも、法規命令の公布に対して連邦労働社会省および各連邦州は一致して拒否してきた。地域ごとの住宅市場の相違を考慮すれば、適切な費用に関する連邦統一的な規定の公布は、目的に適合的でもなく、実態にも適しない。」「よって与党間の連立合意では、住居費および暖房費にかかる規定を透明性がありかつ法的により安定したかたちで形成することとした。地域の特殊性を勘案した定型化を既存の法規定に基づいておこなえるかどうかの調査もここで必要となる。「労働に対する刺激と住居費」という作業グループを連邦労働社会省に設置し、規定の問題を解決する諸原則をそこで議論した。作業グループは専門家からの意見聴取を勘案しつつ、いわゆる条例による解決を決定し、これにより、住宅市場の地域ごとの特殊性を透明性あるかたちで反映することをもっともよく確保できることとなる[153]。」

よく読むと、透明性や法的安定性という、どちらかというと住居費の適切性に関する話題が中心であり、住居費の定型化は付随的にのみ意識されているように思われるが、これは費用節減効果などを前面に出さないことからくる表現の抑制であろう。しかしいずれにせよ、実際の立法では条例による適切性基準の設定および住居費の定型化が並列で定められた。つまり現実の動きは、連邦による法規命令の可能性はもはや過去のものとして、まさに条例による解決を模索する方向へ大きく舵を切ったわけである。

(iii)　条例による解決に対する賛否　　こうした新しい枠組みは、グロート同様、社会裁判所の裁判官から積極的に評価されている。ドイツ裁判官連盟（Deutscher Richterbund）は、法案時点での態度表明として、条例制定権の導入に対する立法者の意図を歓迎すべきであると述べている（同時に条例を制定する際の拠るべき基準を法律に盛り込むこと、場合によっては第2編第27条に相当する規定を残し法規命令により勘案すべき諸原則を規律することを求めている[154]）。連邦社会裁判所判事であるムチュラー（Bernd Mutschler）も、費用が適切な限りで住居費の実費支給を定める第2編第22条を引き合いに、適切性という概念が法律では直接具体化されておらずかつその根拠も示されていないのに対して、第2編第22a条以下では条例に対する直接の実体的規律が用意されており、条例事態においてその制定理由を示すことまで義務づけられていることから、条例による解決は、透明性や追証可能性、説得力や妥当性という要求をよりよく満たすものであるなどとして、結論として、既存の論理的構想の代替となりうるものだとの評価を与えている[155]。

やはり社会裁判所（シュツットガルト社会裁判所）の判事であるリューク（Steffen Luik）も、コンメンタールにおいて、条例による解決により、ケースごとに逐一適切性を審査するのではなく、地域の特殊性を加味しつつ一般的な事案を体系的に調査し評価するという計画的営為に基づくことが可能になるとして、条例は地域に実態に応じた解決に資すること、条例には十分な正統化根拠があること、条例制定の過程で地方自治体と住民との対話が改善されるため規範の名宛て人における受容度が高まること、結果として民主主義の原理に近接し、行政過程の迅速化や裁判所による統制の削減にもつながりうること等を指摘しながら条例による解決の有利性を強調している[156]。

裁判官という出自を考慮すれば上述した各人の態度表明は確かに理解できるものであるが、しかし自身なお現役の連邦行政裁判所判事であり、2005年の管轄移行まで同第5法廷で実際に社会扶助の事案を担当してきたベルリット（Uwe Berlit）は、条例による解決に多くの懸念を示している。法案段階の見解表明として、2010年の論文[157]において彼は連邦社会裁判所の判例が実務に適合的でなく実態に即した運用に結びつけられないことは認めながらも、しかし論理的構想がそうした状況を生んでいるわけではないとの（多くの論者とは異なった）意見を披瀝しながら、むしろ問題は不透明で不統一な実務自身にあり、それが住宅手当法限度額表の安易な適用（いわく「惰性（Beharrungsvermögen）」）を生ぜしめており、判例のスタンダードを実務が守っていない現状を解決するよう裁判所も努力しなければならないのであって、住居という需要の憲法的重要性からすれば、判例の立てた基準は確かに細部までは無理としても全体としては勘案されなければならないとする。続けて、条例による解決が模索されている動向に関し、条例を経由することによってとりわけ財政的理由により需要充足に対する政治的な圧迫がおこる、地方が適用の責任を負うことが「いつの間にかこっそりと（unter der Hand）」地方が形成の責任を持つことになる、人間の尊厳に値する最低生活という基本権の保障を形成する連邦の立法者の責任が州法を通じて地方自治体に渡ってしまう、地方自治体にはしかし民主的に正統性を有する連邦の立法者と同様の形成に対する権限はない、地域の特殊性を勘案できるという利点は裏を返せば裁判所による審査が狭められた判断余地を地方自治体に認めることであって、これはしかし最低生活に必要な給付を自ら決定するという連邦の立法者の任務からすれば失敗であり、またその責任に反するなどとして、条例案の欠点や危険性に言及する。また、受容度を高める方策は条例によらなくとも住宅市場の利害関係者の参加を保障することで達成可能であり、そもそも地方自治体の現状からして住宅市場の事情を調査したり適切な住居費を決定する際にそれを考慮したりできる状況にもなく、州社会裁判所に条例の適法性審査を集中させても住居費の適切性審査を付随的にせよおこなわなければならないことからすれば社会裁判所の負担軽減につながるかは見通せないし、違法が確定した場合に住居費を追加で支給する義務を導入しない以上、それを見越して「戦略的に」自治体が住居費を低めに設定するケースを招きかねず、そもそも大半の受給者は条例を信じて行動するだろうから州社会裁判所への異議によって救済される事例はごく少ないものになろう、として、結論的には、条例案の導入による「自治体化（Kommunalisierung）」は「積極的な政治問題化（positive Politisierung）」にも自治体レベルでの貧困政策形成にもつながらない、と結んでいる。

2011年改正そのものは、形式上州法を介した自治体の条例制定権を認めるにとどまるものであって、第2編第22a条以下に適切性基準を確定したり住居費を定型化したりする直接の効果はない。それを反映して、上記の議論もどちらかというと条例による解決の直接的効果よりもその波及的効果（裁判所の負担軽減や自治体レベルでの民主的正統性の実現いかん）に主眼がおかれている[158]。実際、実体法上の問題、すなわち適切性基準と定型化とでは、議論の様相もかなり異なってくるため、ひとまずここでは、条例による解決というアイデアそのものに対する（とりわけ裁判官出自の）識者の評価にもバラエティがありうることを指摘するにとどめておく。中身の議論は、第2編第22a条以下に定められた条例制定に対する手続的規制や実体的基準の意義や具体化、さらに現実の動きとして連邦州が州法においてどのようなかたちで権限を行使するかという意味での、自治体による条例制定の条件整備、あわせて司法統制の機能や役割の変化といった問題にいずれにせよ関連してくることとなるのである。

(5) 2011年改正の意義：連邦憲法裁判所判決との関係

(i) 連邦憲法裁判所2010年2月9日判決と住居、住居費　上述したように、2011年改正の直接のきっかけは、基準額の違憲性に関わる連邦憲法裁判所2010年2月9日判決である。その限りで、本来的には基準額（のみ）の違憲性が審理の対象であるが、しかし興味深いことに、連邦憲法裁判所による検討の過程からすると、その射程範囲には住居費も多かれ少なかれ含まれてくる。[159)]

総論部分において判決は、「人間の尊厳ある最低生活の保障に対する基本権は、基本法第20条第1項と関連する基本法第1条第1項から生ずる。」(Rn. 133)、そして「基本法第1条第1項の給付請求権は、基本としては憲法上規定されたものである。しかし請求権の範囲は、需要の種類、それに必要な手段などを鑑みれば、直接憲法から導出できるものではない。それは、人間の尊厳ある生存に必要なものについての社会的見解、要扶助者の具体的生活状況、その都度の社会的技術的前提に左右され、またそれ故に立法者による具体的な決定を必要とする。」(Rn. 138)、ゆえに「請求権具体化のために、立法者は最低生活に必要な支出すべてを矛盾のないよう透明かつ適正な手続で実際の需要ごとにすなわち実態に即しながら算定しなければならない。」(Rn. 139) という。すなわち、判決における検討の前提は、人間の尊厳に値する最低生活の保障に必要な需要が基本権として保護されており、それを給付請求権として具体化するために、立法者は、最低生活に必要な支出すべてを透明かつ適正な手続で需要ごとに算出しなければならないとする点にある。

ここには、需要ごとの区別に対する言及は見られない。むしろ、「直接憲法に基づく人間の尊厳ある最低生活の保障に対する給付請求権は、人間の尊厳ある生存の保持のために無条件に必要な手段に対してのみ及ぶ。それが保障するのは、人間の肉体的生存すなわち食事、衣服、家具、住居、暖房、衛生、健康と、ならびに、一つの人格として人は社会関係を必要とするものである以上、人間関係を営み社会的文化的政治的生活に最低限関与するための可能性の保障とを含むところの統一的な基本権保障による最低生活全体である。」（Rn. 135）というように、肉体的な意味での最低生活と社会的な意味での最低生活に大きく区分する以外、最低生活を全面的に把握している。なおこの区分は、「立法者は、給付請求権の要件と効果を具体化する責務がある。最低生活を金銭、現物、サービスのどの給付で確保するかは、基本的には立法者に委ねられている。ここには、最低生活保障給付の範囲を決定するうえでの形成余地も認められる。実際の状況の判断や必要な需要の価値判断もそこに含まれ、また広狭も異なる。立法者が人間の肉体的生存の保障に必要なものを具体化するときはそれは狭く、社会生活への参加手段の種類や範囲にかかるときはそれは広くなる。」（Rn. 138）という表現に見られるように、立法者の形成余地（裁量）の広狭と関連してくるが、直前の引用とあわせれば、基準額の主たる保障内容である食事や衣服と、住居とは、形成余地が狭い肉体的最低生活にいずれも含ましめられており、その意味でも、判決中、需要ごとの相違に大きな意味は見いだされていないことが分かる。

判決が直接問題視したのは、345ユーロ（2005年当時、旧西ドイツ地域）という基準額の算出が「でたらめ」なものであって、最低生活に必要な需要がきちんと調査されていないことであった。ゆえに判決は、透明性がありかつ適正な手続で、実態に即した算定をおこない、基準額の算出をやり直すよう、立法者に命ずるのであるが、判決の前提となる論理構造からすると、「基準額に含まれている最低生活需要には憲法上の価値があるから基準額の算出がやり直される必要がある」といっているのではなく、「そもそも最低生活を保障する需要は憲法上基本権として保護されており、それを基準額というシステムで具体化するのであれば、基本権保障にふさわしい手続で算出がなされなければならない」といっていることになるわけである。

そうであれば、住居は（肉体的）最低生活に明らかに含まれており、しかし「たまたま」基準額給付による需要充足の対象になっていなかったため、住居費給付は違憲判決の具体的な検討対象から外れていたに過ぎない。換言すれば、もしもの話として、基準額が住居に対する需要を含むかたちで定型化されていたならば、平均的な住居費等の調査がやはり「でたらめ」であり、算出のやり直しが命ぜられていたかもしれない。

もちろん実際には、基準額の問題とは別に（正確には基準額給付と住居費給付は第２編においても拠って立つ原理がそもそも異なるため問題が「別に」なるのは当然なのであるが）、住居費は住居費で、適切性という不確定法概念の具体化を巡って2005年の制度開始後、2004年までの連邦行政裁判所における諸々の議論を下敷きに、連邦社会裁判所においても多くの考慮が払われ、その過程で、論理的構想が提案されたり、それが問題をより複雑にしているとの批判から（連邦政府が自らに認められた法規命令制定権限をいっこうに行使しないことへの諦めも込めて）条例による解決が提案されたり、という展開を独自に歩んできたことは、すでに検討の示すところである。

しかし基準額給付により充足される需要と住居費給付による需要との区別は、基準額違憲判決の総論を前提とする限り、もはや相対的なものにとどまるのであって、むしろ最低生活を保障するための需要という意味では同じレベルで存在しており、ゆえに、判決の指摘は住居という需要およびそれを現実に具体化している住居費給付にも、直接ないし間接に及んでくることになる。すなわち、2011年改正で基準額の算出やり直しと住居費給付の新ルール導入が同時になされたのは、確かにそうする必然があったわけではないが、しかし「最低生活上の需要の憲法適合的な算定」という意味での一致を考えると、単なる偶然とまでは言い切れないところがあるのである。

(ii) 住居費給付の算定における原則　　要は、基準額給付であれ住居費給付であれ、実態に即し（Sachgerechtigkeit）、透明性を持ちながら（Transparenz）、後からの検証に耐えられる（Nachvollziehbarkeit）ような手続で、需要は算出されるべきであることが憲法上の原則として確認された点が重要である。ただしロジックの違いは依然残る。基準額の場合、平均的な需要の程度の算出とその積み上げを通じて需要充足が定型化されているが、単に全体額が低額かそうでないかというより、個々の需要を透明性ある手続で実態に即して調査してこそ、定型化された基準額の憲法適合性が担保される。反対に住居費給付はそもそも定型化されておらず、個々の特殊性を考慮した実費支給であり、その都度の需要の具体化が要請されている。すなわち立法者は、基準額給付において、基準額というあらかじめ予定された金額で需要を充足するというルートで需要を具体化しているといえるが、住居費給付では、「適切性」という不確定法概念を用いるのみであって、実はこの（立法の）段階では住居費という需要を具体化していない。むしろこの具体化は、実際の行政過程およびそれに対する司法統制を通じておこなわれることが想定されているのである。

もちろん形成余地との関係でも、立法者が不確定法概念（や開放条項）を用いることは一般的には禁止されないのであるから（そしてその用いる頻度や程度は結局個々の規律対象の特殊性との関係で決まってくるのであるから[160]）、結果として住居費給付においては、憲法上の要請は立法のレベルではなく行政および司法に対して働いてくることになる。

そうした視点で、例えば連邦社会裁判所の判例をもう一度眺めてみると、論理的構想は、後に連邦憲法裁判所が示す需要把握に対する憲法上の原則を、ある意味で先取りしていたともいえるところがある。すなわち、第一に、論理的構想は、手続に対する要求としてそもそも着想された。連邦社会裁判所は実施機関に対して、適切な住居費の具体化にあたり、住宅市場の現況を事前に調査、把握（例えば2008年判決では地域に存する借家の10%程度という目安が示されている）したうえで、計画的営為として具体化作業にあたることを要請しており、かつ、少なくとも2008年判決の狙いは、こうした手続を行政が踏んでいるかどうか（のみ）を裁判所として審査しようという点にあった。その限りで論理的構想は、いったん実体的統制を弱めて手続面で行政をコントロールしようとしたのである。これとの関係で、連邦憲法裁判所も、具体的な需要の多寡や金額自体を（典型的にはそれが低すぎるなどの観点から）実体的に統制するというよりも、なぜそうした金額の算出に至ったのかを合理的に説明できるかどうかを問うているのであって、その意味では基準額違憲判決は手続的統制に位置づけられることになる[161]。

第二に、しかしながら連邦社会裁判所自身、2009年判決で論理的構想の成立に対する要求水準を一気に引き上げ、コントロール密度を（再び）上昇させている。2009年判決の示した要件（要素）を再確認すると以下の如くである。

① データ収集は、正確に区切られた比較対象区域においてもっぱらおこなうことが許され、また比較対象区域すべてについておこなわれなければならない（ゲットー形成の禁止）。

② 観察対象の定義（住宅の種類、住宅の水準ごとの区分、暖房込み家賃か暖房抜

き家賃か（比較対象性）、住宅の大きさごとの区分など）は追体験可能でなければならない。

③　観察期間の明示

④　データ収集の種類および方法の確定（家賃一覧表などの認識根拠）

⑤　用いられるデータの範囲に全体を代表する性格があること

⑥　データ収集の妥当性

⑦　データ評価における適切な数学的統計的原則の採用

⑧　得られた結論の明示（上限に幅をもたせるか、キャップとしての上限とするかなど）

住居費の議論の枠内でこれを見れば、ある意味で実施機関に対する過度の要求であり実現困難であるとの批判につながるところがあるが、連邦憲法裁判所が基準額の違憲性を、所得消費抽出調査への依拠そのものではなく、具体的なデータ評価における誤りから導出したことに鑑みれば、住居費の適切性を判断するためのデータの収集、選択、範囲、評価等において十分な「論理性（Schlüssigkeit）」を求める連邦社会裁判所の立場は、むしろ連邦憲法裁判所の要求する給付算定における合理性（Rationalität）や透明性（Transparenz）、首尾一貫性（Folgerichtigkeit）と基本的に一致するといえるのである。[162)]

もちろん順序としては連邦社会裁判所の判決が半年ほど先行しており、その後の連邦憲法裁判所による判決を予想していたわけでもないだろうが、逆にいえば、正面からの実体的統制が必ずしも容易でない場面において手続的なコントロールを強めて合理性の有無を判断しようという流れを看取することができるように思われるのである。

(iii)　2011年改正における原則の具体化　　こうした司法判断の潮流は、換言すると、最低生活上の需要を「実態に即して（sachgerecht, realtätsgerecht）」算出なり確定なりせよという要求において、需要充足原理とも接点を有することになる。需要充足原理の出発点は、社会扶助（基礎保障）法上の需要がきちんと把握されることにあるからである。

2011年改正により設けられた第2編第22a条以下は、条例制定権の導入にとどまらず、実際の条例制定にあたって拠るべき原則を多く規定している。

例えば適切性の決定において、簡素な水準の住宅に照準を合わせるのは（第

2編第22a条第3項第1文)、連邦社会裁判所のみならず、従前の連邦行政裁判所における判例で確定していた適切性判断基準を明示したものである。同時に地域住宅市場への影響の考慮を要求しているのは（第2編第22a条第3項第2文)、どちらかというと政策的観点からのものが多い。すなわちある一定地域において基礎保障給付における住居費の適切性が確定されることで、家主がそれに価格を合わせて上げてくるようなケースが予想されるため、それに対抗すべく（第2文第1号)、入居可能な簡素な水準の住宅の量（同第2号)、多様な供給主体（同第3号)、貧困な世帯が特定地域に集住することの排除（同第4号）を、条例の制定において考慮することを求める。実際にどう「考慮」するかや、これらの要素の取捨選択や重要度のランク付けなどは不明な点が多いが、地方自治体による住宅市場の継続的モニタリングと捉えれば[163)]、論理的構想で連邦社会裁判所が要求している適切性判断における計画性の一側面と考えることができる。個別の点でも、簡素な水準の住宅の実際の入居可能性（第2号）はとりわけ具体的適切性の判断において重要な位置を占めており、貧困世帯の集住防止（第4号）はゲットー形成の禁止として論理的構想の成立要件（要素）である。

さらに、条例の具体的内容として、居住面積と住居費の額が掲げられているのも（第2編第22b条第1項第1文第1号、第2号)、連邦社会裁判所判例の到達点を確認したものである。ここでは、本来は住居費と暖房費はそれぞれ別に適切性が判断され、また居住面積と一平米当たりの家賃の積からのみ具体的な金額の適切性を判断する（つまり個々の要素それぞれの適切性は問題とならない）という判例のスタンダード（積算理論）から逸脱する規定が設けられている（第2編第22b条第1項第2文、同第3文）のが特徴である。家賃は安いが暖房費は非常に高額な住居に住んでいる場合や、都市部の狭隘だが家賃の非常に高い住居に住んでいる場合などを念頭においており[164)]、実際の需要充足を優先させたものである[165)]。比較対象区域の複数化（同第4文）も判例の一般的な傾向に沿った内容である。

条例に制定理由を付けること（第2編第22b条第2項）は、透明性を高めるという手続的統制のもっとも基本的な要請であり、いわゆる過酷条項を設けて例外への対応可能性を事前に規定しておく（第2編第22b条第3項）のは、連邦憲法裁判所が第２編における逸脱的需要への対応規定がないことをも違憲と判断した点に沿うものである。

依拠可能なデータにかかる規定（第２編第22c条第１項第１文）は、家賃一覧表が明示されるなど、従前の判例で連邦社会裁判所が住居費の適切性判断における適法な基準としてきた認識根拠が基本的にそのまま取り入れられている。住宅手当法限度額表の値を補助的に利用可能とするのは（第２編第22c条第１項第２文）、抑制的な姿勢も含めて判例のスタンダードを取り入れたものである（ただし値に対する10％の加算[166]は引き継がれていない[167]）。２年ごとのデータの検証（第２編第22c条第２項）は、連邦憲法裁判所が、「得られた結果は、さらに継続的に再審査され、また発展させていく必要があ」る、「立法者は……物価上昇や消費増税など経済的枠組み条件の変化に適宜対応し、それぞれの時点で実際の需要の充足が保障されるようにしなければならない。」（Rn. 140）と違憲判決で指摘したことに対応した規定である。

なお、住居費の定型化については、適切性の決定と比べるとそこまで多く規定されているわけではないが（そもそも適切性基準は条例によることが必須であるのに対して、定型化は条例の形式を用いるかどうか自体、新法ではオープンにされている）、地域住宅市場に適切な空き物件が十分存在すること、および、経済性の原則に合致することが、定型化の前提条件とされている（第２編第22a条第２項）。前者は適切性判断のうち具体的適切性に関する連邦社会裁判所判例の判断基準（ある一定区域内に入居可能な住宅ストックが現に存在すること）と関連があるが、対して後者は判例ではこれまで特に言及されていない点であり、例えば住居費を定型化すると適切性審査が不要になるためその限りで労力の削減になるものの、他方で定型化された住居費は現実に住居費負担を（あまり、ほとんど、まったく）要しない要扶助者にも自動的に給付されるため、全体としてコストがどうなるかを判断したうえで定型化の要否を決めるよう求めるものであり、その意味では政策的観点からの規定である。

(iv) 検　討　　以上を要すると、2011年改正により盛り込まれた規定は、おおむね、従前の社会裁判所の判例法理を整理したもの、連邦憲法裁判所による基準額違憲判決の指摘を受けたもの、システムチェンジによる影響を見極めるための政策的観点からのものに大別することができ、同時に、手続的な定めにとどまらず実体的規律に関わる定めもそこに含まれている。

改正の契機が基準額給付に関する違憲判断であるにも関わらず住居費に多くの新ルールが導入されたのは、一つは個別審査の徹底による関係機関の負担増大を背景とする制度のイノベーションを目指す動きが表面化し、しかしもう一つとして、連邦社会裁判所による論理的構想の提案と連邦憲法裁判所による基準額に対する違憲審査とで、需要把握における透明性や算出の合理性に対する説明責任を求めるという方向性が（偶然にも）一致しており[168]、これらがある意味で合流したことによるものといえる。その結果、条例による適切性の確定も、住居費の定型化も、連邦憲法裁判所の判断基準に照射されながらなされることになり、変わらず残る第2編第22条による適切性の個別審査が需要充足原理や個別化原理が基本的に妥当する範囲内でおこなわれ続けるのとはまた違う意味で、第2編第22a条以下による場合も、とりわけ需要充足原理に基づく需要把握という観点が当てはまるとの指摘が、少なくとも規定の枠組みからは可能なのである。

その限りでしかし、住居費の適切性というドイツ法における最重要問題の決定版はいまだ生まれず、従前の行政に対する司法コントロールに加えて、法律よりも下位の規範設定いかんという現実の動きになおも左右されていくことになる。項をあらためて、条例制定権導入後の最新動向を追ってみることとする。

⑹　2011年改正の意義：各州の動向

(i)　州法の必要性　　第2編第22a条は、自治体に直接条例制定権を付与するのではなく[169]、州法を介する形式を採用しているため、その属する連邦州が対応する法的根拠を創設しない限り、そもそも自治体は条例制定権を行使しえない。すなわち条例制定権行使の前提となる州法が果たしてどの程度制定されるかが第2編第22a条以下による新ルールのいわば首根っこを握っていることになる。2014年5月時点で、条例制定権に関する規定を州法（またはそれに準ずる法形式）に備えているのは、把握している限りで、全16州のうち4つの連邦州である。

(ii)　ヘッセン州　　新ルールにもっとも機敏に反応したのがヘッセン州であり、同州における第2編の施行法[170]に新たに以下の第4a条が挿入されている。

第4a条〔住居および暖房に対する適切な費用の額の決定に対する条例制定権限〕

自治体主体は、社会法典第2編第22a条第2項、第3項、第22b条および第22c条の基準に従い、条例により以下の各号をおこなう権限が付与される。

1. 各領域における住居および暖房に対する適切な費用の額を決定すること
2. 各領域における住居および暖房に対する需要を毎月の定型額により考慮すること

このヘッセン州における条文追加は、2013年6月10日の施行法改正[171]によるものであるが、もともとこの改正法は第2編における給付主体改革に連動して準備されたものであり[172]、条例制定権に関する規定の挿入は、連邦における2011年改正を受けて急遽提案された[173]という経緯がある。そもそも連邦における2011年改正自体は、2011年3月24日制定の改正法によるものであり、連邦憲法裁判所違憲判決による期限設定との関係で基準額給付に関わる改正法の主要部分は2011年1月1日に遡って適用が開始されたが、基準額給付とは関係のない住居費給付にかかる第2編第22a条以下等は、2011年4月1日からの施行とされた。しかしヘッセン州はこれに気づかず同州の施行法の改正適用時点を2011年1月1日に遡らせたため、連邦法レベルでは第2編第22a条以下がいまだ効力を発していないのに、同州の施行法第4a条だけが有効となるという一種の立法ミスを犯している。逆にいえば、ヘッセン州は機敏すぎるほどに2011年改正を待ち構えていたということである。

なおこの修正法案における第4a条追加の趣旨として、立法理由書では、「これにより自治体の行動の余地が拡大する。住居費の適切な額を個別の場合に応じて定めることはなおも可能であり」、これと条例制定とで「どちらの道を選ぶかは、各地域それぞれの事情によるものであって、ゆえに自己責任に基づく各自治体の決定に委ねられる」点に触れており、この限りでは州として積極的に条例制定を勧奨するのではなく、あくまで選択肢の増加という狙いを強調している。

(iii) ベルリン州　　同じくトップランナーに属するのがベルリン州である。同州は、いわゆる都市州（Stadtstaat）の一つであり、連邦州であると同時に一個の自治体でもあるという、特殊な形式を有している（他にはハンブルク州、なおブレーメン州はブレーメンおよびブレーマーハーフェンという二つの市から構成される）。基礎保障の管轄に関連して、第2編は、「ベルリン、ブレーメン、ハンブルクの各州政府には、行政庁の求職者基礎保障管轄に関する本法の規定を、州独自の行政機構に適合させる権限を付与する。」（第2編第6条第3項）という定めをおいているが（2005年1月1日の法施行前に、いわゆるオプション自治体の仕組みを導入する法改正[174]がなされた際に追加された条項）、これに対応してベルリン州は第2編の施行法[175]の第1条で、「社会法典第2編第6条第1項第1文第2号の意味にいう求職者基礎保障における自治体主体は、ベルリン州とする。」との規定をおいている。ここで条例制定権を定める第2編第22a条は、「ベルリン州およびハンブルク州は、第1文に規定される条例に代えて法設定形式でこれを定める。ブレーメン州は第3文による規定をおこなうことができる。」（同第1項第3文、第4文）としており、すなわちベルリン州およびハンブルク州は、条例（Satzung）ではない法設定（Rechtsetzung）の形式によることとしている。よって形式上の州法（Landesgesetz）によるか、あるいは州法より下位の法規定（Rechtsvorschriften）によるか、どちらかを選択することとなるのである[176]（ブレーメン州はさらに特殊で、都市州としてもその他の連邦州（Flächenland）としても行動できる）。なお前者の場合はもちろん、後者の場合も、第2編第22b条や第22c条の基準は準用され、また、州法による場合も、条例に対する特殊な統制手続（SGG 第55a条）が適法におこなわれる[177]。

ベルリン州は、2011年1月1日にあらためて施行法を施行し（いわゆるジョブセンター改革に適合させたもの[178]）、引き続く同年7月13日の改正法[179]により、以下の第8条を追加した。

第8条〔住居および暖房に対する適切な費用〕
市政府は、社会法典第2編第22a条第1項第3文に基づいて、社会法典第2編第22a条ないし第22c条に基づく法規定により、ベルリン州における住居および暖房に対する費用が適切になる額を定める権限が付与される。

立法理由書[180]は以下のようにいう。「この規定には、紛争や訴訟の数を著しく減少させようという狙いがある。従前の行政規則による規律（AV Wohnen）には、行政内部に対する効果しかなく、とりわけ社会裁判所を拘束するものではない。……社会法典の規定を実施するため、社会保障を管轄する州の専門行政部に対して、法令による法設定をおこなう権限を授与するものである。」としている。州でもあり基礎自治体でもあるベルリンの特殊性との関係で、この段階では行政府としての州政府に法令（Rechtsverordnung）制定権限を与えるという選択をしたことになる。このための法令は実際に制定されるが、司法統制の対象となっているため、以下であらためて検討する。

(iv) シュレスヴィヒ＝ホルシュタイン州　2012年に入り、シュレスヴィヒ＝ホルシュタイン州が州法上の根拠を新たに定めた。第2編の施行法[181]に以下の第2a条が追加されている（2012年4月27日改正法[182]）。

第2a条〔条例制定権〕
郡および郡に属しない市は、SGB 第2編第22a条第1項第1文の基準に従い、住居および暖房に対する費用が適切になる額を条例により定める権限が付与される。

この第2a条追加に関する立法理由書[183]には、「シュレスヴィヒ＝ホルシュタイン州内の郡および郡に属しない市から、適切性条例のための権限付与に対する関心が寄せられたところである。彼らは、自治体における自治行政および自治体議会の強化に条例制定権がつながるとして支持している。住居費および暖房費の適切性の決定過程を条例によって透明化するうえで、自治体条例の制定手続がそれに適しているとも主張しているのである。」とあり、自治体側からの働きかけがあったことが示されている。

(v) ザクセン州　把握されている限りでもっとも新しいのがザクセン州である。同州における施行法[184]に以下の第9a条が挿入された（2014年4月2日改正法[185]）

第9a条〔住居および暖房に対する適切な費用の額の決定に対する条例制定権限〕
(1) SGB 第2編第6条第1項第1文第2号に基づく自治体主体としての郡および郡に属しない市は、SGB 第2編第22a条第1項第1文、第2項第1文、同第2文、第3項、第22b条および第22c条の基準に従い、条例により以下の各号をおこなう権限が付与される。
1. 各領域における住居および暖房に対する適切な費用の額を決定すること
2. 各領域における住居および暖房に対する需要を毎月の定型額により考慮すること
(2) （省略）

立法理由書[186]では、条例の制定が法の簡素化につながりうることを指摘する以外は、他州と同様の利点に触れられているだけである。むしろザクセンの特徴は、当初の提案（2012年7月）から法案の可決まで約2年を要している点である。同州は他の連邦州と異なり、施行法は第2編以外の社会法典も対象にしているため（このようなパターンは他にはバイエルン州のみ）、改正内容が他の編に関する部分にも及ぶことから審議に時間がかかるという一般的な背景があるので、必ずしも条例制定権の規定が火種になっているわけではない。第9a条に関する法案は修正協議を経ても原案通りである。[187)]

(vi)　特　徴　　条例制定権の制度化から丸3年を経て、全体の4分の1の州で対応する州法が成立していることを、少ないと見るか、徐々にではあるが伸びてきていると見るかは、単純に評価の問題であるが、導入に至っていない連邦州では、自治体の側から州法制定に対する要望が上がっていないことが主因だといわれている。[188)]今後の方向性はいまだ不明であるが、いずれにせよ、現時点で立法化された4つの例からは、次の特徴を看取することができる。

第一に、州法における立法内容は大きく二つのパターンに分かれている。ヘッセン州およびザクセン州は、条例制定権限を適切性の確定および住居費の定型化を両方含むものであり、対して、ベルリン州およびシュレスヴィヒ＝ホルシュタイン州は、適切性の確定にのみ権限を絞っている。例えばシュレスヴィヒ＝ホルシュタイン州で住居費の定型化が外れた理由は、「定型化条例は、自治体において予想される人員およびコストを鑑みると、経済的には意義が乏しいように思われる。加えて住居費および暖房費の定型化には憲法上の観点から大いなる懸念がもたれている。よって権限は適切性にかかる条例に限定することとする。[189)]」とされ、定型化を可能とする際の前提条件の一つである経済性の原則（第2編第22a条第2項第1文）を考慮したこと、さらに定型化に対する憲法上の疑念の存在に鑑みたことが分かる。

第二に、とりわけ適切性の確定について、法では自治体に条例制定の権限を付与するだけでなく、条例制定を義務づけることも認められているが、このような例は4つの州いずれにも見られない。義務づけまでいくと自治体行政に対する過度の侵害になるとして憲法上の疑義すら示されている[190)]ことに配慮したものであろう。同じく法では、条例制定に関して事前に州の同意を得るような仕組みを導入することも可能であるとされるが、やはり同意をシステム化した州はない。

そもそも全連邦州のうち4分の3が州法を制定しておらず、また実際の立法例を見ても、半分は定型化を対象から外しており、かつ条例の制定自体に対して州はかなり控えめなポジションをとり、自治体の意向や意欲を尊重しようとしていると考えられる。その限りで、連邦全体としては住居費に関する条例の制定という新システムに抑制的に対応しているということができよう。

(7) 2011年改正の意義：実務への波及

(i) 導入の実例（その一）　形式上の条例ではなく、都市州としての特殊性に鑑みた法令という形式であるが、連邦ではじめて実質的な意味での住居費に関する法規定を定めたのがベルリン州である[191]。ベルリン州では立法府としての州議会（Parlament）が行政府としての州政府（Senat）に法令（Rechtsverordnung）の制定権限を与えるという方式が選択されており、州政府がこの権限を行使して、2012年4月3日に「社会法典第2編および第12編に基づく住居および暖房に対する適切な費用に関する法令[192]」を制定している。

ベルリン州は連邦の首都であり、人口約340万人というドイツ随一の都市である。人口密度も4000人／平方キロメートルに迫るが、公園や緑地が多く、数字ほどの過密さは感じさせない。ベルリンは連邦州でもあり基礎自治体でもある。現在、市域は12の区（Bezirk）に区分されているが[193]、これらは日本でいうところの行政区であり、自治体としての地位、資格や権能はベルリン州がベルリン市として保持している。なお第2編との関係では、ベルリン州は雇用エージェンシーと共同で制度を運営しており、そのための共同機関（gemeinsame Einrichtung）（いわゆるジョブセンター改革後）もこの12の行政区ごとに設置されている。

この法令は8箇条で構成され（第1条〔適用範囲〕、第2条〔定義規定〕、第3条〔データ根拠〕、第4条〔適切性の全体的上限〕、第5条〔一平米当たり家賃〕、第6条〔個別的適切性の確定に関する住居および暖房に対する特別の需要〕、第7条〔検査および新規確定〕、第8条〔発効〕)、さらに、第3条および第4条に限度額表が付けられ、最後に理由ないし根拠が規定されている。

具体的な数値に関わる限度額表は、詳しくは、住居費、暖房費、住居費と暖房費の合算、各戸式給湯でない場合の加算額の計4つが示されている（次頁資料3-1，3-2，3-3）。

後述する二例との関係で、ベルリン州の特徴は、暖房費の適切性にも踏み込んでいること、および住居費と暖房費の合算で適切性を判断することである。

資料3－1　附則第1（第3条第4項関係）
別表A（第3条第4項第1文および第5条第2項関係）

1	2	3	4	5	6
需要共同体の人数	抽象的に適切な住宅の規模	2011年家賃一覧表に基づく付随費用を含まない暖房抜き家賃（需要共同体の規模ごとの簡素な居住水準からの加重平均）	2011年家賃一覧表付表に基づく暖房費を含まない経常費	暖房抜き構成要素の基準値（欄3たす欄4）	暖房抜き構成要素の基準値（欄2かける欄5）
	平米	ユーロ／平米	ユーロ／平米	ユーロ／平米	ユーロ月額
1人	50	4,91	1,44	6,35	317,50
2人	60	4,91	1,44	6,35	381,00
3人	75	4,86	1,44	6,30	472,50
4人	85	4,86	1,44	6,30	535,50
5人	97	4,93	1,44	6,37	617,89
1人増えるごとに	+12	4,93	1,44	6,37	76,44

資料3－2　別表B（第3条第4項第2文関係）

1	2	3	4	5	6	7	8	9	10
ガス供給主体	建物面積	価格（平米／年）	価格（平米／月）（欄3わる12）	需要共同体1人の上限値（欄4かける別表2.1.の欄2）	需要共同体2人の上限値（欄4かける別表2.1.の欄2）	需要共同体3人の上限値（欄4かける別表2.1.の欄2）	需要共同体4人の上限値（欄4かける別表2.1.の欄2）	需要共同体5人の上限値（欄4かける別表2.1.の欄2）	需要共同体1人増すごとの上限値（欄4かける別表2.1.の欄2）
	平米	ユーロ	ユーロ月額	ユーロ月額	ユーロ月額	ユーロ月額	ユーロ月額	ユーロ月額	ユーロ月額
石油暖房	100-250	19,20	1,60	80,00	96,00	120,00	136,00	155,20	19,20
	251-500	18,20	1,52	76,00	91,20	114,00	129,20	147,44	18,24
	501-1000	17,30	1,44	72,00	86,40	108,00	122,40	139,68	17,28
	>1000	16,70	1,39	69,50	83,40	104,25	118,15	134,83	16,68
天然ガス	100-250	17,00	1,42	71,00	85,20	106,50	120,70	137,74	17,04
	251-500	16,10	1,34	67,00	80,40	100,50	113,90	129,98	16,08
	501-1000	15,40	1,28	64,00	76,80	96,00	108,80	124,16	15,36
	>1000	14,90	1,24	62,00	74,40	93,00	105,40	120,28	14,88

遠隔暖房	100-250	21,60	1,80	90,00	108,00	135,00	153,00	174,60	21,60
	251-500	20,50	1,71	85,50	102,60	128,25	145,35	165,87	20,52
	501-1000	19,40	1,62	81,00	97,20	121,50	137,70	157,14	19,44
	＞1000	18,70	1,56	78,00	93,60	117,00	132,60	151,32	18,72

資料３-３　附則第２（第４条関係）別表Ａ（第４条第２文ないし第４文関係）

		石油暖房	天然ガス	遠隔暖房
需要共同体の人数	建物面積	暖房込みの基準値	暖房込みの基準値	暖房込みの基準値
	平米	ユーロ月額	ユーロ月額	ユーロ月額
1	100-250	398,-	389,-	408,-
	251-500	394,-	385,-	403,-
	501-1000	390,-	382,-	399,-
	＞1000	387,-	380,-	396,-
2	100-250	477,-	467,-	489,-
	251-500	473,-	462,-	484,-
	501-1000	468,-	458,-	479,-
	＞1000	465,-	456,-	475,-
3	100-250	593,-	579,-	608,-
	251-500	587,-	573,-	601,-
	501-1000	581,-	569,-	594,-
	＞1000	577,-	566,-	590,-
4	100-250	672,-	657,-	689,-
	251-500	665,-	650,-	681,-
	501-1000	658,-	645,-	674,-
	＞1000	654,-	641,-	669,-
5	100-250	774,-	756,-	793,-
	251-500	766,-	748,-	784,-
	501-1000	758,-	743,-	776,-
	＞1000	753,-	739,-	770,-
１人増えるごとに	100-250	96,-	94,-	99,-
	251-500	95,-	93,-	97,-
	501-1000	94,-	92,-	96,-
	＞1000	94,-	92,-	96,-

第2編第22条の本則では、これらは別々に適切性を判断することになるが、新ルールではオプションとして全体額に対する適切性の確定が許されており（第2編第22a条第1項第3文）、これに沿ったものである。なお附則第1別表Bの欄5ないし欄10の説明部分で、積算根拠にかかる「別表2.1.」は、「附則第1別表A」の間違いである。法令の理由書における叙述の順序で示された表をそのまま張り付けた一種の立法ミスである。

(ii)　導入の実例（その二）　　州法における条例制定権に基づき、条例形式では連邦で最初に条例を制定したのが、フォーゲルスベルク郡（Vogelsbergkreis）である。2012年12月7日に郡議会で条例案が可決され、2013年1月1日に施行された（「SGB 第2編および SGB 第12編の領域における住居に対する費用の適切性に関するフォーゲルスベルク郡条例[194)]」）。

フォーゲルスベルク郡は、ヘッセン州中部（ギーセン行政管区）、フランクフルトとカッセルのちょうど間に位置する。2011年末現在で、人口10万8538人、10の市と9の町村があり、すべて郡に属している。郡内で人口が最大の市町村はアルスフェルト（Stadt Alsfeld）で16222人、最小はアントリフトタール（Gemeinde Antrifttal）で1983人であり、郡全体の人口密度は73人／平方キロメートルとなっている。いわゆる田舎という意味での地方的な郡である。

条例は全部で5箇条からなり（第1条〔適用範囲〕、第2条〔データの収集、評価および審査〕、第3条〔住居費の適切性〕、第4条〔住居に対する特別の需要〕、第5条〔発効〕）、附則として条文の内容に関する理由ないし根拠が規定されている。

ヘッセン州は州法で住居費の定型化も付与する権限に含めているが、同郡ではこの点の定めはおいておらず（つまり適切な費用の確定のみ）、その他の点では、特殊な需要を有する場合の規定や制定理由などと併せて、第2編第22a条以下で求められている内容にほぼ沿ったものとなっている。

この条例では、郡内を二つの領域に区分している（これも第2編第22b条で認められている）ので、比較的人口の多い「地域Ⅰ」に適用される適切住居費の値を見てみると資料3-4のごとくである（同条例第3条第2項）。なお「地域Ⅱ」はこれよりも1割弱低めに設定されている。

なおフォーゲルスベルク郡は2005年の制度開始以来、自治体単独管轄（かつてのオプション自治体）である。

資料３－４　フォーゲルスベルク郡の値

地域Ⅰ					
1	2	3	4	5	6
需要共同体の人数	抽象的に適切な住宅の規模	付随費用を含まない暖房抜き家賃（一平米当たり）	暖房費を含まない経常費（付随費用）	付随費用を含まない暖房抜き家賃および暖房費を含まない経常費への加算額	付随費用を含む暖房抜き家賃（欄２かける欄５）
１人	50 m²	4,65€	1,50€	6,15€	307,50€
２人	62 m²	4,33€	1,69€	6,02€	373,24€
３人	74 m²	4,51€	1,50€	6,01€	444,74€
４人	86 m²	4,35€	1,38€	5,73€	492,78€
５人	98 m²	3,82€	1,31€	5,13€	502,74€
１人増えるごとに	＋12 m²	3,75€	1,31€	5,06€	＋60,72€

(iii)　導入の実例（その三）　続いて、シュレスヴィヒ＝ホルシュタイン州の郡に属しないいわゆる独立市であるノイミュンスター市（kreisfreie Stadt Neumünster）が条例を制定している（「SGB 第２編および SGB 第12編の領域における住居に対する費用の適切性に関するノイミュンスター市条例」、2013年11月28日制定、2013年12月1日より施行[195]）。2014年５月時点で、ドイツで最新の事例だと思われる。

ノイミュンスター市は同州のほぼ中央に位置し、州都キールから南へ電車で20分程度の距離にある。州内では４番目の人口（約７万8800人）を擁し、人口密度は1000人／平方キロメートルあるなど、フォーゲルスベルク郡とは異なり、いわゆる都市部を形成している。ノイミュンスター市は第２編の実施に関しては雇用エージェンシーとの間で共同機関を設立する方式を選択している（ただしいずれもジョブセンター（Jobcenter）と称する）。

条例は、第１条〔適用範囲〕、第２条〔データの収集、評価および審査〕、第３条〔住居費の適切性〕、第４条〔住居に対する特別の需要〕、第５条〔暖房費〕、第６条〔省エネ住宅における特例〕、第７条〔発効〕の計７箇条からなっている。いわゆるエコ住宅についての特例を入れる（ドイツでもかなりの北部に

資料3-5　ノイミュンスター市の値

1	2	3	4	5	6
需要共同体の人数	抽象的に適切な住宅の規模	付随費用を含まない暖房抜き家賃（一平米当たり）	暖房費を含まない経常費（付随費用）	付随費用を含まない暖房抜き家賃および暖房費を含まない経常費への加算額	付随費用を含む暖房抜き家賃（欄2かける欄5）
1人	45 m²	4,86€	1,48€	6,34€	286,00€
2人	55 m²	4,65€	1,43€	6,08€	335,00€
3人	70 m²	4,70€	1,36€	6,06€	425,00€
4人	80 m²	4,71€	1,29€	6,00€	480,00€
5人	90 m²	4,60€	1,37€	5,97€	538,00€
6人	100 m²	4,64€	1,19€	5,83€	583,00€

位置することが関係していると思われる）ところに特徴が見られるが（なお暖房費に関する第5条は、条例内で暖房費の適切性を定めるものではなく、連邦全体にかかる値[196]に従う旨を規定している）、その他の条文は、その並びも含めて先行事例に基本的に範をとったものと思われる。制定理由ないしデータ上の根拠も附則として規定されている。

住居費の適切性について、同市は市全域を対象とする値を資料3-5のように定めている（同条例第3条第2項）。なおエコ住宅については若干高めの金額となっている。需要共同体の人数が7人以上の場合、適切性審査は個別事例ごとにおこなわれるとされる。

(iv)　整　理　　フォーゲルスベルク郡の場合、ヘッセン州で州法が成立したのが2011年6月であるから、条例の可決成立（2012年12月）までちょうど1年半かかっている。ノイミュンスター市では、シュレスヴィヒ＝ホルシュタイン州の州法改正（2012年4月）から数えて、1年と7ヶ月（2013年11月条例制定）を要している。対してベルリン州は、2011年7月の州法改正から2012年4月の法令制定まで9ヶ月と、他の二例より格段に早い。普通の連邦州は州の立法機関と各地の自治体といろいろな意味で距離がある（つまり両者は別の存在である）が、ベルリン州ではこれは当てはまらない。州の立法機関と執行機関の近さ、あるいは州法における条文追加を提案するのが州政府そのものであるという事情によるものであろう（なおこの点を敷衍すると、条例制定権の利点としてよく挙げられる地方における民主的正統性の議論はベルリン州には当てはまらない。都市州がそもそも例外的存在であり、第2編の住居費の適切性を340万人で議論できるかという問題もあるが、他の2事例と比べれば受給者にとっての受容度が低いことは否めない）。

規定の内容では、適切性の対象に暖房費を含むかどうかで方向性の違いが出ている。住居費の適切性は、いずれの例も、判例で承認されてきた社会住宅建設における面積の基準と一平米当たり家賃との掛け合わせ（「積算理論」）により算出されており、その限りでもオーソドックスな内容であるといえる。また、三つの事例すべてで、条例ないし法令は、第2編のみならず第12編の領域でも適用されることが、すでにその名称からして予定されている。第12編は、第2編第22a条以下に基づく条例が存在する場合、一定の要件のもと（「特殊な住居暖房需要を有する者について特別の規定が第2編第22b条第3項に基づいておかれかつ高齢者の需要が追加的に考慮される限りで」）、その準用を規定している（第12編第35a条）ことに対応したものである（論理的には、第2編の領域のみを適用対象としていてもこうした要件を満たす限り第12編の領域に準用されるため、確認的な意味合いが強い）[197]。

(8) 2011年改正の意義：司法による統制

(i) 二郡市の場合　　フォーゲルスベルク郡の条例に対して、先述した特殊な司法手続（SGG第55a条）が進んでいるとの情報には接していない。反対にノイミュンスター市の条例については、州社会裁判所に対して規範統制訴訟が申し立てられたことが報じられているが[198]、係属中のようであり（L 11 AS 24/14 NK）、審理の動向は現時点で不明である。

(ii) ベルリン州の場合（ベルリン＝ブランデンブルク州社会裁判所）　　これに対して、ベルリン州は司法統制がもっとも進んでいる。前述したように第2編第22a条以下の領域では規範統制が州社会裁判所に集中させられているので、案件の係属はベルリン＝ブランデンブルク州社会裁判所となる。この問題に関する初の判断が、同裁判所2012年8月7日判決である[199]。

事案は以下の通りである。当初は第2編を受給していたが障害年金を受けるようになったことに伴い第12編受給に転じた申立人は、2011年3月に大家から家賃の値上げを告げられ、これに対応して区役所は2011年4月から2011年9月までについて値上げされた家賃全額を考慮する決定（2011年3月28日付け）をおこなった。この決定に対する異議について、区役所は2012年3月まで家賃全額を承認する内容に変更した（住居費抑制期間の延長）。2011年12月7日に区役所は、2012年1月1日から2012年12月31日までの期間について、2012年4月1日以降の住居費および暖房費の引き下げを予定した給付をおこなうことを決定した（ただし2012年4月に、同月分については2012年5月1日に施行される法令に鑑みて引き下げをおこなわないことが告げられている）。2012年5月9日、区役所は2011年12月7日の決定を変更し、住居費と暖房費の実費を2012年10月まで引き受けることとした。これに対する異議が退けられたため、ベルリン社会裁判所に出訴した。このなかで、法令における適切な費用の算出に問題があるとして、規範統制を申し立てた。

これに対してベルリン＝ブランデンブルク州社会裁判所は、不適法却下の判断を下した。「申立て適格は審査の対象となる規範が適用される者のみに帰属する」が、ベルリン州の法令である「WAV は、SGB 第12編第35条に基づく住居および暖房に対する給付には適用されない」。すなわち、第12編の枠組みにおける「住居費が WAV に基づいて決定されるための要件は、WAV が、特殊な住居暖房需要を有する者に対して SGB 第2編第22b 条第3項の意味にいう規定を有し、かつ、高齢者の需要を追加的に考慮することである。これらの要件は同時に満たされる必要がある。いずれにせよ WAV には後者の要請を満たす規定が欠けている。」「WAN 第6条第2項いわく：特別の理由のある個別事例については、第4条に基づく基準値は、社会的理由に基づき、および過酷事例にあって、100分の10までこれを超えることができ、それはとりわけ……居住年数が比較的長期であること（少なくとも15年）、重要な社会的つながりがあること（子どもの通学、ケア施設、児童全日保育施設など）、扶助受給者が60歳を超えること……である。WAV 第6条第3項いわく：第4条に基づく基準値の超過は、個別に高額の暖房需要を有する者（健康上の理由、加齢に伴う理由など）についても、基準値の超過がそれのみを理由とする場合、適法である。WAV 第6条第4項いわく：通所型の居住形態の場合（ケア付き個室、ケア付き共同住宅、治療型共同住宅、共同での通所型介護を確保するための共同住宅（認知症など）等)、第２項を準用する。」「これらの規定にはしかし、SGB 第12編第35a条で前提とされているような「高齢者の需要の追加的な考慮」が含まれていない。」WAV 第６条の規定は「その内容、由来、理由付けからして、……一般的に根拠とされるべき需要状況に応じて適切性の確定の修正をおこなうところの（抽象的な）規定ではなく、過酷を回避するという結果から出てきた規定である。」「高齢者に特別の住居需要を考慮するための抽象的な規定は WAV には見られないのであって、とりわけ WAV 第６条第２項における過酷事例の規定は……、SGB 第12編第35a条第１文の要請を満たすものではない。なぜならこれらの過酷事例規定は、高齢者の特別の需要を考慮に入れたものではないからである。」(Rn. 19 f., 23 ff., 46, 50)

以上の判旨から明らかなように、結果が却下なので実体判断を避けたと考えるべきではなく、むしろ、第２編と第12編の特殊な関係を前提に、第２編第22a条以下の枠組みに基づいて制定された法令が、第12編にその有効性を延長するための条件を成就しないという判断を前提に、規範統制の申立人が第12編給付の受給者であることから、法令の適用が及ばない申立人はその適格を欠く、という論理構成である。法令では確かに、年齢等の場合を挙げて、基準値のオーバーを一律10％まで認めることが定められているが、ベルリン＝ブランデンブルク州社会裁判所はこれを、一般的抽象的に高齢者に特有の住居需要を認めたものでもなく、また、10％オーバーはあくまでそれが許されるだけであり、その高齢者に実際にどれだけの追加的な住居需要があるのかは調査も判断もされないとして、第12編の領域においては当該法令は適用されないとしたのである。

さらにベルリン＝ブランデンブルク州社会裁判所は2013年４月25日判決[200]で、実体的観点から法令の無効を宣言した。

事案は以下の通りである。申立人両名は、第２編給付の受給者であり、いわゆる父子世帯を構成している（1966年生まれの父、2007年生まれの息子）。彼らは３部屋ある約83,91平米の住居に住んでおり、家賃は経常費と暖房費込みで月578,26ユーロである（2012年１月１日以降、家賃本体が406,96ユーロ、経常費および暖房費はいずれも月85,65ユーロの前払い）。2009年12月29日の決定で管轄基礎保障主体は申立人に対し、2010年６月30日までに適切とみなされる総額月444ユーロに抑制するよう指導した（これは当時のベルリンの行政規則（AV Wohnen）に基づき2人世帯にとって適切とされた額である）。期限徒過後、管轄主体は住居費および暖房費を総額月488,40ユーロでのみ承認した（当時の行政規則にある単身養育者に対する10%の加算を適用した額）。法令の施行に伴い、住居費および暖房費は月534,60ユーロとなった（経常費と暖房費込みの2人世帯に適用される475＋各戸給湯でない場合の追加額11＝486ユーロから、単身養育者に対する10%を加算した額）。この金額では住居費および暖房費の実費をカバーでないため、規範統制を申し立てたものである。

判決では、先行事例に対してこのケースでは申立て適格を問題なく肯定し（第2編給付受給者であるため）、実体部分について以下のように判断した。すなわち、ベルリン州の法令における授権規定がいちおう妥当な内容であり、法令中の規定も授権の内容に適合しているとしつつ、「WAV は基本的に SGB 第2編第22条第1項第1文で要請される方法に従って適切な暖房抜き家賃および経常費を決定している。……〔ここでとられている算出の〕モデルは論理的構想の成立に必要な要請を満たすに十分なものである。」「しかし暖房抜き家賃および経常費において必要でありかつその通りにおこなわれたような、論理的構想にかかる努力は、抽象的に適切な暖房費の確定については同じ方法ではなされなかった。これは、影響のある要素における流動性や不均一性が高いがゆえ、その確定には非常に多くの困難が伴うことによるものかもしれない。……〔エネルギー価格、冬の厳しさ、建物の構造、暖房の種類、暖房期間、室内温度などにより〕暖房の適切な程度としての請求権の根拠はこれまで未確定のままである。こうした事情から、適切な暖房需要の決定は、現在、一般的かつ実態に即した適切性の限度の形成というモデルに基づくのではなく、SGB 第2編第22条第1項第1文の枠内において、それを超過すると非経済的な暖房行為を推定させるところの限界値までは実際の費用を引き受けるということが引き出される。その限界値とは、「連邦レベルの暖房一覧表」の値である。」WAV は暖房費を含めた適切性の全体的上限を定めているが、これは住居費と暖房費との間で一種の融通を利かせられる一方、暖房費が連邦レベルの暖房一覧表という非経済性の考えに立脚した数値によって構成されている、すなわち抽象的な需要を代表するものではない以上、両者を混合することは、適切性上限としておこなわれる給付が法律で基準となる需要にもはや対応しなくなるという点で結果に混乱をもたらすのであり、「よって、適法に形成されるところの適切性の全体的上限は、方法上受け入れられるかたちで調査した抽象的に適切な暖房需要の値を用いなければならないのである。」(Rn. 61 ff.)、「適切性の全体的上限がその存立を欠くことから、これはWAV全体の無効性をもたらす。」一部分の規定を無効としても、他の規定が無意味にならないのであれば、一部のみ無効とすることができるが、「WAVの規定する適切性の全体的上限の無効がもし明らかになったならば、法令制定者が少なくとも暖房費抜き家賃を参照家賃として定めていたであろうようなことは認定できない。暖房抜き家賃の確定が……そのまま自動的に支給すべき金額になるのであればそういうこともいえるだろうが、こうしたことは〔法令の理由書では〕述べられていない。」(Rn. 72 f.)

すなわち、暖房費の適切性を、実際の需要の多寡ではなく非経済性という観点からキャップをはめる実務があり[201)]、現実に適切な金額を設定することは技術的に困難であることから、これ自体は違法ではないが、連邦社会裁判所の判例では、いずれにせよ住居費の適切性と暖房費の適切性は分けて判断しなければならないことになっており、第2編第22a条以下では条例で両者を合計した適切性の全体的上限を定めることが許されているものの、ベルリン州のようなやり方（平均的ないし類型的な需要をもととした住居費の適切性上限と、極端に使いすぎると適切性審査が入るような非経済性の考えに基づく上限を単純に合計する方式）では、結果としての金額は理論的に混乱したものにならざるを得ず、適切性の上限としてふさわしくない、さらにベルリン州の法令はそうした（不適切な）上限を示すことに主眼があるため、それ自体は適法な住居費の適切性上限を有効としたまま一部のみを無効とすることはできない、と判示したのである。

なおベルリン＝ブランデンブルク州社会裁判所は、2013年9月4日の二つの判決[202)]でも、2013年4月の判決の内容を確認している。

2012年8月の判決が、第12編の領域に法令（条例）の適用が及ぶか、そしてこの2013年4月の判決が、暖房費にかかる適切性基準が違法になるかどうか、違法の場合に全体の効力はどうなるか、というように、第2編に基づく住居費の適切性というテーマのちょうど外縁部分について判断がなされたといえる。

(iii)　連邦社会裁判所の判断　　上記の州社会裁判所判決はいずれも控訴され、上訴審である連邦社会裁判所で審理されているが（B 14 AS 70/12 R, B 4 AS 34/13 R, B 4 AS 52/13 R, B 14 AS 53/13 R）、申立て適格を否定した2012年8月7日判決について判断が示されている。

連邦社会裁判所は2013年10月17日判決[203]で、まず州社会裁判所が否定した申立て適格につき、「SGG 第55a条に基づく申立て手続においても、申立ての資格が欠けるのは、申し立てる根拠との関係で申立人の権利がどのような考慮をおこなっても明白かつ一義的に毀損されえないような場合のみである。」「従って、申立人による住居や場合によっては暖房に対する出費が現在すでにおこなわれまたはおこなわれようとしており、審査の対象となる規範に関する認定がそうした出費よりも遅れてなされ、ゆえに申立人の最低生活給付に対する請求権を決定する効果が問題となることが申立てから少なくともその可能性があるように思われる場合、SGG 第55a条に基づく申立て手続は常に開かれることになる。このことは、SGB 第12編第35a条第1項および第2項に基づく請求権が問題となる限りでも当てはまる。」「確かに、SGB 第12編第35a条第1項に基づく効力波及要件が問題となる規範の内容から見て存在せずよって SGB 第12編の受給者に効力が及ばなくなることは否定されない。しかしながら、申立て適格において、規範にその問題となる効果がありそれ故に申立人に規範統制手続における保護が必要かどうかは、無意味である。SGG 第55a条に基づく申立て手続は、単に個人の権利保護を目的とするのみならず、同時に客観的な法の統制をもその狙いとするのである。」（Rn. 21 ff.）とし、州社会裁判所の判断を覆して第12編受給者の申立て適格を肯定した。

他方、第12編第35a条に基づく効力波及要件の未充足は、以下のように判示し、州社会裁判所と同様にこれを否定している。WAV が特定のケースを挙げて10%オーバーを容認するのは「抽象的に適切な数値の超過の上限が10%に固定されているように映り、その他の非典型的なケースにとっての余地がないがゆえ、連邦法の基準に違反している。」特定の需要状況にある者に対して特別規定を条例に設けることを求める第2編第22b条第3項に対する違反として、「第一に、WAV 第4条に基づく一般的基準値の加増要件の輪郭がはっきりせず、個別事例ごとの対応となっている（「特別の理由のある個別事例については」）。

60歳を超える受給者がみな住居費暖房費の増加した給付請求権を持つことが肯定されないのなら、この規定はその要件からしても SGB 第2編第22b条第3項の意味にいう特別規定ではなく、個別ケースにおける行政の判断にこれを委ねるものとなる。」「第二に、承認されるべき特別の需要という無条件の法的効果も規範自体では規律されておらず、個別ケースにおける決定は行政の裁量に任されている（「基準値を超えることができる」。）」10パーセント条項は、「類型的に特別の住居需要を有する人的集団の構成員を抽象的一般的な効果のある類型化によって SGB 第2編第22条第1項第3文の要請〔住居費を抑制する責務〕から解放するという SGB 第2編第22b条第3項の保護責務に反している。」「WAV 第6条第2項の「特別規定」は、……ベルリンの住宅市場の状況に応じて特別の需要を時代や実態に即して類型的に把握するのとは違う方法に拠って立っている。……〔10％の超過可能性の一つである〕「遠くない時期に費用を充足する収入が見込まれる者」（WAV第6条第2項 f）は、その他のグループにも適用される。この値が（法律より下位の規範でおこなえば不適法であるが）政治的な決定に基づくものでないとしても、いずれにせよこれはせいぜいのところ「でたらめ」なものに過ぎないであろう。これは SGB 第2編第22条第1項に基づく抽象的な適切性限度の具体化にはまったくもって不十分であり、法律より下位の規範設定の枠内においても不適法である。」(Rn. 39 ff.)

法令の効力波及を否定する結論は州社会裁判所と変わらないが、その理由付けにおいて（「でたらめ」さの指摘など）連邦憲法裁判所の基準額違憲判決をかなり意識している様子がうかがわれる。またその内容も、第12編に効力を及ぼすのに不適当だというよりも、法令としてのあるべき水準にそもそも問題があるというようにも受け取れることからして、このベルリン州の法令に対する連邦社会裁判所の厳しい姿勢がうかがえるといえよう。いずれにせよ連邦社会裁判所は判決の締めくくりとして、「第一に、WAV は SGB 第12編の受給者には適用されないことが確認され、第二にこのことは、WAV の名において「第12編」の文言を無効と宣言することによってこれを明確にする。」(Rn. 46) としている。

さらに連邦社会裁判所は2014年6月4日判決[204]において、ベルリン＝ブランデンブルク州社会裁判所による2013年9月4日判決（二つあるうちの一つ（L 36

AS 1987/13)）にかかるベルリン州の控訴を棄却し、その違法性を確定させている。

(iv)　ベルリン州のその後の展開　　ベルリン州はもともと条例制定権の導入以前より、第2編および第12編の住居費給付について独自の施行規則（AV Wohnen[205]）を有していた。裁判所がこのような厳しいチェックをする伏線として、実は過去に司法で AV Wohnen の有効性が何度も問題になり、効果が否定される例が少なくなかったことが挙げられる[206]。AV Wohnen 自体は、2012年4月の法令制定後は、適切性基準にかかる主要部分を引き継いだ法令と相まって住居費給付の実施についての定めをおこなっているが、それ故にこそ、新たな法令に向ける司法の目が鋭くなっているともいえる。

ベルリン州の法令は、制定後2度改正されている。最初の改正[207]は2013年8月、次の改正[208]は2014年2月であり、それぞれ適用される数値の更新が主たる内容である。なお上記連邦社会裁判所の判決（これ以上の上訴は不可能のため確定）により、法令の名称における「第12編」は（そのまま残されてはいるものの）無効となっている。

4　新制度の到達点

(1)　制度の広がり？

ベルリン州法令の第2編領域にかかる有効性に対する審理はなおも続行中であり、つまり2013年4月の州社会裁判所判決が確定していない以上、実務は同法令に基づいておこなわれている。もし連邦社会裁判所で法令が無効だと宣言されれば、確かに実務上の混乱が引き起こされるが、おそらくその場合、判決の趣旨に従った新たな法令を州政府が制定することになり（議会の議決を要しないのでスピード感はあろう）、そうでなくとも最悪はかつての行政規則（AV Wohnen）を緊急に復活させることで一定の対応は可能であろう。

それにしても、ベルリン州以外は郡部の自治体と都市部の自治体が一つずつ条例制定権を行使しているのみであり、もしベルリン州の法令や[209]、同じく規範統制の対象となっているノイミュンスター市条例[210]の有効性が確定的に否定されるとすると、フォーゲルスベルク郡の労は多とするも、ドイツ全体から見れば、住居費条例はほとんどあってないような存在感にとどまることになる。条例制定の前提である州法上の根拠創出も含め、いまだ広がりを見せない理由、換言すれば行政当局を慎重にさせる理由ないし背景を若干検討しておく。

⑵ 「条例による解決」の多面性

(i) 推奨の方向性　　連邦社会裁判所の時代から公的扶助分野において調査分析を積み重ね、貴重な提言や重要な勧告をおこなってきたドイツ公私扶助協会は、第2編第22a条以下の挿入後、条例制定権の問題について2011年6月に勧告を発している（DV 勧告[211]）。そこでは、巷間いわれる利点に対して、条例が民主的手続を前提にするため実態や法的状況の変化への対応がむしろ遅れかねないこと、政治的な決定について司法の納得を得られず違法になりうること、手続上の過誤に対する治癒可能性がないこと、本則である第2編第22条に基づく司法の判断基準との関係が明らかでないことが難点として挙げられ、条例による解決を選択する際にはメリットとデメリット、あるいは法的リスクを十分に吟味しなければならないと述べられており、いわば安易に条例制定に向かうことを戒める内容となっている（DV, S. 4 ff.[212]）。

連邦交通建設都市発展省（現連邦交通デジタルインフラ省）が連邦労働社会省の協力のもと2013年1月に公表した冊子[213]は、自治体による条例制定を援助するために、住宅市場の構造や条例制定の効果を主要なポイントごとにまとめておりいろいろな意味で参考になるが、他方、網羅的な記述を全体として頭に入れて条例の原案につなげるには相当の専門知識が必要であり、これを欠く自治体には冊子自体の意義が乏しいともいえ、いわばかゆいところに手が届く程度に問題がもみほぐされていない状況を示唆している。

とりわけ自治体にとっては、多くのデメリットや数々の難解さを「頑張れば乗り越えられる」といわれても、その意欲を「どう」喚起し、「どう」頑張らせるかが具体的に明らかにされない以上[214]、人手と労力をあえて割いてまで法的リスクを抱え込む選択をおこないづらいと思われる[215]。

(ii) 当事者の利害関係の多様性　　連邦レベルで見ると、かつて連邦政府は自らに与えられた法規命令制定権限をついに行使せず、新法により州にほぼすべての下駄を預けたわけであり、以降は各地でどのような動向になるかをせいぜい観察するだけになった。確かに、立法時の経緯により、第2編で支給される住居費には連邦からの負担金が予定されていることとの関係で、条例で適切性を具体化し、さらにその先の定型化までが広くおこなわれるようになっていけば、前面に出すかどうかは別として、住居費に対する連邦負担を適正化するという政策的意図が中長期的に実現する可能性があるため、そうした点では連邦自体に条例制定の活発化の旗を振るメリットはありそうである。しかし現実には（省レベルで冊子作りをする以外は）様子見に徹している。

その下駄を預けられた連邦州も、該当する州法を実際に規定しているのはまだ少数派であり、かつ、法律では許されている条例制定の義務化に踏み切る例は皆無である。その意味では州も管内の自治体に最終決定を委ねている構造である。すでに連邦による法規命令制定権限不行使のころから常々指摘されている、社会裁判所の負担超過との関係では、ドイツでは連邦州が裁判所を設置運営するのが基本的形態であるため、裁判所の負担軽減は州にとって無視できない話題であるものの、全体としての動きはまだ鈍い。連邦と異なり住居費給付に対する負担は一切なく、その意味で住居費の適切性や定型化にニュートラルであることも大きい。もちろんヘッセン州のように第2編の「適正な」実施に熱心な州では、管内の自治体における条例制定を促進していると想定されるので、州の姿勢も大きな要素である。

同時にしかし、すでに存在するケースを見る限り、州法上の規定を創設しない大きな要因は、自治体の側からの要望や突き上げがないことにあるようである。自治体は自らが被告として裁判に関与するだけに、司法リスクの軽減には、本来もっとも敏感なはずである。住居費の適切性審査は、よくケースごとの個別審査（Fall-zu-Fall, Einzelfallprüfung）だといわれるが、本当に一件一件についていちから審査基準を作ってその当てはめをおこなっているわけではなく、むしろどの自治体にも、適切性を審査するための内部準則が定められており、これに基本的に従いながらケースごとに判断をしている。これはいわゆる行政規則に該当するものであり、行政内部に対する拘束力しかない。条例制定権の意味するところが、こうした内部の規則を条例というかたちで外部化する点にのみあるならば、自治体や自治体連合から州に対して要望を出し、州法の制定を求めることになろう。しかしながら、以下でもあらためて検討するように、すでに存在する行政規則と制定されるべき条例との距離感は決して近くない。実際には、内部準則を作成する以上のコストをかけて無効になるかもしれない条例の制定に本腰を入れようという状況にないのが本音であろう。適切性の規範的確定をもっとも欲している現場自治体において、条例という規範の策定に対するハードルを強く感じさせるアンビバレントが新ルールには潜んでいるともいえる。

その自治体と裁判で争う立場になる受給者からすると、本来的関心は自らの実際の住居費が実費で全額支給されるかどうかにあり、もしこれが一部カットや全額引き受け拒否の対象になった場合、その判断の根拠であるはずの適切性基準が行政規則によるのか条例によるのかはさして重要ではない。なお条例には確かに民意が反映されているが、ある特定ケースについて住居費をカットしてよい論拠とはなりえない。いずれにせよ行政の決定に対する抗告訴訟が提起されるが（係属するのは第一審社会裁判所）、もし適切性基準が行政規則であれば、当該規則の違法を主張することになり、反対に条例に根拠があれば、新たに導入された特殊な司法手続に則り、条例無効宣言を求めて州社会裁判所に規範統制を申し立てることになる（SGG 第55a 条）。

この規範統制には一般的拘束力が付与されているため、最終的に条例が無効であれば、別の審理でも条例の無効を前提に判断がおこなわれるので、こうしたシステム上の影響は受給者にとっても小さくはない。もし行政規則で適切性が判断されていれば、他の事案における裁判所の判断とは無関係に自身の主観的権利を追求できるだけに、条例による解決が広がっていけば、連邦領域内での受給者のおかれる立場にズレが出てくることになる。その意味では条例による解決は大きくは受給者にも関連してくるといえる。他方で、住居の賃貸人にとっては、彼自体は制度とは間接的な当事者に過ぎないものの、条例で適切性基準が「目に見える」ようになることで、取りはぐれがない以上その基準に合わせて家賃を値上げする可能性があり、この場合は結果的に自治体の負担としてつけ回されることになり、逆に店子を安定的に埋めようと基準に合わせて家賃を値下げしてくる可能性もあり、こうなれば各方面にとって好影響となる。とりわけ後者にあって、家主にそうしたフレキシブルさがなく、彼からみてそういう低い家賃では家を貸したくないと映れば、結果として要扶助者が住宅市場から排除される危険性も増す。地域住宅市場の逼迫状況にもよるが、こうした間接的な（悪）影響も一定程度考慮される必要があろう[216]。

以上の当事者と比べて、実際の裁判を管轄する社会裁判所は、条例制定権の行使それ自体に積極的な影響を与えることはできず（だからこそ連邦による法規命令の制定をアピールしたり、裁判官から条例による解決のアイデアが出されたりしてきた）、現実の動向を前提としていまだ数多ある住居費の訴訟に関わっていかざるを得ない。新ルールにより、立場上裁判所がカギを握ることになる法的論点が生起しているが、これについては別途検討する。

(iii)　実態との整合性　　不確定法概念としての住居費の適切性を「誰が」具体化するのかという点で、その最前線に立つのは常に自治体である。しかし徒手空拳で適切性を判断できるわけではない。ゆえに各自治体では適切性の判断手法がそれぞれ独自に発達していった。そしてひとたび争いになった場合、そうした実務自体が審査対象になるという流れが定着してきた。内部準則などの行政規則には裁判所を拘束する力はない。さりとてこれを無視して法律本文を見れば適切性が判断できるかというと、少なくとも第2編はそのための明確な基準を提供してない。連邦社会裁判所判例法理として確定している「論理的構想（schlüssiges Konzept）」は、こうした隘路を整序する一つの方向性として示されたものである。そもそもドイツ語の schlüssiges Konzept は、「ベストプラクティス（best practice）」という意味も有しているように[217]（本文ではこのようには訳していないが）、連邦社会裁判所は自治体における適切性判断をブラッシュアップさせ、そのなかから最善慣行を引き出していこうという発想に基本的に立っている。

しかしそのさじ加減は難しく、連邦社会裁判所自身、判決では構想成立をほとんど認定していない。同時に興味深いことに、とりわけ連邦社会裁判所が論理的構想の成立にかかる8つの要素を提示し、そのなかには自治体単独の力量では難しいことが予想される内容が多く含まれていることに対応して、地域住宅市場の監視やデータの収集ないし分析を扱う自治体向けの専門サービス会社が生まれており、その限りで論理的構想の立案を巡る「市場」ができてきている[218]。

こうした状況をどうみるかは難しい問題であるが、住宅市場に関する自治体自体の専門的能力に限界があることを前提とする限り、ベストプラクティスは外部化されたかたちで追求されることになり、逆にいえば、こうした外部の専門的サービス提供主体の存在や利用可能性、さらにはクオリティが、内部準則の規定にせよ条例制定権の行使にせよ、結果的にその前提条件を形成するようになっているということもできる。自治体において州への働きかけや実際の条例制定がいまいち盛り上がっていないというのも、こうした住宅市場監視における実態面の動向を考えれば、ポイントを外した指摘なのかもしれない。

(3) 法的論点の深化

(i) 本質性理論　　新ルールが条例の制定というかたちで定着するにはなお多くの時間が必要のようであるが、他方で、法的なレベルでは興味深い進展が芽生えている。

その典型が、最低限度の生活の保障が「重要なこと（das Wesentliche）」に含まれ、ゆえにそれは「立法者が」「法律で」内容を定めなければならないとする原理（いわゆる「本質性理論（Wesentlichkeitstheorie）[219]」）との関係である（より大きくは「議会への留保（Parlamentsvorbehalt）」）。連邦憲法裁判所基準額違憲判決[220]でも、「人間の尊厳ある最低生活の保障は、法律上の請求権を通じて確保されなければならない。このことは、基本法第１条第１項の保護義務から直接要請されるものである。……人間の尊厳ある最低生活の憲法上の保障は、管轄給付主体に向けられる市民の具体的給付請求権を含む議会の立法によって遂行される必要がある。このことは、他の憲法上の諸原則においてもその根拠を見いだすことができる。法治国家原理や民主主義原理からもすでに、基本権の実現に必要な規定を自ら設けるという立法者の義務が導かれる。」（Rn. 139）と指摘されており、住居という需要が肉体的な意味での最低生活に含まれることに争いがない以上、この理は理屈のうえでは第２編（および第12編）における住居費給付にも及ぶこととなる。

実際、連邦憲法裁判所は当初の第２編における基準額給付に関して、透明性や論理一貫性などとりわけ手続的な側面からのコントロールをおこない、こうした要請が満たされていないとしてその違憲性を導き、かつこれに対応して2011年改正ではまさに立法者が自ら１セント単位の需要算出をおこなって新たな基準額を決定したのである。このように基準額の決定に高度の水準を要求する一方で、住居費や暖房費の決定をその射程から外すことはそれ自体首尾一貫していない。

確かに住居費給付の場合、法律で「適切」という請求権の上限を表す言葉が用いられている。しかし何が適切かは法律ではそれ以上示されておらず、行政による具体化と司法によるそのチェックによって最終的に明らかにされるという構図になっている。すなわち本質性理論からすると、住居費給付の本則にあたる第２編第22条を定めた立法者は、自らは重要なこと（主観的請求権の対象となる住居費の具体的内容）を定めず、民主的正統性では立法府に明らかに劣る行政府および司法府という他の機関にそっくり委ねていることとなるのであって、このこと自体にすでに、法治主義に加えて民主主義上の問題があるということにもなる。

その限りで、第２編第22条そのものの憲法適合性が今後より問われていく可能性がある（ただし適切性を基準とするのは連邦社会扶助法以来の伝統であり、違憲性とは別次元で議論が繰り広げられてきたため、議論の軸が憲法問題に完全に移行するわけではない。ただし以下で紹介するマインツ社会裁判所がこの扉を叩いてる[221]）。また同時に、条例制定権にかかる第２編第22a条以下も、最低生活保障領域におけるこうした憲法上の原理の進展と無縁ではいられない。なぜなら、固有の意味での連邦の立法者でない自治体が適切性を直接に決定するからである。もし第２編第22a条以下の定めが重要な（本質的な）内容を含んでおらず、ただ単に自治体に丸投げするかたちになっているとすると、本質性理論との関係では重大な問題をはらむことになるのである[222]。

この点で、法的のみならず政治的な意味でも連邦の責任放棄である[223]との声も上がっている。他方、連邦が自ら適切な住居費の決定をおこなうことは放棄しつつ、自治体による条例制定に関して、条例の含むべき内容や考慮すべき事項について第２編第22a条以下が基準を与えていることから、現行の枠組みは憲法違反ではないとの評価も存在する[224]。

確かに実態論からすると、個別審査であれ条例によってであれ結局は地域の実情を勘案せざるを得ず、むしろ連邦統一的な規定は（地域的）「実態に即すべし」という連邦憲法裁判所の基準にも合わないため、連邦ではなく自治体が適切性を地域ごとに決めたほうがよく、あわせて、条例は裁判所の審査も民主的統制も受けない行政の内部準則よりも「マシ」な存在であり、裁判所だけでなく給付主体、受給者にとっても指針ができることになるので好ましいという立場[225]も理解できないわけではない。

しかしいずれにせよ、連邦がもはや直接にも間接にも介在することなく住居費の適切性が自治体ごとに定まっていく可能性が現に開かれている以上、少なくとも法的にはそうした枠組みの持つ意味が探求されなければならない。違憲性の問題も、次に検討する形成余地の論点と実質的には関係してくることとなる。

(ii) 形成余地　いわゆる形成余地（Gestaltungsspielraum）は、立法者において語られることがよくある。連邦憲法裁判所も基準額違憲判決で、最低生活保障を具体化する立法者の責任を指摘すると同時に、形成にかかる余地を承認している。立法者はこの余地の範囲内であれば、価値判断を含めて最低生活の範囲を決定することができるのであって、例えば第2編第22a条で条例による解決を制度として導入することがこの形成余地の範囲内にあると考えるなら、少なくとも立法者の判断と憲法上の諸基準との間で摩擦は生じないことになる。

しかし条例による解決は、連邦の立法者自らではなく、自治体によって適切な住居費が決定される仕組みであるため、このような構造を通じて結果的に自治体に形成余地が認められるかどうかの問題が生じてくる。

形成余地を認めるということは、素直に考えれば、ある場合にAという選択をしてもBという選択をしてもよく、もしAを選択した場合に、Bを選択しなかったことについて法的に責任や義務違反を問われないことを意味する。またその限りで裁判所は審査しないし、審査できない。

住居費の適切性判断において論理的構想が提唱された当初の狙いが、手続的な審査に司法統制を限定しようという点にあったことは上述の通りである。連邦社会裁判所によるその後のコントロール密度の引き上げはあったが、それを別とすれば、条例制定権も、第一次判断の段階で行政が住居費の適切性を論理的かつ他から見て納得のいくかたちで判断をおこなう体制の構築という点で共通するところがある。実際、条例による解決を最初に主唱した社会裁判所判事のグロートは、「すでに現実の議論となっている、給付主体に一定の判断余地を承認しようという努力は、法律上の明確な権限付与に基づく条例によって正統化されうるのであって、なぜならば条例の制定は規範的裁量の行使を意味しているからである。しかしこれは、問題となる決定が権限付与の目的に照らして著しく不当であったり比例性を欠いていたりする場合にはじめて、その踰越ということになる。その関係で、社会裁判所のコントロールは、法設定権限におけるこうしたもっとも外側の限界を毀損したかどうかに限定されなければならない。[226]」とし、条例が制定されることがすなわち裁量行使であって、その踰越にあたらない限りは少なくとも違法の問題は生じない旨を述べており、すなわち行政に判断余地が存在すべきであることを前提とした議論をおこなっているのである。[227]

しかしながら、こうした立場は全体としては共有されていない。その大きな要因は、次に検討する適切性の法的意味に関する認識の問題にある。端的には、第2編第22条のレベルでいうと、不確定法概念である適切性は行政がまず具体化し、しかしてその判断は司法による全面的コントロールに服することは、連邦社会裁判所の確立した判例である。こうした構図で最終的に確定される適切性と、第2編第22a条以下の枠組みで先行的に確定される適切性にもし違いがないのであれば、条例に基づく適切性もやはり司法審査に全面的に服すべきことになる。この点でコンメンタールの理解も一致しており（「自治体に裁判所の審査から解放された、決定、決断、確定、判断の余地を開くものではない[228]」、「自治体主体は……実態に即した調査をおこなわなければならないのであって、その限りで裁判所から離れた判断余地を有するわけではない[229]」、「自治体への権限付与は……随意に行使できるところの裁判所の審査から離れた形成余地を開くものではない[230]」）、事実上はともかく、法律上は裁判所の審査から自由であるという意味での裁量は自治体には帰属しないと考えられている。法治国家原理により忠実な態度であるといえよう。連邦社会裁判所もベルリン州の法令に対する違法性判断のなかで同趣旨を述べている。[231]

またこう考えることによって、本質性理論との摩擦も回避できる。すなわち、もし決定権が完全に自治体に移行しているならば、連邦の立法者は「重要なこと（das Wesentliche）」を自ら決定していないという批判がそのまま当てはまるが、自治体に与えられた責務は適切性の設定（Feststellung）やその規律（Regelung）についてであって[232]、具体化（Konkretisierung）や形成（Gestaltung）は責務の対象外だとするならば、まさにどのように形成するかも含めて重要なことはやはり立法者に留保されており、かつそれが第2編第22a条以下で法律上具体化されているということになる。

見方を変えると、自治体からすれば、内部準則で適切性を判断する場合も条例制定権を行使する場合も、その判断が裁判所による審査から逃れられないという意味では違いはない。確かに、内部準則などの行政規則はそれを作成するにおいて自治体の自由度は高い。その裏返しとして、裁判所を含む外部に対しては拘束力がない。よって社会裁判所は、住居費の適切性判断に関する内部準則の存在を前提にせず（実際にはその内容上の不備を根拠に）行政による適切性判断の違法性を審査するのである。しかしこれを逆から見れば、外部（裁判所や要扶助者）に対して拘束力のある条例には、そこまでの自由度を認める実質的根拠が欠けている。というのも、立法における判断余地が承認されている連邦の立法者ですら、連邦憲法裁判所基準額違憲判決の論理では、透明性ある手続に基づき、実態に即しながら、追証可能なように、最低生活に必要な支出を調査して、請求権の程度を明らかにしなければならないのであって、すなわち、もし条例の制定が行政の行為形式の一種だとすれば、第一次判断に対する司法の全面的コントロールの問題として、そうではなく条例制定を一種の立法類似のものとするならば、連邦の立法者に対して要求されている程度におけるのと同様のとりわけ手続的審査の問題として[233]、それぞれ考えることが可能だからである（「条例は裁判所によるコントロールの基準ではなく、コントロールの対象である[234]」）。条例制定権の導入後、社会裁判所を法的に拘束するために行政規則をそのまま条例にしてしまおうという安易な選択が現実にとられていないのは、制定された実例を見ると確かに個々の特性が表れてはいるものの、内容や手続に対する法的ハードルが全体として一定のレベルに達している（そうでなくても肉体的最低生活に属する住居においては立法上の判断余地は相当に狭くなる）ことが関係しているように思われる。

(iii) 適切性の意味　条例による解決が法案として上程されてからにわかに議論の対象になったのが、適切性の法的な意味である。住宅問題に詳しいコフナー（Stefan Kofner）は、法案段階での評価として、「法案の第2編第22a条では、それぞれの領域においてどの程度の金額が適切であるかを自治体が「決定（bestimmen）」できると規定されているが、これは概念を二分し、自治体の判断を優先させることができるという立場からのものである。これによって、人間の尊厳に値する居住状況を定義することに最終的に関わるこうした判断は、管轄の裁判所による法的審査を取り上げることにならないか疑問である。[235]」との見解を表明した。適切性の意味は常に一体であって、自治体が自由に適切性を決定してよいのではなく、あくまで第2編第22条における意味に拘束される（よって第2編第22条における場合と同様の司法審査に服すべきである）ということである。

こうした懸念とは正反対に、連邦社会裁判所判事のムチュラーは、「住居費と暖房費にかかる需要の算出に関するこれらの規定は、いまや二つのモデルが選択可能になったのであり、すなわち一つは個別ケースごとの適切な費用の確定、もう一つは自治体条例による適切性の決定である。「論理的構想」の基準は、第2編第22条第1項第1文に基づく費用の適切性の審査に用いられるものである。これは条例の審査には適用されない。自治体条例の審査は、とりわけ第2編第22a条から第22c条までの連邦法および各州の施行法を手がかりにおこなわれる。過酷事例については、自治体条例は必要な条項を設けておかなければならない。自治体条例を基準とする費用の審査はしかし、論理的構想に基づく個別審査によって追加的に補足されないのである。[236]」というように、条例が成立した場合、その条例に対する審査はあくまで直接の根拠規定にのみ基づいてなされ、論理的構想に基づく審査から完全に切り離されるべきであることを主張した。

ムチュラーの問題意識は、いったん立てたはいいものの、論理的構想にかかる要求水準の高さから現場がついてこられず実現困難になっており、新ルールはそうした状況とは明確に区別される必要があるという点にあり、どちらかといえば法的観点からするコフナーの危惧とは十分にはかみ合っていない（ムチュラーも司法審査が条例に及ばないといっているのではなく、及ぼされる司法審査に違いがあるという主張である）。それでも、一定の対立軸が明らかになったことは間違いない。

確かに、上述の分析からすれば、第2編第22a条以下の規定内容に、すべてではないにせよ論理的構想の考え方が反映されているので、第2編第22a条以下を直接の基準に条例の適法性を審査しても、あらためて論理的構想を照射して判断をおこなっても、結果にそこまでの違いがあるかという実益に関わる問題がある。同時に、論理的構想にかかる個々の要素が実際にはその成立をほとんど否定する方向でしか働いていない現状を前提とすると、条例についてはそこから切り離してしまいたいという意図もよく理解できる。

しかし現時点で法的にはそうした立場はとられていない。連邦社会裁判所も、ベルリン州の法令の審査において、「SGB 第2編第22a条第1項に基づく法律の下位規範の対象は、SGB 第2編第11条第1項第1文で規定される住居需要および暖房需要の「適切性」概念の具体化である。……ここで必要なのは、地域住宅市場の現状を反映することが十分に保障されているところの、個別に審査可能なデータの収集とその評価である（いわゆる論理的構想）。……こうした基準は、SGB 第2編第22a条から第22c条に基づく法律の下位規範についても同じことが当てはまる。[237]」としており、適切性の意味が同一であることを前提としている。[238]

条文をよく読むと、条例における定型化を可能にする場面では、「第22条第1項第1文にかかわらず」という文言が挟まれているが（第2編第22a条第2項）、適切性の確定においてはそうした本則からの逸脱を明言する表現は用いられていない。すなわち論理的には、適切性を条例で確定するにとどまる限り、本則の第2編第22条における適切性が（それが全面的に司法審査の対象になることとあわせて）第2編第22a条第1項でも同じ意味内容で使用されていると考えることができる。[239]

ムチュラーの議論は、定型化した場合には確かにもはや論理的構想を及ぼす意味がなくなることをやや飛躍させたものであると位置づけられる。それでもなお、形成余地の有無や広狭を論ずるためにも、条例による解決が現実に広がりを見せ、自治体間の状況にも大きく違いが出てきたときに、現実に即した条例のコントロールというという点で、要求水準が依然として高い論理的構想によるのとは異なる審査視角が求められる可能性は否定できない。

(iv) 最低生活保障の地域化　仮定の話として、全連邦州において州法に条例制定権に関する根拠規定が設けられ、同時に、条例制定を義務づける（憲法違反になる可能性はひとまずおく）例が現れてくると、自治体ベースでは飛躍的に条例の制定率が高まることになる。ドイツゆえ訴訟が頻発するであろうが、特殊な司法手続との関係で、なかには条例の有効性（正確には無効ではないこと）が司法から承認されるところも少なくなく生じてくるだろう（ただし条例は2年ごとの見直しが法律で義務づけられており、「平安」は長続きはしない）。この段階にもし至り、かつ、自治体ごとに適切性の中身や定型額があまりに異なってくると、平等取り扱いという憲法上の問題が他方で出てくることも予想される。

もちろん、平等や公平の問題は一筋縄ではいかない。地域ごとに住宅市場の特性が異なるにもかかわらず連邦一律の基準をあてはめることのほうがむしろ平等や公平の理念に反しており（第2編旧第27条の法令制定権限の行使が躊躇された背景にはこうした疑念もあった）、たとえ結果としての適切性基準に格差が生ずるとしても、地域の事情をよく知る自治体に基準確定の権限を与えたほうが、それこそ実態に即した透明性のある住居という最低生活需要の確定にとって近道であり、結果的に平等や公平に資するということもできる。

いずれにせよ、連邦制をとるドイツで、内政に関して州や自治体に多くの権限が認められそれが行使されること自体に問題はないとしても、住居費という最低生活保障の中核的給付において、無視できない相違が自治体ごとに生ずるならば（典型的には、条例を制定する自治体が自らの懐具合と相談して、かなり低めの金額を適切な費用として確定するならば）、連邦社会扶助法の時代から定着してきた個々人にとっての適切な最低生活保障というよりも、むしろ自治体ごとに個別化された最低生活保障に事実上転化する可能性も否定できない（そもそも要扶助者は絶対的に少数派のため、条例の民主的正統性を過度に信頼することは危険である）。貧困者救済が市町村に全面的に委ねられていた中世への逆戻りとまではいわないものの、一般的には国家的責務であると理解される人間の尊厳の保障および最低生活の確保と自治体による自治との関係があらためて問われることになる可能性を、条例による解決は内包しているように思われる。

このように様々な危惧が思い浮かぶ一方で、最低生活保障における住居費という側面からする費用の適切性の具体化だけでなく、住居そのものの憲法的価値をあらためて確立し、それを保障するための金銭給付というような位置づけで公的扶助を相対化し、場合によっては現物給付による住居の直接利用まで視野に入れる提案[240]も見られるように、地域化への対抗軸がないわけでもない。

また、論理的構想との関係で社会裁判所から各個撃破され続け、しかし条例制定に踏み出すには人的能力の限界等もあって道半ば、結果的に住居費の財政的圧力に直面する、負担加重な自治体、というのも一面的な見方であろう。連邦政府が連邦統一的な基準作りを諦めた（その背景には統一的な基準を押しつけられたくない自治体の声があったといわれる）末の代替策として、条例による解決が開かれた以上、これを積極的に利用する責任はある意味で自治体にあるのである。[241] 加えて、現在は政治的妥協の結果として、自治体の管轄する住居費給付に対する連邦負担が定率で予定されているが（この割合も毎年の見直しの対象である）、もう一つのスジとして、自治体によって住居費給付の総額に大きな違いが出る（そしてそのことには自治体は一義的な責任を有しない）ことを前提に、水平的調整の仕組みを連邦法や州法により導入することも、負担のならしとしては意味があるのであって、そうしたイニシアチブを地方から意欲的に発揮する余地も、自治のなかには含まれているはずである。

いずれにせよ、条例による解決を悲観的にのみ評価する必要はない（楽観的な見方でよいという意味ではない）。そもそも、この条例による解決でいうところの条例が対象とするのは、適切性の基準確定と定型化であり、それ以上ではない。たとえ条例で適切性を固めても、金額を定型化しない限りは、適切性オーバー時の6ヶ月ルールや、それと関連する費用抑制の期待可能性判断、転居の取り扱いなどについては、現行の内部準則を残して対応せざるを得ないのであって、すなわち条例が行政規則を完全に代替するわけでもないし、またすべてが透明化されるわけでもない。要は役割分担をどう図るかの問題であって、よりいえば活用の意志の問題である。

そもそも立法者が法律においてどの程度詳細に規律をおこなわなければならないかは一律に明らかになるのではなく、あくまで個々の規律対象の特殊性による。そのアナロジーとして、条例制定においても抽象的に形成余地を語るのはあまり適当ではなく、そういった価値判断の余地が現実の規律対象との関係で真に生じてくるかどうかに左右されるはずである。実際、条例は地域住宅市場への影響を考慮して策定するものとされている（第2編第22a条第3項第2文）。具体的には、家賃上昇効果の回避（同第1号）、簡素な水準の住居の入居可能性（同第2号）、提供主体の多様性（同第3号）、社会的に調整された居住者構造の構築および維持性（同第4号）の4点であるが、これらはいずれも地域住宅市場「への」影響として挙げられていることに鑑みると、法は、条例が地域住宅市場の現状を正しく反映するのと同時に、地域住宅市場に対する一種のコントロールをも求めていることになる。つまり住宅市場という相手のある話のなかで、可能な限り双方向性を条例のなかで実現しようということである。この過程では、確かに、価値判断が要請される場面が出てくるだろう。ゆえにこそ、何における価値判断なのかは、住宅市場の継続的監視（と対話）があってはじめて明らかになってくるのである。

そうであればなおさら、自治体は論理的構想にかかる裁判所の要求（住宅市場の観察とデータ収集はその大きな柱である）に応えるように努力し、行政運営を地域の特殊性に適合させていかなければならない。その過程で適切な金額等が明らかになるのであれば、条例という形式を採用すればよいのである。行政規則と異なり、条例は無効でない限り拘束力がある。この利点を活かす姿勢がない限りは、しかし、従前の行政規則による適切性判断と、それに反発する受給者との対話、そして訴訟の場における司法との対話が続くことになろう[242)]。

このように住宅市場との接合という側面からは、最低生活保障の地域化というよりも、地域における最低生活保障の具体化という課題が見えてくるのである。

(4)　一つの立場表明

(i)　マインツ行政裁判所のチャレンジ　　以上で示した法的論点の幾つかについて、近年、下級審から大きな問いかけがなされた。論理的構想の少なくとも一部が連邦憲法裁判所基準額違憲判決の要点と結びつきながら第2編第22a条以下で取り入れられていったことはすでに述べた通りである。これに対して、論理的構想と基準額違憲判決との連結を否定し、論理的構想を全面的に論難する見解が登場したのである。

マインツ行政裁判所2012年6月8日判決[243)]で争われた事案は以下のようなものである。

第2編受給者である原告両名（夫婦）は、62平米で暖房抜き家賃が月額358,13ユーロの住宅に居住している。このほか、付随費用が136,87ユーロ、暖房費が55ユーロ、それぞれこれに加えて発生している。原告は2007年3月から第2編給付の受給を開始し、同年3月1日から8月31日までについては住居費は全額支給されたが、2007年9月1日以降については被告が当時適切とみなした家賃277,20ユーロのみが基礎とされ、すなわち住居費が一部カットされた（ただしこの頃は原告にある程度の収入があったようで、収入認定の結果支給される総額は241,93ユーロにとどまっている。カット分はおそらく稼得収入に対する控除等から捻出していたものと思われる）。その後2年経過し、2009年9月1日から2010年2月28日の期間についての支給額の内容が更新され、結果として1130,07ユーロが原告に承認された（内訳は、原告両名の基準額給付323ユーロ＋323ユーロ、被告が当時適切とみなした住居費292,20ユーロ、付随費用136,87ユーロ、暖房費55ユーロである。認定された収入はない）。これに対して、期間中の認定された住居費と家賃実費の差額65,93ユーロの追加支給を求めて原告が異議を経て提訴した。

なお被告が原告（2人世帯）にとって適切な住居費の上限を292,20ユーロとしたのは以下の順序による。まず市にはBGB上の適格家賃一覧表が存在しており、かつ、この家賃一覧表は、一平米当たり家賃を、中央値のほかに、全体を三分位し、このうち第1三分位と第2三分位についても、上限値と下限値を示す目的で（おそらく単純平均か加重平均かで）値を公表している。家賃一覧表は大きく二つのカテゴリー（中程度の様式と良好な様式、いずれも風呂および中央暖房がついている；後者がより平均的な水準である）に分かれ、後者については築年数ごとにさらに5つにカテゴライズされている。この良好な様式について、5つのカテゴリーそれぞれで示される幅のある値のうち下限（つまり第1三分位）から単純平均を割り出すと、原告の住居が該当する居住面積50平米以上70平米未満では、一平米当たり4,87ユーロとなり、すなわち4,87ユーロかける60平米で292,20ユーロが算出される。被告はこれが2人世帯の適切な家賃の上限値であると主張するのである。これに対して原告は、実際に居住している住宅の家賃（358,13ユーロ）を同じ60平米で除すれば一平米当たり5,96ユーロとなり、（事実認定がないため原告の居住する住宅の築年数は不明であるが）少なくとも5つに区分された築年数のうちもっとも新しい1990年以降に建設された住宅においては居住面積50平米以上70平米未満の場合の中央値が6,11ユーロであり、自らにおいてはこれを下回っているため、結果として下位のカテゴリーに属することになる、と反論している。

(ii) 判旨（住居費給付の違憲性について）　マインツ行政裁判所は、住居費の適切性にかかる連邦社会裁判所の論理的構想を詳細に跡付けたうえで、一転、以下の言及から実質的な検討を開始する。

「2010年2月9日判決で連邦憲法裁判所は、GG第20条第1項（社会国家原理）と関連するGG第1条第1項に基づく、最低生活を保障する国家の義務を主観的権利として基礎づけ、厳格な制定法上の請求権という立ち位置における議会の立法による具体化に対する権利を構築した。連邦憲法裁判所は、人間の尊厳に値する最低生活の決定に対する任意の（国家的）当事者に向けられる手続的な要請のみならず、具体的な名宛て人であるところの（連邦の）立法者に対して請求権の内容の決定を割り当てた。それにより連邦の立法者は、社会国家原理を自ら法律によって十分に具体化し、かつ人間の尊厳に値する最低生活の保障に必要な給付に対して適切な法的請求権が存在することを確保するという責任を負うことになった。」（Rn. 62）ことをまず指摘し、連邦憲法裁判所基準額違憲判決の要旨を確認しながら、「以上の説示は、基準給付ないし基準需要でまとめて把握される生計保障給付にのみ関係するのではなく、住居暖房需要にも関わってくる。連邦憲法裁判所が明確に認定するように、これは人間の尊厳に値する最低生活の保障に含まれる。これに対応して住居暖房給付ないし需要の決定は、基準給付の構成要素である需要と同様、最低生活に必要な支出を実態に即して追証可能なように透明性がありかつ現実に即した手続で算出することが確保されるような手法でおこなわれなければならない。「でたらめ」な評価や控除がおこなわれてはならず、基準となる値を自由に見積もることは許されないのであって、経験的に算出されたデータに基づかなければならない。根拠付けに対する特別の要請は、住居暖房需要に関連してくる法律においても、法律より下位の規範においても設定されなければならない。」（Rn. 67）として、連邦憲法裁判所の立てた要請が住居費給付においても当然に妥当することを総論的に確認する。

続いて、「SGB第2編第22条第1項第1文で用いられている「適切性」という「不確定法概念」は、SGB第2編第22条第1項第1文の意味にいう住居費の引き受けを制限するための唯一の法文上の根拠であるが、2010年2月9日の判決で立てられた連邦憲法裁判所の要求を満たすものではない。連邦社会裁判所は社会扶助法に関する連邦行政裁判所判例に倣って、簡素で基本的な、下位区分に属する居住水準から出発して、一般的に使用される家賃上限の意味で適切性概念を具体化していることから、連邦社会裁判所は、人間の尊厳に値する最低生活の保障に必要な給付の範囲を基本的には自ら決定するか、ないしはそのための枠組み条件を行政に対して与えている。このことは、最低生活に含まれる住居需要に直接関連し、また（住居費のすべてが引き受けられない場合は）基準給付ないし基準需要定型額によって充足される費用にも間接的に関連してくる。ここでもって連邦社会裁判所は適切性概念を、法文上の出発点および住居に関する最低生活の決定を正当化する根拠として用いている。しかしながらSGB 第2編第22条第1項第1文の適切性概念は、その生成史およびその不確定さからすると、憲法上の要請に鑑みてふさわしくない。」（Rn. 68）、あるいは、第2編の立法理由書では従前の社会扶助の実務に合わせることしか触れられておらず、「これは、立法者はすべての最低生活に必要な支出を透明性がありかつ妥当な手続で実態に即しながら後の検証に耐えられるよう信頼できる数値と合理的な算定過程に基づいて調査し、その社会国家的な形成責務を果たさなければならないという連邦憲法裁判所の要請に反している。」（Rn. 69）、また「法文で規定されているところの、SGB 第2編第22条第1項第1文に基づいて支給ないし認定される住居費の「適切」な程度への制限も、住居に関する人間の尊厳に値する最低生活の形成に関わる価値判断を見極めるためには十分な具体性が欠けている。」（Rn. 70）などと述べ、そもそも法律の規定が憲法上の要請を満たしていないことを指摘する。

さらにその補強として、「すなわち連邦の立法者の明確な義務は、審査対象となる基準給付が形式上の連邦法によって「偶然」規定されていることのみに基づくのではなく、民主主義や法治国家原理に依拠する立法における形成義務にその根拠があるのである。ここではとりわけ、基本権行使にとって重大な問題は、もっぱら選挙によって直接民主的に正統化されているがゆえに、立法者自ら規律しなければならないとするところの、民主主義原理に基づく本質性理論が関係してくる。承認されるべき住居費需要は経済的意義ゆえに受給者にとって保障に対する請求権の中核に位置し、よって立法者が基本的に規律しなければならない領域に属する。住居に関する最低生活の確定を行政および司法実務の領域へ移行させても、民主主義における議会の公的な議論から最低生活の主要な構成部分の形成が取り去られることはない。このことは、基準給付の調査ならびにSGB 第2編およびSGB 第12編の改正に関する法律に関する審議の過程で、基準需要確定にかかる多くの詳細な事柄（所得消費抽出調査からのアルコールの除外など）が公的に（議会においても）議論されたこととの関係でとりわけよく理解できる。これに対して、住居に関する適切性の限度の確定にかかる連邦政策上および地方政策上のレベルにおける同様の議論は、多くの受給者にとってその量的な意義は計り知れないにもかかわらず、ほとんど目に見えてこない。」「議会の立法者における形成に対する義務は、住居に関する最低生活の確定が公的な議会における議論によることを必須とする。これによってとりわけ、最低生活を確保する給付の支給に関する行政の具体的な決定のため主たる基礎的データについて、民主的に直接選ばれた判断主体によってその責任が担われることが確保されるのである。最低生活の確定にとって基準となる「人間の尊厳ある生存に必要なものについての社会的見解」は、代議的民主制において、議会によってのみ、明らかにされうるのである。従って、判断する責任が間接的にしか民主的に正統化されない行政および司法に対して「不作為」や「過剰な判断控え」によって事実上委譲されることは、人間の尊厳に値する最低生活の保障に対する基本権というかたちで立法者における形成の責務として具体化するところのGG 第20条第1項による民主主義原理に違反する。」（Rn. 74）ことを指し示す。

また手続的コントロールの意義については、「統治機構における基本法上の決定においてそうしたことが予定されていないのに、（立法過程のコントロールという意味で）手続を通じて裁判所が基本権保護を強めたり、立法者の理由説明義務を構築したりすることについての連邦憲法裁判所判決に対する批判に、当法廷は与しない。憲法上のコントロールの主たる観点を立法過程に移すことによって、純粋な結果に対するコントロールによるのと比べてもよりよく、法治国家上の透明性の原則に明らかに対応することになる。手続的コントロールは、憲法上の審査可能性および効果的な法的保護を危うくさせることなく、民主主義原理に基づいて要請される立法者の形成余地を承認することの必然的結果である。人間の尊厳に値する最低生活の保障に対する基本権は立法者による具体化を指示するのであるから、それは手続的に強く裏付けられなければならない。」(Rn. 76) との見解を披瀝している。

(iii) 判　旨 (論理的構想の合理性について)　　次に、連邦社会裁判所の判例法理である論理的構想に関連して、連邦社会裁判所が連邦憲法裁判所基準額違憲判決後に同判決を引用したり同判決に言及したりすることが滅多にないことから「連邦社会裁判所は、自身の判例によって人間の尊厳に値する最低生活の保障に対する請求権が具体化されることを明示的には強調していない」(Rn. 79) こと、学説においても「連邦憲法裁判所の実体的要請は、もっぱら条例制定権限の可能性および定型化に関してのみ議論されている」程度であることを確認したうえで、「しかし、「個別ケースにおける妥当性の原理」〔連邦社会裁判所の基本的な立場である住居費審査の個別性のこと〕を志向することは、憲法上の基準からの逸脱を意味しない。ここでは単に、立法者が需要充足原理という伝統のなかで定型化を諦め、実際に発生した住居費の原則的な保障を指示していることが明らかになったに過ぎない。しかし、適切性の限度が、人間の尊厳に値する生存に必要なものに対する給付を制限する機能を有する限りで、連邦憲法裁判所の要求から逸脱するきっかけは存在しない。(地域によって異なる) 適切性限度を通じて住居に対する給付の限界を画することは、定型化によるのと同様に制限的であり、また場合によっては最低生活を具体化するものとなる。受給者が承認される以上の住居費を負担しなければならない場合、当人が基準需要では支払えず追加の支出をおこなうのと同様の効果が生ずることとなる。違いがあるとすれば単に、受給者が (賃貸借契約上の義務に違背してのみ) 住居需要を圧縮して他の需要領域における追加的支出によってこれを補うことができないことである。」(Rn. 81)、「住宅市場の地域的特殊性をよりよく考慮できることを理由としても、適切性という「不確定法概念」を住居に関する最低生活の確定において引き合いに出すことはできない。なぜなら、そうした特殊性を立法者が法律それ自体や、または法律を根拠として十分に定められた基準の枠内で自治体に権限を付与することなどで規定できないことを肯定する根拠がないからである。例えば連邦社会裁判所は、立法者および法令制定者に対して、適切と承認しうる住宅の大きさおよび比較対象区域の確定にかかる連邦レベルの規定の創設を要求している。」(Rn. 82)、「立法者による詳細な規定の (憲法的) 必要性は、さらに、住居費が基準給付ないし基準需要と相互に関連していることからも生ずる。収入認定対象外の収入および保護資産のない受給者においては、住居費の不完全な引き受けは実際上は基準需要を減少させる効果を有しているのであって、なぜなら超過分の住居費は基準給付ないし基準需要からまかなわざるを得ないからである。立法者による基準需要の形成がもし連邦憲法裁判所の基準を満足していても、住居需要の算定が不十分ならば、反対の効果が生まれ、無価値になってしまうであろう。住居費に対する需要は、すなわち、立法者自身によって、少なくとも最低生活全体に対する請求権を考慮して首尾一貫性が担保されるよう正確に算定されなければならないのである。」（Rn. 83）などの検討から、「住居に関する最低生活を限定し形成する意味でのSGB 第2編第22条第1項第1文の適切性概念の上述の原則に基づく具体化は、GG 第20条第1項の社会国家原理と関連する GG 第1条第1項の人間の尊厳に値する最低生活の保障に対する基本権に違反する。」（Rn. 84）との結論を導く。

(iv) 判　旨（憲法適合的解釈について）　　以上のように違憲性を確認しつつ、しかし同時に以下のように憲法適合的解釈に取り組む。「当法廷は適切性概念を、憲法適合的解釈の原則に従い、地理上の比較対象区域において比較可能な世帯から見てその規模および構造が通常の住居を明らかに超えているような住居費のみが SGB 第2編第22条第1項第1文の意味にいう不適切であるとの方法で具体化する。」（Rn. 84）、「適切性概念の憲法適合的な具体化は、SGB 第2編第22条第1項第1文の文言および体系と一致することが前提となる。そのためには、住居に関する最低生活に対する請求権の範囲の決定に対して立法者の形成責務が入り込まないようにすることが考慮されなければならない。……意味上ないし体系上の文脈において、SGB 第2編第22条第1項第1文の適切性概念は「上に向けた」限定機能を有している。この限定は、住居に関する最低生活についての立法者の形成余地（の上方という意味で）の向こう側に位置していなければならない。肉体的最低生活を超える領域において立法者には広い形成余地が（とりわけ生活関係における平等にどのような基準で取り組むかといった問題について）帰属しているのであるから、適切性概念は機能的には濫用の防止という意味でのみ理解されうることになる。扶助請求権を有しない者との関係で扶助受給者を体系的継続的によりよい立場に立たせることは、いずれにせよ平等法上の問題はあるかもしれない。よって適切性概念の有意義でかつ憲法上異議の唱えられない機能は、受給者がその住居に関して（地域に）通常の関係から明らかに上回っているような個別事例においてのみ、国家の給付義務を制限することたりうるのである。」(Rn. 87)、「こうした解釈が法文の意味や体系と一致することは、連邦社会裁判所が同じ意味の条文で暖房費の適切性をまったく同様に定義していることからも明らかである（BSG Urt. v. 2.7.2009 - B 14 AS 36/08 R「暖房費が不適切に高額であるというきっかけは、とりわけ、実際に発生した費用が抽象的な適切性基準に相当する大きさの住宅においてすべての消費者が平均的に用いる費用を明確に上回っていることから導かれうる。」)。」(Rn. 88) として、濫用的なレベルで住居費が不適切に高額である場合にのみ、給付が制限されるべきであるとの立場を表明する。

あわせて、「連邦社会裁判所による適切性概念の憲法違反の具体化は方法上必然のものではない。連邦社会裁判所は、適切性概念を簡素で基本的な居住水準に合わせることで、さしあたり BSHG 第12条にかかる連邦行政裁判所の従前の判例を引用している。」(Rn. 89) が、これは政府の立法理由書でそう述べられていることを受けただけであって、これを必然とする根拠とはならないとし、むしろ、「連邦行政裁判所はその判例においてさらに、BSHG 第12条第1項第1文に基づいてもっぱら「必要な」生計が給付されなければならず、そこには住居も明確に含まれることを指摘している。すなわち連邦社会扶助法の生計保障のための扶助は、法文で明示されている必要性の留保のもとに全体としておかれていたが、これは SGB 第2編の規定には含まれていない。SGB 第2編の導入によって、連邦社会扶助法と比較して明確なその他の変更もおこなわれている。個別化原則から大きく乖離した給付の強力な定型化は、個別ケース給付による需要充足の埋め合わせを事実上不可能にし、またとりわけ雇用促進の観点がより明確に付け加えられた。これとの関係で保護資産および収入認定に関しておおような規定がおこなわれている。もし換価をした場合に最低生活を危うくさせることなく著しい節約がたとえ可能であったとしても、とりわけ自ら利用する適切な家屋用の土地または同様の自家住宅は資産として考慮されない（SGB 第2編第12条第3項第1文第4号)。保護資産の規定は、SGB 第2編の給付が立法者の考えに従えば一時的にしか支給されず、失業状態が早々に克服されるべきであるということを背景にしても理解できる。従って、例えばこの間原則として12ヶ月に制限された失業手当受給期間が過ぎたのち即座に不動産所有権を換価した場合に、これが過酷だと認識されたのかもしれない。もっとも長年居住した借家の喪失は過酷同様に理解されうるものである。よってこうした体系的文脈においても、費用の有利な選択肢とも無関係に費用を基本的に全額考慮することで、給付の受給開始時点で居住している住宅を維持することに高い優先性を認めるのは妥当である（vgl. auch BSG Urt. v. 18.6.2008 - B 14/11b AS 67/06 R「立法者は、それが賃借されているか要扶助者の所有かにかかわらず、住宅の維持に一般的に高い位置を承認している。」）。濫用からの一定の保護や最大効率化は、SGB 第2編第22条第1項第2文の適用によって達成できる。当法廷のおこなう適切性概念の具体化は、すなわち、SGB 第2編の体系および論理と一致していることになる。」（Rn. 90）との考慮により、憲法適合的解釈の内容的な妥当性を強調する。

結論として、「よって適切性概念は、地域および世帯員数を手がかりに額を確定するという常に審査されるべき単に基本的な需要を志向した適切性限度の意味においてではなく、明らかに釣り合いがとれていないケースについて給付請求権を制限することを給付主体に（再度全面的な裁判所のコントロールのもとで）可能にさせるという適切性の留保として具体化しなければならない。これは個々の特殊性（SGB第2編旧第22条第1項第2文；SGB第2編新第22条第1項第3文）を手がかりにおこなわれることになる。よって、その規模と構造から見て地理的比較対象区域における比較可能な世帯について通常の住居費を費用が明らかに上回っている場合にはじめて、支出がSGB 第2編第22条第1項第1文の意味にいう不適切となるのである。」（Rn. 91）とするのである。

(v) 整　理　　すでに何度も確認しているように、住居費の適切性はまず行政が具体化し、それを裁判所が事後的に全面的な審査をおこなうのが基本的な骨格であって、その際に論理的構想を通じてとりわけ手続的なコントロール（のみ）を強化するのが連邦行政裁判所の判例法理である。この枠組みを前提として、司法とりわけ事実審レベルの実際の審理では、被告となる行政に適切性判断の根拠を説明させ、場合によっては論理的構想の存否を認定し、すなわち前提となる実務が適当かどうかをまず裁判所自身が確認したうえで、原告の主張の当否を判断するのがスタンダードな流れとなっている。

マインツ社会裁判所は、こうしたシステムの最重要の前提である第２編第22条を、連邦憲法裁判所基準額違憲判決と照らし合わせて、立法者が憲法に従った手続および憲法上求められる内容に沿った規定をしておらず、すなわち違憲であるとして、枠組みの前提を否定する。詳細は判旨に譲るが、要するに、立法者は「適切」と書くだけで、住居費需要を法律でまったく具体化していないという批判である。ここでは明らかに本質性理論が意識されている。そしてその意識がゆえに、住居費給付における形成余地を基本的には認めず、立法者における不確定法概念の使用を論難する。基準額給付では違憲判決後立法者自らアルコールを飲むべきかどうかまで決定しており、しかもこれは直接の民主的正統性を唯一有する議会であるからこそ可能なことでありまた果たさなければならない責務であって、これと同じことがなぜ住居費給付ではいまだおこなわれていないのかを批判するのである。

マインツ社会裁判所にとって、住居費給付に関して立法者に（不確定法概念を用いることも含めて）広い形成余地があるのではなく、むしろ具体的に内容を形成する義務があるということである。この発想の裏側には、連邦憲法裁判所基準額違憲判決を、単に手続的コントロールの要請としてのみ捉えるのではなく、さらに踏み込んで、そうした手続を実際に履践する立法者自身による実体的請求権の内容の具体化それ自体が求められているという理解がある。マインツ社会裁判所には、立法者が法律で「適切」と書くだけで以降はその具体化を行政および司法に丸投げしているとしか映らないのであり、しかしこれによって立法者の法治国家上の責任が減ずるわけではないということである。

少なくともマインツ社会裁判所からすれば違憲である第２編第22条を、いくら連邦社会裁判所が論理的構想を通じて具体化しようと、そもそもの立法者の責任が当初から果たされていない以上、手続的側面では透明性や追証可能性という点で違憲判決の要請と軌を一にするものであったとしても、規定の違憲性を回避することにはならない。むしろ論理的構想によって住居費の引き受けに上限がはめられており、こうした意味での具体化は人間の尊厳に値する最低生活の保障に対する基本権の存在と相容れないことになる。

しかし同時に、規定が違憲であれば無効となって住居費の支給根拠そのものが消失することになってしまう。そこでマインツ社会裁判所は、憲法適合的解釈として、第2編第22条の適切性を（連邦社会裁判所の論理的構想を度外視して）自ら解き明かそうとする。そのいうところは、端的には、実際の家賃が非常に高額であって給付の濫用的利用にしか思われないケースのみを「不適切」と位置づけ、そしてそれで足るという点にある。その際、実際に連邦社会裁判所でも認められている暖房費の適切性判断（濫用的ケースのみ給付をカットする）や、資産保有とのアナロジー、雇用促進の法としての第2編の体系的位置から自らの解釈を正当化している。

なお事案との関係では、原告の住宅の居住面積や一平米当たり家賃の点で、関連する州法上の規定や家賃一覧表と比べても、超過がほんのわずかであるとか、一定の範囲内に収まっているとかの理由で、地域に通常の家賃を明らかに上回っているとは認められないとし、給付のカット分について被告に追加の支給を命じている。

(vi)　検　討　　連邦憲法裁判所基準額違憲判決が住居費給付にとってどのような意味を有する（と考える）のかは、2010年2月9日以降、様々に論ぜられてきたところである。そのなかで主流といえるのは、（偶然にも違憲判決以前に提示されていた）連邦社会裁判所による論理的構想が、手続的コントロールの意味で、結果として違憲判決の要請を住居費給付において具体化したものであるという立場である。しかしマインツ社会裁判所は、違憲判決から約2年、2011年改正から約1年を経て、そうした立場とは真正面から異なる違憲論を展開した。

住居費は一般の生計費と異なり需要の個別性が著しく高く、ゆえに両者を別扱いにし、住居費には一般的な支給基準（適切性基準）や支給上限を設けず、実際の行政過程（とそれを統制する司法過程）において個々に具体化していかざるを得ない、という「大前提」で、連邦社会扶助法も第2編も第12編も作られてきたし、作られている。この大前提に、マインツ社会裁判所はおそらくはじめて挑戦した。基準額違憲判決の要請をストレートに住居費に適用し、立法者は住居費という最低生活上の重要な需要に対する給付について、法律上の請求権を自ら具体化しなければならないにもかかわらず、その責務を果たしていない、用いられている不確定法概念である適切性は結局何も具体化していないというのである。適切性を個々の過程で具体化するというかたちで法律で内容を決定しているという標準的な理解には従わないのである。

確かに、いわれてみればその通りである。これまでは、しかしそうせざるを得ない住宅市場の実態が少なくとも住居費（と暖房費）にはある、だからこそ実務できちんと具体化できるように、判例法理が指し示され、また、選択肢として条例による解決が目指されてきたのであった。

マインツ社会裁判所がここまで踏み込んだ理由はいったい何だったのか、判決を見る限りその「怒り」の原因はよく分からない。ケースの特異性という点で、この裁判では、被告が原告に適用した適切性上限292,20ユーロで最後まで「頑張った」ことが一つ挙げられる。原告には、疾病や障害、家族関係や職場など、一般的に適切性判断が緩和される個別事情がほとんどうかがい知れない。家賃実費との差が60ユーロ程度であり、原告両名が稼働していれば何とか吸収できる範囲であり（実際、就労収入が途絶したのちに裁判に及んでいる[244]）、事実認定では費用抑制指導の顛末が触れられていないが、原告被告双方でもしかすると感情的な対立があり、それも被告が適切性基準をびた一文譲らなかった背景なのかもしれない。実際、下級審レベルの判決を見ていると、特に違憲性判断とは無関係に、まさに個別救済という点で、今回のケースに当てはめれば、実際の居住面積（わずか2平米の超過である）を算定の基礎にするとか、市の家賃一覧表（これはこれで論理的構想に従えば問題なく構想の成立を認定するための基準となる[245]）ともう少し睨めっこして原告の平米単価の収まりを柔軟に解釈するとかで（家賃一覧表が論理的構想成立の柱になることと、家賃一覧表のどの値を用いるかとは別問題であり、今回のケースではそのうちもっとも低い値の利用に被告がこだわったことが紛争の直接の原因である）、現実的解決が目指されることが少なくない（マインツ社会裁判所自身、事例へのあてはめでその趣旨に触れている）。しかしマインツ社会裁判所はそうした道を選ばず、違憲性という制度の根幹にあえて挑んだのである。

同じく2011年改正後の第2編について、ベルリン社会裁判所が、新たな基準額がやはり連邦憲法裁判所違憲判決の要請を満たしていないとして、違憲の確信を表明して連邦憲法裁判所に案件を移送している（2012年4月25日移送決定[246]）。マインツ社会裁判所は憲法適合的解釈をおこなうことで違憲の確信までは表明しなかったが（実際、ベルリン社会裁判所の移送決定が移送後2年を経過しても棚晒し状態であったが、マインツ社会裁判所はそうしたリスクを回避した可能性がある)、両者はある意味で方向性を同じくする判断だといえる。すなわち、連邦憲法裁判所基準額違憲判決の実体法上の基準とも密接に関連する主たる手続的要請を、2011年改正においてもストレートに制度に当てはめているのである。もちろん、こうしたある意味で愚直な法解釈が定着していくのかどうかは何ともいえない。（控訴が許可されている）控訴審であるラインラント＝プファルツ州社会裁判所や、場合によっては連邦社会裁判所の立場表明を踏まえた検討も必要であろう。

いずれにせよマインツ社会裁判所が従前の議論の枠をある意味で突き破ったことは事実である。この判決は、何かと注目を浴びる基準額に関する違憲判断とは異なりそこまでの耳目を集めてはいないが[247]、テーマに即したかたちでは、他の社会裁判所でも若干の論及がなされている。マインツ社会裁判所と同様、第2編第22条や連邦社会裁判所の論理的構想の違憲性に言及するものは、しかし、確認した範囲内では、同じマインツ社会裁判所第17法廷[248]のほかは、ドレスデン社会裁判所第20法廷[249]とライプツィヒ社会裁判所第20法廷[250]程度であり、すべて第一審レベルである。第一審でもドレスデン社会裁判所第49法廷[251]は反対（合憲）の立場であり、第二審に上がると、バーデン＝ヴュルテンベルク州社会裁判所[252]やザクセン州社会裁判所[253]が、マインツ社会裁判所判決を取り上げて明確に反対を表明している。住居費給付の規定は立法者の形成余地の範囲内であるという判断が大半である。そうした限りで、マインツ社会裁判所の影響力の広がりは不明である。

他方、憲法適合的解釈でなければそう主張できないかは別として、その内容であるところの、濫用的ケースにおいてのみ適切性判断をおこなうというのは、確かに現実的であるかもしれない。もしもの話として、マインツ社会裁判所の案件で市に家賃一覧表が存在せず、適切性にかかる被告の内部準則から論理的構想の成立が認定されなかったと仮定すると、適切性の認識手段が枯渇したとみなされ、現在の判例法理では補助的に住宅手当法限度額表に確実性のための加算をした額を上限として住居費の引き受けがおこなわれる。原告の居住する市（すなわち被告）は2009年に再公布された住宅手当法の枠組みにおいて家賃水準はⅢに設定されており、2人世帯の場合、住宅手当法上の最高限度額家賃は402ユーロとなる。これは、加算をせずとも十分に原告の実際の家賃をカバーする水準である。言い方を変えれば、被告はこの金額での引き受けをしなくて済むように、家賃一覧表をたぐって適切性の上限を作成していたわけである。そして被告が原告にある意味で機械的に家賃上限を適用した結果、原告において月額約60ユーロの「はみ出し」が生じた。これ以外の事例でも、このカットが100ユーロや200ユーロになることはあまり多くなく、50ユーロあるいはそれよりも低い金額になることは珍しくない。すなわち、そうした小幅なカットをするかしないかで、延々と争いが続いているともいえるのである。

そうであれば発想を切り替えて、それこそ何百ユーロも超過する事例まで適切とみなすのは難しいという観点から、濫用でキャップをはめるのもアイデアとしてはありえよう。ただし（これは住居費に限らずドイツ公的扶助法において常に問題となることであるが）濫用かどうかは、過酷条項の適用以上に極めて認定（線引き）が難しい。また判断主体（自治体）によっても相当の差が生ずる。連邦レベルであれ地域レベルであれ、もしある程度の基準が引かれれば、それこそ住宅市場における家賃上昇効果を生ぜしめるおそれもある。アイデアとしては興味深いところであるが、結局は、かつての法令制定権限で連邦政府が躊躇し、あるいは権限行使に投げかけられた疑問（現実性や地域的妥当性）、ないしは現在の条例による解決でなされている議論との違いはあまり出なくなるかもしれない。とはいえ、一石を投じたという点でマインツ社会裁判所の主張は無意味なものではない。今後の議論の進展が注視される。

4　結　語

1　定型化への忌避感

条例による解決の、到達点ならぬ未到達点の典型が、住居費の定型化である。州法に根拠規定をおいている４つの例のうち、定型化の権限も付与しているのは半分の２州にとどまっている（ヘッセン州、ザクセン州）。実際に条例を制定したヘッセン州のフォーゲルスベルク郡は、しかし、その内容に定型化を含んでいない。すなわち、少なくとも第２編の領域に関する限り、ドイツで適法に住居費を定型化している例はないということである。

第2編の旧第27条に基づく連邦政府による法規命令制定権限や、第12編の規定を見る限り、住居費の適切性基準およびその定型化は、基本的にはワンセットで捉えられている。確かに両者の発想には似通ったところがある。適切性基準でいうと、個々のケースにおいてそれぞれ適切性を審査していくのではなく、逆に、基準を先に作っておいて、それに個々のケースを当てはめていくのであり、定型化はさらにこれを進めて、そもそも個々のケースにおける費用の適切性を最初から度外視して、定型額をそのまま支給する。その限りで両者はいずれも新たなモデルの導入を意味している。

しかしながら、適切性基準と異なり定型化の実例がいまだに存在しない背景には、ドイツ法における定型化に対する一種の忌避感が垣間見えるのである。定型化そのものは、すでに基準額給付で導入されている（そして連邦憲法裁判所も基準額における定型化自体は適法とみなしている）し、仕組みは至極単純である。ある自治体において例えば単身世帯の住居費定型額が月300ユーロと決まっていれば、実際の家賃が200ユーロであれ400ユーロであれ、極端な場合は家賃が一切発生していなくても、300ユーロが機械的に支給される（正確には、実際の需要額ではなく定型額が最低生活費として積み上げられ、要否判定を経て現実の必要額が支給される）。

しかしこの仕組みに対しては、端的にはシュレスヴィヒ＝ホルシュタイン州が州法の改正において定型化を断念した理由[254]に現れているように、（基準額給付とは対照的に）憲法上の問題すら指摘されている。

例えば先に挙げたドイツ公私扶助協会は、2011年6月の（つまり新ルール施行後の）勧告では法律に基づく定型化の要件を基本的に説明するにとどめているが、それに先立つ2010年3月の立場表明[255]において、まず需要充足原理との関係について、すでに定型化されている基準額給付においてすら、非典型的な需要を充足できないという憲法上の問題が連邦憲法裁判所から指摘されており、また、住居や暖房における需要の未充足は実際には受け入れがたいものであること、次に、実際上の問題について、需要充足性を持たせるために定型額の金額を一定程度高めることと、本来の狙いであるコスト削減とは両立せず、よって定型化の目的を達しえないこと、低所得者向けの低価格帯住居など地域住宅市場に対して定型化が悪影響を及ぼしかねないこと等を理由に、住居費および暖房費の定型化に明確に反対している。

また法案段階での労働組合側（ドイツ労働総同盟）の意見表明も、需要充足原理からすると個々の事例に照準を合わせなければならない以上、定型化をするとしても従前の適切性基準を上回るところに金額を設定しない限りは法的には正当とはいえず、もし定型額が既存の基準を下回ることになれば、憲法上保障された最低生活を危殆に瀕せしめるとし、条例による解決を法案から削除するよう要求している[256)]。

こうした声に押されてか、前出の条例制定に関する自治体向け手引きである現現連邦交通デジタルインフラ省作成の冊子からは、条例における定型化の項目が完全に落とされている。

確かに、定型化がすでにおこなわれている基準額において、連邦憲法裁判所は、とりわけ手続的観点からする様々な要求をおこなっている。もし住居費を基準額のように定型化するのであれば、こうした基準額に対する要求は定型化された住居費にもストレートに当てはまることになる。定型額がなぜその金額なのかを、条例制定者である自治体は、透明な手続で、実態に即しつつ、後からの検証が可能なように説明しなければならない。

そもそも定型化には、憲法上の要請やそれと結びつく需要充足原理との間で本来的に緊張関係があり[257)]、また、憲法的側面以外にも、当事者の利害関係や地域住宅市場との相互作用についてなお未解明の部分が多く、これらを背景にすれば自治体が及び腰になっているのはある意味で無理のない話であり、言い換えれば、住居費の安易な定型化に需要充足原理から法的ブレーキが今のところかかっている状況にある。

しかし同時に、暖房費以上に給付総額の多い住居費において法的に定型化の可能性が現に開かれていることは明確な事実であって、実例としての州法や条例の動向が注目されるとともに、基準額、住居費、暖房費すべてを一度に定型化すると、すでに需要の区別をおこなう必要すらなくなることからしても、定型化がドイツ法の根幹システムに与える影響を可能性の段階から検討していく必要が認められるといえる。

2　需要充足原理の行方

ドイツの公的扶助を長らく支えてきた需要充足原理にとって、ハルツ第4法改革は紛うことなき向かい風であった。一時的需要への対応を取りやめて給付を定型化し、例外事例への対応可能性を予定しなくなることで、需要充足原理の空気穴が次々と塞がれてきた。もちろん、こうした硬直的なシステムでも、一般的なレベルでは需要が充足されなくなるわけではない。しかし誰が需要充足に責任を持つのかという点で、渡しきり型の給付は決定的にその責任を受給者に移し替えてしまう。個別対応を基本とするシステムでは、充足すべき需要があるのかないのかを、給付主体と要扶助者との（場合によっては裁判所を交えた）対話のなかから「発見」していくことが基本となるが、ハルツ第4法では、いろいろな意味で受給者の自己責任や自己決定が重視されるようになり、すなわち、支給された金額の範囲内で受給者はやりくりをするし、やりくりをしなければならず、同時に、彼や彼女にどのような需要があるのかは特に明らかにならなくてもかまわない。支給額が現実に足りなくても、支給額をちょうど使い切っても、支給額を余らせても、それは制度の関知するところではないのである。

このように伝統的なスタイルでの需要充足原理の活躍する場が著しく減少するなか、最後に残ったステージが、住居費給付と暖房費給付である。これらは適切性の具体化という必須の過程を経ることで、少なくとも理論的には、充足すべき需要の内容や範囲、程度が明らかになる。ただし実際の具体化作業は、受給者の有する個々の特殊性、住宅市場の特性、自治体の実務能力等が複雑にもつれ合い、それを法的に整理する裁判所においても、難解かつ実用性に疑問のあるテーゼが出されるばかりで、一挙解決の状況にはほど遠く、ますます混迷の度を深めることとなっていた。需要充足原理が最後に残ったフィールドは、住居面での最低生活需要を完全に充足するというスジと、しかし実際の住居費は適切でなければならないというもう一つのスジとが螺旋状に絡み合い、結果的に当事者それぞれにストレスを抱え込ませることにつながった。

しかしここで需要充足原理に思わぬ追い風が吹き始める。当然のように定型化されていた（そのこと自体長らく疑われなかった）基準額が憲法違反だというのである。需要充足原理との関係から連邦憲法裁判所の説示で重視すべきは、基準額の算定がでたらめだという点のみならず、現行システムが非典型的な需要を充足できる仕組みになっていないことに対する違憲判断である。やはり新システムにあっても、隠れた需要は発見される必要があるということである。最低生活需要の未充足はドイツ公的扶助における一種の禁忌であったが、第２編においても（第２編においてすら）需要は無視されてはならないことが限定的にせよ明らかになったわけである。

連邦憲法裁判所は同時に、基準額に対する司法審査の角度を、手続的観点から整序した。この直前まで、連邦社会裁判所は論理的構想における逡巡を深めていたが、偶然か必然か、論理的構想は手続的審査（に司法統制を限定しようとしたこと）にその主眼があったため、両者は結果的に「合流」することとなる。すなわち住居費給付は、実体面でも手続面でも、あらためて需要充足原理の照射を浴びるようになった。

しかしてそのような需要充足原理の盛り返しのなかで、システムはさらに次の動きを示し始めている。条例による解決である。受給者にとっての適切性判断の見通しにくさ、実務にとっての適切性判断の実際上の困難さ、紛争の増加と社会裁判所の負担加重、費用の全体的高騰と公的負担からくる圧迫感（連邦にとっても自治体にとっても）等、住居費給付に固有の論点が折り重なるなかで登場した１個のアイデアは、もしかすると様相を一変させる破壊力を有しているかもしれない。

条例で適切に適切性が規定される限り、それは適切な住居（費）需要を示すものである以上、需要充足原理の前提を構成するはずである。しかしハルツ第４法改革以前より住居費の一部支給が法定され、適切性の意味における給付の上限的性格が著しく強まっていることに鑑みれば、すでに当初の制度から、需要充足原理の出口である需要の完全充足は実質的には放棄されていることになる。ここに加えて、条例における適切性の基準が制定主体の価値判断を（事実上）許すものであれば、決して恣意的でないにせよ、少なくとも不当というレベルでは基準が低めに設定されることが否定されないのであって、そうなると実際の給付からこぼれ落ちる未充足の需要がボリューム面で増えることになる。

こうした場合のもう一つのスジとして、例えば相当数の借家においてある適切性基準からのオーバーが実際に見られる場合、要扶助者の居住する住宅が不適切に高額すぎるのではなく、むしろ当該自治体で設定されている適切性基準が低額すぎるのであり、ゆえに頭打ち支給の強化で家賃を引っ込めるのではなく、逆に適切性基準を実態に適合させて引き上げていくべきだという主張も成り立ちうる。最低生活保障の具体化における実態適合性の要請は連邦憲法裁判所も指摘するところであり、また需要充足原理を現実化するもう一つの方向だといえる。条例による解決はいずれにせよある時点での住居費の適切性を確定しつつこれをオープンにするものであることからしても、基準と現実との相互作用がどのようなベクトルで顕現してくるのかが注目される。

さらにその先にある定型化は、需要充足原理から見るともっとも距離感のある仕組みである。実際の需要をまったく無視するからである。とりわけ実費支給を原則としてきた住居費給付が定型化されることは、それ自体がドイツにおける公的扶助の激変を意味しよう。

連邦社会扶助法以来、互いをもって自らを証し立ててきた需要充足原理と住居費給付であるが、ハルツ第4法改革以降窒息寸前だった需要充足原理が基準額違憲判決で息を吹き返し、住居費給付で再び深呼吸を始めた結果、少なくとも定型化は一息入れた状態となっている。両者はやはり切っても切れない運命にあるのか、それとも切れば離れてしまうドライな存在なのか、はたまた別れても好きな人なのか、原理という観念と給付という現実との何ともいえない関係がもう少し続いていきそうである。

1） Bundessozialhilfegesetz (BSHG) vom 30. Juni 1961 (BGBl. I S. 816, ber. S. 1875).

2） Sozialgesetzbuch (SGB) Zweites Buch (II) - Grundsicherung für Arbeitsuchende - vom 24. Dezember 2003 (BGBl. I S. 2954).

3） Sozialgesetzbuch (SGB) Zwölftes Buch (XII) - Sozialhilfe - vom 27. Dezember 2003 (BGBl. I S. 3022).

4） Einzelheiten zu den Heizkosten Andy Groth, Hartz IV und Heizkosten, Soziale Sicherheit 2009, 393; Diana Bremer, Die Konkretisierung des Begriffs der Angemessenheit von Heizungsaufwendungen im SGB II, NZS 2010, 189. Zur neueren Problematik siehe Uwe Berlit, Neuere Rechtsprechung zur Abrechnung von Betriebs- und Heizkosten, info also 2014, 60.

5） 連邦社会扶助法時代の住居費給付について、嶋田佳広「ドイツ連邦社会扶助法上の住居費実費支給原則―適切性と一部支給をめぐる連邦行政裁判所理論の展開と現状―（1）（2）（3・完）」法学雑誌第50巻第2号（2003年）304頁以下、第50巻第3号（2004年）674頁以下、第50巻第4号（2004年）1013頁以下参照。新法に若干の言及をするものとして、嶋田佳広「住宅扶

助の日独比較—最低生活保障と住宅の接点」日本社会保障法学会編『社会保障法』第20号（2005年）83頁以下。

6） Verordnung zur Durchführung des § 22 des Bundessozialhilfegesetzes (Regelsatzverordnung), zuletzt geändert durch Art. 29 des Gesetzes zur Modernisierung der gesetzlichen Krankenversicherung (GKV-Modernisierungsgesetz - GMG) vom 14. November 2003 (BGBl. I S. 2190).

7） Gesetz über eine bedarfsorientierte Grundsicherung im Alter und bei Erwerbsminderung (GSiG), Artikel 12 des Gesetzes vom 26. Juni 2001 (BGBl. I S. 1310, 1335), zuletzt geändert durch Artikel 68 Abs. 1 Nr. 5 des Gesetzes vom 27. Dezember 2003 (BGBl. I S. 3022).

8） Verordnung zur Durchführung des § 28 des Zwölften Buches Sozialgesetzbuch (Regelsatzverordnung - RSV) vom 3. Juni 2004 (BGBl. I S. 1067).

9） BSG, Urteil vom 7. November 2006 - B 7b AS 10/06 R, BSGE 97, 231 [Rn. 25].「第２編第22条第１項の文言からして、連邦行政裁判所の見解であった“オール・オア・ナッシング原理”には従えない。」：国語的には、例えばあらん限りの力を振り絞る場合、力が50％残っているなら、その50％が「限り」の中身であるように、「適切な限り」とは「適切に相当する部分は」を意味するということである。

10） 連邦雇用エージェンシーの2006年調査によると、実際の住居費に対して承認された住居費の割合は、100％（すなわち全額カバー）が87,3％、50％以上100％未満が12,3％、50％未満が0,4％であった（後二者が給付がカットされる住居費一部支給の対象）。Bundesagentur für Arbeit, Grundsicherung für Arbeitsuchende : Wohnsituation und Wohnkosten, Oktober 2006, S. 7, http://statistik.arbeitsagentur.de/Statischer-Content/Statistische-Analysen/Statistische-Sonderberichte/Generische-Publikationen/SGBII/Grusi-Arbeitssuchende-Wohnsituation.pdf. ただし自治体間でみるとオーバーしている世帯の割合が一桁台から半数前後までの開きがあり、格差が大きい。Franz-Georg Rips, Wohnen in Deutschland mit Hartz IV, WuM 2005, 632, 639 f.

11） Gesetz zur Änderung des Zweiten Buches Sozialgesetzbuch und anderer Gesetze vom 24. März 2006 (BGBl. I S. 558).

12） Gesetz zur Fortentwicklung der Grundsicherung für Arbeitsuchende vom 20. Juli 2006 (BGBl. I S. 1706).

13） Gesetz zur Neuausrichtung der arbeitsmarktpolitischen Instrumente vom 21. Dezember 2008 (BGBl. I S. 2917).

14） Dreiundzwanzigstes Gesetz zur Änderung des Bundesausbildungsförderungsgesetzes (23. BAföGÄndG) vom 24. Oktober 2010 (BGBl. I S. 1422).

15） Julia Mester, Hilfe zur Sicherung der Unterkunft und zur Behebung vergleichbarer Notlagen nach § 34 Abs. 1 SGB XII und § 22 Abs. 5 SGB II, ZfF 2006, 97 ; Torsten Gühlstorf, Ausgewählte Probleme im Bereich der Leistungen für Unterkunft und Heizung nach dem SGB II, ZfF 2007, 73 ; Alexandra Frank-Schinke und Gunther Geiler, Schönheitsreparaturen und Renovierungskosten als Kosten der Unterkunft nach § 22 Abs. 1 Satz 1 SGB II unter besonderer Berücksichtigung mietrechtlicher Grundlagen, ZfF 2009, 193 ; Manfred Hammel, Die Weiterfinanzierung der Wohnung während eines Freiheitsentzugs, NDV 2011, 156.

16） ハルツ第４法改革における当初の政府草案では、現在の連邦雇用エージェンシーが第２編を一体で管轄することとされていたが、結果的に自治体の管轄が残った。このため、自治体が管轄する住居費給付は連邦雇用エージェンシーからの各種の指示（Weisungen）には直接拘束されずに運営されることとなり、その点が後に本文でも述べるような各地の自治体における独自の住居費適切性判断につながっていったといえる。

17）2010年までの状況について、Gerd Goldmann, Zur Finanzierung der Leistungen für Unterkunft und Heizung, ArchsozArb 2010, 10 ff.

18）Wenner § 51 SGG Rn. 14, Kreikebohm, Kommentar zum Sozialrecht, 3. Aufl. 2013. 租税給付は行政裁判権、社会保険給付は社会裁判権という大まかな区分けがかつて見られたが、第2編および第12編の管轄移動により（戦争犠牲者援護や住宅手当、児童青少年扶助はなおも行政裁判権管轄ではあるものの）、社会保障給付事件の多くが社会裁判権に集中するようになっている。

19）BT-Drucksache 15/1516, S. 31.

20）BT-Drucksache 15/1728, S. 6 und BT-Drucksache 15/1749, S. 39.

21）BR-Drucksache 945/03.

22）なお2012年12月分以降について、異議および訴訟の月ごとの状況が連邦雇用エージェンシーによる統計報告の対象となっており、ホームページ（http://statistik.arbeitsagentur.de/Navigation/Statistik/Statistik-nach-Themen/Grundsicherung-fuer-Arbeitsuchende-SGBII/Widersprueche-und-Klagen/Widersprueche-und-Klagen-Nav.html）で公開されている。2013年2月分の分析として、Markus Keller, Mehr Licht oder mehr Schatten? Widersprüche und Klagen im SGB II, Der Landkreis 2013, 194.

23）Statistisches Bundesamt, Fachserie 10 Reihe 2.4 - 2002, 2003 und 2004.

24）BT-Drucksache 17/1905, S. 6 ff., BT-Drucksache 17/10327, S. 23 ff., BT-Drucksache 18/27, S. 28 ff.

25）2012年の数値であるが、第一審社会裁判所に提訴された訴訟の総数が395566件、うち求職者基礎保障に関連するものが42,5%を占めている。Peter Becker, 60 Jahre Sozialgerichtsbarkeit, SGb 2014, 1, 4.

26）なお、第2編と第12編に関連する連邦行政裁判所の判決および決定をテーマ領域ごとに分類すると、2013年8月までの時点で、465件中、住居費暖房費給付関係が87件（18,8%）あり、収入認定の61件（13,1%）を押さえて首位に立っている。Bernhard Bisping, SGB II und SGB XII - BSG-Entscheidungen kompakt 2013/2014, Walhalla 2. Aufl. 2014, S. 43.

27）BT-Drucksache 18/27, S. 28. また、家賃滞納等の場合に賃貸借契約が解除されると即座にホームレス化してしまうという住居需要の特殊性との関係で、訴訟の一定部分が仮の権利保護にかかる事案で占められている。Uwe Klerks, Vorläufiger gerichtlicher Rechtsschutz bei Streitigkeiten über Unterkunftskosten, info also 2014, 195.

28）Statistisches Bundesamt, Fachserie 10 Reihe 2.7 - von 2007 bis 2012.

29）2010年11月1日にザクセン＝アンハルト州シュテンダール（Stendal）社会裁判所が廃止されてマクデブルク（Magdeburg）社会裁判所に統合され、69から68になっている。

30）かつては都市州を含む全16州に設置されていたが、連邦州の垣根を越えた統合が進んでおり、2002年にニーダーザクセン＝ブレーメン州社会裁判所、2005年にベルリン＝ブランデンブルク州社会裁判所が、それぞれ新たに発足し、都合2減となっている。なおベルリン州とブランデンブルク州は（州同士の合併の試みこそ頓挫すれ）機構の共同化に熱心であり、労働裁判権、行政裁判権、財政裁判権でも唯一、州の裁判所を統合させている。なお新たに開港予定の空港もベルリン＝ブランデンブルク空港と称する。

31）国家社会主義からの再出発としてあらためて戦後西ドイツは裁判権を分立させかつ連邦領域各地に配置してきたが、再統一後、旧東ドイツ領域に所在地を移すケースが見られる（連邦通常裁判所刑事部第5法廷：カールスルーエ→ライプツィヒ；連邦労働裁判所：カッセル→エアフルト；連邦行政裁判所：(西) ベルリン→ライプツィヒ)。連邦社会裁判所は設置以来カッセルから移動しておらず、連邦憲法裁判所（カールスルーエ)、連邦財政裁判所（ミュンヘン）も同様である。専門裁判権を統合する案（行政裁判権、社会裁判権、財政裁判権の行政事件系統を一つに、通常裁判権と労働裁判権の民事事件系統を一つに、というように）がときおり議論されるが実現には至っていない。

32) ちなみに事件番号のうち領域分野を表す略称は、求職者基礎保障が AS、社会扶助が SO である。求職者基礎保障について争われているにもかかわらず、第1法廷が担当したおそらく唯一のケースがある（BSG, Urteil vom 15. Dezember 2009 - B 1 AS 1/08 KL, BSGE 105, 100)。連邦がベルリン州に対して、州の支弁した住居費給付に対しておこなった連邦補助につき、協働組織（ARGE）による給付の支給に過誤があることを理由に損害賠償を求めた事案である（請求一部認容)。

33) 行政裁判権では、控訴審までは名誉職裁判官が審理に参加するが、最高裁では基本的に加わらないため、その点で（も）事物管轄の移動により変更が生じている。

34) Friedrich Putz, Angemessenheit von Unterkunftskosten im Rahmen der Grundsicherung für Arbeitsuchende nach dem SGB II, info also 2004, 198; Ingo Kolf, Wie teuer dürfen ALG-II-Bezieher wohnen?, Soziale Sicherheit 2005, 203; Reinhard Paul, Leistungen für Unterkunft und Heizung in der Sozialhilfe (SGB XII) und in der Grundsicherung für Arbeitsuchende (SGB II) - Ein Überblick -, ZfF 2005, 145; Uwe Berlit, Wohnung und Hartz IV, NDV 2006, 5; Klaus Lauterbach, Leistungen für Unterkunft und Heizung nach dem SGB II, NJ 2006, 488; Walter Goch, Unterkunftskosten im Rahmen des ALG II, WuM 2006, 599; Volker Wahrendorf, Zur Angemessenheit von Wohnraum und Unterkunftskosten, Soziale Sicherheit 2006, 134; Karola Piepenstock, Übernahme von Wohnkosten für Hartz-IV-Empfänger, Soziale Sicherheit 2008, 432; Simone Brandmeyer, Aktuelle Entscheidungen des Bundessozialgerichts zu den Kosten der Unterkunft nach § 22 SGB II, NDV 2009, 85; Sabine Knickrehm und Thomas Voelzke, Kosten der Unterkunft nach § 22 SGB II in: Sabine Knickrehm/Thomas Voelzke/Wolfgang Spellbrink, Kosten der Unterkunft nach § 22 SGB II, 2009, S. 11 ff.; Claudia Theesfeld, Die aktuelle Rechtsprechung des BSG zum Thema Kosten der Unterkunft im Rahmen des § 22 SGB II, WuM 2010, 274; Ludwig Zimmermann, Unterkunfts- und Heizungskosten nach dem SGB II, NJ 2010, 400; Uwe Berlit, Neuere Rechtsprechung zu den Kosten von Unterkunft und Heizung, SGb 2011, 619 (Teil 1) und SGb 2011, 678 (Teil 2).

35) 自家所有の場合も、維持費などの必要な費用は法律上の住居費に該当するため、基本的に同じ基準で適切性が判断されることになる。ただし自家所有については資産活用の関係で換価処分（Verwertung）の対象となるか保有を許される資産（Schonvermögen）に該当するかの判断が別途なされる。その際の基準の一つである面積の上限は一般に借家におけるよりも広い。経験則的に借家よりも自家のほうが面積が広いからである。ただし広めの自家の保有が容認されることと、経費が住居費給付として全額支給対象になるかどうかは別問題である。またローン付き住宅の保有や住居費給付からの借入金償還は例外的な場合を除いて基本的に認められていない。Vgl. Christian Link, Hartz IV vor dem BSG: Schutz von Eigentum und Mietwohnraum, SRa 2007, 8.

36) 行政に判断余地（裁量）はないということである。Luik in Eicher SGB II § 22 Rn. 72.

37) Übersicht als Checkliste siehe Löns/Herold-Tews/Boerner, § 22 Rn. 5a, 33a f., 59a usw.

38)　ここでいう住居費とは、暖房費込みの家賃（Warmmiete）がドイツで広く普及していることとの関係で、暖房費が別途の枠組みで給付されるため、暖房費を除いた家賃（Kaltmiete）のこと（正確にはここに暖房関連以外の付随費用（(Kalt-) Nebenkosten）を加えた額）である。

39)　BSG, Urteile vom 7. November 2006 - B 7b AS 10/06 R, BSGE 97, 231 und vom 7. November 2006 - B 7b AS 18/06 R, BSGE 97, 254.

40)　Wohngeldgesetz (WoGG), Artikel 1 des Gesetez zur Neuregelung des Wohngeldrechts und zur Änderung des Sozialgesetzbuches vom 24. September 2008 (BGBl. I S. 1856), zuletzt geändert durch Artikel 9 Abs. 5 des Gesetzes vom 3. April 2013 (BGBl. I S. 610).

41)　BVerwG, Urteil vom 22. August 1985 - 5 C 57/84, BVerwGE 72, 88.

42)　So etwa VGH Hessen, Beschluss vom 11. August 1994 - 9 TG 2099/94, info also 1995, 170.

43)　BVerwG, Urteil vom 31. August 2004 - 5 C 8/04, NJW 2005, 310.

44)　データ算出における手法上の問題について、Christian von Malottki und Boris Berner, Grundsicherungsrelevante Mietspiegel unter Berücksichtigung der Verfügbarkeit, NDV 2010, 349; Holger Cischinsky/Christian von Malottki/Markus Rodenfels/Martin Vaché, „Repräsentativität“ im Mietspiegel - Stichprobenmethodische Anforderungen an qualifizierte und grundsicherungsrelevante Mietspiegel, WuM 2014, 239.

45)　1990年代以降ほとんど建設されておらず、建物の老朽化、住民の高齢化、地域の貧困化が問題となっている。

46)　ただし後に見るようにベルリン州の実務はやや特異で、住居費に経常費のほか暖房費も加えて適切性が判断されている。ちなみに2005年時点での適切性基準は、住居の大きさにかかわらず、単身世帯で月360ユーロ、2人世帯で月444ユーロ、3人世帯で月542ユーロ、4人世帯で月619ユーロ、5人世帯で月705ユーロ、世帯員が1人増えるごとに月50ユーロの加増であった。Detlef Manger, Hartz IV in Berlin: Angemessene Miete, Umzugszwang und Direktzahlungen, Grundeigentum 2005, 1396, 1399. なお施行直後のある調査によると、アンケートをした2300世帯のうちハルツ第4法に基づく給付を受けている300世帯において、これらの適切性基準を実際にオーバーしている割合は、単身世帯24,5%、2人世帯約50%、3人世帯61,1%、4人世帯15%であった。„70 000 Berlinern droht Umzug wegen Hartz IV“, Berliner Zeitung vom 15. Juni 2005.

47)　とはいえ現実の裁判実務では、同様の手法によっても最終的な適切性はかなり異なって判断されている。例えばベルリン州では、同じ単身世帯について、2007年から2009年にかけて州社会裁判所によって承認された値が、346,50ユーロから422,50ユーロまでと相当のバラツキを見せている。Stefan Schifferdecker/Britta Irgang/Eva Silbermann, Einheitliche Kosten der Unterkunft in Berlin. Ein Projekt von Richterinnen und Richtern des Sozialgerichts Berlin, ArchsozArb 2010, 28 ff.

48)　BVerwG, Urteil vom 21. Januar 1993 - 5 C 3/91, BVerwGE 92, 1.

49)　BVerwG, Urteil vom 17. November 1994 - 5 C 11/93, BVerwGE 97, 110.

50)　こうした要素を掛け合わせる発想は、不動産保有の容認基準で発達したものであり、個々の要素の重要性も含めて住居費の適切性判断に転用したことが連結理論の背景にある。しかし2000年以降、連邦行政裁判所は事実上判例を修正している（BVerwG, Urteil vom 28. April 2005 - 5 C 15/04, info also 2006, 33）。

51)　Udo Geiger, Unterkunfts- und Heizungskosten nach dem SGB II - Ein Leitfaden, 2. Aufl. 2013, S. 65.

52) 家賃一覧表を使わない主たる理由は、端的には整備が遅れているないし進んでいないことがある。ある報告によると、ドイツ全体で11337の自治体（Gemeinde）があり、うち2063が市（Städte）であるが、家賃一覧表は全体で約500しか存在していない（そのうち約200が、科学的な根拠を備えていることを認定された「適格家賃一覧表（qualifizierter Mietspiegel）」（BGB 第558d条（2001年民法典改正により挿入））；これに対して同第558c条にあるもともとの家賃一覧表を「簡易家賃一覧表（einfacher Mietspiegel）」と呼ぶことがある）。一般的に行政能力の高い市の数をベースにしても25％しか整備されていない。人口50万人以上の都市では13市のうち11市、10万人以上50万人未満の都市では68市のうち59市で整備されているが、しかし２万人以上５万人未満では513自治体のうち203自治体にしか整備されていない。Holger Gautzsch, Die Bedeutung von Mietspiegeln und modernisierungsbedingten Mieterhöhungen für die Bestimmung der Kosten der Unterkunft gemäß SGB II und SGB XII, WuM 2011, 603, 604; Börstinghaus, Miethöhe-Handbuch, 1. Aufl. 2009, 3. Teil Kapitel 6. Rn 31.

53) ただし加増幅（10％）は連邦社会裁判所はあくまで例示としているに過ぎない。下級審では、2009年の住宅手当法刷新に際して限度額表自体が10％増額されたため、これ以上の加算は要しないとした例（SG Bremen, Urteil vom 4. November 2011 - S 21 AS 1011/09, juris）、加算の結果近郊大都市の家賃一覧表の値を超えてしまうような場合に５％加算を適切とみなした例（LSG Baden-Württemberg, Urteil vom 22. Juni 2010 - L 13 AS 4212/08, juris）、逆に限度額表における近郊自治体との格差に鑑みて15％加増が必要であるとした例（SG Landshut, Urteil vom 7. Februar 2012 - S 10 AS 294/11, juris）などがある。

54) Ernst-Willhelm Luthe/Ingo Palsherm, Fürsorgerecht: Grundsicherung und Sozialhilfe, 3. Aufl. 2013, S. 379.

55) Franz-Georg Rips/Holger Gautzsch, Hartz IV Unterkunftskosten und Heizkosten, DMB-Verlag 2. Aufl. 2009, S. 28.

56) BSG, Urteil vom 18. Juni 2008 - B 14/7b AS 44/06 R, FEVS 60, 145.

57) Lang/Link in Eicher/Spellbrink SGB II, 2. Aufl. 2008, § 22 Rn. 45c.「基礎保障主体は、裁判所がもはや全面的に審査しなくてもよいような（論理性の審査のみの）論理的構想を発展させなければならない。そうした構想が存しない場合、基礎保障主体は裁判手続においてそれを「付け加える」必要がある。裁判所はそれがおこなわれるように推奨しなければならない；そうした構想を自ら完全に突きとめる必要はない」。なお基礎保障を管轄するもう一つの法廷が簡単にではあるがこれ以前に言及している（BSG, Urteil vom 19. März 2008 - B 11b AS 43/06 R, info also 2008, 233）。

58) 2008年判決の原審であるニーダーザクセン＝ブレーメン州社会裁判所がまさにこのような思考方法に立っている。LSG Niedersachsen-Bremen, Urteil vom 24. August 2006 - L 8 AS 133/06, BeckRS 2009, 68119.

59) Hermann Butzer/Ulf Keller, „Grundsicherungsrelevante Mietspiegel“ als Maßstab der Angemessenheitsprüfung nach § 22 SGB II, NZS 2009, 65, 67 ff.

60) Jörg Schnitzler, Von der Wohngeldtabelle zur Schlüssigkeitsprüfung - und zurück - Die Rechtsprechung des BSG zur Angemessenheitsprüfung gem. § 22 Abs. 1 Satz 1 SGB II, SGb 2010, 509, 510.

61) So z.B. Rothkegel in Gagel, SGB II/SGB III, 26. Ergänzungslieferung (15. Dezember 2005), § 22 SGB II Rn. 19.

62) BSG, Urteil vom 22 September 2009 - B 4 AS 18/09 R, BSGE 104, 192.

63) BSG, Urteil vom 17. Dezember 2009 - B 4 AS 27/09 R, FEVS 61, 507.

64）BSG, Urteil vom 17. Dezember 2009 – B 4 AS 50/09 R, NZS 2010, 640.

65）BSG, Urteil vom 20. August 2009 – B 14 AS 41/08 R, BeckRS 2010, 65540.

66）BSG, Urteil vom 18. Februar 2010 – B 14 AS 73/08 R, BeckRS 2010, 71394.

67）Ausführlich zu den Einzelfaktoren siehe Sabine Knickrehm, Aktuelles aus dem Bereich: Kosten von Unterkunft und Heizung nach § 22 SGB II – Stand November 2009 –, in: Wolfgang Spellbrink, Das SGB II in der Praxis der Sozialgerichte – Bilanz und Perspektiven, 2009, S. 79, 89 f.

68）Jörg Schnitzler, Von der Wohngeldtabelle zur Schlüssigkeitsprüfung – und zurück – Die Rechtsprechung des BSG zur Angemessenheitsprüfung gem. § 22 Abs. 1 Satz 1 SGB II, SGb 2010, 509, 511 f.

69）juris PK-SGB II/Piepenstock, § 22 Rn. 84.「基礎保障主体の論理的構想の多くがすでにひっくり返されている。」

70）いわば完璧な論理的構想と住宅手当法限度額表との間を、論理的構想にかかる要求を少し弱めたかたちで埋めることを提唱するものとして、Christian von Malottki, Die empirisch-statistische Bestimmung der Angemessenheitsgrenze durch Sachverständige – verfahrensrechtliche Voraussetzungen und inhaltliche Ausgestaltung, in: Deutscher Sozialgerichtstag e. V. (Hrsg.), Sozialrecht – Tradition und Zukunft, Boorberg 2013, S. 99, 125 ff. また同人は、適切性の規範的決定において、東西の住居面積の違い（東の方が狭い）、都市部と田舎における住居面積の違い（都市部の法が狭い）、社会住宅を含む住宅建設の歴史的動向（複数人数向けの住宅が過去多く建設されたが現実に貧困に陥っているのは単身者が圧倒的であり需給にズレがある）など、経験則をより重視すべきことも主張している。Christian von Malottki, Empirische Aspekte bei der Bestimmung von Angemessenheitsgrenzen der Kosten der Unterkunft, info also 2012, 99 ff.

71）この点も踏まえて、連邦社会裁判所判事であるクニックレーム（Sabine Knickrehm）は、論理的構想の意義を、(1)住居および暖房の領域における国家的保障責務の確保、(2)手続的規制を通じた連邦全域における第2編受給者の平等取り扱い、(3)地域的特殊性の考慮、の3点にまとめている。Sabine Knickrehm, Rechtliche Spielräume bei der Bestimmung der Angemessenheitsgrenze für Unterkunftsleistungen, in: Deutscher Sozialgerichtstag e. V. (Hrsg.), Sozialrecht – Tradition und Zukunft, Boorberg 2013, S. 79, 84 f.

72）Friedrich Putz, Darf die Angemessenheitsgrenze für Unterkunftskosten nach dem SGB II und SGB XII die Tabellenwerte in § 12 Wohngeldgesetz n.F. nie unterschreiten?, info also 2009, 255 ff.

73）Jörg Schnitzler, Von der Wohngeldtabelle zur Schlüssigkeitsprüfung – und zurück – Die Rechtsprechung des BSG zur Angemessenheitsprüfung gem. § 22 Abs. 1 Satz 1 SGB II, SGb 2010, 509, 512.

74）限度額表への依拠が有する裁判上の意義（形成余地、適切性認識手段の追求責任など）について、Dirk Hölzer, »Totgesagte leben länger« (Folgen für das sozialgerichtliche Verfahren bei Fehlen eines schlüssigen Konzeptes des Leistungsträgers – Wiedergeburt der Wohngeldtabelle?), info also 2012, 127.

75）Vgl. Andy Groth, BSG 4. Senat, Urteil vom 22. September 2009 – B 4 AS 18/09 R, jurisPR-SozR 12/2010 Anmerkung 2.

76）BVerwG, Urteil vom 30. Mai 1996 – 5 C 14/95, BVerwGE 101, 194.

77）BSG, Urteil vom 7. November 2006 – B 7b AS 18/06 R, BSGE 97, 254.

78) Ernst-Willhelm Luthe/Ingo Palsherm, Fürsorgerecht : Grundsicherung und Sozialhilfe, 3. Aufl. 2013, S. 377, 382.

79) BVerwG, Urteil vom 21. Januar 1993 - 5C 3/91, BVerwGE 92, 1.

80) これに対して回数的制限に関する議論はドイツでもあまり深められていない。労働の開始などによっていったん給付が終了し、ほどなくして支給が再開された場合、これも現住住居保護の対象に再度なるのか、あるいは以前の受給時に費用抑制指導がすでにかかっていた場合、再開当初から適切な住居費で頭打ちになるのか、今のところ不明である。Vgl. Knickrehm § 22 SGB II Rn. 12, Kreikebohm, Kommentar zum Sozialrecht, 3. Aufl. 2013, MAH SozialR (4. Aufl. 2013)/Geiger § 17 SGB II Rn. 175.

81) Luik in Eicher SGB II § 22 Rn. 130.

82) BSG, Urteil vom 17. Dezember 2009 - B 4 AS 19/09 R, BSGE 105, 188 [Rn. 19].

83) 補足すると、具体的適切性に関する住居選択肢の欠如の議論も、実際に転居可能な他の住居が具体的に存在しないことを要件としており、結果的に6ヶ月を超えて（そうした事情が止むまで）住居費が引き支給され続けるという点では6ヶ月ルールの議論のバリエーションであるともいえるが（とりわけ住居選択肢が存するかどうか自体、受給開始時点では明確でないだけに）、正確には、住居選択肢が否定される場合、そこで引き受けられる住居費は抽象的には不適切でも具体的には適切なのであり、費用がいずれにせよ不適切であることを前提に、費用抑制ができるようになるまで一時的に住居費全額を支給するのとは、認識の違いに過ぎないが、適切性の意味合いは異なっている（本文で後掲する連邦社会裁判所2009年2月19日判決の説示も参照)。

84) なおこの費用抑制に関する指導は、住居費についての「提案（Angebot)」に過ぎず、行政行為ではないと位置づけられている（BSG, Urteil vom 7. November 2006 - B 7b AS 10/06 R, BSGE 97, 231 [Rn. 29] ; a. A. Franz-Georg Rips, Wohnen in Deutschland mit Hartz IV, WuM 2005, 632, 636)。権利義務関係でいうと、費用抑制指導によって受給者に住居費を抑制する義務が発生するものではなく、あくまでそうする責務が生ずるのみである（受給者に対する警告機能ないし啓発機能、Berlit in LPK-SGB II § 22 Rn. 93)。すなわち実施機関による指導はあくまで情報提供の類いであって、適切な費用の上限を教示する以上に、具体的な費用抑制の方法や特定の転居先を指示することまでは含まれない（Luik in Eicher SGB II § 22 Rn. 122)。他方、行政行為でない以上、異議や訴訟の対象とならないことになる。

85) Berlit in LPK-SGB II § 22 Rn. 89.

86) BSG, Urteil vom 19. Februar 2009 - B 4 AS 30/08 R, BSGE 102, 263.

87) Berlit in : Uwe Berlit/Wolfgang Conradis/Ulrich Sartorius (Hrsg.), Existenzsicherungsrecht, Nomos 2. Aufl. 2012, S. 603 [Kapitel 28, Rn. 103].

88) Beispiel dafür Franz-Georg Rips, Wohnen in Deutschland mit Hartz IV, WuM 2005, 632, 638.

89) Bejahend Franz-Georg Rips, Wohnen in Deutschland mit Hartz IV, WuM 2005, 632, 639, auch Peter Derleder, Die Notwendigkeit eines Grundrechts auf Wohnen, WuM 2009, 615, 617 ; verneinend Luik in Eicher SGB II § 22 Rn. 116.

90) Vgl. Uwe Klerks, Aktuelle Probleme der Unterkunftskosten nach dem SGB II, NZS 2008, 624, 630 f.

91) Berlit in : Ralf Rothkegel (Hrsg.), Sozialhilferecht, Nomos 2005, S. 275 [Kapitel 10, Rn. 65].

92) 関連して、すでに連邦社会扶助法に基づく扶助を受け、そのまま直接第2編の給付に移行した場合、新たに6ヶ月ルールが適用されることはない。すでに旧法下で費用抑制指導等がおこなわれているからである。Andy Groth/Heiko Siebel-Huffmann, Die Leistungen für die Unterkunft nach SGB II § 22 SGB II, NZS 2007, 69, 75.

93） BSG, Urteil vom 7. November 2006 - B 7b AS 10/06 R, BSGE 97, 231 [Rn. 27].

94） BSG, Urteil vom 30. August 2010 - B 4 AS 10/10 R, BSGE 106, 283 [Rn. 17].

95） Berlit in LPK-SGB II § 22 Rn. 125.

96） Vgl. Berlit in : Uwe Berlit/Wolfgang Conradis/Ulrich Sartorius (Hrsg.), Existenzsicherungsrecht, Nomos 2. Aufl. 2012, S. 603 [Kapitel 28, Rn. 105].

97） juris PK-SGB II/Piepenstock, § 22 Rn. 151.

98） Franz-Georg Rips/Holger Gautzsch, Hartz IV Unterkunftskosten und Heizkosten, DMB-Verlag 2. Aufl. 2009, S. 42 ff.

99） BVerfG, Urteil vom 9. Februar 2010 - 1 BvL 1/09, 1 BvL 3/09, 1 BvL 4/09, BVerfGE 125, 175.

100） 嶋田佳広「ドイツの保護基準における最低生活需要の充足―連邦憲法裁判所違憲判決を契機として」賃金と社会保障1539号（2011年6月）4頁以下参照。

101） Gesetz zur Ermittlung von Regelbedarfen und zur Änderung des Zweiten und Zwölften Buches Sozialgesetzbuch vom 24. März 2011 (BGBl. I S. 453).

102） Gesetz zur Ermittlung der Regelbedarfe nach § 28 des Zwölften Buches Sozialgesetzbuch (Regelbedarfs-Ermittlungsgesetz - RBEG) vom 24. März 2011 (BGBl. I S. 453).

103） Sozialgesetzbuch (SGB) Zweites Buch (II) - Grundsicherung für Arbeitsuchende -, Artikel 1 des Gesetzes vom 24. Dezember 2003, BGBl. I S. 2954, in der Fassung der Bekanntmachung vom 13. Mai 2011 (BGBl. I S. 850, 2094), zuletzt geändert durch das Gesetz vom 22. Dezember 2014 (BGBl. I S. 2411).

104） Sozialgesetzbuch (SGB) Zwölftes Buch (XII) - Sozialhilfe -, Artikel 1 des Gesetzes vom 27. Dezember 2003 (BGBl. I S. 3022), zuletzt geändert durch die Verordnung vom 14. Oktober 2014 (BGBl. I S. 1618).

105） Übersicht dazu z. B. Andy Groth/Heiko Siebel-Huffmann, Das neue SGB II, NJW 2011, 1105.

106） 本文では検討を省略しているが、2011年改正により、給湯にかかる費用が暖房費に追加して実費支給されることが法文上明確にされた（第2編第21条第7項、第12編第35条第4項）。従前は給湯費が経常費や暖房費とまとめて徴収されている場合、給湯はそもそも基準額給付で充足すべき需要であるとの理由から、給湯費に相当する部分を控除して住居費および暖房費を支給していたが、各戸で給湯の方式が異なることを背景に、その当否や控除すべき金額を巡る紛争が絶えず（Vgl. Björn Brehm/Stefan Schifferdecker, Die Warmwasserpauschale im Regelsatz des SGB II, SGb 2010, 331）、今般の改正で基準額からの分離を明確にした。基準額給付の需要充足性をより保障する方向での改正といえる（Björn Brehm/Stefan Schifferdecker, Der neue Warmwasserbedarf im SGB II, SGb 2011, 505）。しかし同時に、2005年の制度改革で経常的給付と一時的給付との概念的区別が消失し、基準額給付の定型性が著しく強まった反動として、経常費（家賃など）と一時的費用（転居費など）との区別が事実上残存している住居費給付において、諸々生ずる費用をとりわけ後者に位置づけて給付を求める圧力が全体として高まっていることにも注意が必要である。Vgl. Peter Mrozynski, Zum Bedeutungsverlust der Abgrenzung von Dauer und Einmaligkeit bei Bedarfen in der Grundsicherung für Arbeitsuchende, ZfSH/SGB 2012, 75, 76 f. ; Bernd Eckhardt, Zur Frage der Angemessenheit der Energiekosten zur Bereitung von Warmwasser im SGB II, info also 2012, 200 ff.

107） Vgl. Uwe Berlit, Änderungen im SGB II zum 1. April 2011 mit Bezug auf die Bedarfe für Unterkunft und Heizung, info also 2011, 165 ff. なおベルリット自身は2008年の時点で、現行の住居費給付規定は十分に妥当かつフレキシブルな規定となっており、解釈問題は引き続き残るにせよ、追加的な法規制をおこなう必要性はないとみなしている。Uwe Berlit, Die Neuregelung der Kosten für die Unterkunft：Erfahrungen und Auswirkungen, ArchsozArb 2008, 30, 43 f.

108） Vgl. Deutscher Verein für öffentliche und private Fürsorge e.V., Empfehlungen zur Angemessenheit von Leistungen für Unterkunft und Heizung im SGB II, Lambertus 2. Aufl. 2014.

109） Peter Becker, Grundsicherung für Arbeitsuchende 2.0 – Die Neuregelungen durch das RBEG vor dem Hintergrund der bisherigen Rechtslage und Rechtsprechung, ZFSH/SGB 2011, 185, 193；Golo Wiemer, Die aktuelle Rechtsprechung zu den Kosten der Unterkunft und Heizung nach § 22 SGB II, NZS 2012, 9 (Teil 1) und NZS 2012, 55 (Teil 2).

110） BSG, Urteil vom 13. April 2011 – B 14 AS 106/10 R, SGb 2012, 361 mit Anmerkung von Peter G. Winter.

111） BSG, Urteil vom 10. September 2013 – B 4 AS 77/12 R, NZM 2014, 361.

112） BSG, Urteil vom 26. Mai 2011 – B 14 AS 132/10 R, BeckRS 2011, 76377.

113） BSG, Urteil vom 23. August 2011 – B 14 AS 91/10 R, BeckRS 2012, 66185；BSG, Urteil vom 6. Oktober 2011 – B 14 AS 131/10 R, BeckRS 2012, 66313.

114） BSG, Urteil vom 20. Dezember 2011 – B 4 AS 19/11 R, BSGE 110, 52.

115） BSG, Urteil vom 11. Dezember 2012 – B 4 AS 44/12 R, NZS 2013, 389；BSG, Urteil vom 14. Februar 2013 – B 14 AS 61/12 R, BeckRS 2013, 70605；BSG, Urteil vom 16. April 2013 – B 14 AS 28/12 R, NZS 2013, 751.

116） 一方、下級審では少数ながら論理的構想の成立を認定したり、裁判所自らが職権で調査し証拠として採用したりすることがある。Beispiel：LSG Hessen, Urteil vom 15. Februar 2013 – L 7 AS 78/12, NZS 2013, 511 (Leitsatz und Gründe)；LSG Bayern, Urteil vom 11. Juli 2012 – L 16 AS 127/10, NZS 2013, 73 (Leitsatz und Gründe). Siehe auch dazu Christian von Malottki, Schlüssiges Konzept und Statistik, info also 2014, 99.

117） BSG, Urteil vom 22. März 2012 – B 4 AS 16/11 R, SGb 2013, 246；BSG, Urteil vom 10. September 2013 – B 4 AS 4/13 R, FEVS 2014, 449.

118） 現役の社会裁判所判事として住居費の論点に対して注目すべき発言を続けているグロート（Andy Groth）は、論理的構想の試みはすでに失敗している（例えば論理的構想の成立が認定されなければ、結果として住宅手当法限度額表の値が補助的に適用されることからしても、そもそも多くの非都市部の自治体では最初から限度額表が適切性基準として運用されていることをあわせれば、結論に違いは生まれないことになり、論理的構想の構築に積極的に取り組む財政的刺激（もし住居費が不適切であることを立証できない限りは実費全額を保障するというような仕組みでない限りは）が生じないし、実務に命じても効果がない）として連邦社会裁判所を批判し、実務や事実審に過大な要求をしてからでしか住宅手当法限度額表の数値の援用を許さない判例法理を改めること、少なくとも郡部では限度額表を根拠とすることを主張している（Anmerkung zur Entscheidung des BSG vom 22. März 2012 – B 4 AS 16/11 R, SGb 2013, 249 ff.）。

119） BT-Drucksache 17/3404, S. 98.

120） 「少なくとも費用抑制指導の断念に関する裁量に誤りのない決定に対する請求権は存する。」

(Berlit in LPK-SGB II § 22 Rn. 96)、「経済性および節約の原則に反する場合指導の対象としなくてよいのであるから請求権を肯定する必要はない。」(Luik in Eicher SGB II § 22 Rn. 133)

121) Vgl. Uwe Klerks, Die neuen Regelungen zur Bestimmung der Angemessenheit von Unterkunftskosten - Stein der Weisen oder Stein des Anstoßes?, info also 2011, 195 ff.

122) 傍証に過ぎないが、連邦社会裁判所自身、最初に論理的構想を示唆した2008年判決を、とりわけ以降に与えたその影響にもかかわらず、同裁判所の編集する公式判例集（Entscheidungen des Bundessozialgerichts, BSGE）に（おそらく意図的に）収載していない（2009年判決はBSGE 104, 192 ff.)。連邦社会裁判所の逡巡を示していよう。

123) ドイツ郡会議の開催した近年のワークショップで各郡の特色的な取り組みが詳しく紹介されている。Deutscher Landkreistag, Angemessenheit bei den Kosten der Unterkunft im SGB II - Dokumentation der DLT-Fachtagung vom 17.9.2013, Schriften Band 115, http://www.landkreistag.de/images/stories/publikationen/Bd.%20115.pdf

124) そもそも適切性の判断対象である住居費の定義さえ、（解釈上は個々別々にすることが確定しているにもかかわらず）家賃付随費用や暖房費をひとくくりにして適切性を判断している自治体が少なくない。ISG, Kosten der Unterkunft und die Wohnungsmärkte, BBSR-Forschungen Heft 142, Bonn 2009, S. 45 ff.

125) http://www.lingen.de/wirtschaft/arbeitswelt/arbeitsvermittlung_hartz_iv/arbeitsvermittlung_hartz_nbsp_iv.html

126) Ralf Rothkegel, Der rechtliche Rahmen für die Pauschalierung von Sozialhilfeleistungen - insbesondere zur Experimentierklausel des § 101a BSHG, ZfSH 2002, 585 und ZfSH 2002, 657.

127) 詳細は、嶋田佳広「ドイツ社会扶助定型化の理論と現状」京都勤労者学園『Vita Futura』第10号（2004年）39頁以下。

128) BSHG 第101a条そのものは、1999年に挿入された時点で時限立法という扱いであり、偶然にも2005年1月1日に失効する予定であった（Art. 2 des Siebten Gesetzes zur Änderung des Bundessozialhilfegesetzes vom 30. Juni 1999 (BGBl. I S. 1442)）が、これが2005年7月1日失効と変則的ながら改められた（Art. 68 Abs. 2 des Gesetzes zur Einordnung des Sozialhilferechts in das Sozialgesetzbuch vom 27. Dezember 2003 (BGBl. I S. 3022)）ため、評価報告をおこなう任務まで制度切り替わりで消滅したわけではない。

129) Uwe Berlit, Zusammenlegung von Arbeitslosen- und Sozialhilfe, info also 1999, 195, 201 f.

130) Zur (verfassungsrechtlichen) Problematik siehe Reinhard Neubauer und Thomas Frantzen, § 27 SGB II - der Rettungsanker auf der Titanic?, NJ 2010, 57.

131) SG Kassel, Beschluss vom 28. Oktober 2009 - S 12 SO 17/09 ER, BeckRS 2009, 73820. なお決定は第12編第29条第2項に直接言及していないものの、内容的には同項にある定型化の要件が未充足であることをいうものと思われる。ただし前年の決定で、第2編において被告（実質的にはカッセル市）が法的根拠が不明確なまま実費ではなく被告が適切とみなした定型額を支給しているケースを違法と判断した（SG Kassel, Urteil vom 15. Juli 2009 - S 7 AS 608/06, BeckRS 2009, 68942）流れを引き継いでいるため、第12編を独自に解釈しているとまでいえるかの問題はある。

132) Gerd Goldmann, in: Sabine Knickrehm/Thomas Voelzke/Wolfgang Spellbrink, Kosten der Unterkunft nach § 22 SGB II, 2009, S. 51, 55.

133) Andy Groth/Heiko Siebel-Huffmann, Die Leistungen für die Unterkunft nach § 22 SGB II, NZS 2007, 69, 70.

134） Knickrehm in Eicher SGB II, 2. Aufl. 2008, §27 Rn. 2 und 3; Volker Wahrendorf, Wünschenswerte Gesetzgebungsinitiativen zum SGB II, SRa 2009, 1, 3 f.「もし可能だとすれば、……住宅の規模と一定の住宅の水準（設備、備品の程度）を連邦統一的に確定することであろう。」

135） Rothkegel in Gagel SGB II (Stand: Juni 2011) §27 Rn. 8 ff.

136） Berlit in: Uwe Berlit/Wolfgang Conradis/Ulrich Sartorius (Hrsg.), Existenzsicherungsrecht, Nomos 2. Aufl. 2012, S. 603 [Kapitel 28, Rn. 87 ff.].

137） なお規定の生成史からいうと、当初法案（BT-Drucksache 15/1516）では「連邦参議院の同意を要せずに」法規命令を制定できるとなっていたところ、両院協議会による修正を経て、この同意不要部分の表現が削除されている（BT-Drucksache 15/2259, S 3）。これを素直に読めば、同意は必要ということになるが、逆に、「連邦参議院の同意を得て」と明文で規定されていないことを重視すれば同意はやはり必要でないともいえる。実際に法規命令が制定過程に乗らなかったため、論点として顕在化することはなかったが、連邦政府が連邦参議院リスクを勘案した可能性は否定できない。

138） BSG, Urteil vom 19. Februar 2009 - B 4 AS 30/08 R, BSGE 102, 263 [Rn. 18].

139） BSG, Urteil vom 22. September 2009 - B 4 AS 70/08 R, BeckRS 2010, 65498 [Rn. 16].

140） Bundesrechnungshof, Bericht nach §99 BHO über die Durchführung der Grundsicherung für Arbeitsuchende - Angemessenheit der Leistungen für Unterkunft und Heizung nach §22 Abs. 1 des Zweiten Buches Sozialgesetzbuch - vom 19. Dezember 2007, BT-Drucksache 16/7570.

141） Deutscher Verein für öffentliche und private Fürsorge e.V., Erste Empfehlungen zu den Leistungen für Unterkunft und Heizung im SGB II (§22 SGB II) vom 8. Juli 2008, http://www.deutscher-verein.de/05-empfehlungen/sgb-ii/unterkunft-und-wohnen/Erste_Empfehlungen_zu_den_Leistungen_fuer_Unterkunft_und_Heizung_im_SGB2/

142） Richterinnen und Richtern der Sozialgerichtsbarkeit der Länder Bremen, Hamburg, Niedersachsen und Sachsen-Anhalt, Empfehlungen aus der Praxis zur Entlastung der Sozialgerichtsbarkeit vom 20. Mai 2009.

143） Berlit in LPK-SGB II §22a Rn. 14.

144） 本文の記述は条例の内容にかかる実体的審査に関するものである。条例としてそもそも地方自治法上有効に成立しているかなどの形式的審査については、Frank Bätge, Zur Rechtmäßigkeit von kommunalen Satzungen nach den §§22 a ff. SGB II und zum maßgeblichen Rechtsschutz, SRa 2011, 131.

145） Ausführlich dazu Steffen Luik, Das Normenkontrollverfahren nach §55a SGG, ZFSH/SGB 2013, 683.

146） Luik in Eicher SGB II §22a Rn. 30.

147） BT-Drucksache 17/3404, S. 131; Luik in Eicher SGB II §22a Rn. 26.

148） ただし一般的拘束力の付与対象は条例を無効と判断した場合のみであって、無効とは判断しなかった場合、厳密には第三者効はなく、ゆえに他の受給者が別途規範統制を申し立てることは法的には排除されない。典型的には行政行為と同様、無効と判断されるまでは条例は有効であるとの前提があり、無効でないとの判断があれば条例は引き続き適用され、よって再度裁判所による審理に晒すことは可能である。もっとも、同じ条例の無効性を（攻撃するポイントが同じかどうかの問題はあるが）争うわけであるから、無効でないつまり有効であるとの判断にも、いったん州社会裁判所が無効ではないとした条例をもう一度争うことは無意味かもしれないので判断に従っておこうと規範統制の申立てを諦めさせる心理的効果は付随する。Karen Krauß, Die Neuordnung der Kosten der Unterkunft und Heizung – eine erste Stellungnahme aus richterlicher Sicht, SRa 2011, 144, 148.

149）Peter Axer, Sozialgerichtliche Kontrolle untergesetzlicher Normen, SGb 2013, 669, 670.

150）Hk-SGG/Castendiek § 55a Rn. 5.

151）Andy Groth, Angemessene Unterkunftskosten nach dem SGB II – Satzungsermächtigung als Lösung der aktuellen Probleme?, SGb 2009, 644, insbes. 647 f.

152）Koalitionsvertrag zwischen CDU, CSU und FDP, „WACHSTUM. BILDUNG. ZUSAMMENHALT." vom 26. Oktober 2009, S. 82 f.

153）BT-Drucksache 17/3404, S. 44.

154）Stellungnahme des Deutschen Richterbundes zur öffentlichen Anhörung des Ausschusses für Arbeit und Soziales des Deutschen Bundestages am 22.11.2010 zur Ermittlung der Regelsätze nach dem SGB II und zu den Kosten der Unterkunft, DRB Stellungnahme 46/10, November 2010, Nr. 4 und 7.

155）Bernd Mutschler, Kosten der Unterkunft: Kommunale Satzung – eine Alternative zum „schlüssigen Konzept"?, NZS 2011, 481, 483 f.

156）Luik in Eicher SGB II § 22a Rn. 13-15.

157）Uwe Berlit, Sicherung einheitlicher Unterkunftskostengewährung durch Rechtsprechung (insb. des BSG) und kommunale Vielfalt?, info also 2010, 195.

158）同じく波及効果の一つとして、（条例による解決が提案される前の議論であるが）最低生活保障行政を通じて得られたデータを住宅市場に関する行政と効果的に共有するなど、自治体内部での相互作用の重要性を説く声もある。ISG, Kosten der Unterkunft und die Wohnungsmärkte, BBSR-Forschungen Heft 142, Bonn 2009, S. 86 ff.

159）So etwa Holger Gautzsch, Kosten der Unterkunft gem. SGB II und SGB XII, NZM 2011, 497, 498.

160）Vgl. Maurer, Allgemeines Verwaltungsrecht, 18. Aufl. 2011, S. 151 ff.

161）「連邦憲法裁判所は基本法第20条第1項と関連する第1条第1項から「手続における体系的一貫性（prozeduale Systemkonsistenz）」の要請を導き出した」（Renze in LPK-SGB II § 20 Rn. 11）。

162）論理的構想は直接的には行政に対する要求であり、連邦憲法裁判所の立てた原則は基本的には立法者に向けられたものではあるが、両者の一致にはコンメンタールでも基本的に異論がない。Berlit in LPK-SGB II § 22 Rn. 61；Luik in Eicher SGB II § 22 Rn. 84, aber juris PK-SGB II/Piepenstock, § 22a Rn. 24.

163）2005年の制度切り替え移行、住居費が基本的に公的資金で支えられる第2編受給者が爆発的に増えたことを背景に、公的扶助制度における住居費給付の住宅市場に対する経済的効果の研究がドイツで進行中である（z. B. Marc Steiner, Die Auswirkungen von Hartz IV auf den Wohnungsmarkt, Grin Verlag Gmbh 2013）。住宅制度を所管する連邦省（2005年以降は連邦交通建設都市発展省、2013年以降は連邦交通デジタルインフラ省）による委託調査研究もその一つで、2009年の報告書では、「自治体による住居費マネジメント（KdU-Management）」や「住居費モニタリング（KdU-Monitoring）」という表題のもと、社会政策、住宅政策、都市政策を自治体において総合的に位置づけることの重要性や、連邦レベルでの住宅市場の監視システムの構築が言及されている。ISG, Kosten der Unterkunft und die Wohnungsmärkte, BBSR-Forschungen Heft 142, Bonn 2009, S. 108 ff.

164) BT-Drucksache 17/3404, S. 101.

165) Luik in Eicher SGB II § 22b Rn. 6.

166) Peter Nippen, Der Sicherheitszuschlag im Rahmen der Prüfung der Angemessenheit der Kosten der Unterkunft nach dem SGB II, ZFSH/SGB 2012, 444.

167) 誤解のないように付言しておくと、2011年改正以降、なおも条例で適切性を確定させない場合（つまり本則である第2編第22条の枠組みで適切性を判断する場合）は、適切性認識基準が使い尽くされた後、従前の判例法理であるところの住宅手当法限度額表に対する確実性のための加算（Sicherheitszuschlag）は（そのパーセンテージについてはなお下級審を中心に議論が続いているものの）引き続き適用される。BSG, Urteil vom 22. März 2012 - B 4 AS 16/11 R, SGb 2013, 246; BSG, Urteil vom 11. Dezember 2012 - B 4 AS 44/12 R, NZS 2013, 389 (Kurzwiedergabe); BSG, Urteil vom 10. September 2013 - B 4 AS 4/13 R, SGb 2013, 639 (Kurzwiedergabe); BSG, Urteil vom 12. Dezember 2013 - B 4 AS 87/12 R, SGb 2014, 84 (Kurzwiedergabe).

168) ただこうした一致が垣間見えることと、需要の性質が大きく異なる基準額と住居費とがまったく同じ基準で憲法上審査されるかどうかとは別問題である。むしろ住居費が相対的に他の需要と区別可能であるがゆえ、基準額（の審査）におけるような需要間の相互流用の可能性を住居費にあてはめることはできず、すなわち住居費（の適切性）はそれ自体が独立して（すなわち一定のデコボコの発生を前提とせず）最低生活保障需要の充足に必要かつ十分かが、とりわけ手続的視角から審査されることになる。Sabine Knickrehm, Schlüssiges Konzept, »Satzungslösung« und Anforderungen des BVerfG vom 9.2.2010, SRa 2011, 125, 126, 130.

169) なお連邦が（州を飛び越えて）直接自治体に業務を委譲することは現在基本法で禁止されている（GG第84条第1項第7文）こととの関係では、自治体が住居費給付を管轄すること（第2編第6条第1項第1文第2号）はこの委譲禁止ルール（いわゆる第一次連邦制度改革によるもの）の成立前に決定されており、かつ、第2編第22a条以下に基づいて条例を制定するとして、条例を制定すること自体は新たな業務になる可能性があるがこれは連邦法ではなく州法に基づくという形態をとるため憲法違反の問題は生ぜず、また制定した条例に基づいて住居費を給付することは、本則の第2編第22条に基づく執行形態における場合と（すでにその管轄とされている）業務の性質自体に変化はないため、やはり違憲性は回避される。州を介することは、求職者基礎保障の分野において連邦と州の協働を定めたGG第91e条の趣旨にも沿うものである。

170) Hessisches OFFENSIV-Gesetz vom 20. Dezember 2004 (GVBl. I S. 488), zuletzt geändert durch Art. 22 Zweites Dienstrechtsmodernisierungsgesetz vom 27. Mai 2013 (GVBl. S. 218).

171) Gesetz zur Änderung des Hessischen OFFENSIV-Gesetzes und anderer Rechtsvorschriften vom 10. Juni 2011 (GVBl. I S. 302).

172) Gesetzentwurf der Landesregierung für ein Gesetz zur Änderung des Hessischen OFFENSIV-Gesetzes und zur Änderung der Verordnung über die Schiedsstelle nach § 80 des Zwölften Buches Sozialgesetzbuch vom 16. Februar 2011 (Hessischer Landtag Drucksache 18/3725).

173) Änderungsantrag der Fraktionen der CDU und der FDP vom 4. Mai 2011 (Hessischer Landtag Drucksache 18/3992, S. 4).

174) Gesetz zur optionalen Trägerschaft von Kommunen nach dem Zweiten Buch Sozialgesetzbuch (Kommunales Optionsgesetz) durch Artikel 1 des Gesetzes vom 30. Juli 2004 (BGBl. I S. 2014).

175) Gesetz zur Ausführung des Zweiten Buches Sozialgesetzbuch (AG-SGB II) vom 7. September 2005 (GVBl. S. 467) (außerkrafttreten).
176) BT-Druscksache 17/3404 S. 100.
177) Berlit in LPK-SGB II § 22a Rn. 13 ; Luik in Eicher SGB II § 22a Rn. 15.
178) Gesetz zur Ausführung des Zweiten Buches Sozialgesetzbuch (AG-SGB II) vom 15. Dezember 2010 (GVBl. S. 557), zuletzt geändert durch Artikel IV des Gesetzes zur Änderung des Schulgesetzes, des Kindertagesförderungsgesetzes und weiterer Gesetze vom 13. Juli 2011 (GVBl. S. 344).
179) Gesetz zur Änderung des Schulgesetzes, des Kindertagesförderungsgesetzes und weiterer Gesetze vom 13. Juli 2011 (GVBl. S. 344).
180) Vorlage - zur Beschlussfassung - Gesetz zur Änderung des Schulgesetzes, des Kindertagesförderungsgesetzes und weiterer Gesetze vom 3. Mai 2011 (Parlament Berlin Drucksache 16/4093).
181) Gesetz zur Ausführung des Zweiten Buches Sozialgesetzbuch und des § 6 b Bundeskindergeldgesetz vom 27. Mai 2011 (GVOBl. S. 146), zuletzt geändert durch das Gesetz zur Änderung des Gesetzes zur Ausführung des Zweiten Buches Sozialgesetzbuch und des § 6 b Bundeskindergeldgesetz vom 13. Dezember 2013 (GVOBl. S. 516).
182) Gesetz zur Änderung des Gesetzes zur Ausführung des Zweiten Buches Sozialgesetzbuch und des § 6 b Bundeskindergeldgesetz vom 27. April 2012 (GVOBl. S. 509).
183) Gesetzentwurf der Landesregierung : Entwurf eines Gesetzes zur Änderung des Gesetzes zur Ausführung des Zweiten Buches Sozialgesetzbuch und des § 6b Bundeskindergeldgesetz vom 9. Januar 2012 (Schleswig-Holsteinischer Landtag Drucksache 17/2159, S. 2).
184) Sächsisches Gesetz zur Ausführung des Sozialgesetzbuches vom 6. Juni 2002 (GVBl. S. 169), zuletzt geändert durch das dritte Gesetz zur Änderung des Sächsischen Gesetzes zur Ausführung des Sozialgesetzbuches vom 2. April 2014 (GVBl. S. 230).
185) Drittes Gesetz zur Änderung des Sächsischen Gesetzes zur Ausführung des Sozialgesetzbuches vom 2. April 2014 (GVBl. S. 230).
186) Gesetzentwurf der Staatsregierung : Drittes Gesetz zur Änderung des Sächsischen Gesetzes zur Ausführung des Sozialgesetzbuches vom 26. Juli 2012 (Sächsischer Landtag Drucksache 5/9812, S. 12).
187) Beschlussempfehlung und Bericht des Ausschusses für Soziales und Verbraucherschutz zu Drs 5/9812 vom 3. März 2014 (Sächsischer Landtag Drucksache 5/13799).
188) Arno Wettlaufer, SGB II-Satzungslösung : Landesgesetz, KdUH-Normsetzung und Zwischenbilanz, VSSR 4/2013, 221, 224 ff.
189) Gesetzentwurf der Landesregierung : Entwurf eines Gesetzes zur Änderung des Gesetzes zur Ausführung des Zweiten Buches Sozialgesetzbuch und des § 6b Bundeskindergeldgesetz vom 9. Januar 2012 (Schleswig-Holsteinischer Landtag Drucksache 17/2159, S. 6).
190) Berlit in LPK-SGB II § 22a Rn. 5.
191) Ausführlich dazu Nicole Stürmann, Wohnen und Hartz IV, Grundeigentum 2012, 1002.
192) Verordnung zur Bestimmung der Höhe der angemessenen Aufwendungen für Unterkunft und Heizung nach dem Zweiten und Zwölften Buch Sozialgesetzbuch (Wohnaufwendungenverordnung - WAV) vom 3. April 2012 (GVBl. S. 99), zuletzt geändert durch Art. 1 WAV-Fortschreibungsverordnung 2014 vom 11. Februar 2014 (GVBl. S. 63).

193) 1990年の再統一後、ベルリンは東西の行政区（計23区）をそのまま存置したが、2001年の行政改革により12区に再編し、行政区の権限を強化すると同時に、区間の人口アンバランスを可能な限り解消した。2012年末時点で、人口最大はパンコウ（Pankow）で36万4794人、最小はシュパンダウ（Spandau）で21万8935人である。

194) Satzung des Vogelsbergkreises zur Angemessenheit der Aufwendungen für die Unterkunft im SGB II- und im SGB XII-Bereich, https://www.vogelsbergkreis.de/index.php?eID=tx_nawsecuredl&u=0&g=0&t=1401210606&hash=302f5997a7486eabd0ef6ad66690bd232973659d&file=fileadmin/user_upload/Hauptamt/Recht/UK-Satzung1.pdf

195) Satzung der Stadt Neumünster zur Angemessenheit der Aufwendungen für die Unterkunft im SGB II- und im SGB XII-Bereich vom 28.11.2013 (KdU-Satzung), http://www.neumuenster.de/cms/files/4.3_kdu-satzung.pdf

196) BSG, Urteil vom 2. Juli 2009 - B 14 AS 36/08 R, BSGE 104, 41.

197) なお、連邦で最初の例がベルリン州（2012年４月法令制定）であるため、条例制定の例はいまだにないとするあるコンメンタール（第４版）の記述（Grube in Grube/Wahrendorf SGB XII, 4. Aufl. 2012, § 35a Rn. 2）は「はじめに」の日付（2012年３月）を見る限り誤りではないが、第５版でも当該記述は更新されておらず（Grube in Grube/Wahrendorf SGB XII, 5. Aufl. 2014, § 35a Rn. 2）、その点では（第12編第35a条の要件充足を確認しなければならないとはいえ）不正確である。

198) Holsteinischer Courier, „Gericht soll Sozialmieten überprüfen“ vom 12. März 2014.

199) LSG Berlin-Brandenburg, Urteil vom 7. August 2012 - L 36 AS 1162/12 NK, BeckRS 2012, 73090.

200) LSG Berlin-Brandenburg, Urteil vom 25. April 2013 - L 36 AS 2095/12 NK, juris.

201) Vgl. Wolfgang Söhner, Heikos 2.0 - das Heilbronner Modell zur Berechnung angemessener Heizkosten, ArchsozArb 2010, 72 ff; BSG, Urteil vom 2. Juli 2009 - B 14 AS 36/08 R, BSGE 104, 41 [Rn. 21 f.].

202) LSG Berlin-Brandenburg, Urteile vom 4. September 2013 - L 36 AS 1414/12 NK und L 36 AS 1987/13 NK, juris.

203) BSG, Urteil vom 17. Oktober 2013 - B 14 AS 70/12 R, BeckRS 2014, 67850.

204) BSG, Urteil vom 4. Juni 2014 - B 14 AS 53/13 R, http://juris.bundessozialgericht.de/cgi-bin/rechtsprechung/document.py?Gericht=bsg&Art=en&sid=4ad1ee2b122223260848e2a9d9a2de5b&nr=13511&pos=0&anz=1

205) Ausführungsvorschriften zur Gewährung von Leistungen gemäß § 22 SGB II und §§ 35 und 36 SGB XII (AV-Wohnen) vom 6. August 2013 (ABl. S. 1768).

206) So BSG, Urteile vom 19. Oktober 2010 - B 14 AS 2/10 R, BeckRS 2011, 69030, B 14 AS 50/10 R, NZS 2011, 712 sowie B 14 AS 65/09 R, BeckRS 2011, 69395.

207) Erste Verordnung zur Fortschreibung der Wohnaufwendungenverordnung (WAV-Fortschreibungsverordnung 2013) vom 16. Juli 2013 (GVBl. S. 348).

208) Zweite Verordnung zur Fortschreibung der Wohnaufwendungenverordnung (WAV-Fortschreibungsverordnung 2014) vom 11. Februar 2014 (GVBl. S. 63).

209) ベルリン州法令は、一平米当たりの家賃の上限を定めることもできるという法律上のオプション（第２編第22b条第１項第３文）を実際に活用した規定（WAV 第５条）を設けているが、同条第２項において、実際に居住する住居の一平米当たり家賃が附則第１別表Aの欄３に定める値を50%を超えて上回る場合、暖房費込み家賃（つまり全体額）がたとえ附則第２別表

Aの数値内に収まっていてもそれを適切とはみなさない旨を定めており、連邦社会裁判所が発達させてきた住居費の適切性に関するいわゆる積算理論（適切性に関する個々の要素ではなく全体額の適切性を考慮する理論）との整合性が問われる可能性がある。

210）おそらくノイミュンスター市条例の場合、居住空間助成法（Wohnraumförderungsgesetz）に関連する州の行政規則で認められている適切な居住面積の上限（3.2.2 zur Verwaltungsbestimmungen zum Schleswig-Holsteinischen Wohnraumförderungsgesetz (VB-SHWoFG) vom 22. August 2012）よりも5平米狭い基準を条例で定めていることの妥当性が問われることになる。

211）Deutscher Verein für öffentliche und private Fürsorge e.V., Empfehlungen zur Ausführung einer Satzungsermächtigung bei den Kosten der Unterkunft und Heizung im SGB II und XII vom 21. Juni 2011, http://www.deutscher-verein.de/05-empfehlungen/empfehlungen_archiv/2010/pdf/DV%2013-11.pdf

212）Siehe auch Matthias Köpp, Kosten der Unterkunft und Heizung – Die Satzung nach §§ 22a ff. SGB II, Der Landkreis 2012, 47.

213）Broschüre „Arbeitshilfe zur Bestimmung der angemessenen Aufwendungen der Unterkunft im Rahmen kommunaler Satzungen", Stand Januar 2011, http://www.bmvi.de/SharedDocs/DE/Anlage/BauenUndWohnen/arbeitshilfe-kosten-der-unterkunft-kdu.pdf?__blob=publicationFile

214）なお冊子では、制定手続について「データの精査には3ヶ月程度を見越しましょう。」「専門的な条例ができるまでは4ヶ月から6ヶ月が現実的です。」というような記述が見られるが（S. 54）、こういう意味での具体性ではない。

215）Uwe Berlit, Aktuelle Entwicklungen in der Rechtsprechung zu den Kosten der Unterkunft (Teil 1), info also 2014, 243, 246.

216）BeckOK SozR/Breitkreuz SGB II § 22a Rn. 5.

217）Luik in Eicher SGB II § 22a Rn. 12.

218）Arno Wettlaufer, SGB II-Satzungslösung: Landesgesetz, KdUH-Normsetzung und Zwischenbilanz, VSSR 4/2013, 221, 261 f.

219）もともとは行政法理論における法律の留保との関係で登場してきた概念である。

220）BVerfG, Urteil vom 9. Februar 2010 – 1 BvL 1/09, 1 BvL 3/09, 1 BvL 4/09, BVerfGE 125, 175.

221）第2編第22条の規定自体がこうした憲法上の要請を満たしていないとの見解も表明されている。Carsten Stölting, Anmerkung zur Entscheidung des BSG vom 22. August 2012 – B 14 AS 13/12 R, SGb 2013, 539, 545 f.

222）適切性基準および定型化いずれについても憲法上の問題を指摘するものとして、Friedrich Putz, Pauschalierung und Angemessenheit von Wohnkosten bei Hartz IV: Ist die neue Satzungsermächtigung in § 22 a SGB II verfassungswidrig?, Soziale Sicherheit 2011, 232.

223）Stefan Kofner, Unterkunft und Heizung im SGB II: Unangemessene Leistungen für angemessene Bedarfe?, WuM 2011, 71, 78.

224）Luik in Eicher SGB II § 22a Rn. 8.

225）Bernd Mutschler, Kosten der Unterkunft: Kommunale Satzung – eine Alternative zum „schlüssigen Konzept"?, NZS 2011, 481, 483 ff.

226）Andy Groth, Angemessene Unterkunftskosten nach dem SGB II – Satzungsermächtigung als Lösung der aktuellen Probleme?, SGb 2009, 644, 648.

227) なお彼は以下のようにも述べる。「条例による解決は論理的構想というテーゼをより法的に安定したかたちで実現するチャンスを与える。条例の制定は規範的な裁量の行使を意味するのであり、これは裁判上制限的にしか審査されない。もっとも適切性の上限という基本権上の重要性からすれば、条例制定者の裁量は無制限であるわけでもない。条例は少なくとも妥当性の面におけるコントロールに服する。また条例による解決は、その都度の適切性上限に対する受容度の改善に寄与する。直接民主主義的な正統性を帯びた自律的行政の審議によって取り組まれるということは、もっぱら役所による運営で構想が立案されていた従前と比べると著しい透明性をもたらすものである。」(Andy Groth in: Andy Groth/Steffen Luik/Heiko Siebel-Huffmann, Das neue Grundsicherungsrecht, Nomos 2011, S. 115 f.)

228) Berlit in LPK-SGB II § 22a Rn. 6.

229) Luik in Eicher SGB II § 22a Rn. 9.

230) juris PK-SGB II/Piepenstock, § 22a Rn. 24.

231) BSG, Urteil vom 17. Oktober 2013 - B 14 AS 70/12 R, BeckRS 2014, 67850 [Rn. 31 ff.].

232) Berlit in LPK-SGB II § 22a Rn. 6.

233) BSG, Urteil vom 17. Oktober 2013 - B 14 AS 70/12 R, BeckRS 2014, 67850 [Rn. 34 ff.].

234) Luik in Eicher SGB II § 22a Rn. 10.

235) Stefan Kofner, Unterkunft und Heizung im SGB II: Unangemessene Leistungen für angemessene Bedarfe?, WuM 2011, 71, 72.

236) Bernd Mutschler, Kosten der Unterkunft: Kommunale Satzung - eine Alternative zum „schlüssigen Konzept"?, NZS 2011, 481, 483 f.

237) BSG, Urteil vom 17. Oktober 2013 - B 14 AS 70/12 R, BeckRS 2014, 67850 [Rn. 30 f.].

238) Auch Luik in Eicher SGB II § 22a Rn. 9.

239) Lauterbach in Gagel/Lauterbach SGB II § 22a Rn. 1.「第2編第22条に基づく適切性の決定と条例による解決は、平行しているのではなく補完関係にある。」

240) Peter Derleder, Die Notwendigkeit eines Grundrechts auf Wohnen, WuM 2009, 615.

241) 本文でもすでに述べたように、しかし、自治体単独で条例作りに挑むのはいろいろな意味でリスクが高い (siehe auch Löns/Herold-Tews/Boerner, § 22a Rn. 4 f.)。自治体連合 (kommunale Spitzenverbände) などが積極的に関与し、州レベルでマスター条例 (Mustersatzung) を作成するなど、サポート体制を充実する必要性も指摘されている。Steffen Luik, Kosten der Unterkunft nach dem Satzungsmodell, in: Ralf Thomas Baus/Günter Krings (Hrsg.), Aktuelle Herausforderungen im Sozial- und Arbeitsrecht, Konrad-Adenauer-Stiftung 2012, S. 109, 119.

242) 迅速と拙速は紙一重のところもあるが、対話には一定の時間が必要であるものの、裁判所における審理があまりに長引くことは、実効的な権利救済との関係で多くの問題をはらむ。裁判官の交代が重なるなどもあり、提訴から3年以上経過しても第一審判決が出されなかったケース(実質的な争点は住居費の適切性)について、権利保障に対する侵害が認められるとして原告からの憲法異議を容れたものとして、BVerfG, Beschluss vom 27. September 2011 - 1 BvR 232/11, info also 2012, 28.

243) SG Mainz, Urteil vom 8. Juni 2012 - S 17 AS 1452/09, juris.

244) 2006年の連邦雇用エージェンシー調査では、実際の住居費と適切だと承認された住居費の差額は、平均で20ユーロ(暖房費、付随費用を含む)程度であった。計算上は実費の約95%がカバーされていることにはなる。Bundesagentur für Arbeit, Grundsicherung für Arbeitsuchende: Wohnsituation und Wohnkosten, Oktober 2006, S. 17.

245）ただし家賃一覧表が論理的構想を代替するわけではない。家賃一覧表に反映されるデータの質と第2編における住居費の適切性とのズレの可能性および一致の方向性について、Holger Gautzsch, Mietspiegel und modernisierungsbedingte Mieterhöhungen – Relevanz für die Bestimmung der Kosten der Unterkunft gemäß SGB II und SGB XII?, SRa 2011, 137, 140 f.

246）SG Berlin, Vorlagebeschlüsse vom 25. April 2012 – S 55 AS 9238/12, NZS 2012, 797 und S 55 AS 29349/11, BeckRS 2012, 69312, zurückgewiesen durch BVerfG, Beschluss vom 23. Juli 2014 – 1 BvL 10/12, 1 BvL 12/12, 1 BvR 1691/13, http://www.bverfg.de/entscheidungen/ls20140723_1bvl001012

247）マインツ社会裁判所判決はある法律専門誌に主文のみが掲載されただけである（NZS 2012, 874）。対してベルリン社会裁判所移送決定は複数の媒体で紹介されている。

248）SG Mainz, Urteile vom 19. April 2013 – S 17 AS 518/12, BeckRS 2013, 69126 und vom 10. Mai 2013 – S 17 AS 751/12, NZS 2013, 794; SG Mainz, Urteil vom 22. Oktober 2012 – S 17 SO 145/11, BeckRS 2013, 66104.

249）SG Dresden, Urteil vom 20. Januar 2013 – S 20 AS 4915/11, BeckRS 2013, 68020.

250）SG Leipzig, Urteil vom 15. Februar 2013 – S 20 AS 2707/12, BeckRS 2013, 71862.

251）SG Dresden, Urteil vom 10. September 2013 – S 49 AS 8234/10, BeckRS 2013, 73719.

252）LSG Baden-Württemberg, Urteil vom 21. Juni 2013 – L 1 AS 19/13, NZS 2013, 911; Urteil vom 26. März 2014 – L 2 AS 3878/11, BeckRS 2014, 69116; Urteil vom 25. Februar 2014 – L 13 AS 3088/12 ZVW (unveröffentlicht); auch Beschluss vom 28. Oktober 2013 – L 2 SO 1510/13 NZB, NZS 2014, 155.

253）LSG Sachsen, Urteil vom 19. Dezember 2013 – L 7 AS 637/12, juris.

254）「定型化条例は、自治体において予想される人員およびコストを鑑みると、経済的には意義が乏しいように思われる。加えて住居費および暖房費の定型化には憲法上の観点から大いなる懸念がもたれている。」(Gesetzentwurf der Landesregierung: Entwurf eines Gesetzes zur Änderung des Gesetzes zur Ausführung des Zweiten Buches Sozialgesetzbuch und des § 6b Bundeskindergeldgesetz vom 9. Januar 2012 (Schleswig-Holsteinischer Landtag Drucksache 17/2159, S. 6)).

255）Deutscher Verein für öffentliche und private Fürsorge e.V., Stellungnahme des Deutschen Vereins zur Diskussion über eine Pauschalierung der Leistungen für Unterkunft und Heizung in der Grundsicherung für Arbeitsuchende vom 10. März 2010, NDV 2010, 163.

256）Ingo Kolf, Pauschalierung von Unterkunftskosten bei Hartz IV: Einfallstor für Kürzungen des Existenzminimums, Soziale Sicherheit 2011, 4.

257）Berlit in: Uwe Berlit/Wolfgang Conradis/Ulrich Sartorius (Hrsg.), Existenzsicherungsrecht, Nomos 2. Aufl. 2012, S. 597 f. [Kapitel 28, Rn. 87].

第4章　ドイツ公的扶助における構造原理としての需要充足原理

はじめに

アジェンダ2010が当時のシュレーダー首相により唱えられ、ハルツ委員会の諸提案が漸次立法化されてから10年を超えた。この間の、とりわけドイツにおける実質的な意味での公的扶助の展開と変容は、単に目を見張るものがあるだけでなく、翻って日本はどうするのかという問いをも鋭く突きつけるものとなっている。なんとなれば、我が国の生活保護受給者ないし受給世帯数が過去最高水準を保ち続け、またそれに対する政策サイドの反応も、ある意味で伝統的な「適正化」（行政系統内部の取り扱いの「徹底」[1]）にとどまらず、基準額の切り下げ[2]や法改正[3]にまでと広範囲に及ぶようになっており、その限りで日本も、生活保護を社会的文脈においても政策的文脈においてもまともに議論していかざるを得なくなってきているからである。この点で、ドイツの苦闘は、膨大な稼得可能要扶助者の最低生活を支えかつ（とりわけ社会法典第２編の論理によると）労働市場へ参入させていくという量ないし回路作りの問題に加えて、それと密接不可分の関係にあるともいえる給付制度そのものの近代化ないし実験を伴う進化という質の問題と深くつながっていると捉える必要があろう。

日本のコンテクストでは、生活保護で受け止めるかどうかがいまだ議論ないし問題視される状況にあるが、端的にいって餓死させないための選択肢が他にない以上、生活保護はむしろ積極的に利用されなければならない。そして重要なのは、一時的であれ継続的であれ、生活保護で受け止めるときの受け止め方が、「健康で文化的な」最低生活を真に保障するものになっているかどうかである。生活保護受給者が増えるから基準を下げようという政策的レスポンスがまま見られるが、憲法はマスとしての「貧乏人」をまとめて宛てがい扶持せよといっているのではなく、尊重されるべき個人それぞれの生存権を謳っていることにとりわけ留意すべきである。

例えばの話として、所得も資産もない人にコメ5キロを現物給付することは、パンやラーメンが好きな人にとっては場合によっては受け入れることができない。これは好き嫌いや贅沢云々の話ではなく、たとえ最低生活の保障という局面であっても、いや最低生活保障であるからこそ、個人の尊重の実現が常に目指されなければならないことと深く関係している。ちなみにこの例示は、現代的な公的扶助制度においては日常生活上の基本的な需要は金銭給付を交付してその範囲内で自由に自律的にまかなってもらうという組み方が一般的になっており、その限りで喫緊の課題ではない（ただしフードスタンプのような例はこうした可能性を縮小させる傾向を有することに注意せよ）。しかしながら、生活需要そのものがすべて事前に想定されあるいは確実に把握されるものではない（さらにいえばこれは所得の多寡とは無関係である）以上、実際に必要なものが出てきたときに、それはありません、そんなことはできません、みんなはそうしていません、というような紋切り型の対応では、結果的に需要の未充足を生ずることになり、憲法で保障されているはずの個々人の健康で文化的な最低限度の生活が、究極的には空洞化、空文化しかねない。その意味で、生活保護における受け止め方をどうブラッシュアップしていくか、すなわち保障の質があらためて問われる時代になってきているのである。

公的扶助は、上述のように少なくとも我が国では「健康で文化的な」という形容が付されるものの、その目的が主として「最低限度」の生活の保障にあることはその通りである。その意味で規範的な限界がいずれにせよ画されることになる。ただしここにおける「最低」の意味内容は、下限に張り付ける方向で発想する場合と、時代の変遷に伴ってその内実が変遷していくと考える場合とでは、そのベクトルは当然ながら異なってくる。個々人によって「最低」の中身が異なりうるというのもその一つである。あるいは「最低」を真にイメージするためには、具体的な人間とその営む生活実態をつぶさに観察しなければならない。誰が、いつ、どこで、何に、なぜ、どのように困窮しているのか、それが「発見」されないことには、何をどれだけ給付しどこまで充足すべきかは真には明らかにならないはずである。そういうある意味での懐の深さが、制度の側には本来求められるのである。

加えて、そうした「発見」が、単なる例え話や個々の事例判断にとどまるのでは、結局のところは偶然の産物に過ぎなくなる。そうではなく、ある種の普遍性をもった議論につなげていくためには、システム全体に関わる発見の「きっかけ」が探されなければならない。その「きっかけ」が、実際の制度にどのように埋め込まれ、またどのように引き出されるべきかという観点から、公的扶助を総論的に論ずることも十分に可能であろう。本稿では、以下、こうした総論的観点を深めることを目的に、ドイツの公的扶助でよく議論される需要充足原理を中心に、ドイツで何が、なぜ議論されているのかを検討していくこととする。

1　社会扶助の構造原理——ロートケーゲルを手がかりに

1　公的扶助総論の発達

戦後の一定時期を経て成立した連邦社会扶助法（Bundessozialhilfegesetz）[4]が、（西）ドイツにおいては実質的な意味における公的扶助の中核を形成し続けてきた。施行された1962年6月1日から、その座を後継の二つの制度に譲ることになった2004年12月31日までの半世紀近く、ドイツの最低生活保障を担い続けてきた同法下にあって、様々な公的扶助の理論が発達し展開してきた。

ドイツは、社会保障の分野に限らず、はっきりいって多すぎるというくらいに訴訟が提起されている。公的扶助関係の裁判も、制度の幾多の変遷を経て（経てもなお、あるいはいみじくも経たがゆえに）増加の傾向を示している。それらのうちすべてがすべて深遠なテーマに関わるものではもちろんないが、個別救済が積み上がるなかで、とりわけ連邦行政裁判所の判例法理の形成が進み、同時に公的扶助総論にあたる総則的理論が磨かれてきた[5]。

もちろん我が国でも、朝日訴訟の時代より憲法第25条の規範的意味が争われ、またとりわけ近年は、補足性の原理（資産保有や稼働能力活用）、厚生労働大臣の保護基準設定行為における裁量逸脱の有無（基準額切り下げの違憲性ないし違法性）等をめぐって、多くの議論が戦わされるようになっている。ただし、法定された四原理四原則に象徴される総論にかかる議論の端緒となるような、各論部分における問題構造の可視化が、全体として裁判の数が少ないことと相まって、我が国ではいまだ十分とはいえない[6]。

もちろん裁判が多ければそれでいいというわけではないが、いずれにしても、基礎理論として多くの原理や原則がドイツ法において抽出されてきたことは事実である。この点で、元連邦行政裁判所判事で、自身も第5法廷の裁判官として多くの事例に関与してきたラルフ・ロートケーゲル（Ralf Rothkegel, 1941-）は、とりわけ社会扶助の分野において多くの注目すべき見解を示してきた。現在のドイツにおいてもその高水準の理論において高い信頼を得ている。彼は2006年に定年退官しているが、そのキャリアの集大成ともいうべき労作[7]を退官直前に著している。以下、同書で展開されている「社会扶助法上の構造原理（Strukturprinzipien des Sozialhilferechts）」を主たる手がかりに、ドイツにおける社会扶助総論の一つの到達点をみてみることとする。

2　構造原理の意味

前提として、ここでいう構造原理とは、社会扶助給付の法的条件を描き出すものであって、同時に、法の解釈および適用の指針として機能するものだとロートケーゲルはいう。彼の見立てに従えば、人間の尊厳（Würde des Menschen）の保障や社会国家（Sozialstaat）原理は憲法上の原理であり、最後のネットたる社会扶助＝給付システムにおいてそうした憲法上の要請がどのようなかたちでおこなわれるかを指し示す法的ドグマが、社会扶助法の構造原理ということになる。憲法上の要請の枠内であれば、立法者はこうした構造原理に変容を加えることが許されるのであり、構造原理が制定法と離れて存在するのではもちろんないことからして、法の変遷が構造原理に影響を与えることは免れないが、しかし憲法の照射を受けたこうした構造原理は、法改正や制度改革を通じて立法者が憲法上の限界を踏み越えていないかどうかを審査する指針ないし物差しにもなるという[8]。

また、社会扶助は反対給付がないことから常に社会的排除に晒される危険を抱えており、そうであるがゆえに社会扶助の存立には社会的承認が必要だとの視角から、憲法上の要請を具現化し、様々ある構造原理を（これらそのものには優劣関係はないにしても）個々にのみ考察するのではなくその相互関係を社会扶助の目的に従って整序していくことが必要であり、それは裁判所の任務であるとも指摘している[9]。

具体的に構造原理に何が含まれるかは、論者によって整理に幾つかのパターンがあるが、ロートケーゲルが主として指摘しているのは、需要充足原理(Bedarfsdeckungsprinzip)、個別化原理(Individualisierungsprinzip)、非申請主義(Antragsunabhängigkeit)、職権原理(Amtsprinzip)、自助原理(Selbsthilfegrundsatz)等である。このうち、とりわけ需要充足原理が詳述されており、内容上も他の諸原理とのドグマ的なつながりが深いと考えられることから、同原理について、彼のいわんとするところをかいつまんでおく。

3 需要充足原理とは何か

需要充足原理とは、端的には、社会扶助法上の需要は、完全に充足されなければならないことを意味する。「完全」ということから、例えばある需要を過大に充足することも過少な充足にとどめることも許されない。ドイツ法(主として連邦社会扶助法を念頭におく)では、社会扶助における需要は個々(人)の必要性(個別ケースの特殊性＝なかでも受給者自身、需要の性質および地域的関係)によって定まるとされていることとあわせて、個々人の最低限度の需要を確実に充足することが社会扶助の任務である、というように位置づけられる。

4 需要とは何か

需要を充足するうえでまず問題となるのは、何をもって「社会扶助法上の需要」と考えるかである。

第一に、社会扶助は、いま存在する、現にある困窮状態に対しておこなわれるものであって、すなわち需要は現時点での必要性によって根拠付けられる(現存性原理(Gegenwärtigkeitsprinzip)[10])。現在ということから、過去の困窮状態に対する遡及的扶助や、未来に生ずるかもしれない仮定的需要への給付は、例外的な要件を満たした場合にのみおこなわれるに過ぎないことが導かれる。ただし現存性を強調しすぎると、すべての必要性はある一瞬にしか存在しないことになってしまい、要否判定や収入認定などで実務に困難を強いることになるため、とりわけ日常的に反復する性質の需要を念頭に月単位の原則が実際には採用されており、例えば年に１回しかない収入はこの原則との関係で12分割されて収入認定に回されるなどする。

第二に、社会扶助は実際の需要を満たすものである（事実性原理（Faktizitäts-prinzip））[11]。この観点からは、事実として困窮状態にあるかどうかが問題なのであって、困窮に陥った原因は問われないことが導かれる。困窮状態を招来せしめた原因がよしんば本人自身にあったとしてもそれを理由に社会扶助の実施を拒否することは許されず、むしろ、例えば受け取った扶助費を別目的で費消してしまった場合ですら扶助費を再申請できる可能性もこの原理により開かれる。ただし、重大な過失や故意によって困窮状態を来たらしめた場合は、支給制限（栄養上の必要最低限度に支給額を削減する、支給されるべきでなかった扶助費を以降の給付から相殺的に差し引く、など）が制度上しばしば予定されており、事実性原理の例外を形成している。困窮状態が事実上のものかどうかの裏返しとして、資産や収入など自助の可能性も、実際に存在する必要がある。需要が事実存在する限りで、扶助受給者はその需要を先延ばしにしたり細切れで充足したりすることを要求されない。さらに、実在する限りにおいて、未知の需要に対しても給付がおこなわれる可能性（開放条項）が制度上予定されている必要がある。

以上から、社会扶助法上の需要は、その仮定や推定が原則として排除され、現実状態への着目が強く要請されることが明らかになるが、需要のレベルのコントロールとして、第三に、人間の尊厳の原理と結びついた社会扶助水準のあり方も問題となる[12]。一般に社会扶助で満たされるべき水準は、単に肉体的生存の保障にとどまらず、周囲との交流など社会参加の観点を伴うべきものとされているが、その限りで社会扶助給付は、差別的な、あるいはスティグマを与えるような方法で実施されてはならない。社会扶助は平均的な生活水準を保障するものではなく、経済的に質素な生活をしている人々において支配的な生活習慣に焦点を当てている。そこからの排除を防ぐことが社会扶助の任務であるが、ただしこれだけでは具体的にある需要が社会扶助でカバーされるべきかどうは判然としない。例えばテレビの所有が社会扶助で保障される必要な生計費に含まれるかどうかにつき、連邦行政裁判所が一時期までこれを否定しながらその後判例変更をおこなったように、低所得層において支配的な生活習慣というのも相対的な概念だと理解される。

5　充足とは何か

ではこうして把握される社会扶助法上の需要が、いかにして「完全に充足」されるのかが次に問題となる。これは制度上用意される具体の給付との関係いかんによることとなる。例えば、需要充足原理からすれば、給付を制裁的に減額する際にも、現物給付や代替クーポンなどで補足することが求められる[13)]。また、費用的観点（給付能力の限界）は、国家が破産するような場合を除き、最低生活保障とは無関係であり、給付の形成にあたって受給者の希望権ないし選択権をどこまで受け入れるかについて、需要の性質と投入される金額とで釣り合いがとれているかどうか（公金支出が正当化されるか）というような場合に比較考量がおこなわれることはあっても（「比例性原理（Verhältnismäßigkeitsprinzip）」）、それはどちらかというと例外的な場合であって、一般的には給付によって社会扶助の任務を果たせるかどうかが考慮されることになる[14)]。他方で、そもそも需要充足原理は、充足されない需要が残ることを許さないことから、需要の一部分のみを社会扶助給付の対象とすることも許されない（オール・オア・ナッシング原理（Alles-oder-Nichts-Prinzip）[15)]）。これは単なる補助金に過ぎず、またそうした一部のみを充足する給付を受給者の側から求めることもできない。需要充足原理に違反しない範囲での例外は、残額に当たる部分を受給者が何らかの方法で自らまかなう（保有が容認された資産の売却、加算の活用など）ことができる場合であるが、その他の社会扶助法上の需要に充てられる費用はそこには含まれない。住居費給付を例にすると、これは分割不可能な需要なので、不適切に高額な家賃の住居に居住している場合であっても、他の方法（適切な住居が他に入居可能であるなど）によって困窮状態を除去できないのであれば、その全額が社会扶助で引き受けられなければならず、そうでない限り、社会扶助法上適切だとみなされる額のみを一部支給することは、需要の不完全充足にあたるので、需要充足原理からは許されないことになる。加えて、制度改革により、従前あった多くの一時給付が基準額（定型化された経常給付）に統合されているが、需要充足の観点からは、高額にわたる日用品など、受給期間中に必ずしも発生するわけではないような需要すら基準額に含ましめられており、ここでは現存性原理や事実性原理なども関わってくる。反対に、実際に高額な日用品を基準額からまかなおうとすれば、それにあてるためには相当期間の節約が必要となり、あるいは他の需要充足を諦めることでしか可能とならない。貸付を利用することもできるが、貸付については将来の基準額から差し引かれる仕組みが新たに採用されており、これは需要充足欠損状態の将来への先送りに過ぎない。これらはいずれも需要充足原理との関係で問題となってくる[16]。

6　需要充足原理と個別化原理との関係

さらに、需要充足原理を具体化するのが個別化原理である[17]。社会扶助の種類、方式および程度は、個々の特殊性、とりわけ受給者自身、需要の性質および地域的関係に従うと法律で定められているが、憲法的核心が需要充足原理によって社会扶助の最低水準というかたちで確保されるのと同様に、個別化原理も憲法上不可欠のものであって、なぜなら社会扶助は、それぞれの個々の困窮状態にある扶助受給者を法的主体として擁護するものであり、型にはまった「給食」であってはならないからである。

個別化原理も、人間の尊厳を志向する社会扶助法の目的を表現したものとして理解される。さらに、需要充足原理を具体化する個別化原理は、需要の調査、給付の形成、需要の帰属といった三段階すべてに関わってくる。需要の程度のみならず、需要充足の種類や方法についても個々の困窮状態に着目することが要請され、従って扶助請求権は高度に個人的な性格を有することになり、同時に世帯共同体の成員個々人に（家族全体にではなく）帰属することが導かれる。その裏返しとして、扶助請求権が相続可能かどうかも個別化原理との関係で問題となる。個々人の需要状態に焦点を当てる以上は、争訟中に要扶助者が亡くなった場合、そうした扶助の目的はもはや達せられないという考え方が一方で成立する。これは個別化原理に忠実な態度であり、同時に「過去に対する扶助はおこなわない」という原則にも則ったものであるが、例外的に、要扶助者に対して扶助が適正な時期におこなわれず、爾後に給付がおこなわれるであろうことを信頼して第三者からの援助によってその需要を満たした場合、権利保障の実効性という観点から、「過去に対する扶助はおこなわない」という原則が一定程度修正される。もっともこれは第三者によって需要が充足された場合の問題であり、もし要扶助者本人が扶助停止中に保有を許された自己の資産等で扶助需要を満たした場合には、その用いられた分について遺産を積み増すことは社会扶助主体の責務とはならない[18]。

また、別の観点として、扶助は個々の事情に基づいて定められるとする個別化原理からすると、社会扶助の定型化は、給付の程度や定量化可能な給付要件を一般化するものであるため、個別化原理とは定義上相容れない。定型化を広げていくことは、ゆえに、個別化原理が機能する範囲を狭めていくことを意味するが、ただしここには需要充足原理との関係での限界が存する。優先的な給付システムとは異なり、社会扶助が最後のネットである以上、定型額で果たして需要が充足されるかを把握するためにも個々に必要な需要を調査できる構造になっていなければならない。個別の場合に貸付を容認する規定は、その意味で、個別化原理のための開放条項であるとはいえるが、貸付をその後の給付から相殺的に返済させていくのであれば、これは需要の時間軸をずらしているだけであり、需要充足原理を全体として確保するものとはいえない[19]。

2　需要充足原理の機能

1　連邦社会扶助法下の社会扶助

以上、需要充足原理に関わるロートケーゲルの議論の大要をみたが、派生原理も含めて内容はかなりドグマチックである。しかしそうであるがゆえに、需要充足原理はドイツ公的扶助法を分析するうえでもっとも重要なキー概念の一つになっているといってよい。ただし原理原則はそれだけで意味があるのではなく、最終的には個別の問題との兼ね合いが重要になってくることはいうまでもない。そのことを念頭に、では、ドイツ法はなぜそういう議論をするのか、なぜそういう議論になるのかを、ロートケーゲルの問題意識を（一部は先取りしながら）敷衍してさらに検討してみる。

需要充足原理は、それそのものとして法定されているわけではなく、連邦社会扶助法という制定法の存在を背景に発達してきた一つの思考体系である。その意味するところは、社会扶助で需要として認識されるものは完全に充足されなければならないという、ある意味で明解至極なものである。それをわざわざ構造原理というような大上段のレベルで議論を展開する大きな要因は、連邦社会扶助法自体の作り方にある。すなわち、何が需要で、何が充足なのかについて、連邦社会扶助法は意外なほどに「オープン」で、常に内容の具体化をおこなっていかないことには、事務処理も法的紛争もおよそ解決しないとすらいいうる実質を備えているのである。

2　需要と「必要生計」概念

例えば、「必要な生計費（notwendiger Lebensunterhalt）」という概念がまず用意され、必要生計を確保できない場合に扶助が実施される（つまり要扶助状態として観念される）（連邦社会扶助法（以下、BSHG）[20] 第11条第1項）こととの関係で、必要生計に含まれるものとして、食事、住居、被服、身体衛生、家具、暖房、日常生活上の個人的需要の7つが列挙される（BSHG 第12条第1項第1文）。しかしすでにこの段階で、「とりわけ（besonders）」という副詞により例示列挙化されている。また最後に掲げられる「日常生活上の個人的需要には、周囲との交流および文化的生活への参加も相当な範囲で含まれる」（同第2文）において、「も（auch）」とあるようにそれ以外の需要の存在も示唆され、かつ、「相当な範囲で（in vertretbarem Umfange）」によって範囲はむしろ確定されてすらいない。ここに顕著なように、連邦社会扶助法は開放条項や不確定法概念といった法的テクニックをふんだんに用いることによって、一方では、未知の需要を排除せず要保護性のバリエーションを拡幅し（あるいは需要の既知性を前提とした定型的な保護からは一線を画し）、他方で、行政権による具体化作業の過程において文言ないし給付構造に対する法解釈を必須化することで、結果的に行政に対する司法の全面的なチェックをもたらすものとなっている。こうした仕組みのもとでは、当然ながら需要をめぐる紛争が頻発することになり、保護行政の安定化や予見可能性といった文脈では短期的にはデメリットに映るが、他方では、何が需要かがとことんまで争われることで、「そのケースにとっての需要」が何なのかが「発見」されていき、さらにそれが積み重なることで、結果として需要該当性判断は少しずつ安定性を増していくことにもなるのである。

3　充足のタイプ

ドイツ法におけるこうした需要発見機能や需要安定化機能は、しかし、需要とはされなかった場合はもちろん問題とはならないが、いったん需要だと認識される限りでそれを中途半端に放置することは許されず、むしろ完全な充足を要求することになる。ではどうすれば完全に充足したといえるのかは、需要の発見がある意味で観念的な作業であるのとは対照的に、具体の給付を用意しない限りは充足できているかどうかをそもそも語れないだけに、制定法上の給付の理解にますますよることとなる。

ここで連邦社会扶助法は、大きく二つの充足方式を予定している。一つは、「給付によって需要が充足されたものとみなす」タイプの給付、もう一つは、「給付によって需要を実際に充足する」タイプの給付である。

例えば、在宅における「生計費に対する経常給付は、基準額に基づいて支給される」(BSHG 第22条第1項第1文) との規定により、基準額給付 (Regelsatzleistung) が法律上予定されている。この基準額給付は、定型化された (一定の、一律の、固定した) 金額 (「基準額 (Regelsatz)」) で表される。基準額給付で充足されるべき需要は、「基準額は、食事、世帯光熱費を含む家政上の必要、日常生活における個人的必要のそれぞれに対する経常給付を含む。ここには、低価格の肌着および家具の調達、被服・靴・家具の比較的小規模な補修、身体衛生、清掃それぞれに対する経常的給付……も含まれる」(連邦社会扶助法第22条施行令 (以下、RSVO[21]) 第3条第1項第1文) というように、付属の法規命令 (Rechtsverordnung) でさらに具体化され (実質的には本法における列挙からはさらに範囲を狭められ) ている。重要なのは、需要該当性においてこれらの列挙に含まれると解釈される限り、当該需要は、この基準額給付が支給されることで充足されるものとみなされるという点である。言い換えれば、基準額給付がなされている以上、対象となる需要の未充足はあり得ないと法的に理解されるのである。上述した前者のタイプの典型がこの基準額給付である。

これに対して、住居費給付は、住居が明文上必要生計に含まれているため、公園のテントやキャンピングカーなど概念整理から始めなければならない特殊な例外を除けば、必要生計需要該当性は明らかであり、あとは通常、持ち家であれば必要な経費、借家であれば家賃が、それらを維持するための具体的な

(金銭的) 需要として問題となってくる。連邦社会扶助法下では、「住居に対する経常給付は、実際の出費額で支給される」(RSVO 第3条第1項第1文) とされ、いわゆる実費主義がとられている。実費という以上、個々に必要額が異なるのはもちろん、実費でない額が (とりわけ実費を下回って) 支給されても、これは充足にはあたらない。その限りで、住居費給付は、実際の需要と支給額がどこまでも一致することになり、すなわち給付でいえば後者のタイプに属する。

これら両者を比較して考えてみると、出発点としての需要の捉え方がそもそも大きく異なることに気づく。住居費給付は、実際の出費額すなわち典型的には家賃の実費がそのまま需要になると後行的に考えるのに対して、基準額給付は、実際に何がどれくらい必要かを等閑視し、ある一定額の需要を先行的に仮定ないし想定する。例えば、同じ困窮状態にある場合でも、大食漢の人と食が細い人、暑がりの人と寒がりの人、出不精な人と社交的な人とでは、食事に対する需要、被服に対する需要、周囲との交流に必要な需要は、当然ながら個々に異なってくる。しかしここに実費主義を当てはめると、個別化原理を貫徹させることにはなるが、要否判定の前提となる最低生活費の積み上げにおいて著しい煩雑を伴い、あるいは技術的な不可能を強いる可能性が出てくる。そこで基準額給付は、そうした個々の相違を無視して、全体としてある一定の需要があると (あえて個別化原理との緊張関係をはらんでまで) 措定してしまうことにより、こうした困難を克服しようとするのである。

こうした出発点の違いは、充足の場面においても意味を持ってくる。住居費給付は、実費から出発し、実費相当額を給付することで、需要からは上にも下にも1ミリもずれない充足が可能となる。需要充足原理および個別化原理にもっとも忠実な手法である。対して基準額給付は、需要把握の段階ですでに需要の相違を度外視し、実際の需要とは無関係な一定額をあてがうものであって、その際、需要が本当に充足されているかどうかは (法的にも実務的にも) 視野の埒外に置かれている。言い換えれば、充足のために用意される給付の枠内で需要が満たされていくのが、基準額給付の特性ということになる。図式的には、住居費給付が需要を入口にして、充足を出口にしている、その限りで需要充足原理がそのまま移し込まれているのに対して、基準額給付は充足から入り需要へと出ていくという、需要充足の過程を遡るようなシステムになっているといってもよい。

4　基準額給付の特性

では基準額給付はなぜこのようなことが可能なのか。一つには、上述した実務上のテクニックの問題がある。もう一つには、しかし、技術のレベルではない、需要そのものの本質との関係がある。住居費給付が主として念頭におく需要であるところの家賃は継続的債務であり、通常は額が固定されている。今月と来月と再来月で家賃が異なるというケースはまずない。そうした性質を有する家賃と比較すると、食費や被服費、交際費などは、行為主体の意思により、需要の伸縮が一定程度可能である。これは最低生活かどうかとは関わりなく、およそ一般的な生活において誰もが実感できるものでもある。そうした普遍的経験則を公的扶助で具現化したものが、実は基準額給付なのである。すなわち、衣食にどれだけの費用をかけ、移動や交通、余暇や休暇、周囲との交流にどれだけ費やすかは、まさに本人が決定でき、あるいは決定しなければならない。その総枠として用意されるのが基準額給付であり、その枠内で、受給者は一つ一つの需要を伸び縮みさせながら全体として充足していく（ことが前提とされる）。よりいえば、基準額給付の使命（基準額給付で充足すべき需要を完全に充足すること）は、支給された段階ですでに終わっているのである。

以上の点を敷衍すれば、少なくともドイツ法においては、固定費的性格の強いものほど実費主義が妥当し、弾力的な性格の需要については基準額給付が親和的であると整理できる。その意味で、何が充足かの議論は、何が需要かの議論とコインの裏表の関係にある。需要充足原理からすれば、しかし、住居費給付はさしあたり問題ないとしても、需要の充足を真の意味では保障しない基準額給付は、原理の支配から逃れる重大な例外であることにもなる。この点で、基準額給付が需要の不完全な充足を招来しないよう、幾つかの実体的介入が予定されている。一つは、「基準額は、経常的需要が基準額によって充足できるように算定されなければならない」（BSHG 第22条第３項第１文）という、基準額算定者（連邦社会扶助法においては各州政府）に対する規範的要請であり、もう一つは、「経常的給付は、個々の事例の特殊性から求められる限りで、基準額から逸脱してこれを算定することができる」（BSHG 第22条第 1 項第 2 文）という例外規定である。

基準額給付が、同給付で充足されるべき様々な需要に一括して対応するものとして理解される限りで、例えば実際には食費に使うと後はほとんど残らないような低い算定にとどめてしまうと、その他の需要はすべて実際には充足されなくなってしまい、需要充足はまったく観念の世界の話に堕することになる。言い換えれば、基準額給付はその内部で需要相互においてある程度の流用が可能でなければならない（バッファー機能）。

また、基準額給付が個々の相違を離れて統計的に把握される平均的な低所得者の消費行動を志向する（「統計モデル（Statistik-Modell）」）（BSHG 第22条第 3 項第 3 文）以上、統計から大きく外れる消費行動はそもそも前提にないのであって、実際にそうした想定外、統計外の需要を有する例外的事例には適しないことになる。そうした例外に無理に基準額給付を当てはめるのではなく、むしろ基準額の算定を例外に合わせ直す可能性がどこまで認められるかが問題となる。

以上の観点から、基準額給付におけるバッファー機能の確保や、例外事例への対応可能性（逸脱的算定）の創設は、需要充足原理や個別化原理からある意味で離れた存在である基準額給付を、同原理から完全に遊離させない「命綱」として、必然的に求められると理解されるのである。

その意味では、何が需要か（需要該当性）の議論は、基準額給付においては、新たに需要とされるものがもしあれば、それに応じて基準額給付が増額されるわけではない以上、需要充足に「割り込んで」くる、すなわち結果として既知の需要の充足を圧迫しかねないだけに、一時給付での別途支給を求める受給者と基準額給付の枠内での捻出を求める社会扶助主体との間で鋭く争われることになる。連邦社会扶助法下では、経常給付としての基準額給付のほか、一時的な需要状態に対応する一時給付が別途予定されており（BSHG 第21条第 1a 項）、比較的調達規模の大きい需要などがそれにあたる。ここでも解釈による具体化が必須の不確定法概念が多用されており（例えば「小さくない範囲での……修繕（Instandsetzung ...... in nicht kleinem Umfang）」「少なくない入手価格での調達（Beschaffung von nicht geringem Anschaffungspreis）」）、かつ、「とりわけ

(insbesondere)」として例示列挙が強調され、あまつさえラインナップの最後に開放条項(「特別の原因に対して(für besondere Anlässe)」(同項第7号))が設けられるなど、基準額給付における以上に需要該当性が争われやすい構造となっている。換言すれば、需要を充足するというのが単なるお題目ではなく、開放的に用意された給付をめぐる具体的請求権の存否や程度を判断するうえでの重要な前提(生計に必要な需要として観念できるか、基準額で充足されているとみなすことができるか)を提供するところに、ドイツ法の特徴を看取することができるのである。

なお、実際にはドイツの基準額給付は伝統的にマーケットバスケット(Waren-Korb)の影響が強く残っており、新規需要が次々と基準額の充足対象になる傾向はあまりなく、むしろ基準額給付の外に出される需要が比較的多いため(一時給付のほか、住居費給付、暖房費給付が典型)、基準額給付そのものはしばしば「"閉じた" システム(„geschlossenes" System)」と称される[22]。

5 住居費給付の展開

そうした「しばり」が必然的に要求される基準額給付に対して、需要充足原理のいわば申し子ともいえる住居費給付も、実は無風状態ではない。上述したように、住居費給付は「実際の出費額」で支給される実費主義が採用されているが、他方で、法規命令には「住居に対する費用が個々の事例の特殊性からみて適切な程度を超える限りで、……転居、転貸もしくは他の方法によって費用を抑制することが不可能または期待できない限りは、それを承認しなければならない」(RSVO 第3条第1項第2文)という規定があり、いわゆる適切性審査が同時に予定されている。適切性審査をクリアすれば、実費が全額支給されるが、適切な程度を超える場合、費用抑制可能性審査が次のハードルとなり、抑制(期待)不可能と認められてはじめて、実費支給の途が開かれる。ではもし費用抑制可能性審査ではねられる(費用抑制が主観的に期待可能あるいは客観的に可能であるとみなされる)とどうなるのであろうか。実はこの効果については一時期まで法に定めがなく、需要充足原理を背景に司法で解釈の火花が飛び散ることとなった。

一つの考え方は、社会扶助法上不適切に高額な費用までも完全な充足の対象にすることはできないが、適切な費用にあたる部分については社会扶助法上の需要に常にあたると考えられるので、従ってなおも充足の対象となり、すなわち社会扶助主体は住居費の一部支給のみを義務づけられるとするもの、もう一つは、住居費はそもそも需要として分割不可能であり、そのような需要に対して一部支給をしても全体の費用は充足できず未充足部分が残ってしまうため、そうした不完全な給付は需要充足原理に違反しており、結論として住居費給付はいっさい支給されないとするもの、大きく分けるとこの二つの考え方が対立するに至った。後者は需要充足原理を厳密に理解するものであり、すなわち、社会扶助給付は単なる補助金でなく需要を「完全に」充足するものでなければならず、中途半端な一部支給はつとめて否定されなければならないと考える（オール・オア・ナッシング）。しかし高額家賃のケースで事実上制裁的に住居費給付を全額カットするというのは、実態との関係では極論ともいえ、マイルドな結論を得ようとすれば、（例えば足らざる部分は本人が何らかの方法で捻出するとして）適切な費用部分は（適切な費用部分を適切に充足するために）支給すべきではないかというのが前者の態度である。このように、需要充足原理が全面的に支配する住居費給付の領域においてさえ、この場合はとりわけ何をもって充足とするかの議論が先鋭化する傾向が認められる。

現実の展開をみると、連邦行政裁判所が全額不支給を明言した後に立法介入（正確には法規命令の改正）があり、一部支給が明文で規定されるようになった。論点そのものが需要充足原理の限界事例ともいえる一部支給の可否について、結果的に、需要の全部を充足しない異例の給付があえて導入されたわけである。需要充足原理を（全部不支給説の立場からすればであるが）法規制定者自らが破るに至り、充足のあり方が以降多様化していくまさに先駆けとなった。

6　小　括

基準額のようなタイプの給付や、実費主義に基づく給付の存在そのものは、世界的にみて特異というわけではない。ドイツ公的扶助の特徴はその組み合わせ方にある。需要自体が伸縮しやすい（別の言い方をすれば、需要の現れ方自体がすでに高度に個別化している）衣食を中心とした日常生活上の需要には、フレキシブルに利用できる基準額給付をあてつつも、需要該当性判断を通じてその対象範囲を広げていくことには比較的慎重であって、というのも基準額給付は所詮は類型的、典型的需要状況を一般化したものにすぎず、とりわけ個別化原理とはそもそも緊張関係にあるからであり、基準額給付の外側にそれを補う給付を多く配置して、全体として需要が充足されるようにドイツ法は組んできた。すなわち、需要状態と給付とがワンオンワンの関係にある比較的キャッチしやすい需要について、別途給付（一時給付、住居費給付、暖房費給付）として基準額給付の外に張り付け、かつこれらには需要充足原理を強く照射して実費（実際の需要）をまかなえるようにする。固定費や突発的な需要による基準額給付への食い込みを防ぎ、同時に基準額給付内部では複数の需要間の伸縮を利用した相互流用（いわばゾーンディフェンス）により、バッファー機能を守る。こうした発想の前提にあるのが、究極的には人間の尊厳を背景とした、個々人（個々の需要状況）への着目であり、それを社会扶助の各所で現実化する際の理論的支柱として需要充足原理が発達してきたのだといえる。

他方で、需要充足原理を突き詰めていくと、住居費給付がドグマ的に全面カットされるなどの無理も生ずるし、そもそも個々の需要状態をすべて解き明かそうとすると、要扶助者本人のみならず、行政や司法への負担も並大抵ではなくなる。言い換えれば、社会扶助を必要とする人間が社会の中で絶対的にも相対的にも少数であれば、少数であるからこそ丁寧かつ丹念にその需要状況を解きほぐしていく、いうなれば福祉モデルの成立する余地が多分にあるが、受給者が増加し、大量行政の色合いを帯びてこざるを得なくなるにつれて、需要充足原理や個別化原理へのこだわりはいきおい背後に退いていく。ありうる需要や可能な充足がとことん追求されるより、「相場」が社会扶助を支配するようになっていく。ドイツの社会扶助は、こうしたジレンマを抱えながら、構造原理という理念、法の規定、そして現実とのバランスを何とかとろうともがいてきた。そこに大きな一撃が加わることになるのが、2005年の社会扶助制度改革である。項をあらためて検討しよう。

3　社会扶助の変動——社会法典第2編・第12編へ

1　ハルツ第4法改革

2003年から「高齢期および稼得減退期における需要に対応した基礎保障に関する法律（Gesetz über eine bedarfsorientierte Grundsicherung im Alter und bei Erwerbsminderung）」（いわゆる高齢者重度障害者基礎保障法[23]）に基づく基礎保障（Grundsicherung）が連邦社会扶助法とは別に運用されるなど、ドイツの社会扶助は複線化傾向を見せ始めたが、さらに大きな制度改革が2005年におこなわれた（ハルツ第4法改革）。失業扶助と社会扶助の統合がそれである。実際には、失業扶助と旧社会扶助の大部分を引き継いだ社会法典第2編（求職者基礎保障[24]）と、社会扶助の名称を引き継いだ社会法典第12編（社会扶助[25]）が平行してスタートすることになった。なおかつて別法であった高齢者重度障害者基礎保障は、第12編の一部に編入されている。

第2編と第12編は、スタートが平行しているだけでなく、存在自体が横並びである。両者は相互排他的に設計されており、簡単にいえば、第2編受給者は第12編の給付を受けられず、逆もまたしかりである（第2編第5条第2項、第12編第21条[26]）。これを可能にするのが、「稼得可能性」という新たな基準である。連邦社会扶助法はこうした概念を知らず、むしろ実際の就労者や就労可能な者も、またそうでない者も、一律で、同じ貧困ラインに基づいて支給対象かどうか（要扶助状態にあるかどうか）を判断してきた。それが制度改革により、稼得可能な要扶助者は第2編、稼得不能な要扶助者は第12編、という区分けがおこなわれるようになった。正確には、要扶助者本人がある一定の年齢ないし障害の程度にある場合や、また要扶助者に家族がいる場合は、受給できる給付が制度間で入れ子状態になっており、優先劣後関係が複雑であるが、稼得可能性を基準に第2編と第12編がそれぞれ横並びになったこと、かつ、それより「下」には給付がないという意味で、両者が最後のネットしてパラレルに併存するようになったことが最大の変化である。

改革を経て、形式的な意味での社会扶助は第12編のみになったが、ボリューム面も含めて第2編が実質的な意味での社会扶助の後継制度である。しかしながら、第12編は一定程度、第２編は相当程度、実体法上の変容を被っており、連邦社会扶助法下で実現されていた社会扶助と同じものが引き継がれているといえるかどうか自体が大きな論点となっている。それはすなわち、連邦社会扶助法を支えた諸々の構造原理の変容いかんということでもある。

2　社会法典第２編・第12編の特徴

第２編と第12編はいずれも連邦社会扶助法の後継制度であるが、連邦社会扶助法から発想した場合、両編に共通する特徴がもしあるとすれば、連邦社会扶助法からのまとめての変化ということになるし、第２編にはあって第12編にはない（ないしはその逆の）特徴があるとすれば[27]、一方は連邦社会扶助法に比較的近く一方は逆に遠いものとなっているといえる。幾つか検討しておこう。

3　一時給付の行方

かつて連邦社会扶助法で７つ（例示）列挙されていた一時給付（einmalige Leistungen）（BSHG 第21条第1a 項）はそのままのかたちでは第２編にも第12編にも残っておらず、連邦社会扶助法からの大きな変化を構成している。そもそも、かつての「経常的給付および一時的給付（laufende und einmalige Leistungen）」という区別（BSHG 第21条第１項）自体が引き継がれていない。あるいはそういう概念をもはや知らなくなった。かろうじて第12編には、「一時的需要（einmalige Bedarfe）」が規定されているが（第12編第31条第１項）、家庭用器具を含む住宅の初回備品調達（同項第１号）、妊娠および出産時を含む衣類の初回調達（同項第２号）、学校法上の規定の枠内における複数日にわたるクラス旅行（同項第３号）の３つが列挙されている（第２編第23条第３項第１文も内容上は同じ）のみであり、かつ、例示ではなく限定（連邦社会扶助法のように「とりわけ」といった副詞がない）であることから、一時給付の可能性は極めて限られたものとなっている。

ではなぜ新制度は一時給付の限定に動いたのか。単に給付を削除するだけでは、対応する需要がおよそ社会的に消滅したといえない限り、少なくとも需要充足原理との関係では大問題となるはずである。それを可能にする「からくり」は、実は基準額給付にある。すなわち、かつての一時給付は、単純に削除ないし削減されたのではなく、むしろ基準額給付と一体化されたのである。連邦社会扶助法時代の基準額は、新制度開始に伴い約16％増額されたが、これはかつての一時給付にあたる需要を新たに取り込んだものだと説明されている[28)]。基準額給付は、それ自体はもはや「経常的」給付とは呼ばれなくなったものの（第2編「基準給付（Regelleistung）」、第12編「基準額給付（Regelsatzleistung）」）、実質的には同内容のものとして存続しており、最低生活費の積み上げや要否判定に用いられ、かつ必要生計を充足する。連邦社会扶助法においては、基準額給付を一時的需要の充足に用いる必要はなく、一時的な需要が発生すれば、受給者はその都度実施機関に一時給付の支給を申し出ることでその充足を図ることができた。すなわち経常給付と一時給付には、需要を観念し充足を遂行するうえでまったく別のパターンが成立していたのである。

新制度はこの発想を大胆に転換した。客観的には一時的に発生している需要であっても、それを一時のものと認識することをまったく放棄し、継続的に支給される基準額給付の「やりくり」の範囲に落とし込んだのである。これを受給者からみた場合、いちいち一時的給付の申請をおこなわなくてもよくなり、また増額により支給された費用の使途について自由度が増すという点でメリットが、逆にやりくりではうまく捻出できない場合であっても一時給付の可能性はもはや消滅しているという点でデメリットが生ずる。この裏返しとして、給付主体からみた場合、一時給付の申請を受け付け必要性や適切性を判断し場合によっては訴訟に備える必要がなくなり行政の簡素化につながる点でメリットが、しかし一時的な需要がまったく発生しない受給者にまで増額した基準額給付を定型的に支給し続けなければならずその限りで費用負担は全体としては増加するというデメリットが生ずる。こうした利点欠点を踏まえつつ、連邦社会扶助法からのモデルチェンジとして、基準額給付を増額して渡しきりにするという方向が選択されたのだといえる。

確かに連邦社会扶助法下において、一時給付と経常給付が論理的に明確に分離されてはいたものの、その区分けは、調達費用や補修費用が比較的高額な場合は前者、比較的安価な場合は後者というように、必ずしも基準が分明であったとはいいがたく、それ自体が紛争（増加）の原因となってきたきらいがあった。ベッドの足が折れたときに、修繕するのと新調するのとで細かく見積もりをとったり、サッカーシューズや喪服、自転車用のヘルメットや電動ひげそりの購入申請があるたびにいちいち法律の文言と取っ組み合ったりすることや、数マルクの話で済むような場合でも争いがあれば常に裁判所が呼び出されることは、ある意味では不経済にも映る。さにあらずとも、基準額給付で充足される需要を狭くとり、その補完機能を一時給付に託する制度設計においては、もちろん需要充足原理からすれば需要の未把握や未充足が許されない以上、一時給付に最終的な需要充足の希望がかけられるのはある種不可避の現象ではあるものの、一時給付が「打ち出の小槌」化し給付の濫用とすら捉えられかねない事態は、制度への信頼や公平性との関係でどうしても問題となってくる。

このジレンマは、すでに連邦社会扶助法の時代においても認識されており、一時給付を個別申請システムから離して一括型の給付に切り替えるための法令制定権限が（BSHG 第21条第1b 項）、また基準額給付と抱き合わせにして給付する実験条項が（BSHG 第101a 条）、それぞれ法定されるに至っていた。とりわけこの実験条項は、その成果に対する評価が2005年前半までに提出されることとされていたが、制度切り替わりでうやむやになったままである。あるいは、こうした伏線が一気に回収されたのが、新制度における一時給付の原則廃止と基準額給付への組み入れであるということができる。

4 貸付の返済

住居費給付および暖房費給付については、従前と同様の仕組みが基本的には受け継がれ、それぞれ実費で給付される（ただし費用が適切な限りで）。これらの給付は基準額給付とあわせて最低生活費の積み上げと要否判定に用いられるベースとなる需要であり、基準額給付と事実上一体で処理されるため、とりわけ制度切り替え前からの継続的受給者にとっては、やはり一時給付が原則的に廃止されたことの影響が大きく感じられるであろう。その意味で給付システムのもっとも大きな変化がここにあるといえる。

波風の立たない生活を日々送るうえでは特段の問題ないとしても、想定外の事態が発生したとき、突発的な必要性が生じた場合は、しかしどうなるのであろうか。こうした場合に、第2編においても第12編においても「貸付（Darlehen）」が多用されるようになったことが、連邦社会扶助法との違いを際立たせるもう一つの要因として挙げられる。

貸付が社会給付にあたるかどうかという根本問題があるが、すでに連邦社会扶助法のころから、住居喪失の恐れのある場合など、主に緊急時に貸付がおこなわれる仕組みが存在しており（BSHG 第15a 条など）、さらに新制度では、上述した一時給付の事実上の撤廃の「穴埋め」としても活用が予定されるようになった。すなわち、基準額に含まれてはいるが事情に鑑みると回避することのできない需要があり、個々の事例において他の方法ではそれを充足できない場合、貸付がおこなわれるというのである（第２編第23条第１項第１文、第12編第37条第１項）。貸付はその後給付される基準額給付から相殺的に返済することが定められている。

まず貸付をおこないその後の給付から回収していくこうしたシステムの正当化根拠は、上述した制度改革による基準額給付の16％分の上積みに求められる。すなわち一時的な需要であっても改革後は基準額給付のやりくりから捻出することとされたので、受給者自らが率先して支給された基準額をやりくりし一定のストックを作って一時的な需要の充足にあてるか、貸付を先に受けて後々の基準額から差し引いて返済していくか、どちらのルートを選択しようともそれは受給者に一任されている。いずれにしても、「基準額に含まれている需要」がこうした貸付の対象になるのを見ても理解できるように、全体として基準額給付により諸々の需要を充足していくこと自体に変わりはないというわけである。

ただし貸付が実施されるかどうかにつき、第２編は「貸付を供与する（erbringen）」、第12編は「申請に基づき貸付として供与するものとする（sollen …… erbracht werden）」というように微妙に表現が異なっており、これは裁量の有無ないし広狭に関係してくる。さらに重要な両編の相違は、貸付の返済方法にある。第12編では基準額の５％までが相殺に付せられるのに対して、第２編はこれを10％までと規定し、上下２倍の開きがある。加えて、この相殺的な返済をおこなうかどうかは、第12編では「天引きすることができる（kann …… einbehalten werden）」とされている一方、第２編は「返済される（wird …… getilgt）」と表現しており、判断の余地を残していない。このように、第12編は話法の助動詞を用いて実施機関の裁量を認める構造を採用し、対して第２編は直接法現在によって裁量を排除した恰好になっている。第２編の貸付システムはより機械的になっているといえ、少なくとも表現上、個々の事例の特殊性などは勘案されないことになる[29]。

こうした貸付は、一時給付のパラダイム転換を裏側から受け止める仕組みであるといえそうであるが、ただし同じ一時的需要であっても、調達費用が比較的高額にわたる場合、それに相当する費用を節約し続けるのも、あるいは貸付を受けたのち最大10％（第２編の場合）基準額給付を減らし続けるのも、どちらも受給者にとっては簡単なことではない。行政の簡素化が利用しやすいシステムへの移行に直結するのかどうかという問題でもある。

5　逸脱的算定の余地

いずれにしても、一時給付が大幅に整理され、連邦社会扶助法の時代と比較して、受給者の生活における基準額給付への依存度はますます高まることになった。自由に使途を決定できる基準額給付が毎月一定額必ず支給されるのは、確かに平均的な生活を続けていくうえでは適している。しかし、定型化された給付がそもそも予定していないような、かつ一時的でない需要状況が例外的にせよ存在する可能性は常に残る。こうした場合を念頭に連邦社会扶助法は基準額の逸脱的算定を許容していたが、これを引き継ぐかどうかで、第２編と第12編は大きく異なっている。「個々の事例においてある需要が完全にもしくは部分的に他の方法で充足される場合またはその程度から見て著しく平均的需要から外れざるを得ない場合、需要は、別途これを定める。」（第12編第28条第１項第２文）という、連邦社会扶助法のそれとほぼ同趣旨の規定は、第２編にはいっさい見つからない。その意味で、第２編における基準（額）給付は、完全な固定額なのである。

あまつさえ立法者は、2005年の施行後、わざわざ以下のような条文を第２編に追加している[30]。すなわち、「生計保障給付は、要扶助状態が他の方法では除去できない限りにおいて、給付することができる。」（第２編第３条第３項）とあったのに続けて、「；本編に定める給付は、稼得可能な要扶助者および当該要扶助者と同一の需要共同体で生活する者の需要を充足するものである。そこから外れるような需要の認定は、これを排除する。」という規定を挿入したのである。創設規定とみるか確認規定とみるかはさておいても（法案の理由書は「生計保障給付は住居費および暖房費を例外として基本的には定型的に支給される。この給付は、稼得可能な要扶助者と、それと同じ需要共同体で生活する者の一般的な需要を完結的に充足する。個別の場合の不可避的需要について貸付による給付支給の可能性をもっぱら規定する第2編第3章第2節の規定を除き、その余の需要は基礎保障主体によっては支給されない」という[31]）、「給付によって需要が充足される」と明言し、逸脱的な需要の認定を完全に排除する点に、基準（額）給付の固定性をいっそう強化しようとの意図を看取することはたやすい。

このうち第2文は、2010年の連邦憲法裁判所基準額違憲判決[32]を受けて急遽削除されるなど紆余曲折があるが、第1文後段はなおも追加されたままである。いずれにしても第2編の基準（額）給付それ自体が固定額であるのは今も昔も同じである。よりいえば、2011年改正において、第2編に「基準需要は、月々の定型額としてこれを考慮する。基準需要を充足するために支給される給付の利用について、受給権者は自己責任で判断する；その際、受給権者は、不規則に現れる需要の発生を考慮しなければならない。」（第2編第20条第1項第3文および第4文）が追加されており（第12編第27a条第3項でも同内容の条文追加がある）、上述してきた基準額の枠内での需要充足という性格がいっそう強調されるようにもなっている。ここでいう不規則に現れる需要とは、連邦社会扶助法下における一時的需要を念頭においており、その意味では、給付の利用における自己責任は単なる飾り文句ではない重みを持っているともいえる。

6　小　括

連邦社会扶助法の伝統に「慣れた」目からすると、第12編はある程度クラシックなスタイルを引き継いでいるが、第2編は相当距離感のある仕組みに映る。もちろん、連邦社会扶助法自体においても、とりわけその最終盤において、住居費の一部支給導入や、各種の給付定型化実験など、現実への適応ないし改革への胎動が始まっており、その延長線上で第2編や第12編を考えるのも一つのアプローチではある。冬用マントの繕いや、冷蔵庫・洗濯機の買い換え相談に丁寧に応ずるのがよいのか、一時給付廃止のバーターで基準額給付を増額し、その範囲内でまかなってもらうようにするのがよいのか、確かに需要さえ結果的に充足されるのであれば、どちらもありに思えるし、切り替えるならこのタイミングだというのもよく分かる。

とはいえ、第12編はまだしも、第２編をみる限り、需要の個別性や不確実性を（不確定法概念や開放条項との関係で）ほとんど無視し、充足するかしないか、充足できるかできないかを、受給者の責任の領域にある意味で丸投げするというのは、二足飛び三足飛びの印象を免れない。増額された基準額給付の使い勝手の良さはリスクと背中合わせでもある。最低生活保障が第２編「か」第12編「か」で整理されていることを合わせると、「堅い」受け皿と「柔らかい」受け皿の平行状態にあるともいえよう。

確かに、第２編は単なる公的扶助制度ではない。求職者基礎保障の名の通り、誰を念頭におき、何を実現しようとしているかは、第12編とおよそ異なっている。そもそも第２編は「人間の尊厳」の保障を法律の目的にすら掲げていないのである（ただし2011年改正まで）。もはや需要充足原理は過去のものとなってしまったのであろうか。

ロートケーゲルは、「（社会法典第２編による生計保障給付のような）別の最低生活保障システムを社会扶助の代わりに据えてしまおうということを立法者の改革がイメージしているがために、社会保障の最後のネットとしての社会扶助が“受け止め機能”を喪失するともしするならば、構造原理は、そうした新たなシステムに“輸出”されるのである。」と、構造原理へのつなぎ止めに期待を隠さない一方で、「連邦社会扶助法を特徴付けてきた社会扶助法上の構造原理は部分的に制限を加えられながら修正されているが、その最たるものは、必要生計給付の範囲における需要充足原理への侵害であり、その故に、2005年の社会扶助法改革は、憲法上の疑義を抱かせる契機を与えるものとなっている。“社会保障の最後のネット”たる社会扶助を、一定の人的範囲について、社会扶助を参照システムとするような別の社会給付システムに取り替えてしまうようなやり方により需要充足原理からくる要請を弱めてしまうことは、需要充足原理が社会国家原理と結びつく人間の尊厳の保護に由来するものである限りで、立法者はそうしたことはできない。2005年社会扶助改革には、最低生活が十分に確保されるのかという問題領域以外にも、多くの憲法上の抗議や疑念がすでに法の施行前から投げかけられているが、この改革は法治国家として要請される規範の明確性を欠いているのではないかという批判も、まさにその一つである。[33]」と、第2編に憲法上の深刻な問題が生ずるおそれを指摘している。この「予言」は、連邦憲法裁判所基準額違憲判決により、現実のものとなるのである。

4　需要充足原理の逆襲？

1　需要対応型基礎保障の立ち位置

需要充足原理の信奉者でなくとも、第2編の舵の切り方は確かに急激に思える。とはいえ、給付を可能な限り定型化したり、申請主義を導入したり[34]することは、実は2003年に運用が開始された高齢者重度障害者基礎保障制度ですでに実験済みであった。同法は、社会扶助の基準額を15％かさ上げし、住居費や暖房費と合わせて給付をするという、後の第2編を先取りするような仕組みを導入していた。ここでの問題は、これがどういう「基礎保障」なのかであって、制度の名前にある「需要に対応した（bedarfsorientiert）」の意味するところである。立法理由書によると、15％積み増しは一時的需要を基準額に定型的に入れ込んだものであり、パーセンテージは大まかな平均値に基づいたものであるが、社会扶助で細分化されている一時給付を意識的には反映させてはおらず、それを超えるような需要が個別の場合に存するときは社会扶助の枠内での一時給付を活用すればよい、とのことである[35]。すなわちここでの基礎保障は、「需要充足」を保障しないし、しなくても問題ないとの前提で設計されているわけである。

つまり、需要対応型基礎保障は、連邦社会扶助法に基づく社会扶助が一般扶助主義に基づいて存在していることを大前提として、一種の特別扶助として機能することになる。原則は社会扶助、例外が基礎保障という組み方である。そうであれば、例外領域におけるある程度の「実験」（構造原理からのはみ出し）は許されてもよいことになる（社会扶助が補足的に支給される可能性があるため）。

2　原則と例外の転換——求職者基礎保障の登場

いってみれば高齢者重度障害者基礎保障と同じようなことをしようとした第

２編（求職者基礎保障）は、しかし、もはや公的扶助の「例外」とは称しがたい。人員ベースでみると、連邦社会扶助法に基づく社会扶助受給者の９割以上が第２編に移行したといわれる。のみならず、第２編は制度的にはかつての失業扶助の後継制度でもあり、旧失業扶助の受給者本人およびその家族も大半が第２編の領域に移った。第２編の受給者は最大で700万人近くを数えたことがあり、これは保護率でいうと80‰を優に上回る。第２編のカテゴライズ（15歳から65歳まで（現在はさらに引き上げ中）の年齢幅にある、稼得可能である、要扶助状態にある、通常の居所がドイツにある）は、もちろん基本的に欠格条項のなかった連邦社会扶助法との比較では「限定」をかけたものとなっているが、とりわけ、１日３時間以上稼働できる場合はすべて稼得可能性を認めていることもあって、第２編の適用対象は実際には極めて広いものとなっている。要扶助者にとっての入り口は、選択的に第２編か第12編かではなく、原則として第２編なのであり、第12編の適用はむしろ例外に過ぎない。

しかも、高齢者重度障害者基礎保障が需要充足原理が支配する連邦社会扶助法と一部縦並び的に併存関係にあったのとは異なり、まったく横並びの第２編と第12編とでは、前者が後者によって補足されることはない。ほとんどの要扶助者が第２編でカバーされるようになり、かつ第２編が自らの硬直的な給付による需要充足のみなし（推定ではない）をかけるようになると、量的にも質的にも需要充足原理は破れていかざるをえない。なかでも（これはそういう制度作りをしない選択肢もあったと思われるが）稼得可能な要扶助者本人のみならず、稼得「不能な」その家族（ほとんどが子ども）も、まとめて第２編の責任領域になる（「需要共同体（Bedarfsgemeinschaft）」）ことで、そうでなくても多様なはずの需要状態を堅い一枚皿の上に乗せるというある種の無理や矛盾が顕在化していくのは、決して偶然ではなかった。

3　需要未充足への対抗――憲法適合的解釈から違憲の確信へ

すなわち、第２編に対してすでに施行直後から大量の訴訟が発生し（なお制度切り替わりと同時に事物管轄が行政裁判権から社会裁判権へ移っている）、2006年終わりごろから連邦社会裁判所の判決が下されはじめるが、象徴的なテーマが、子どもとの交流権に関するものである。

連邦社会裁判所は、第2編の受給者が、離婚した元妻のもとで養育される実の娘2人（彼女ら自身は最低生活保障給付を受けていない）と受給者本人とが交流するための費用に関して、これを非典型的需要と見なし、第12編第73条（その他の生活状態にある場合の扶助）の適用可能性を認めた[36)]。ポイントは、一般的な意味での周囲との交流は日常生活上の需要として第2編（および第12編）の基準給付によりカバーされているが、上記のような特別の事情がある場合、原審デュースブルク社会裁判所[37)]のように第12編による逸脱的算定を類推して第2編の基準額自体の増額を認めるのではなく、連邦社会裁判所は、第2編の基準額は固定であり額の上げ下げはいっさい許されないことを前提に、第12編の仕組みを活用して、事実上の需要未充足を回避する可能性を示したことである。これは、基本法（GG）第6条第2項第1文（「婚姻および家族は、国家秩序の特別の保護を受ける。」）を背景とする、典型的な憲法適合的解釈であると考えられるが、原審の手法を採用するにしても、第2編が様々な需要状態を念頭においていないという認識を前提としなければ成り立たない解釈であることは強調されてよい。

第2編の給付面でのコンセプトは、給付を定型化して一律渡しきりにし、一方では受給者の自由な（自律した、自己責任による）利用を確保しながら、他方では行政の簡素化を達成することである。そうした狙いとの関係でいうと、なるほど第12編の特殊な給付（かつて連邦社会扶助法の時代には特別扶助としてカテゴライズされていた制度であり、改革後は一定の整理がなされつつ第12編に規定されるようになった；第2編と第12編は、生計費の保障のための給付は併給できないが、それにあたらない第12編のこうした特殊な給付は第2編受給者も利用可能である）が例外的に活用されるとすると、これは管轄主体も財源負担も異なる第12編にある意味で押しつけてしまうことを意味するものの、第2編のコンセプト自体は不動である。「一つの手から」という改革全体のポリシーから考えれば、第12編のそうした種類の給付の利用そのものは体系違反ではないかもしれないが、しかし同時に、連邦社会裁判所の示すような複雑な操作を来たらしめる主因が、法律が二つに分かれていることというより、やはり第2編そのものの際立つ硬直性にあることは否定できないように思われる。

第2編は、端的にいえば、支給された給付によって充足されるものが、第2

編の保障する需要である、という思考パターンに立脚している。第２編によって充足されないものは、そもそも第２編の把握すべき需要ではない。こうした「充足ありき」の姿勢を受け入れるのであれば、確かに連邦社会裁判所のように、はみ出した需要については、別の充足方法の開発を志向することになろう。第２編の思考パターンは、しかし、給付を自由に利用できるようになるだとか、行政が簡素化されるだとかで正当化しきれるのだろうか。連邦社会扶助法は、「まずはじめに需要ありき」であった。そこに戻ることはさすがにできまい。とはいえ、充足されるものが需要であるという、通常とは順序が逆の説明だけでは、第２編の特異性は語れても、第２編の正当性にはつながらないのではないか。

非典型的需要については、そもそも事前に想定できないのであるから、第２編であれ第12編であれ連邦社会扶助法であれ、何らかの対応可能性を現行法制を前提にひねり出す以外にない。連邦社会扶助法は、まさしくそれに適した構造を有していた。突発的な需要も、何らかのカバー可能性によって「柔らかく」受け止めることが制度のうえでできたのである。その裏返しとして、典型的需要に対応する基準額給付は「閉じた」状態でも問題はなかった。他方で、とりわけ第２編のコンセプトに従えば、もはや需要に応答する責任は支給する側にはなく、基準額給付のやりくりによって受給者に「遷移」されるものである以上、論理的には、そこにある程度のボリュームが確保され、支給される給付で需要はだいたいのところ充足されるはずだ、という実質的根拠が示されなければならない（「完全に」ではなく「だいたい」でここはかまわない；なぜならデコボコは支給が継続される間にならされていくからである）。では第２編の念頭にある、典型的な需要とは、いったい何なのか。第２編は、算定根拠をいっさい示さずに金額だけをズドンと条文に書き込んでいるが（第２編第20条第２項）、そういう基準額を信頼するよすがはどこに見いだされるべきなのであろうか。

そうでなくとも、第２編は、自らを求職者基礎保障と名乗り、（18歳で成人するドイツで）15歳以上を本人たる受給者（要扶助者）として把握しようとしているように、子どもの存在を実際には念頭におかずに制度設計がなされているにもかかわらず、人員ベースでみれば、受給者の約３割は15歳未満の子どもで占められている。しかも子どもの基準額はおとなのそれをパーセンテージで一律カットして最低生活費に計上するユニークな伝統を第2編も受け継いでいる（すなわち第2編の基準額給付の硬直性に関する指摘は子どもの基準額にも比例しつつ直接あてはまる）。そうした量の問題（確かに失業を作り出しているのは労働市場であって社会給付の側には直接の責任はないとはいえ）と質の問題、双方において矛盾が徐々に表面化していくことになった。

連邦社会裁判所は、当初、基準額給付の違憲性を認めてこなかった（2006年判決[38]）。流れを大きく変えたのは、2008年のヘッセン州社会裁判所移送決定[39]である。事案において、子ども（娘）自身の基準額が低劣すぎて最低生活に含まれるところの文化的生活ができないとして、すなわち基準額自体が攻撃されたため、連邦社会裁判所がすでにおこなったような第12編の特殊な給付に基づく需要充足を話題にすることができず、かといって第12編による逸脱的算定の類推は体系違反で採用し得ないため、結局、同裁判所は憲法適合的解釈を諦め、正面を切って基準額の合憲性を判断することになった。結果、ほぼ全面的な違憲性の存在を確信し、司法手続を中断して連邦憲法裁判所に案件を移送した。続けて連邦社会裁判所も、2006年判決はおとなの基準額についてだけ判断したとの立場から、子どもの基準額のみについてであるが、違憲の確信をやはり表明するに至った（2009年移送決定[40]）。

4　違憲判決における需要充足原理？

案件の移送を受けた連邦憲法裁判所は、審理に約1年の時間をかけたのち、2010年2月9日に、基準額が違憲であるとの判決を下した。違憲判決そのものの分析は他に譲るとして、連邦憲法裁判所が違憲判決を通じて立法府に何を求めたのかをまず確認しておく。第一には、違憲と判断された第2編第20条その他の条文を憲法に適合できるように改正すること、第二には、「社会法典第2編第20条以下に基づく給付ではこれまで把握されてこなかったが、人間の尊厳ある最低生活の保障を必ず充足するような、単に一時的に発生するだけでない、不可避かつ恒常的な特別の需要を保障する給付」を第2編に新たに設けること、である。

これらの要求はいずれも2010年12月31日を期限としたものであるが、では「それまで」の効果はどうなるのか。第一点について、連邦憲法裁判所は、違憲ではあるがすぐには無効としなかった。むしろ期限までは有効であると明言しているのである。第２編は給付行政に関わるので、無効を宣言すると給付の根拠自体が消滅してしまうことを鑑みての判断であろう（侵害行政であれば違憲即無効により問題のある規制をなくしてしまえばよいことの裏返し）。それに対し、第二点について、連邦憲法裁判所は注目すべき説示をおこなっている。「定型的な基準給付額は、その構想上、平均的な需要しか充足できない」「特殊なケースで発生する、未把握の態様や非典型的な範囲における需要は、統計上訴求力のあるかたちでは表されない」「基本法第20条第１項と関連する基本法第１条第１項は、単に一時的でない不可避で恒常的な特別の需要の充足も、それが個々のケースで人間の尊厳ある最低生活のために必要ならば、要請している」「社会法典第２編には現在そうした特別の需要を充足する過酷条項が欠けていることからすれば、もう一つ別の憲法上の判断が要請されることになる。現行の基準給付額は、人間の尊厳ある最低生活を保障するうえで、確かに一般的には明らかに不十分なわけではない。それとの関係で、特別の需要がある場合、現在の法状況のもとでは、そうした需要が人間の尊厳ある最低生活の憲法上の保障に含まれる場合であっても未充足のままという結果になってしまう。」「立法者による新規定がなされるまでは、判決の理由に見合うこれらの請求権を、基本法第20条第１項と関連する基本法第１条第１項から直接に、連邦の負担で主張できるものとする[41]。」、すなわち、給付請求権に対応する規定が新たに明文化されるまで、よしんば明文化されなくとも、ある一定の給付は、直接憲法に基づいて請求可能であるとしたのである。その対象となるのは、「人間の尊厳ある最低生活を充足するための、単に一時的でない不可避で恒常的な特別の需要を保障するための給付請求権」である。

連邦憲法裁判所は、「不可避で経常的、かつ単に一時的でない特別な、人間の尊厳ある最低生活を充足するための需要が生じた場合の給付請求権」は、基準額給付などをあわせても「人間の尊厳ある最低生活をもはや保障できない程度に著しい需要がある場合にはじめてそうした需要がある」ことになり、追加的請求権は「実体的要件の狭さ・厳しさからすれば、滅多なケースでは発生しないであろう」と自ら語る[42]。これを受けて、「不可避的かつ経常的であって、単に一時的に生ずるだけではない特別の需要が個別の場合に生ずる限りで、受給権者には追加需要を承認する。追加需要が不可避的であるといえるのは、とりわけ第三者からの援助や受給権者における節約可能性を考慮してもそれが充足できず、その程度からみて平均的な需要から著しく乖離している場合である」（第２編第21条第６項）との条文が追加された（2011年改正）。[43)44)] 実際にどのような給付が認められるのかは、実務[45)]および裁判の動向を精査しないとなんともいえないが、いずれにしても要件がかなり限定されていることから、基準額給付への補完機能を大きく期待するのは難しいであろう。違憲判決の射程はそれほど広くはないのかもしれない。[46)]

あるいは連邦憲法裁判所はそれを見越して、逆の意味でリップサービスをしているのだろうか。第２編の（第12編もであるが）基準額給付が、かつての一時給付をそこに取り込み、需要の凹凸を全体で均していこうと考えていることは再三述べてきているし、そういう組み方をすること自体を連邦憲法裁判所は問題視していない。[47)]「経常的」な、「単に一時的でない」需要に言及している点からも、連邦憲法裁判所が現行システムを否定するのではなく、むしろその延長で発想していることが分かる。ただし、本来の論点であった基準額算定の違憲性を考究するなかで、連邦憲法裁判所は、実質的な正当化根拠として主張された統計モデルに基づく低所得者世帯の消費行動の把握から、（需要算出段階でこれが「でたらめ」だったかどうかが激しく争われたのであるが、でたらめさを肯定するか否定するかとは別に）基準額給付の「平均的性格」に対する認識を強く得るに至った。いわく、「要扶助者の個別需要は平均的な支出から逸脱しうるが、しかしある費目における平均を上回る需要を他の平均を下回る需要で調整できるように基準給付の総額はなっているという考慮が、基準額関連消費を形成する際の基礎となっている。従って立法者は基準額関連支出費目および支出額を、内部調整が可能なように決定しなければならない[48)]」。これは直接には、基準額給付自体の特性であるところの、需要のデコボコを調整する機能の重要性を説くものであるが、この点の認識が、「定型的な金額をあてがわれる要扶助者は、個別にそれをどう用いるかについて自ら決定でき、ある生活部面において統計上算出される平均額よりも高い需要を、他領域で少なめに支出することで調整することが可能である。このことは期待可能でもある。全体の額が所得消費抽出調査のそれぞれの費目で統計上把握された支出の総計であることは、要扶助者が個々の支出項目ないし支出額を常にそのまま使用しなければならないことを意味するものではない。要扶助者個々人の需要が統計的平均事例から逸脱しうることは、むしろ統計モデル特有のものである。基準給付関連支出項目・支出額は当初から抽象的な計算値として理念設計され、それは個々の要扶助者にそのまま妥当するものではなく、総額としてはじめて人間の尊厳ある最低生活を保障するはずのものなのである。統計モデルが憲法上の基準に則して利用され、定型額がとりわけ異なる需要項目間の流用が可能なように設定されている場合は、要扶助者は通常その個々の消費行動を、定型額で間に合うように果たしていくことができるといえる。なかでも特別の需要があった場合、まずは基準給付に含まれている節約可能性を探ることになる[49]。」という説示に生きることとなった。

言い換えれば、基準額給付のそうした意味での弾力性は、平均を一つ一つ積み上げるなかで獲得される全体の平均的性格に由来するものである。それを前提に連邦憲法裁判所は、そこで把握できる需要が統計的に平均的なものでしかないがゆえに、はみ出ざるを得ない非典型的な需要の充足にはそもそも向いていないことを認める。その限りで、第２編においても需要の未充足があり得ること、既存の給付によっては充足されない需要があり得ること、しかし第２編の硬直的な仕組みではこれに対応できないこと、これらから違憲の結論のみならず、法改正を待たず（すなわち立法者による憲法原則の具体化を待たず）判決から直接に（射程が短いとはいえ）非典型的な需要に対する給付を請求できるという重要な効果を導くのである。

5　小　括

需要充足原理が連邦憲法裁判所を動かしたのか、違憲判決が死に体の需要充足原理を蘇生させたのか、どちらもいえそうだが、少なくとも上述の限りでは、連邦憲法裁判所が、「充足」から「需要」を逆算する第２編の制度枠組みを一律には否定せず、ただしそこに「平均的な限りで」というしばりをかけ、そこから逸脱する（おそらくごく少数の）需要についてのみ、（三権分立からみても）例外的な解決方法を示したとみることができる。大多数の受給者に対する保障のレベルには、確かに直接の関係はあまりないかも知れない。しかし、ごくわずかとはいえ例外の明記によって、需要充足原理の小さな炎が第２編に灯ったことは間違いない。第２編においても、何が「需要」かの議論に再び意義が認められるようになったのである。

5　対立軸はどこか――公的扶助の保障モデル

以上のようなドイツの変遷をみるとき、需要充足を貫徹しようという動きと、給付を可能な限り効率化しようという流れとが、一方では寄り添いながら、他方では相反しながら、絡まり合って具体的な制度に顕現してきたことが分かる。以下、個別に検討してみる。

1　どういう文脈で捉えるか

連邦社会扶助法は、戦前より続いていた救護法制[50]を、戦後の新たな憲法秩序を背景として近代化させたものであるが、法が成立したのは1961年、施行は1962年と、戦後すぐの困窮状態からは一定の間を置いたものとなっている。年金改革[51]が先行したのがドイツの特徴の一つであるが、アデナウアー長期政権下ですでに経済は飛躍的に復興しており、1973年のオイルショックまで高い経済成長に伴う完全雇用の時代が現出していたこともあって、結果的に連邦社会扶助法が担うべき貧困救済は、社会全体のボリュームから考えれば例外に位置づけられてきた。その裏返しとして、連邦社会扶助法による社会扶助は、個々の事例における扶助（「個別化原理」（BSHG 第３条））という性格を強く実質化していくことになった。

第２編が第12編とともに産み落とされたのは、2000年代前半である。戦後最長のコール政権に終止符を打ったシュレーダーは、その第１次政権中、経済政策面で目立った成果を残せず、むしろ失業者数は戦後最高の400万人近くにまで膨れあがった。2002年の総選挙を僅差で制したシュレーダーは、２期目に大胆な構造改革に取り組む。2003年発表の広範な改革コンセプト「アジェンダ2010」の中核的プログラムともいえるのが、いわゆるハルツ改革であり、そのハルツ改革の象徴がハルツ第４法改革、すなわち失業扶助と社会扶助の統合および社会法典第２編と第12編の新設である。この経緯にも明らかなように、第

２編は、連邦社会扶助法が自発的にリフォームしたというより、他動的な要因とりわけ失業問題の解決の一翼を公的扶助に担わせるという政策目的の実現にかかずらうものと位置づけられた。すなわち、大量の失業者および大量の要扶助者がすでに存在していることが、制度の大前提なのである。

最大で700万人近くを受け止めるネットとなった第２編は、労働市場復帰へのトランポリンとして機能することが強く期待され、その過程で、丁寧な福祉的ケアではなく、効果的効率的な処遇モデルへの転換が図られた。需要充足原理や個別化原理の追求は、当初から半ば諦められていたといえる。もちろん連邦社会扶助法も、晩年は実質的な意味での失業者が要扶助者の大半を占める状況にあったが、個別化原理を背景に持ち続けながらそれぞれのケアモデルを作り出すのと、当初から大量行政を前提に受け入れや送り出しを考えるのとでは、苦労の質は自ずから異なってこよう。

2　どういう給付が「個別的」でありえるか

需要充足原理を具体化する個別化原理を徹底的に貫けば、ありとあらゆる必要を社会扶助法上の需要として規範化し、そのすべてを個別事例において積み上げ、一つ一つ要否判定して支給の可否を決定しなければならないことになる。しかし現実にはそれは不可能である。例えば食料費と被服費は、厳密にはすべての世帯でその内容や程度、必要性や緊急性が異なるが、これを最低生活保障に反映させるためにはとてつもない時間と労力を要するし、そこまでして得られるものとの釣り合いもとれなくなってくる。となると、効率化を兼ねて、ある一定範囲の需要群についてはそれをパッケージ化し、全体として最低生活費の積み上げや要否判定に回そうというアイデアが出てくる。これは院外救済から発達してきた近代的公的扶助制度に共通する現象であるといってもよい。

その象徴例が、衣食を中心とする生計費の保障のための給付である。ドイツでは基準額給付がこれにあたるが、しかし、基準額給付の導入は上記の実務的困難を考慮に入れたものでもあるので、逆にいえばそれになじまない、むしろワンオンワンで支給を決定したほうがよいような性質の需要にまで広げることは適当でない場合があり得る。そうでなくとも、基準額給付は平均的類型的需要の充足を旨とすることから、著しく「脱個別化」しており、ドイツのように個別化原理を国是？とするような制度ではなおさら、基準額給付以外では個別化原理の及ぶ余地を広くとろうという方向性が顕著となる。経常的給付と一時的給付の区別、さらには同じ経常的給付でありながら住居費給付および暖房費給付との区別がその最たる例である。基準額給付に含まれないこれらの別途給付は、実費支給を基本とする点で、需要充足原理ないし個別化原理の支配下に（再度）おかれることとなる。

実費支給型の給付は、しかし、需要の必要性審査ないし適切性審査を必ず経なければならない。もともと最低生活保障であるがゆえの限界だといえる（基準額給付は必要性や適切性がそもそも織り込まれて設計されているのでこうした手間は不要である）。そうなると、支給の可否や程度を決定するためには、必要な資料の収集、審査基準の設定、個別事例への当てはめなど、一個一個ケースごとに処理していかなければならず、またその後の争訟リスクにも備えなければならない。受給する側にとっても支給する側にとっても、ある意味では負担が大きくなる。この負担は、もっぱら量的な問題なので、最低生活保障が社会のなかでマイナーなままなのかそうでないのかが大きく関係してくるが、いずれにせよ、大量行政とある程度親和的な基準額給付を一つのモデルに、効率的な給付のあり方をその他の給付にどのようにどこまで及ぼすことが可能かが焦点となってくることになる。

3　どのように給付を「効率化」するのか

ドイツの文脈では、これは「定型化（Pauschalierung）」するかしないかの問題である。基準額給付は高度に定型化された給付であり、扶助を実施するうえでもっとも効率的なあり方の一つである。なんとなれば、給付を個々人の需要にあわせないからである。むしろ個々人の需要が一律型給付の利用というかたちで充足されていく。これを念頭におくと、一時給付を一時的に個別支給するのではなく、ある一定ボリュームの給付を先行しておこない、その範囲内で一時的な需要をも充足してもらうという選択肢が浮かび上がる。第2編は、これを基準額給付との一体化というかたちで実現したが、理論上、基準額給付とは別途、しかし額を定型化した一時給付用の金員を支給する（例えば四半期ごと、年二度など）ことも可能であろう。住居費給付や暖房費給付は、第２編でも第12編でもなおも実費支給が原則となっているが、丸めた額にすることも理論的にはあり得るし、そういう試みはちらほら見られる。住居費給付だけを定型化する、暖房費給付だけを定型化する、両者とも定型化する、その際個々に定型化する、二つをまとめて定型化する、一時給付の定型化をこちらにくっつける、いろいろなやり方が考えられよう。あるいは、少なくともドイツでは、暖房費は伝統的に実費で支給されてきた。しかし理論的には、暖房に対する需要の性質を考慮に入れても、これを冬期間だけの一時的需要だと整理して一時給付をそれに充てる、経常的給付とみなすか基準額給付に入れる、といったオルタナティブもありえるのである。

ただしこうした定型化による効率化は、本質的に個別化原理に違背する。個別化原理は需要充足原理を具体化したものであり、逆にいえば、個別化原理によらなくとも需要を充足できるのであれば定型化は必ずしも需要充足原理に反するとまではいえないが（基準額給付がその証明である）、定型額の算出をどう具体的におこなうか、さらに定型化の例外を規定するかしないかが詰められなければならない。

4　定型化や効率化の歯止めはあるのか

では、最低生活保障に関する需要や給付は、際限なく定型化可能なのだろうか。もっとも極端な定型化は、住居費や暖房費、一時的例外的需要すべてを一切合切含む、そういう意味でのオールインワン型基準額給付一本によるものである。その際、せいぜいあり得るのは世帯の人数に応じた給付額の差異化程度であり、現れる額がそのまま貧困ラインと一致し、要否判定がすこぶる単純化できる意味では（資産活用や収入認定で「入り」を厳しくすれば相殺されるが）メリットが認められる。この段階では個別化原理は死に絶え、需要充足原理からは、著しい例外的需要にかかる基準からの逸脱の可否や程度がせいぜい問題とされうるにすぎず、しかして大きなストッパーになるとは言いがたいであろう。もちろん、最低生活保障制度がいくら定型化されようとも、人間の尊厳という憲法原理まで定型的になってしまうわけではないので、個々人の最低生活保障に対する主観的請求権は（現実の制度とのズレというかたちで）観念し続けることはできる。しかし人間の尊厳を具体的にどう制度に反映するのかにつき、需要充足原理を通じた例外的規制の要請以外には、まさに連邦憲法裁判所がそうしているような手続的統制をさらに発達させ、基準額チェックシステムを構築し正面から司法が実体統制するとしても、諸々の限界（とりわけ、定型化されると、まず全体が膨らむだけに、一見して明白に低額すぎるといえるのかという基準はほぼ機能しなくなるし、同時にバッファー機能が増すため、統計上の平均的数値と個々の需要との差異はますます等閑視されることにもなる）に関する議論があてはまってこよう。

6　第２編はどこへいくのか

第２編は、2011年の法改正[52]で、少しくその様相を変化させた。例外的需要の認定を排除する条文（第２編第３条第３項旧第２文）を削り、一定の需要については追加的需要給付をおこなうことを定めた（第２編第21条第６項）のもその一つであるが、連邦憲法裁判所による違憲判決において、「基本法第20条第１項の社会国家原理と関連する基本法第１条第１項に由来する、人間の尊厳ある最低生活の保障に対する基本権」は求職者基礎保障においても保障されかつ実現されなければならないことが明言されたことを受け、「求職者基礎保障は、受給権者に、人間の尊厳に値する生活を営むことができるようにするものとする。」との条文が、法律の冒頭に新たに挿入された（第２編第１条第１項）。もちろんこのような条文がなくとも（実際2011年改正までは存在していなかった）、実質的な公的扶助制度としての第２編が、憲法上の要請である人間の尊厳を保障しなくてもよいことまでは意味しないのであるが、他方でこの条文から直接請求権が引き出されるわけではない。その意味ではプログラム的な性格を有する条文ではあるが、しかし、制裁の制限など、具体の条文解釈ないし適用の段階で意味を持ってくる可能性はある。

以上の限りでは、需要充足原理ないし個別化原理はやや復活の傾向を示しているが、それとは逆の動きも看取される。住居費給付および暖房費給付は、連邦社会扶助法の時代以来、実費を支給する原則を維持してきた。第２編ないし第12編に再編後は、支給の「頭打ち」化が明記されはしたものの、家賃が不適切に高額でない限り実費支給されること自体に変化はない。しかし同時に、住居費給付と暖房費給付について、適切性の判断基準および定型化にあたっての要件を法規命令で定める権限が連邦労働社会省に与えられた（第2編旧第27条）。これが実現すれば、それまで多くの裁判を生み出してきた典型的な不確定法概念に一気に片がつくはずであったが、結局この授権規定は活用されることなく姿を消すことになった。しかし定型化の可能性が放棄されたのではなく、むしろ上述した2011年改正において、新たな定型化の進め方が導入されることになったのである（第2編第22a条〜第22c条）。簡単にいうと、各州に対する授権規定が整備され、州は域内の郡市に住居費および暖房費にかかる条例を制定する権限を与えないし制定を義務づけることができるとされた。空き屋が十分に確保できることなどの実体規制がなされているので、その限りで住居費や暖房費の定型額を自治体が自由に定められるようになるわけではない。とはいえ、個々に異なりうる住居費や暖房費が一律の金額で算定ないし支給されるようにもしなるとすると、需要充足の責任が給付主体から受給者へと大きく移行することになるのであり、またそれ以上に、人間の居住（や暖房）という基本的な需要にかかるナショナルミニマムが（認められる適切な費用が地域地域でばらばらになることで）成立しなくなるおそれすら指摘しうる。

すなわち、給付面での「定型化」の試みはなおも進行中である。むろん、需要充足の方法は一つではないし、定型化されるとすわ需要充足原理が危殆に瀕するわけではない。もし第2編が、需要充足原理との関係を何とか切らすことなく、すなわち人間の尊厳を実験の犠牲にすることなく、給付改革に勤しんでいくのであれば、そこからよい経験がいつか得られることであろう。定型化と構造原理の関わりについても新たな視野が広がっていくかもしれない。

7　ドイツの議論は有益か

公的扶助総論で代表的なロートケーゲルの議論[53)]は、一つのスジを形成しているので、それをそのまま追いかけるとよく理解できる。演繹的であることもその要因であるが、他方でドグマが強すぎて柔軟な解釈から離れる傾向もある[54)]。

ドイツの社会扶助ドグマは確かに強烈で、ドイツの特徴でもある、非申請主義や職権主義（認識原理）といった原理原則も、需要充足原理や個別化原理と確実に通底している。社会扶助請求権そのものは主観的権利として受給権者に帰属するにせよ、その内容（社会扶助法上の需要の存否、それを充足する給付の方式や程度）は客観的に発見できるし発見すべきであるから、申請には関係なく社会扶助は開始されるのであり、「ほしいといったからくれる」のではない（実施機関による職権調査と、それに対応する要扶助者の協力義務という構成）。社会扶助が継続的給付ではなく、究極的には刹那的な要扶助状態に対して給付がその都度なされるという根底的な考え方も、そうした発想の延長上にある。

このようなドイツの社会扶助の伝統的な理解は、さすがに現実には合わない。申請なしで扶助が開始されるといっても、森の中でひっそり暮らしている人を探し出して無理矢理お金を渡すわけではないし、急迫のような場合を除いて事実上の申請行為がなければ行政が動き出さないのはドイツも同様である。他方で、申請が必要な制度（社会扶助以外のほとんどの社会給付）、定型的な制度（典型的には年金）、需要を完全には充足しない制度（需要の一部のみに充てられる社会手当など）、こういった優先的給付にはない特徴を社会扶助は持つべきであって、そうだからこそ社会扶助が最後に控えている（「後置原則（Nachrang-grundsatz）」）ことに意味があるという考え方や、個々の困窮状態が社会扶助において最終的に詳らかになるのであり、ゆえに社会扶助は「はいこれだけ、あとはよろしく」型の給付であってはならないという観念は、実務が徐々に大量行政化していくなかでも少なくとも積極的に放棄されることはなかった。

ドグマがここまで強くなければ、大量行政化した社会扶助において、とっくに給付は定型化され実務も簡略化されていたであろう。第2編の求職者基礎保障は、確かに申請主義になったし、給付も相当程度定型化されている。需要充足原理のしばりから抜けようとしたことが、逆に需要充足原理との摩擦を呼び起こしているのも皮肉なものである。

しかしドグマはあくまでドグマであって、ドグマを守ることが目的になってはならない。具体の制度が、とりわけ給付請求権の形成において、どのように機能し、またどの点で矛盾や限界があって、法的紛争が顕現していくか（あるいは可視化させていくか）、これらを考える直接のきっかけは、個々の事例であり、個別の規定である。その点でドイツ法は、条文をかなり細かく規定する癖もあって、とっかかりをつかみやすい。ドグマはそうした分析における重要な補助材料であり、具体例が豊富であるからこそ、構造原理が帰納的に発達してきたといえる。そうした意味では、ドイツの議論から抽出される原理原則からは、その背景にあるドイツの問題構造（とりわけ社会関係や人間関係[55]）の特殊性という限界を意識しつつ、ドイツ自体の大きな変容のなかで個々の事例を超えた普遍性をどこに見いだすべきかという点で、なおも何かを「発掘」できると考える。それが有益なものになるかどうかは、示唆される我々にかかっているのである。

8　まとめをかねて――日独比較の可能性

日独の比較をするとして、日本がドイツと違うとみるのと、ドイツが日本と違うとみるのとでは、はじめの切り口からして異なってくるし、結論も自ずから左右されるだろう。日本もドイツも違うといってしまうと、実際にはそうなのだろうが、あまり得るものがないように思われる。ドイツの公的扶助は、伝統的に、個々の特殊性を最大限尊重しながら、最低生活に必要な需要を、制度上可能な限り充足していくことに主眼を置いてきたが、日本は異なる伝統に立脚してきたため、かみ合う比較は、確かになかなか難しいところがある。公的扶助制度の究極の目的である人間の尊厳の保障をとっても、何が人間の尊厳に含まれるかで、そもそもドイツ人の考える人間的な暮らしの中身が日本人の感覚とは（大きく）異なるだけに、言葉だけ横並びにしてもあまり意味がないのかもしれない。

とはいいつつ、同じホモサピエンスのすることでもあり、ドイツ人の（熱心か不承不承かはさておき）取り組んでいることを観察していくなかで、なるほど日本でも現れ方こそ違え同じような問題の存在や所在に改めて気づかされることも少なくない。もちろん、日本がドイツになる必要はないし、なろうと思ってもなれないし、なるべきでもないように思われるが、しかしそれでも、我が国の公的扶助制度、生活保護法を分析するうえで、ドイツに何らかのヒントを求めることは許されるであろう。

その際、ドイツ法の確立した何かを探り当てることができるなら、そういう絶対値との比較を試みることになりそうだが、むしろ、ドイツでも答えの出ていないような、ドイツ人自身が四苦八苦している箇所に焦点を当てる方が、一見迂遠ながら、巡り巡って日本法への見方にも刺激を与えてくれるように思われる。ドイツ人は傾向的に自分（たち）の制度や仕組みを正当化して話をする（そこには他国はドイツを見習うべきという暗喩がある）が、そのドイツ人自身も絶対的解答を見つけていないテーマについて、彼らはいったい何に右往左往しているのかを、ドイツ特殊要因を丁寧に相対化していくなかで、何となくにせよイメージできれば、日本との共通項もあるいは探れていくのではないか。

この間ドイツの公的扶助制度は大きくその姿を変えつつあるが、以下では主として、公的扶助において需要はどのように充足されるか、公的扶助は需要をどのように充足しようとしているのか、という視角から、給付自体のメカニズムの変化と、給付を規定する制度のメカニズムの変化の相互作用ないし共振作用、さらにはそうした変化のパターンの可能性ないし限界を探るべく、論点を整理しておくこととする。

1　需要充足原理の存在感

不確定法概念（unbestimmter Rechtsbegriff）を多用するところに、ドイツ公的扶助法の伝統的な特徴があるが、翻って考えてみると、「多用」というのは程度の問題であって、逆にいえば、法律はそもそも一般的・抽象的な規律をなすものである以上、不確定法概念をまったく用いないわけにもいかないはずである。あるいは、ドイツ法はラインナップやカタログで開放条項（Öffnungsklausel）をよくつけるが、この「よく」も、やはり程度の問題かもしれない（列挙の性質をどう解するかにもよるが）。

ドイツではこうした法構造が、需要充足原理や個別化原理といった「構造原理」に昇華し、しかも興味深いことに、構造原理として天に昇るだけでなく、むしろ地上に降りてきて、具体の制度の方向付けや限界付けがおこなわれる。例えば、不適切に高額な家賃のケースにおいて、それをそのまま住居費給付として支給することはないが、日本的実務感覚なら、適切な（あるいは上限の）額は支給することができるし支給しなければならないとなるところ、連邦社会扶助法下において、全額を支給しないという理論がかつて連邦行政裁判所で確定したことがある。住居費は需要としては単体であり分割できないのだから、それに対応する給付も、中途半端な一定額だけを支給することは、これは足らざる部分がすなわち需要の未充足にあたるので、需要を完全には充足しないような給付は理論的に禁止される（住居費給付は家賃の全額を支給するか、まったく支給しないかである（オール・オア・ナッシング））という、よく考えれば給付を必要とする側にとっては懲罰的というか制裁的な対応も、需要充足原理を濃縮還元100%で実際の制度に当てはめたものであった（公的扶助給付は需要未充足を前提とする社会手当ではない、社会扶助の住居費給付は住宅手当のような補助金ではない、というスタンス）。これは、原理的には確かにすっきりするが、現実の矛盾を解決するどころか、一円も住居費を支給しないゆえに住居喪失に拍車をかける意味で矛盾をさらに拡大するものであったため、さすがに立法介入を招き、一部支給が明記されるに至ったのであるが、それにしても、需要充足原理の“馬力”が十分に見て取れる事例といえる。

2　司法審査の立ち位置

では、ドイツ公的扶助は、こうしたパワフルな原理を備えるがゆえに、ある特定のパターンしか採用し得ないことになるのであろうか。

国会が法律改正で新たな取り組みにチャレンジしても、裁判所がそれをことごとく原理違反でひっくり返すのであれば、極論すれば、実際には司法が制度を作っていることになるし、そこまでいわなくとも、立法者の形成自由と司法府の規範統制との狭間で、具体の制度は常に揺れ動くことになる。

連邦社会扶助法はそもそも法律の作りがオープンであり、そこでの焦点は、執行権による法適用と、個別救済を通じて現れる司法府の法解釈によるその統制であって、端的には、給付を可能な限りで抑制したい扶助主体と、このケースで給付を渋るのは罷り成らぬという裁判所、という対立軸が顕著であった。結果的におびただしい裁判例が蓄積されていくが、しかし、これがドイツの面白いところであって、論点が言い尽くされるどころか、社会構造の変転を背景に、訴訟が訴訟を呼ぶのである。当の受給者はさておいても、当の実施機関、当の裁判所の負担は並々ならぬものであろうが、法律のオープンなスタイルゆえの現象でもある。

ここで立法者は、約半世紀続いた連邦社会扶助法について、折からの労働市場改革を通じたモデルチェンジを図った（ハルツ第4法改革）。連邦社会扶助法のスタイルにある程度忠実な制度を一方で残しつつ（社会法典第12編（社会扶助））、人的適用範囲の重心を、大幅な制度変更を伴う新設の制度（社会法典第2編（求職者基礎保障））に据えることとしたのである。この新制度は、実質的には公的扶助でありながら、これまで重視されてきた、需要充足原理や個別化原理から意識的に距離を置くものであった。そしてそれは、具体の給付を「いじる」、簡単にいえば、不確定法概念の解釈や現場の裁量の余地、開放条項を極力排除することで、いわば機械的に制度が運用されるように環境を整えたのである。

これがうまくいけば、要扶助者は法律に書いてあることを前提に行動することができるし（予見可能性の担保）、行政も個別対応がなくなって手間や人手を削減できるし（行政の簡素化）、巡り巡って訴訟そのものが減っていく（一種の訴訟経済）。

図式的には、連邦社会扶助法の時代であれば、裁判所で争われるのは前提となる法律の解釈運用であったところ（執行権に対する司法権の統制）、法律を機械的に運用できるようになると、今度はそういう法律でそもそもよいのかという争い（規範定立者対裁判所）につながってくる。ドイツで裁判がなくなることはないが、法律のスタイルいじりは、争う場面のシフトチェンジをも意味するのである。

もちろん、現実の争いはそう綺麗に分別できるものではないが（ある共通の土俵で争っているうち、土俵そのもの広さや大きさを争うようになることもあろう）、法の支配との関係で、ルールを握る側も、設定したルールの正当性や妥当性を常に証明し続けていかなければならない時代になっていることは確かである。

ルール作りそのものが焦点になるとして、次に、立法者はどういう範囲内であれば制度を（自由に）動かすことができるのかという問いに答えようとすると、範囲の設定が客観的に存在し、それを踏み越えるとアウト、というのが理解しやすいとしても、人間の尊厳や社会国家原理という絶対に守るべきラインは、しかし具体化しなければ実際には使えない規律なのであるから、むしろ問い自体を、裁判所は、立法者のルール設定を、どの範囲で、どのように、どの程度、その是非をチェックできるのか、あるいはチェックすべきか、とした方が、少なくとも具体的規範統制の場面では、思考プロセスに沿っているように思われる。

ドイツの社会扶助に対する憲法的視点は、実際に人間の尊厳が保障されているかどうかであるが、これが社会扶助法理論においては、給付によって需要がきちんと充足されているかという観点に置き換えて理解されるのだと考えると、とりわけ制度が大きく変動した場合、まずは新たな給付がどのような需要をどのように（どこまで）充足しようとしているのかの意図ないし意思（すなわち法が志向する需要充足のタイプ）を確定したうえで、現実に生起する様々な需要の未把握や充足の欠損が（それが単に主張されている段階であれば、そうしたことが起こる可能性が）、システムのどこに起因しているのかをつぶさに検証し、制度自体の欠陥が認識されてはじめて、結果として憲法的限界を語ることができるのである。

具体例を挙げれば、連邦社会扶助法時代の基準額（日本の生活扶助に相当）は、2004年に297ユーロ（もっとも基準の高い連邦州）であり、2005年に345ユーロ（旧西ドイツ地域）と、制度切り替わりに合わせて大幅に増額されたが、この新基準は後に憲法違反の認定を受けるのである。そうであれば、それより明らかに低額の旧基準はもっと憲法に違反している（正確には違反していた）のではないかと思料されるが、実際にはそのようには捉えられていない。このある種の不思議も、需要充足のタイプ自体の変動に由来しているのである。

3　需要充足の「タイプ」とは

これは端的には、とりまとめて全体として需要を見るのか、そうではなく、個々にバラして需要を見るのか、という問題である。需要の把握の仕方の相違は、おおむね、充足の方式とセットになる。子どもに（サラリーマンのお父さんに、でもいいが）お小遣いを渡すときに、これは家庭によりけりであろうが、毎月定期的に決まった額を前もって渡す家庭もあれば、必要に応じてその都度その分だけ渡す家庭もある。どちらがより子どもの（サラリーマンのおじさんの？）「需要」を「充足」するのか（「教育的観点」は別として）にわかには判じがたいし、むしろ実際にはこの両者を適切に組み合わせている家庭が多いように思われる。どちらにも、メリットもデメリットもあるからである。

しかしながら、小遣いをそもそも渡すかどうかも含めて、子どもの養育は一義的には親の責任なのに対して（サラリーマンの場合は一義的に夫婦の「力関係」であろうが）、公的扶助は国家的責任を背景にしていることから、どちらでもよいしどうでもよい、ということにはならない。とりわけ給付面においては、その内容や範囲、程度に関して、一定の科学的根拠や経験則、法的安定性や予測可能性、自由や平等、公平の確保、差別や恣意の禁止、効率性や効果性、必要十分性など、制度として遵守すべき事柄は多岐にわたり、その範囲内で、具体的に仕組みを整えていかなければならない。むしろそうであるからこそ、どのようなタイプがありえるのかを議論していく実益があるのである。

ただし、制度を形成する側ではなく、給付を受ける側から考えると、日々の生活は実際には様々な事象との絡み合いで動いており、これが需要でこうすれば充足、というようなシンプルな生活パターンに常にあるわけではない。思い出した順番に、必要なものから、出費を充てていくなかで、ああれが足りない、ああこれが足りない、ということが見えてくるのである。ゆえに、制度作りのうえで、そうした生活実態を、どこまで見越してビルトインするのかが重要になってくる。浪費癖、計画的、衝動買い、始末屋、安物買いの銭失い、一点豪華主義、これらはお金を実際に使う側の需要充足のタイプであるが、一方でこれらを尊重しつつ、他方で最低生活の確保という目的を達成していかなければならないわけである。かといって、受給者の金銭管理を一律に疑ってかかるのであれば、給付はすべてクーポンか現物給付（時代が進んできたので電子マネーや仮想通貨になる日も来るかもしれない）、あるいは第三者受け取りになってしまうだろうし、それでは要保護者の市民的自由が回復するどころか、まさに給付をあてがわれるだけの存在になってしまいかねない。

そうした意味で、制度として予定する需要充足のあり方と、現実にはそれとはずれて存在する給付の利用ないし使途のタイプとを、どこまで重ね合わせて考えるのか、あるいは後者が前者をはみ出したときに、何らかの手当てや施策を用意するのかどうかも、大きな意味での需要充足の類型化に関わってこよう。

4　議論の軸は

最低生活保障を舞台とした、法規定立行為や執行行為と、それに対する裁判統制という、特殊と普遍が入り交じる場面において、タイプ分けから議論ないし分析の軸を立てていくことはそれなりに有用であろう。その点から、司法審査と需要充足のタイプをリンクさせて考えてみると、例えば不確定法概念や開放条項が多用され、現場レベルでの給付形成とそれによる需要充足がメインとなる場合、ここでの行政権による法執行には司法の全面的なチェックがいずれにせよかかってくる。逆に法律の作り方が硬直的で解釈の余地がない（機械的に執行するしかない）場合、需要充足も非常に定型的なものにしかならないので、大量行政ゆえのミスは依然残るであろうが、それを除けば、司法権のチェックはどちらかというと制度そのものの妥当性に向かうことになる。実際には、一つのタイプに制度が収斂することはなく、様々に組み合わされてくるため、司法審査の現れ方も区々とならざるを得ないが、制度の切り替わり等があれば、それによって司法統制にも大きなトレンドシフトが生ずることは否定できない。

視点を変えれば、そもそも社会扶助が応えるべき需要は、最低限度という枠内であれば、人間の生活に関わって種々様々に生じてくるが、このうち、定型的、経常的、標準的、規則的、類型的、一般的、普遍的、といった概念でカテゴライズできる一定範囲のものを取り出し、一定の支給額を事前に措定し、余計な手は入れないでそのまま給付として渡す仕組みが、ドイツのみならず日本など、近代的な公的扶助制度を有する国ではほぼ見いだされる。問題は、すべての需要がここに入るわけではないが、だからといってそれらを充足しないわけにはいかない、という一種のジレンマである。こうした定型的給付を、広げるか狭めるか、あるいはある需要を定型的給付の中に入れるか外に出すかが、公的扶助では常に問われるのである。すなわち、ある需要が定型的給付に含まれるか含まれないかは、どこかに線が引かれる以上、当然その線引き自体の当否が司法審査の対象となることもあるし、とりわけ枠外におかれる場合は、給付形成の自由度が（定型的給付との比較で）増すため、司法審査により接近することになる。他方で、定型的給付が膨らめば膨らむほど、設定される支給水準の正当性や妥当性が争われやすくなるともいえる。

もちろん、こうした一般的指摘が具体の制度に常に当てはまるわけではなく、むしろ個々のシステムのクセのようなものが前面に出ることも少なくない。実際、ドイツ法での問題の現れ方は、裁判権の分立によっても特色づけられるし、あるいは日本の議論も、生活保護法固有の問題なのか、日本の行政システム全体に由来するものなのか、必ずしも分明でない。ただいずれにしても、定型的給付のあり方が全体の傾向をつかむための重要な前提になることは強調されてよいであろう。

ドイツ公的扶助法は、以上の点で、大胆な制度改革により、定型的給付の持つ意味が大きく変化し、定型的給付ではカバーされない需要の充足を巡って、決定的な司法統制を呼び込むことになった。社会扶助の伝統的スタイルからの乖離や構造原理の変遷は、その他の給付部門でもなお進行中であり、その限りで、現在は対抗軸が見えやすくなっているともいえる。分析結果がすぐに日本に応用可能かどうかはさておいても、最低生活保障制度のあり方を考察するヒントは見いだせるように思われるのである。

1)　比較的近年発出されたものとして、「生活保護行政を適正に運営するための手引について」（平成18年3月30日社援保発第033001号）。

2)　老齢加算は2004年4月以降段階的に削減、廃止；母子加算は2005年4月以降段階的に削減、廃止、ただし2009年12月以降復活；本体基準のうち生活扶助について、2013年8月以降2015年4月に向けて段階的に6.5%引き下げ（なお消費税が増税（2014年4月）されるのに対応して2.9%引き上げ）。2015年7月より住宅扶助と冬季加算見直し。

3)　平成25年法律第104号。

4)　Bundessozialhilfegesetz (BSHG) vom 30. Juni 1961 (BGBl. I S. 816, ber. S. 1875).

5)　So Volker Wahrendorf, Die Fortgeltung der „Strukturprinzipien" im SGB XII und ihre Durchbrechung durch das SGB II, in: Jonathan I. Fahlbisch (Hrsg.), 50 Jahre Sozialhilfe, DV 2012, S. 117.

6)　吉永純『生活保護の争点』（高菅出版、2011年）349頁以下。

7)　Ralf Rothkegel (Hrsg.), Sozialhilferecht, Nomos 2005.

8)　Sozialhilferecht, S. 43 ff.

9)　Sozialhilferecht, S. 46 f.

10)　Sozialhilferecht, S. 57 f.

11)　Sozialhilferecht, S. 58 ff.

12)　Sozialhilferecht, S. 60 ff.

13)　Sozialhilferecht, S. 68.

14)　Sozialhilferecht, S. 70 ff.

15)　Sozialhilferecht, S. 74 f.

16)　Sozialhilferecht, S. 75 ff.

17） Sozialhilferecht, S. 80 ff.

18） Sozialhilferecht, S. 82 f.

19） Sozialhilferecht, S. 85 ff.

20） Bundessozialhilfegesetz in der Fassung der Bekanntmachung vom 23. März 1994 (BGBl. I S. 646, 2975), zuletzt geändert durch Artikel 51 der Achten Zuständigkeitsanpassungsverordnung vom 25. November 2003 (BGBl. I S. 2304).

21） Verordnung zur Durchführung des § 22 des Bundessozialhilfegesetzes (Regelsatzverordnung), zuletzt geändert durch Artikel 29 des Gesetzes zur Modernisierung der gesetzlichen Krankenversicherung (GKV-Modernisierungsgesetz - GMG) vom 14. November 2003 (BGBl. I S. 2190).

22） 正確には、「通常需要（Regelbedarf）」として理解される限り、それに対して一時給付をおこなうのは体系に反するので許されず、かつ、関連規定における列挙を超えて、通常需要に新たなものを入れたり逆に通常需要から抜き出したりすることはできないという意味である（BVerwG, Urteil vom 13. Dezember 1990 - 5 C 17/88, BVerwGE 87, 212）。連邦行政裁判所のこの判決は、子どものおもちゃは日常生活上の需要に含まれ、基準額でやりくりすべきであるとして、一時給付の支給を認めた控訴審を破棄している。

23） Gesetz über eine bedarfsorientierte Grundsicherung im Alter und bei Erwerbsminderung (GSiG) vom 26. Juni 2001 (BGBl. I S. 1310, 1335).

24） Sozialgesetzbuch (SGB) Zweites Buch (II) - Grundsicherung für Arbeitsuchende - vom 24. Dezember 2003 (BGBl. I S. 2954).

25） Sozialgesetzbuch (SGB) Zwölftes Buch (XII) - Sozialhilfe - vom 27. Dezember 2003 (BGBl. I S. 3022).

26） 2011年に大きな法改正があったため、本文においてはそれ以前の法状況の説明にとどまる。参照条文も2011年改正前のものである。

27） 本稿では直接の議論対象とはしていないが、もし第２編に固有の論理があるとすれば、労働行政の論理とつながったことであろう。基準額違憲判決の遠因は、第２編のもともとの狙いが、稼得可能な要扶助者本人、すなわちおとなを念頭にして、その労働市場への接近や復帰を強力に支援することであって、そうした設計においては、子どもは追加的付加的な存在にならざるを得ず、子ども自身の需要に制度としてどう応えるかが後景に退いてしまったことであった。おとなの就労支援に手間暇をかけ、制度の回転をよくすることと、一時給付への個別対応をやめバーターとして基準額を膨らませ、自己責任で、手元の給付だけでまかなってもらうおうという作り方も、おとなだけなら上手くいくかも知れないが、パーセンテージでカットした給付の利用における自己責任を子どもに求めるのはよく考えれば困難であろう。第２編の給付は、連邦社会扶助法のそれを直接参照し、または第12編のそれに機械的に平行して、かつ簡素化してしまうという一種の荒療治で組み上がっているところがあり、これを大きな断絶とみるか、連続的性格が残っているとみるかで、両編の法解釈を絡み合わせるかどうかの態度の違いが大きくなるという特徴もある。

28） BT-Drucks. 15/1516 S. 46.

29） さらにいえば、連邦社会扶助法や第12編では、扶助受給者の希望権（Wunschrecht）ないし選択権（Wahlrecht）が法律に明記され（BSHG 第３条第２項、第12編第９条）、扶助の形成に対する希望には、それが適切である限りで応えられるものとする（soll …… entsprochen werden）とされているが、第２編は相当する定めをいっさい欠いている。判断の余地を残さないという意味ではパラレルの現象であろう。

30) Gesetz zur Fortentwicklung der Grundsicherung für Arbeitsuchende vom 24. März 2006 (BGBl. I S. 1706).
31) BT-Drucks. 16/1696 S. 26 (Zu Nummer 2).
32) Urteil des BVerfG vom 9. Februar 2010 - 1 BvL 1/09, 1 BvL 3/09, 1 BvL 4/09, BVerfGE 125, 175 ff.
33) Sozialhilferecht, S. 50 ff.
34) ドイツの社会扶助は伝統的に非申請主義を採用している。給付要件が存在していることを実施機関が認識（Erkenntnis）した限りで給付が職権により開始されるという建前で（認識原則（Kenntnisgrundsatz））、これに対応するのが要扶助者の協力義務（Mitwirkungspflicht）である。事実上の申請（扶助開始の申し出）は職権発動のきっかけではあるが給付の（手続的ないし実体的）要件ではない。その意味で非申請主義であり職権原理である。非申請主義であるがため、例えばどの時点で要件が存在することが認識されたといえるか、遡及するかしないかなどの点が、実質的な申請と決定とのタイムラグ（あるいは誰にリスクを負わせるか）との関係でよく議論される。言い換えれば、困窮状態にあるかも知れないことを前提とした仮の給付は、需要充足原理の派生原理である事実性原理との衝突を一方で招き、他方で扶助無しで結果的に乗り切れてしまった場合、「社会扶助は過去に遡及しない」というドグマを突きつけられるおそれもある、やっかいな論点である。
35) BT-Drucks. 14/5150 S. 49 (Zu § 3).
36) BSG, Urteil vom 7. November 2006 - B 7b AS 14/06 R, BSGE 97, 242.
37) SG Duisburg, Urteil vom 20. März 2006 - S 2 (27) AS 97/05, juris.
38) BSG, Urteil vom 23. November 2006 - B 11b AS 1/06 R, BSGE 97, 265.
39) LSG Hessen, Vorlagebeschluss vom 29. Oktober 2008 - L 6 AS 336/07, BeckRS 2009, 50610.
40) BSG, Vorlagebeschlüsse vom 27. Januar 2009 - B 14/11b AS 9/07 R und B 14 AS 5/08 R, BeckRS 2009, 59026 und BeckRS 2009, 56480.
41) BVerfGE 125, 175 [Rn. 206 und 220].
42) BVerfGE 125, 175 [Rn. 208].
43) Gesetz zur Ermittlung von Regelbedarfen und zur Änderung des Zweiten und Zwölften Buches Sozialgesetzbuch vom 24. März 2011 (BGBl. I S. 453).
44) 同時に、2006年改正で挿入された「そこから外れるような需要の認定は、これを排除する」（第２編第３条第３項第２文）の規定は削られた。ただし、「本編に定める給付は、稼得可能な要扶助者および当該要扶助者と同一の需要共同体で生活する者の需要を充足するものである。」（第２編第３条第３項第１文後段）は依然そのままである。
45) 第２編第21条第６項に関わる連邦雇用エージェンシー（Bundesagentur für Arbeit）の指針（Weisungen）（2013年10月20日現在）によると、適用対象として明記されているのは、すでに裁判で認められている交流権のほかは、HIV 感染時や神経性皮膚炎を発症している際の身体衛生用品、身体に重度の障害がある場合の住居の清掃や維持のための費用のみであり、限定列挙ではないとされているものの（http://www.arbeitsagentur.de/web/wcm/idc/groups/public/documents/webdatei/mdaw/mdk1/~edisp/l6019022dstbai377951.pdf?_ba.sid=L6019022DSTBAI377954）、むしろ別の実務指針では、キングサイズの衣料や病気の際の栄養補助食品などは、ネガティブリストとして示されている（http://www.arbeitsagentur.de/web/content/DE/Veroeffentlichungen/WissensdatenbankSGBII/Detail/index.htm?dfContentId=L6019022DSTBAI554437）。
46) Uwe Berlit, Jahrbuch des Sozialrechts [Band 34], Erich Schmidt Verlag 2013, S. 268.

47） BVerfGE 125, 175 [Rn. 205].

48） BVerfGE 125, 175 [Rn. 172].

49） BVerfGE 125, 175 [Rn. 205].

50） Verordnung über die Fürsorgepflicht vom 13. Februar 1924 (RGBl. I S. 100) und Reichsgrundsätze über Voraussetzung, Art und Maß der öffentlichen Fürsorge vom 4. Dezember 1924 (RGBl. I S. 765).

51） 1957年の大規模な年金改革で賦課方式に切り替えられ、公的扶助のラインを下回ることがしばしばであった年金額を、賃金の伸びに合わせていくこととされた（「動態的年金（dynamische Rente）」）。

52） Gesetz zur Ermittlung von Regelbedarfen und zur Änderung des Zweiten und Zwölften Buches Sozialgesetzbuch vom 24. März 2011 (BGBl. I S. 453).

53） Sozialhilferecht, S. 74 f.

54） 稼働能力活用に関するロートケーゲルのいわば極論について、木下秀雄「最低生活保障制度における要保護性の判断と稼働能力活用義務—ドイツとの比較から」賃金と社会保障1470号（2008年）43頁、45頁。

55） 離婚は日本でもドイツでも珍しくないが、ドイツのスーパーマーケットなどで、結婚して同居しているであろう夫婦が、買い物の際に別々に財布を出している光景をよく目にする。「これはおれの手袋だから」と旦那さんが自分で支払うのは、奇異とまではいえなくとも、どんぶり勘定が基本の日本人からすると、それぐらい一緒に出してもいいのではと思いたくなる。レストランで食事をするときも、1人一品必ず注文しシェアをしないとか、自分の料理が来ると人を待たずにすぐに食べ始めるとか（全員が全員ではないが）、支払いはテーブル全体ではなく個別に済ませるとか、彼我の習慣の違いにはいつも驚かされる。ドイツの社会扶助は個別化原理が伝統的に浸透しているが、年齢や血縁関係で細かく分析し、収入認定ないし資産活用の場面で扶養義務の存否や程度を詳細に認定して、最終的に個人単位で扶助費を算出する実務などをみると、些事とはいえこうした社会構造がおそらく前提にあるように思われる。

終　章　住宅保障の展望と課題

1　概　観

いったい住宅扶助とは何なのか、いったいどうすればその姿に迫ることができるのか、この期に及んでもよく分からないことばかりであるが、それでも、例えば住宅保障の議論のきっかけに住宅扶助がなるかもしれないこと、そして住宅扶助がきっかけになって生活保護の多様な議論が可能になるであろうこと、さらには日独比較研究に何某かの示唆を与えてくれそうなことについては、なんとなくではあれ見えてきた感はある。

ランダムに指摘すると、ドイツにあっても必ずしも透徹した住宅保障の枠組みが存在するわけではないところ、しかし最低生活保障の場面ではその独特な「需要」概念をテコに理論と実践が折り重なるなかで、現住住居保護の理念や住居費保障の限界が語られてきた。他面で、一歩公的扶助の枠組みを飛び出せば、住宅手当[1)]や社会住宅など、公的扶助とは立脚点が異なる諸制度がモザイク状に整備され[2)]、それが翻って最低生活保障の守備範囲を規定するというある種のダイナミズムが見いだされ、日本における一般的な住宅手当の不在やなおも多くの課題が指摘される公営住宅制度との対照をなしている。そういう意味では生活保護がかかずらうべき住宅保障の議論は、それ固有のレベルと他の制度との相対的位置取りの両方を視野に入れていかなければならない。

しかしそれも、生活保護が現実に利用可能であってこその議論である。家賃が支払えなくていよいよ福祉の窓口を訪れざるを得ない人に、高額家賃だから安いところに引っ越してからもう一度来なさいというのは、一種のハメ技である。生活費や住居費に事欠くようになる事態が一般世帯にまで出来していることそのものが我々の社会における根本的な問題なのであって、それを最低限のところで支えるのが生活保護なのであるから、ホームレスや不安定居住も含めて、生活保護が機動的に活用されること自体の価値を再確認する必要がある。

とはいえ、どこかには生活保護上の限界があるのは確かである。ただしここでいう限界は、使い尽くした上での限界なのかがやはり問われざるを得ない。この点で、生活扶助と住宅扶助の分立は、多くのヒントを我々に与えてくれる。分立していることの機能面の意義、各種保護基準における需要の捉え方の特徴、需要充足の達成手法、あるいは基準額と上限額の違いなど、公的扶助の法的構造＝メタの論理に鋭く関わるテーマを提示してくれるのである。換言すれば、生活保護は生活保護でしかない、という一面と、生活保護しか生活保護はない、というもう一面との切り結びにこそ、公的扶助法論を発展させる大いなる契機が含まれているように思われるのである。

加えるなら、そうした様々な理論的苦闘のなかで生まれてくる筋道に濃縮されているエッセンスを社会に還元することが学説のもう一つの役割でもあり、そうした営みが巡り巡ってはじめて、裁判所による司法統制の真のパワーを引き出すことにもなるのである。

2　住宅にかかる「基準」

各種新聞報道によると、2017年12月になって生活扶助基準の見直し原案が厚生労働省から公表された。都市部あるいは多人数世帯で大幅な減額となる可能性がそこで示され、衝撃や反発が広がっている。それも受けて、2018年度当初予算案では引き下げ幅を最大５％に縮小し、母子加算とあわせて３年かけて見直しを実施するとのことである。５年前に切り下げてから、また、まだ、下げるのかという印象しか覚えないが（なおドイツの基準額は、2005年１月１日に月額345ユーロ（単身、当時の旧西独地域）でスタートしてから、連邦憲法裁判所の違憲判決や法律改正など縷々変遷を経て、2018年１月１日から416ユーロ（単身、ドイツ全域）となっている。足かけ13年で1.2倍に引き上げられたことになる）、その2013年の生活扶助基準切り下げから幾ばくもなく住宅扶助基準や冬季加算の見直し（事実上の切り下げ）がおこなわれたことを考えると、今次も住宅扶助その他の扶助基準にどのような影響が及ぶか、極めて憂慮される（最低賃金や国民年金の水準への影響も考えよ)。毎年が生活保護の正念場である。

機能的にいうと、生活扶助基準を切り下げた場合、保護受給世帯の側では、飲食費や被服費、光熱費、交通費、交際費等々の雑多な生活費を地滑り的に切り詰めることが余儀なくされる。おかずが一品少なくなる（どころかおかず自体なくなる、1日3食を断念する)、風呂を沸かすのではなくシャワーで済ませる、近所づきあいができなくなり地域で孤立する、そして貧困が世代を超えて連鎖する、といった具合である。これこそが大問題であり、このようなことを続けていると健康で文化的な最低限度の生活をいずれどこかで割り込むのは必定である（保護を受けずに餓死する例があるだけでなく、保護受給中にもかかわらず栄養失調になる可能性もあるということである)。保護基準の設定は厚生労働大臣の合目的的裁量の下に置かれているとしても、制度全体を通じて国民の生存権を保障するのは国の義務なのだから、あまり機能していない特別基準設定の活性化はいうに及ばず、一時扶助の機動的活用、さらには世帯の実情（=ニーズ）をすくい取った加算設定の可能性を現場に開くなどの裏打ちを考えていかないと、日本の保護システム自体がいずれ麻痺してこよう。そうなると、住宅扶助基準の切り下げは、それ自体の問題に加え、そもそも限度額を超過して生活扶助に食い込んでいる状況をさらに悪化させるだけに、よりいっそう深刻に受け止める必要がある。2015年以降の基準見直しの評価が鋭く問われるゆえんである。

なおその点で、我が国の住宅扶助基準ではじめて導入された床面積別限度額に言及すると、これ自体は、主としていわゆる貧困ビジネス対策を念頭においたものであることは疑いなく、しっかり機能するのであれば狭隘な住居に複数人を詰め込んで保護費を事実上搾取するような業者が退場していくことになるわけだが、他方で、新法成立以降金額でしか表されてこなかった住宅扶助基準に新たな考え方をもたらすかもしれないという意味では注目を要するともいえる。

そもそも家賃が「ピンキリ」なのは、立地、面積、築年数、階数、建材、設備など多くの要素が絡んでいるからで、まして住居の賃貸借には地域によって複雑かつ不透明な商習慣（「保証人」「更新料」「敷引き」など）が伴っており、住む立場からのコントロールははっきりいって及ばない。その意味では、健康で文化的な生活を居住面で表現する住宅扶助基準を金額だけで表しきるには限界がある。それなら面積だけでも表せないので同じではないかとも思うが、それにしても、(現時点ではそのようにはなっていないが) 例えば最低居住水準 (単身25平米 (!)、2人以上の世帯10平米×世帯人数+10平米) や誘導居住水準 (都市部で単身40平米、2人以上の世帯20平米×世帯人数+15平米) を頼りに、よりよい住居、居住環境を生活保護のレベルでも追求していくべきであろう (この点、ドイツは比較的恵まれており、州によって異なるが公的助成の対象となる住宅建設の基準は最低でも45平米を確保することが求められている)。狭隘、不衛生、災害を含む危険耐性の脆弱さといった広い意味での不適格居住が実際には低所得者に蔓延しているところに生活保護で最後のストッパーをかけることができるかどうかの問題でもある。

ひとり一人の力には限界があることを認識するのが社会保障の出発点であるのなら、社会全体で取り組むしかない。しかしそれは他人任せであってよいということではない。危機感でも怒りでも、きっかけは何でもよいが、徹底的な議論を通じて、社会保障を通じた問題発見、問題解決の仕組みを一つでも二つでも構築していくことが重要である。

3　社会保障法プロパーの問題としての住宅保障

社会保障システムの重要な柱である「給付」に限ると、家賃補助も含めていきおい金銭給付に視点が集中するが、確かに住宅や住居を現物給付することはにわかには考えがたいので、宜なるかなというところもある。ただしもう一つ視野を広げてサービス (給付) まで含めて考えると、宿所の一時提供や施設利用などはもちろんのこと、居住にかかる各種の支援措置をどのように法的分析の俎上に載せるかが課題となってこよう。

例えば生活困窮者自立支援法による相談援助において、実践面や実態面でハウジングファーストの視点がどのように組み込まれているか、虐待で現住住居を離れざるを得ないような場面で代替住居等に関して適切な情報提供がおこなわれているか、子ども・子育てや障害当事者の社会参加にかかる地位的枠組みが居住面の支援と具体的にどうつながりうるか、あるいはもっと一般的に、住民福祉の増進を旨とする地方公共団体における専門的助言や入居斡旋 (入居当事者のみならず物件を提供したり仲介したりする主体も含めて）などを含む居住支援の先進事例など、ハードとソフトを結ぶいろいろな取り組みにもっと光を当てて、社会保障法の議論の射程を広げていかなければならない。

同時に、所管を超える努力がこの間少しずつではあるが日本でも進んでいる点にも着目が求められる。つい近年、いわゆる住宅セーフティネット法[3]が改正され[4]、機能強化が図られた（管轄は国土交通省）。この議論の過程で、厚生労働省と国土交通省の関係職員による連絡協議会（「福祉・住宅行政の連携強化のための連絡協議会」）が設置されている。

福祉と住宅の接点領域については、このほかにも、高齢者居住安定確保法[5]がかねてより存在しており（国土交通省と厚生労働省の共管）、サービス付き高齢者向け住宅（サ高住）などについての法的基盤を提供している。

なお、最低生活保障に至る前に諸々の制度が整備されることはそれ自体としては評価可能であるが、ただしこれらの仕組みがしっかりとした権利義務の問題になるかどうかが、法的な側面からは極めて重要である。

いずれにしても、社会の不安定化、流動化、空洞化（人口減少、空き家の増加を想起せよ）が進行するなかで、安定した居住の実現という課題の持つ意味は社会的にも法的も極めて重要なものがある。逆説的ながら、安定した居住こそが（もちろん雇用の安定もあってこそだが）、ダイナミックな社会の基盤を提供することになる。今後の議論の広がり、深まりを期したい。

生きることは住むこと、住むことは生きることである。

1）詳細、嶋田佳広「ドイツ住宅手当の制度と法：2009年法を経て」札院32巻1号（2015年）41頁。

2）参照、嶋田佳広「ドイツにおける被用者の居住保障システム」矢野昌浩ほか編著『雇用社会の危機と労働・社会保障の展望』（日本評論社、2017年）272頁。

3）「住宅確保要配慮者に対する賃貸住宅の供給の促進に関する法律」（平成19年法律第112号）。

4）「住宅確保要配慮者に対する賃貸住宅の供給の促進に関する法律の一部を改正する法律」（平成29年法律第24号）、2017年10月25日施行予定。

5）「高齢者の居住の安定確保に関する法律」（平成13年法律第26号）。

初出一覧

序　章　書き下ろし

第1章

第1節　書き下ろし

第2節　「住宅扶助と住居費――2015年基準改定を経て」札幌学院法学33巻2号（2017年3月）1-60頁

第2章

第1節　「ドイツ社会法典第2編・第12編にみる2005年社会扶助法改革」賃金と社会保障1406号（2005年11月）9-20頁；「生活保護と就労支援――ハルツ第四法改革からの示唆――」季刊労働法217号（2007年6月）108-124頁；「最低生活保障制度の変容――就労支援型公的扶助の特徴と課題」社会保障法24号（2009年5月）109-122頁等を加筆修正

第2節　「ドイツ求職者基礎保障における保護基準――社会裁判所の違憲決定を受けて」賃金と社会保障1489号（2009年5月）4-24頁；「ドイツの保護基準における最低生活需要の充足――連邦憲法裁判所違憲判決を契機として」賃金と社会保障1539号（2011年6月）4-23頁を加筆修正

第3章　「需要充足原理の胎動（1）（2）社会法典第2編と住居費給付」札幌学院法学31巻1号（2014年12月）87-157頁；31巻2号（2015年3月）265-382頁をもとに構成

第4章　「ドイツ公的扶助における構造原理としての需要充足原理」札幌学院法学34巻1号（2017年12月）85-143頁

終　章　書き下ろし

■ 著者紹介

嶋田　佳広（しまだ　よしひろ）

1976年　大阪府生まれ

大阪市立大学大学院法学研究科後期博士課程単位取得満期退学

札幌学院大学法学部講師、同准教授を経て

2018年４月より　佛教大学社会福祉学部准教授　　博士（法学）（北海道大学）

住宅扶助と最低生活保障
——住宅保障法理の展開とドイツ・ハルツ改革

2018年４月１日　初版第１刷発行

著　者　嶋　田　佳　広

発行者　田　靡　純　子

発行所　株式会社 法律文化社

〒603-8053
京都市北区上賀茂岩ヶ垣内町71
電話 075(791)7131　FAX 075(721)8400
http://www.hou-bun.com/

＊乱丁など不良本がありましたら、ご連絡ください。
送料小社負担にてお取り替えいたします。

印刷：㈱冨山房インターナショナル／製本：㈱藤沢製本
装幀：仁井谷伴子

ISBN 978-4-589-03916-3

創刊の辞

札幌学院大学の母体は、敗戦直後、陸続として戦場より、動員先より復帰してきた若人たちが、向学の念断ちがたく、一九四六年六月に法科・経済科・文科の総合学園として発足させた札幌文科専門学院であり、当時、北海道において最初の文科系総合学園であったのである。爾来、札幌短期大学、札幌商科大学、札幌学院大学と四十数年にわたり伝統を受け継ぎ、一昨年には、学園創立四十周年、開学二十周年の記念式典を盛大に挙行するとともに、本学正門横に札幌文科専門学院当時の校舎を模してエキゾチックな白亜の殿堂・建学記念館の建設を果たし、札幌文科専門学院の「建学ノ本旨」をしのび、いよいよ北方文化の新指導者、日本の指導者たるにふさわしい人格の育成に邁進すると同時に、「世界文化ノ興隆」への寄与を果たす覚悟を新たにしたのである。

しかも、本年には、現在の三学部および商学部二部に加え、さらに二学部増設に向けて力強い第一歩を踏みだし、北海道における文科系私学総合大学として一、二の規模を競う飛躍を遂げようとしている。この時にあたり、「札幌学院大学選書」を企画し、次々と、北方文化ひいては世界文化に寄与しうるであろう書物を刊行する運びとなったことは、誠に時宜に適したことといわなければならない。

いうまでもなく、生命を有しない「思想」は、亡びることもなければ、再生することもない。その時々の時流に迎合し、反対する、主体性を喪失した「うたかた」の如き思想、権威に追従し、右顧左眄する無定見な思想、内外の学説をそのまま引き写した無節操な思想、傲岸浅薄な独断的思想。これらの「思想」は、亡びも再生もしない。願わくば、思想に生命の息吹を送り、学問の名に恥ずることのない書物が刊行されんことを。日本の文化ひいては世界の文化に金字塔を樹立する「選書」の刊行を心から期待したい。

一九八九年六月一三日

札幌学院大学学長　荘子　邦雄